조선시대의 형사법

-대명률과 국전-

조지만

景仁文化社

책머리에

한국법제사라는 과목을 처음 접한 것은 대학 시절의 마지막 해였다. 내가 수강을 할 때에는 박병호교수님의 제자인 심희기교수님의 강의가 개설되었다. 수업은 각 주제별로 심희기교수님께서 그간 써오셨던 논문을 토대로 강의가 진행되었고, 리포트도 부과되었다. 특히 종중재산분쟁과 관련하여 많은 시간을 할애하여 수업이 진행되었다. 당시까지 현대사회의 권리의무관계에 제대로 적응하지 못하여 실정법속에서 헤매고 있던 나에게는 한국법제사라는 과목이 실생활을 벗어나 어릴 때부터 좋아하던 역사 이야기 속으로 빠져들어갈 수 있는 아주 좋은 시간이었던 것이다. 하지만 한 학기를 수강하면서 이러한 생각을 수정하지 않을 수 없었다. 과거와 현재가 연결되고 있었던 것이다. 당시 다루었던 부분이 종중재산분쟁과 관련된 부분이었는데, 현행 실정법을 해석하는 데 역사 속으로 사라졌던 법과 관행들이 은연중에 연결되고 있었던 것이다. 제도로서 저 너머로 사라졌던 전통법제들이 아직까지도 곳곳에 살아 숨쉬고 있었던 것이다. 서구법 일색인 현대법제에서 전통법제는 자취를 감추었지만, 완전히 사라진 것은 아니고 현대법을 적용하는 시점에 그 근거로서, 또 우리의 의식 속에서 희미하게나마 살아 숨쉬고 있었던 것이다. 이렇게 곳곳에 숨어 있는 우리의 전통법제를 지상으로 끌어내기 위해서는 현대법에 대한 공부가 필요하다. 현대법에 대한 고민 없이 과거의 것만 좇아서는 고고학만 될 뿐이기 때문이다. 이것이 내가 한 학기동안 한국법제사를 수강하면서 실정법으로부터 도피하려고 했던 생각을 수정하지 않을 수 없었던 이유이다. 지금에 이르러서도 이러한 생각은 변하지 않았지만, 스스로의 우둔함에 우선 과거의 것만이라도 밝혀보자는 현실적인 도피를 하고 있다.

iv

이듬해 대학원에 진학하였다. 전공에 대한 고민은 별 필요가 없었다. 박병호교수님의 연구실로 찾아갔다. "미친놈, 여기 또 왔구만". 이런 소리를 들으며 쫓겨나야 했다. 울산대 김유미 교수님이 당시 박병호 교수님의 연구실에 계셨는데 쫓아 나오시면서 정년이 얼마 남지 않으셔서 그런 말씀하신다고 공부할 생각이 있으면 계속 찾아오라고 하셨다. 대학원 수업 수강도 하면서 계속 찾아뵈었다. 찾아뵙는 와중에 한국법사학회 준비도 하게 되었고, 한국법제사의 선배들도 만나게 되었다. 자연스레 한국법제사의 일원이 된 것이다. 박병호교수님께서는 특유의 인품과 학식, 그리고 유머로 좌중을 엄격하지만 부드럽게 이끌고 가셨다. 이런 학풍 속에서 1996년 8월에 박병호교수님께서 정년퇴임을 하시기까지 1년 반을 지내면서 기초적인 실력을 닦았다. 1997년 석사학위논문을 쓸 때는 박병호교수님 후임으로 정긍식교수님께서 오셨다. 석사학위논문을 써야했다. 논문 주제는 '대명률의 수용과정'이었는데 당시 비슷한 주제의 논문을 쓰고 계시던 박병호교수님께서 흔쾌히 자료를 공유해주셨다. 박병호교수님께서 제공해주신 '조선왕조실록'의 원문자료, 정긍식교수님께서 제공해주신 각종 논문 자료를 토대로 논문을 쓸 수 있었다. 정긍식교수님께서는 사료를 꼼꼼히 보고 자세하게 보는 법을 일러 주셨다. 그리고 이때 접하게 된 '대명률'은 지금까지도 나에게는 화두가 되고 있다. 그리고 이때의 관심은 이 책의 토대가 된 박사학위논문에까지 이어지고 있다. 한국법제사를 공부하게 된 과정을 이렇게 장황하게 늘어놓는 것은 오늘의 나를 있게 한 교수님들께 고마운 뜻을 표하고 이 분들을 기억하기 위해서이고, 그리고 나 자신 새롭게 초발심으로 돌아갈 것을 다짐하기 위해서이다.

이 책은 이 대명률에 대한 책이다. 대명률은 중국의 형법이지만 조선에 수용된 이래 구한말에 이르기까지 적용되었다. 말하자면 중국의 법률이지만 우리의 법으로 진화해간 것이라고 할 수 있다. 물론 대명률만이 우리 전통시대의 형법인 것은 아니다. 중국의 형법인 대명률은 중국의 사회를 반영하고 있다. 중국사회와 조선사회가 다르듯 형법도 세부적인 면에서 달라질 수밖에 없다. 이러한 면들은 國典에 개별규정으로 규정되어 있다. 따라서 우리 전통시대의 형법이라고 한다면 대명률과 國典의 개별규정들을 아우르는 것이 될 것이다. 본서에서는 이들을 보고자 하였다. 대명률이 실제로 조선사회에 적용되는 모습, 그리고 수정되는 모습들과 國典에 특별히 규정되는 것들에 대하여 보고자 하였다. 이 과정에서 '법을 적용한다'라는 것이 전통시대의 사람들에게는 어떻게 비쳤는가에 대하여도 생각하게 되었다. 이 책은 마무리된 것이 아니다. 아직까지 너무 성기다는 느낌을 지울 수 없다. 구체적으로 다루어야 할 부분들, 특히 조선 후기의 부분들이 아직까지 많은 공백을 가지고 있다. 지금까지의 공부의 부족이라고밖에 생각되지 않는다.

이제 고마운 분들에 대해서 언급하지 않을 수 없다. 우선 이 길로 이끌어주신 박병호교수님, 심희기교수님, 정긍식교수님께 다시 한번 감사드린다. 그리고 언제나 온화한 미소를 지으시며 격려를 해주시는 최종고교수님, 글을 꼼꼼히 보아 주시고 전체적인 맥락을 정확히 짚어주시는 최병조교수님, 학문하는 자세에 대하여 많은 가르침을 주고 계시는 한인섭교수님께 감사드리고 싶다. 아울러 이 책을 출판하게끔 해주신 정인섭 서울대학교 법학연구소장님과 연구소 가족들에게도 감사드린다. 늦은 나이까지 공부하는 데 뒷바라지를 해주신 어머니, 물심양면으로 도와주신 형님내외분, 그리고 이 책을 쓰느라 생긴 스트레스를 불평없이 받아준, 곧 나의 아내가 될 수진에게 무한한 감사를 드린다. 마지막으로 이 책을 예쁘게 편집해준 경인문화사 한정주님에게도 감사드린다.

2007년 7월
저자

【범 례】

1. ≪朝鮮王朝實錄≫, ≪承政院日記≫는 國史編纂委員會에서 제공하는 웹사이트를 이용
   하였다. 웹사이트를 이용하다가 원문에 문제가 있다고 판단될 때에는 원문을 확인하
   였다. 특히 실록을 인용할 때는 편의상 ≪朝鮮王朝實錄≫으로 인용하였다.
   朝鮮王朝實錄[http://sillok.history.go.kr(최종접속 2007년 5월 31일)]
   承政院日記[http://sjw.history.go.kr(최종접속 2007년 5월 31일)]

2. ≪各司受敎≫, ≪受敎輯錄≫, ≪新補受敎輯錄≫은 서울대학교 奎章閣에서 영인한『各
   司受敎, 受敎輯錄, 新補受敎輯錄』(奎章閣資料叢書 法典篇, 서울대학교 奎章閣, 1997)을 이용하였
   다. 다만 각 受敎集의 일련번호는 한국역사연구회 중세 2분과 법전연구반에서 번역 출
   간한『各司受敎』(청년사, 2002),『受敎輯錄』(청년사, 2001),『新補受敎輯錄』(청년사, 2003)을 이
   용하였다. 이들 필사본의 형태로 존재하는 受敎集은 세월의 흐름에 따라 글자가 보이
   지 않는 부분이 있다. 이 경우 □로 표시하였다.

3. 각 法典의 번역문은 參考文獻에 실려 있는 번역서들을 토대로 하였지만, 보다 정확한
   번역을 하려고 노력하였다.

4. 원전을 인용할 때에는 ≪ ≫ 표시를 사용하였다. 책은『 』, 논문은「 」표시를 사용하였다.
   예) ≪大明律講解≫는 大明律講解 원전의 내용
   『校訂 大明律直解』는 朝鮮總督府 中樞院에서 1936년에 펴낸 책

5. 원전에서 본문 아래에 할주가 나오는 경우가 있는데 이는 <割註 : >로 표기하였다.

6. ≪大明律≫의 경우 부록에 실려 있는 조문 대비표의 일련 번호를 조문 번호로 병기하
   였다.
   예) ≪大明律≫ 제1조 名例律 五刑

차 례

제1장 서론

Ⅰ. 연구의 목적

≪經國大典≫ 刑典 用律에 의하면 '用大明律'이라고 규정하여 ≪大明律≫을 朝鮮의 刑律로 사용할 것을 명시하고 있다. 그런데 ≪續大典≫刑典에 의하면 ≪經國大典≫과 ≪續大典≫에 규정이 없는 경우에 ≪大明律≫을 쓸 것을 규정하고 있다.[1] 200년의 시간적 차이를 가지는 ≪經國大典≫과 ≪續大典≫의 사이에 어떠한 일이 있었기에 이렇게 규정상의 변화가 보이는 것인가. 사회의 변화가 법전 속에 규범적으로 어떻게 반영되고 있는가. 이러한 문제제기가 이 글의 출발점이다.

우리의 법제는 고유법을 토대로 중국법의 영향을 받으면서 발전해왔다. 삼국시대에 이미 중국율령의 영향을 받은 것을 비롯하여 高麗時代에 들어와 유교적 정치체제가 정비되자 중국의 唐 율령의 영향을 받는 등 끊임없이 인접국가인 중국의 영향을 받고 있었다. 高麗時代는 唐의 율령을 부분적으로 계수하였지만 기본적으로 단일왕법에 의하여 통치되는 王法國家였다. 그러나 조선시대에 들어와서는 이러한 양상이 이전 시대와는 다르게 나타난다. 이전 시대에는 중국의 것을 모방하든, 부분적으로 繼受하든 간에 그것을 직접적으로 우리의 法源으로 한다는 선언은

---

1) ≪續大典≫ 刑典 用律 : 依大典用大明律 而大典續大典有當律者 從二典.

없었는데, 조선에 들어와서는 太祖가 卽位敎書에서 ≪大明律≫을 간접
적이나마 조선의 法源으로서 적용할 것을 밝혔던 것이다. 이러한 太祖의
선언은 조선이 왕법에 의해 통치되는 국가가 아니라는 것을 의미한다.
즉 이전시기와는 절연된 統一法典時代라고 불리워지는 시대의 서막이
여기에서 열린 것이다.2)

　태조의 선언에 의하여 조선에서 공식적으로 모습을 드러낸 ≪大明律≫
은 이후 조선시대를 통하여 형사일반법으로 군림해왔다. ≪經國大典≫
刑典 用律에 의하여 ≪大明律≫이 형사법으로서는 전면적으로 國典3)과
짝을 맺게 되었다. 이후 ≪大明律≫의 일반법적인 지위가 흔들리지는 않
았다. 하지만 운용의 면에서 임진왜란과 병자호란 등의 전란을 거치면서
통제의 기조4)가 강조되면서, ≪大明律≫보다 엄격한 처벌이 그때그때의
상황에 맞게 행해진다. 이때 만들어진 규정들이 선별적으로 國典에 규정
된다. 이러한 상황은 조선왕조의 마지막 법전인 ≪大典會通≫에 이르기
까지 각종 세부적인 규정들이 증보되면서 계속된다. 또한 ≪大明律≫의
잔영은 1894년 갑오개혁 이후 근대화─서구화─를 지향하던 1905년에
제정된 ≪刑法大全≫에도 여전히 남아 있다.5) ≪大明律≫은 1912년 朝

---

2) 韓國法制史의 時代區分은 氏族法時代, 部族法時代, 律令法時代前期, 律令
　法時代後期, 統一法典時代, 西歐法繼受時代, 現代로 나뉘는데 朝鮮時代는
　統一法典時代에 해당한다. 朴秉濠, 「韓國法制史의 時代區分과 各時代의 特
　徵」『近世의 法과 法思想』, 도서출판 진원, 1996, 22~44면 참조.
3) 國典은 ≪朝鮮王朝實錄≫에 자주 등장하는 用語로 때로는 큰 의미에서 나
　라의 법을 의미하기도 하지만[≪朝鮮王朝實錄≫ 明宗 12년(1412) 7월 戊申 등], ≪大
　明律≫과 대칭되는 의미로 쓰인다[≪朝鮮王朝實錄≫ 明宗 1년(1546) 2월 戊申의 李
　彦迪의 啓 등]. 이 글에서는 國典을 ≪大明律≫과 대칭되는 의미의 일반 명사
　로 지칭하기로 한다.
4) 朴秉濠, 「역사에 있어서의 자유와 통제─한국의 경험에서─」『法學論集』
　제2권 제1호, 이화여자대학교 법학연구소, 1997, 333면. 특히 이 글에서는
　우리나라 역사발전을 自由와 統制의 순환이라고 파악하고 있다. 조선중기
　의 전란을 통하여 그 이전의 자유 기조가 통제 기조로 변환하는 것으로 파
　악한다.

鮮總督府에서 制令 제14호로 「朝鮮刑事令」을 공포하여 일본의 형법을 依用하면서 비로소 이 땅에서 그 모습을 감추었다. 이런 역사적 상황을 고려하면 15세기부터 19세기까지 500년 동안 사용된 ≪大明律≫은 조선의 법이라고 할 수 있다.

이렇게 ≪大明律≫과 國典으로 운영된 조선시대의 법체계를 '典律'체계라고 부른다.[6] 즉 조선시대의 법은 ≪大明律≫과 國典의 이원체계로 구성되어 있었다. 이 전율체계에서 형사법에 관한 한 ≪大明律≫과 國典의 관계는 일반적으로 一般法과 特別法의 관계로 특징된다.[7] 그리고 그 관계는 冒頭에서 제기한 바와 같이 ≪續大典≫에서 보다 명확히 규정되었다. ≪續大典≫에 이렇게 명확하게 규정된 것은 ≪續大典≫에서 형사규정들이 대폭적으로 증가하면서 이들 규정과 ≪大明律≫ 규정간의 관계를 명확하게 하기 위한 것이다. ≪續大典≫의 규정들은 왜 이렇게 대폭적으로 증가하였을까?

법은 사회의 반영이라고 하듯이 國典에 담겨져 있는 규정들은 그 사회를 반영하는 사항을 담고 있다. 國典이 담고 있는 규정들은 시대가 흐름에 따라 증보되었다. 형사규정들이 대폭적으로 증가했다는 것은 사회가 그만큼 많이 변했다는 것을 의미한다. ≪大明律≫이 조선의 형법인 상황에서, 어떠한 규정들이 ≪大明律≫과 달리 규정되는가를 살펴보는 것은 조선 사회의 흐름의 경향성을 파악하는 데 도움이 될 것이다. 물론 모든 사회적 현상을 법전이 포괄하지는 않기 때문에 제한적이라는 한계는 있을 것이다. 하지만 법전에 담기는 것은 당시 사람들이 지키고자 했

---

5) 문준영, 「大韓帝國期 ≪刑法大全≫ 制定에 관한 硏究」, 서울대학교 법학석사학위논문, 1998, 143~164면 <부록 4>에 ≪刑法大全≫에 나타난 ≪大明律≫, ≪大典會通≫의 규정들이 표로 제시되어 있다. 특히 甲午更張 이후 1905년 사이의 형사재판에 대하여는 都冕會, 『1894~1905年間 刑事裁判制度 硏究』, 서울대학교 문학박사학위논문, 1998.

6) 典律體系의 의미, 지향하고자 한 가치 등에 대한 상세한 것은 沈羲基, 『韓國法制史講義』, 三英社, 1997, 196~211면 참조.

7) 沈羲基, 앞의 책, 197면.

던 것들의 최소한이기 때문에, 가장 중요한 변화를 살펴볼 수 있을 것이다. 이를 통해서 冒頭에서 제기하였던 사회의 변화가 규범적으로 어떻게 반영되었는가를 살펴볼 수 있을 것이라고 생각된다.

한편 법을 통해서 시대적 흐름에 따른 사회의 변화를 포착해내기 위해서는 각 國典에서 보이는 《大明律》과는 다른 규정들을 추출해내는 작업이 선행되어야 한다. 이러한 작업은 구체적인 규정의 분석을 통해서 가능할 것이다. 그런데 國典의 구체적인 규정들은 대개는 추상화되어 있고, 《大明律》과의 관계가 명확하지 않다. 《經國大典》 刑典 用律에서는 다만 '用大明律'이라고 하여 '《大明律》을 쓴다'라고 표현하고 있을 뿐이고, 《續大典》에서는 國典의 규정을 우선적으로 쓸 것을 규정하고 있을 뿐이다. 國典의 구체적인 규정들과 《大明律》의 규정들은 실타래처럼 얽혀 있다. 당시 사람들이 가지고 있었던 '用大明律'의 관념이 우리가 흔히 생각하는 '依用'[8]이라는 관념과 다르기 때문에 그 실타래가 좀더 복잡하게 얽혀 있을는지 모른다. '用大明律'이 어떠한 의미를 가지고 있는가를 살피는 것도 당시의 법적용 관념에 대한 실마리를 제공해 줄는지 모른다. 본 논문에서는 이렇게 복잡하게 얽혀 있는 실타래들을 각 법전별로 하나하나 풀어나가고자 한다. 그러면 각 國典에서 담고 있는 규정들과 《大明律》과의 관계가 보다 명확해지고, 또 각 國典에서 담고 있는 그 시대의 조선 사회의 특수성들이 드러나리라 생각한다.

요컨대 본 논문에서 밝히고자 하는 것은 國典 형전의 규정분석을 통하여, 횡적으로는 《大明律》과 달리 조선 사회의 특수성을 반영하는 國典의 규정들이 《大明律》과 어떠한 관계를 맺고 어떠한 의미를 담고 있는가를 살피는 것이고, 종적으로는 조선 사회의 변화에 따라 國典의 규정들이 어떻게 변화하는가를 살피는 것이다.

---

8) 依用이란 일반적으로 다른 나라의 法律을 그대로 적용한다는 의미이다. 다만 이 개념은 고도의 技術的인 개념으로 그 法律이 그대로 시행된다는 의미와는 구분된다. 制令과 관련하여 자세한 것은 김창록, 「制令에 관한 연구」『法史學研究』제26호, 한국법사학회, 2002, 121~128면 참조.

Ⅱ. 기존의 연구들

≪大明律≫에 대한 연구를 개괄적으로 살펴보면 조선후기에 관한 연구는 적고, 주로 ≪大明律≫이 조선에 도입되는 과정과 ≪經國大典≫체제 속으로 흡수되는 과정에 집중되어 있다. 그것은 아마 다른 나라의 형법을 포괄적으로 계수한 것이 역사상 처음 있는 일이고, 조선의 ≪經國大典≫ 체제와 일정한 관련이 있기 때문에 그 부분에 집중하여 연구가 진행되어 오지 않았는가 생각된다. 그 반면에 조선후기에 있어서는 이미 수용된 ≪大明律≫이 기계적으로 적용되었다고 여겨졌기 때문에 ≪大明律≫에 대한 연구보다는 國典을 통하여 사회변동을 살펴보려고 하는 데 집중되지 않았나 생각한다. 이러한 연구사를 통시적으로 고찰해보기로 한다.

≪大明律≫이 조선에 미친 영향에 대한 연구는 일제시대 일본인 학자에 의하여 처음 시작되었다. 그것은 朝鮮總督府에서 直解된 ≪大明律≫의 각종 판본을 비교·검토하여 ≪大明律直解≫라는 서명으로 간행한 책의 말미에 담긴 해설이다.[9] 여기에서는 ≪大明律≫이 어떻게 하여 조선에 수용되게 되었는지에 대하여 고려말 典法司의 상소, 당시의 정치상황, 조선 태조의 선언 등으로 설명하고 중국에서의 ≪大明律≫의 편찬경위, 대명률직해의 편찬경위, 판본 등에 대하여 설명하고 있다. 이 연구는 ≪大明律≫에 대하여 우리나라에서 출간된 최초의 연구성과다. 하지만 ≪大明律≫이 실제로 조선 사회에 어떻게 적용되었는지에 대한 연구는 없는 실정이었다. 이와 동년에 朝鮮總督府 中樞院에서 간행된 『李朝法典考』에서도 ≪大明律≫에 대하여 상세히 다루고 있다.[10] 여기서는 ≪大

---

9) 花村美樹, 「大明律直解解說」『大明律直解』, 朝鮮總督府 中樞院 : 京城, 1936, 부록 1~24면.
10) 麻生武龜, 『李朝法典考』, 朝鮮總督府 中樞院 : 京城, 1936, 76~128면.

明律≫의 편찬경위에 대하여 중국의 사료들을 이용하여 다루고, 특히 조선에 유포된 ≪大明律≫의 판본에 대하여 추론하고 있다. 또한 ≪大明律≫이 조선에 들어오면서 달라지게 된 조문들을 ≪經國大典≫의 편찬과 관련하여 다루고 있는데, 가령 贖刑 내지 유배 지방에 대한 언급들이 그것이다. 이 연구는 조선에 유포된 ≪大明律≫의 판본과 직해된 ≪大明律≫에 나타나는 ≪大明律≫과 다른 조문들을 연구한 최초의 연구성과라고 할 수 있을 것이다. 이 두 가지 연구 성과는 일제시대에 행해진 것이지만 ≪大明律≫과 관련된 최초의 본격적 연구로서 자리매김할 수 있다. 하지만 國典과의 관련성 및 판례들에 대한 소개가 없는 점이 연구의 초창기에 일어날 수 있는 한계이다.

한편 중국에서도 자신들의 법률이 동아시아 지역에 미친 영향에 대하여 일찍부터 연구가 행해졌다.[11] 1930년대에 행해진 이 연구에서는 중국의 법률이 베트남, 오키나와, 일본, 조선 등지에 미친 영향에 대하여 조목조목 설명하고 있다. 그리고 조선에서의 ≪大明律≫ 수용과정에 대하여는 일본인 학자들의 연구성과를 인용하고 있다. 조선 태조의 ≪大明律≫ 수용선언과 함께 ≪大明律≫의 직해에 대한 간략한 설명, 그리고 ≪經國大典≫으로 이어지는 과정을 설명하고 있는데 내용이 소략하기는 하지만 중국에서 ≪大明律≫과 조선과의 관계에 대하여 언급한 최초의 연구서가 아닌가 한다. 다만 내용 자체가 중국법이 조선에 미친 영향을 탐구하는 것이고, 일본인 학자의 연구를 답습하여서인지 일본인 학자의 연구에서 진전되지 않았고, 역시 판례분석에까지는 이르지 못한 점을 한계로 들 수 있다.

해방 이후 법학계에서 한국법제사에 관심을 가지고 일련의 연구가 진행되었다. 그중 최초의 ≪大明律≫과 관련된 연구성과는『法政』에 발표된「朝鮮刑事法制의 歷史的 展開」이다.[12] 이 연구는 한국의 刑事法制를

---

11) 楊鴻烈,『中國法律在東亞諸國之影響』, 商務印書館 : 上海, 1937, 86~92면.
12) 張承斗,「朝鮮刑事法制의 歷史的 展開(1) —한 槪觀的 考察—」『法政』 제3

통시대적으로 고찰하면서 '李朝刑典과 明律'이라는 항목에서 조선 태조
가 卽位教書에서 ≪大明律≫을 국가의 형전으로 준봉할 것을 선포하고
조선의 형전 편찬의 대사에 착수한 것이 바로 ≪經濟六典≫을 위시한
國典으로서, 國典이 가지는 위상은 ≪大明律≫에 대한 특별법이라는 것
을 밝히고 있다. 이후 한국 형사제도의 역사를 논하면서 ≪大明律≫과 國
典과의 관계에 대하여 약간 언급하는 글들이 발표되고 있었다.13) 그것은
한국 형사제도의 흐름을 연구하는 와중에 ≪大明律≫의 부분을 비대하
게 언급할 수 없었으며, 또 사상적 배경과 관련한 연구들에서도 ≪大明
律≫의 운용적 측면이 미약할 수밖에 없었던 데에도 기인한다고 생각된
다. 이러한 연구상황 하에서 행형적 측면에서 ≪大明律≫의 규정들이 다
루어지기도 한다.14) 이 연구에서는 ≪大明律≫이 수용되는 과정에 대하
여는 그 이전의 수준과 별 다를 바 없는 설명하고 있지만, 행형과 관련
된 규정들을 따로 뽑아내어 설명하고 있는 점이 구별된다. 하지만 행형
과 관련된 규정을 단순히 번역하고 설명하고 있을 뿐 國典에서 수정된
규정이나 판례들에 대한 언급을 하지 않은 점이 한계이다.

　한국의 형사제도에 관해 지금까지 가장 양적으로 방대한 연구는『朝
鮮王朝刑事制度의 研究』를 들 수 있다.15) 비록 ≪大明律≫의 수용에 대
하여는 그리 상세하게 언급하지는 않고 있지만, 조선시대의 형법을 현행
형법의 체계에 맞게 각색하여 다루고 있다. 조선시대의 형법은 ≪大明
律≫과 國典이었으므로 당연히 ≪大明律≫의 규정과 國典의 규정들 그
리고 ≪朝鮮王朝實錄≫의 각종 기사들을 언급하여 설명하고 있다. 이
책을 저술할 당시 법제처장이었던 저자는 방대한 법제처의 번역자료들

　　권 제8호(통권 22호), 1948, 11~14면 ; 張承斗,「朝鮮刑事法制의 歷史的 展開
　　(1)—한 概觀的 考察—」『法政』제3권 제9호(통권 23호), 1948, 41~45면.
13) 예컨대, 朴文福,「韓國刑法의 歷史」『성균관대학교 논문집』제5집, 1960 ;
　　劉永玹,「李朝刑法理論의 展開(上)(下)」『法制月報』, 法制處, 1962 ; 李炳國,
　　「李朝刑事法과 그 思想的 背景」, 성균관대학교 법학석사학위논문, 1964.
14) 崔建植,「大明律의 依用과 行刑(上)(下)」『矯正』제15권 2·3호, 1968.
15) 徐壹教,『朝鮮王朝 刑事制度의 研究』, 한국법령편찬회, 1968.

과 원전자료들을 이용하여 당시까지의 모든 자료를 총동원하였다고 할
수 있을 만큼 방대한 양을 소화하여 책을 썼던 것이다. 하지만 방대한
양에 비하여 대부분의 경우 규정들과 사실들이 나열되어 있고, 이들 간
의 유기적 관련성을 찾아보기 어렵다. 또 조선후기의 관련 법규정들도
다루면서 ≪秋官志≫ 등의 형사판례집을 이용하지 않은 점이 아쉬운 점
이다.

1970년대에 들어와 「大明律과 經國大典 刑典의 實體法的 比較研究」
라는 글이 발표된다.[16] 이 글은 본 논문이 시도하고자 하는 연구대상의
일부와 외형상 흡사한 면이 있다. 바로 ≪大明律≫과 ≪經國大典≫ 規
定의 비교연구를 시도한 점이다. 그러나 이 연구는 ≪經國大典≫에 나
오는 특별 규정들을 집중적으로 다루기보다는 ≪大明律≫의 규정들과
≪經國大典≫의 규정을 따로 다루고 있다. 그렇기 때문에 ≪大明律≫과
國典이 어떠한 관계를 가지고 있는가에 대하여 지침을 제공하고 있지
않는 점이 한계로 지적될 수 있을 것이다.

이후 ≪大明律≫과 관련하여 조선초기의 판례와 함께 언급하는 연구
가 등장한다.[17] 이 연구에서는 법제정이라는 작업이 사회상과 관련이 있
다는 것을 ≪大明律≫과 관련된 판례들을 분석하면서 밝히고 있다. 즉,
조선초기에 이루어진 ≪大明律≫의 수용에도 불구하고 조선초기의 사
회상과는 맞지 않는 면이 있었기 때문에 이미 이두로 바꾸는 직해 작업
이 이루어졌다는 것을 구체적인 규정의 비교를 통하여 상세히 밝혔다.
또 규정의 비교뿐만 아니라 세종조에 이루어진 형률적용에 대한 각종
논변들을 소개하고 있어, 식민지 시대에 이루어진 ≪大明律≫의 연구에

---

16) 吳道基, 『大明律과 經國大典 刑典의 實體法的 比較研究』, 朝鮮大學校 법학
   박사학위논문, 1976.
17) 朴秉濠, 『세종시대의 법률』, 세종대왕기념사업회, 1986, 40~42, 63~74면.
   특히 직해된 ≪大明律≫의 특징은 朴秉濠, 「朝鮮初期 法制定과 社會相－大
   明律의 實用을 중심으로－」『國史館論叢』제80집, 국사편찬위원회, 1998,
   1~36면.

비하여 진일보한 모습을 보이고 있다. ≪大明律≫이 조선초기의 사회에 미친 영향을 분석한 본격적인 글이라고 할 수 있을 것이다. 다만 ≪大明律≫과 관련하여 조선초기 특히 세종대에 한정하고 있는 점[18]은 조선 全時期에 걸친 ≪大明律≫의 위상에 대한 연구의 출발점으로서 큰 의의를 가진다고 할 수 있으나, 시기적인 한계를 가진다고 하겠다.

이와 동시기에 필자는 ≪大明律≫의 수용이 조선태조의 수용선언에 의하여 일시적으로 된 것이 아니라 조선에 있던 각종 法源들과 경쟁하는 과정에서 일반형법으로 된 것으로, 확정적으로 규정된 것이 바로 이 ≪經國大典≫의 '用大明律'이라는 규정이라는 새로운 해석을 가하였다.[19] 이 글에서는 ≪大明律≫의 수용과정에 있었던 각종 판례들을 체계적으로 정리하여 형사 일반법으로서 ≪大明律≫이 확립되는 과정을 보여주고 있다. 다만 이 글도 조선초기에 한정된 점에서 조선 全時期에 걸친 ≪大明律≫의 운용실태를 보여주지 못하는 한계가 있다. 이후 16세기까지의 ≪大明律≫의 운용과 변용에 관한 연구가 이루어졌다. 이 연구는 ≪經國大典≫ 이후 전란 이전까지의 변화를 추적하였지만 시대적 변화의 흐름과 연계되지 않고 있는 한계를 노정하고 있으며, 조선후기까지의 변화를 다루지 못한 한계가 있다.[20]

이상은 법학계에서 법제사연구의 일환으로서 행해진 조선초기에 있어서의 ≪大明律≫의 도입과 운용실태에 관한 연구이다. 그런데 사학계에서는 법학계와는 약간 다른 시각에서 이를 바라보고 있다.

우선, ≪大明律≫에 관한 「大明律의 編纂과 傳來-經國大典編纂의 背

18) 사실 ≪大明律≫과 관련된 각종 논의들은 세종대에 집중적으로 나온다. 따라서 朝鮮初期의 法制定과 社會相이라는 주제와 관련하여서는 세종대의 논의를 살펴보는 것으로 충분하다. 다만 조선 전 시기에 걸친 ≪大明律≫의 운용실태를 살펴보려면 세종대에 한정하여서는 안된다.
19) 趙志晩,「朝鮮初期 ≪大明律≫의 受容過程에 관한 硏究」, 서울대학교 법학석사학위논문, 1998.
20) 鄭肯植·趙志晩,「朝鮮前期 ≪大明律≫의 受容과 變容」『震檀學報』제96호, 震檀學會, 2003.

景一」[21]은 그가 부제로도 밝히고 있듯이 ≪大明律≫의 도입을 ≪經國大典≫의 편찬배경이라는 관점에서 바라보고 있다. 특히 그는 "禮와 律은 당시 유교국가를 표방하던 나라에서는 두 가지 중요한 통치 도구였다고 하겠다. 명나라나 조선에서 公事의 禮로서 그 기준이 되었던 것은 朱子가 지은 朱文公家禮였으며, 당시 통용된 율은 唐律에 근거한 明律이었음은 두말할 것도 없다"[22]라고 하면서 주자가례[23]와 ≪大明律≫을 조선을 유교사회라고 특징지을 때 이를 뒷받침하는 양축으로 파악한다.[24] 이와 유사하게「大明律의 朝鮮朝的 繼受」도 중국율령 특히 ≪大明律≫의 수용의 이유를 유교사회라는 점, 律의 총칙적 부분에 해당하는 名例律이 있어 당시의 지배층이 그 치밀한 논리에 압도되어 버렸다는 점, 제규정이 민족의 차이를 초월한 보편성을 가지고 있었다는 점, 律令은 공법적인 법규였지만 근대 헌법과 같은 왕권의 존재양상을 직접적으로는 규정하고 있지 않다는 점을 들고 있다. ≪大明律≫의 수용을 아시아 제국과 비교하며 유교라는 공통성에서 찾고 있다.[25] 그러나 이러한 연구들은 ≪大明律≫의 수용을 유교라는 당시의 보편적 사상에 근거하여 사상적 측면에서 접근하고 있고, 이를 하나의 외국법의 수용을 통한 법적 논변의 심화라는 시각에서 바라보고 있지는 않다. 물론 ≪大明律≫의 시행이 유교사회의 진전이라는 면과 분리하여 생각할 수는 없을 것이다. 그러나 법적 논변의 발전, 즉 일반적으로 적용되는 형사규범의 존재에 대한 이

---

21) 金九鎭,「大明律의 編纂과 傳來―經國大典編纂의 背景―」『백산학보』제 29집, 1984.

22) 金九鎭, 위의 글, 96면.

23) 朱子家禮의 도입이 朝鮮 社會에 끼친 意義와 影響에 관하여 자세한 것은 鄭肯植,『朝鮮初期 祭祀承繼法制의 成立에 관한 硏究』, 서울대학교 법학박사학위논문, 1996 ; 정긍식,「조선초기 주자가례규범의 수용에 관한 고찰― 喪禮를 중심으로―」, 서울대학교 법학석사학위논문, 1988 참조.

24) 金九鎭, 앞의 글, 116면.

25) 金漢植,「大明律의 朝鮮朝的 繼受」『경북대학교 논문집(인문・사회과학)』제 34집, 경북대학교, 1982, 50면.

해라는 측면은 그 이전 시기와는 엄청난 차이를 보여주는 법적 발전이 아닐 수 없다. 이러한 면을 부각시키지 못하고 유교와의 관련성만을 강조한 것이 지금까지의 사학계 연구의 한계였다고 할 수 있다.[26]

이러한 상황에서 새로운 연구자가 나타나기 시작했다. 우선 中國에서 ≪大明律≫과 朝鮮과의 관계에 대해 중점을 둔 박사학위논문인 『大明律 的特点及對朝鮮社會的影響－通過對儒家和法家思想的考察』을 들 수 있다.[27] 이 논문에서는 朝鮮初期 ≪大明律≫이 논의된 사례들을 ≪大明律≫과 동일한 운용과 차이가 있는 운용례를 통하여 조선초기 형정 운영의 실상을 보여주려 하고 있다. 또한 「朝鮮初期 刑律 硏究 : 律文과 律學을 中心으로」는 조선초기의 형사관련 판례들을 ≪大明律≫의 조항과 연관시켜 어떠한 조항들이 조선초기에 실제로 사용되었는지에 대하여 밝히고 있다.[28] 90년대 후반에 들어서 사학계에서도 보다 심화된 ≪大明律≫의 조선초기의 운용실태분석에 치중되고 있음을 알 수 있다. 다만 이 새로운 작업들은 조선초기 ≪大明律≫의 운용례를 보여주고 있을 뿐, 어떠한 법적 논변을 보여주는가에 대한 분석이 없는 것은 이전 시기 사학계의 연구경향과 비슷하다.

한편 해외에서도 ≪大明律≫에 대한 연구가 진행되었는데, 조선과 ≪大明律≫의 관계가 주된 것이 아니라 ≪大明律≫ 자체에 대한 연구였다. 예컨대 Jiang Yonglin은 그의 박사학위논문[29]에서 ≪大明律≫이 동아

---

26) 李成茂, 「經國大典의 편찬과 大明律」 『朝鮮兩班社會硏究』, 一潮閣, 1995도 이 한계에서 벗어나지는 못할 것으로 생각된다.
27) 文亨鎭, 「大明律的特点及對朝鮮社會的影響－通過對儒家和法家思想的考察」, 中央民族大學, 1998 ; 文亨鎭, 「朝鮮初期 ≪大明律≫의 運用實態」 「外大史學」 제12집, 韓國外國語大學校 外國學綜合硏究센터 歷史文化硏究所, 2000.
28) 兪起濬, 『朝鮮初期 刑律 硏究 : 律文과 律學을 中心으로』, 충남대학교 문학 박사학위논문, 1996.
29) Jiang Yonglin, 「The Great Ming Code : A Cosmological Instrument for Transforming All under Heaven」, A Thesis Submitted to the Faculty of the Graduate School of the University of Minnesota, 1997, 93~95면. Jiang Yonglin

시아 제국에 파급된 것을 언급하면서 특히 ≪大明律直解≫를 언급하고
있다. 즉 ≪大明律直解≫의 편찬경위와 저본 그리고 직해상 나타나고
있는 특징들에 대하여 간략히 언급하고 있는데 이들은 모두 黃彰健의
글에서 인용된 것으로 2차적 문헌의 소개에 그치고 있다.[30]

　　이제 조선후기에 대한 연구성과를 정리해보고자 한다. 조선후기의 연
구성과는 연구사정리의 冒頭에서 이미 언급하였듯이 그리 많은 연구성
과는 보이지 않는다. 그것은 아마도 '依律施行'으로 특징 지워지는 조선
후기 ≪朝鮮王朝實錄≫에서 나타나는 많은 사례들과도 무관하지는 않
을 것이다. 그러나 ≪朝鮮王朝實錄≫에서 나타나지 않는 많은 형사 판
례들이 판례집의 형태로 조선후기에 등장하는데 그 대표적인 것이 ≪秋
官志≫와 ≪審理錄≫이다. 이를 이용한 연구는 그리 많지는 않은데, 초
창기 연구업적으로는 沈羲基의 연구[31]를 들 수 있다. 그는 조선후기 형
사법제사 연구에서 ≪秋官志≫에서 많이 보이는 사정을 참작하여 減死
判決을 하는 '參酌勘律'의 법적 성질에 대하여 논하고 있다. 이것이 해
석적용인가 아니면 재판권자의 恩赦 또는 비법률적 동정인가의 문제에
서 참작감률에서 참작되는 대상은 情狀 뿐만 아니라 법률도 포함되므로
법을 떠나서 생각할 수 없는 법의 해석적용의 문제라는 결론을 도출하
고 있다. 그 이외에 朝鮮後期의 法制史에 대하여 주목한 이는 William

　　은 ≪大明律≫을 영어로 번역하였다(Jiang Yonglin, The Great Ming Code, the University
　　of Washington Press, 2005). 현재 Oklahoma State University 역사학과 교수로 재직중
　　이다.

30) Jiang Yonglin, 앞의 글, 118면의 각주 112, 114, 115 등 참조. 黃彰健,「律解
　　辨疑大明律直解及明律集解附例三書所載明律之比較研究」『明淸史硏究叢
　　稿』, 臺灣商務印書館, 1977을 인용하였다.

31) 沈羲基,「朝鮮後期 刑事制度運營에 대한 一考察－參酌勘律을 中心으로－」,
　　서울대학교 법학석사학위논문, 1980 ; 同,「朝鮮時代의 殺獄에 관한 研究Ⅰ」
　　『法學研究』제25권 제1호(통권 32호), 부산대학교 법학연구소, 1982 ; 同,「復
　　讐考序說」『法學研究』 제26권 제1호(통권 33호), 부산대학교 법학연구소,
　　1983 ; 同,「欽欽新書의 法學史的 解剖」『社會科學研究』제5집 제2권, 영남
　　대학교 사회과학연구소, 1985.

Shaw이다. 그는 자신의 저서에서 《審理錄》을 텍스트로 하여 18, 19세기 조선의 모습과 법을 집행하는 사람들의 법해석태도에 대하여 분석하고 있다. 조선후기에 신분의 분화가 가속화되면서 신분 상호간의 갈등이 범죄의 형식으로 나타날 때 이를 어떻게 처리할 것인지에 대하여 언급하고 있다. 또 재판에 대하여도 자의성의 개입을 부인할 수는 없으나 그것은 전근대 사회에서 흔히 발견될 수 있는 현상이라고 하고 있다.[32] 이후 沈載祐에 의하여 《審理錄》이 분석되는데, 그는 법사학자가 아닌 사학자로서 관심방향이 사회통제와 寬刑으로 향하고 있다. 그리하여 《審理錄》 분석을 통하여 정조의 관형 경향, 그리고 처벌 방식의 개선 노력이 이전 시기의 사회통제 방식과는 큰 차이를 나타내고 있음을 밝히고 있다.[33]

이상과 같은 조선후기 형사법제사의 연구는 규정 자체에 대한 연구는 소략하고, 판례집을 분석하는 방법론을 취하고 있다. 이는 《大明律》이 이미 조선 사회에 일반 형법으로서 자리매김한 것을 전제로 하고, 그로부터 더 나아가 실제 판례에서는 어떻게 나타나고 있는가를 분석하였기 때문이라고 생각된다. 하지만 이미 언급하였듯이 《大典會通》 등의 國典 상에도 조금이나마 《大明律》의 예외규정들이 산견되고, 이 예외규정들이 탄생하게 되는 배경들을 풍부한 판례속에서 발견할 수 있다고 생각된다. 여기에서 규정과 판례의 유기적 결합이 조선후기 형사법제운영의 전모를 밝히는 데 중요하지 않을까 생각된다. 따라서 조선후기에 있어서도 규정의 비교를 통한 연구가 병행되지 않으면 안될 것이고 이 점에서 조선후기 형사법제사 연구들의 한계가 있다고 할 것이다.

즉 기존의 연구는 《大明律》이 조선의 일반 형법으로 기능하였고, 國典이 특별 형법으로 기능하였다는 점을 밝히면서 구체적인 사례를 몇 가

---

32) William Shaw, Legal Norms in a Confucian State, Institute of East Asian Studies University of California, Berkley, 1981.

33) 沈載祐, 『《審理錄》 硏究 - 正祖代 死刑犯罪 처벌과 社會統制의 변화』, 서울대학교 문학박사학위논문, 2005.

지 언급하고 있을 뿐 전체적인 국전의 규정과 ≪大明律≫을 비교하여 검
토를 행하고 있지는 않다. 또한 대부분의 연구가 조선초기에 주목하고
있다. 그리고 조선후기에 대한 연구도 ≪大明律≫을 일반 형법으로 하여
그 기반 위에서 국전이 어떻게 작동하고 있었는지에 대한 연구가 아니
라, 국전 그 자체만을 가지고 국전에 나타난 각종 규정들과 사회 변동과
의 관계에 대한 연구에 치중되어 있다. 조선사회에서 국전을 빼고 법제도
를 연구할 수는 없지만, 일반적인 형법으로 기능하고 있었던 ≪大明律≫
과 유기적인 연관 하에서 연구하지 않으면 안된다.

Ⅲ. 연구의 범위 및 방법

이 글에서는 연구범위를 시기적으로 조선시대로 잡고 있다. 조선시대
라고 한다면 1392년 조선이 건국한 때로부터 1910년 일제에 의하여 국
권이 강탈된 시기가 될 것이다. 그렇다고 1392년을 기점으로 잡고 1910
년을 종점으로 잡지는 않는다. 왜냐하면 1392년 이전에 이미 조선의 기
틀이 잡혀가고 있었고, 1910년 이전에 이미 서구 열강들에 의해 조선의
전통제도가 변질되고 있었기 때문이다. 조선 건국 이전의 상황에 대하여
는 논의의 흐름상 필요한 부분에 한하여 언급될 것이다. 다음으로 하한
선을 어디로 잡느냐가 문제가 될 것이다. ≪大明律≫은 ≪刑法大全≫에
까지 그 잔영을 드리우고 있다. 또 시기적으로도 ≪刑法大全≫은 조선시
대에 해당되기 때문에 하한선을 이때로 잡을 수도 있다. 그렇기 때문에
≪刑法大全≫을 언급하지 않으면 안될 것이다. 하지만 ≪大典會通≫으
로 조선시대의 종합법전이 완결되었다. 조선시대 ≪大明律≫과 국전은
서로 보완관계에 있었지만 ≪刑法大全≫은 그 자체로서 존재했고, ≪刑
法大全≫에는 갑오경장(1894) 이후의 서양 법학의 영향이 보이기 때문에
새로운 연구에서 다루는 것이 좋을 것 같다.34) 즉 이후의 변화는 西歐와

의 접촉을 통한 변화라는 측면에서 접근하여야 한다는 것이다. 결국 전통시대의 사람들이 가지고 있었던 전통적 가치들은 《大典會通》까지 망라되어 있다고 할 수 있다. 이러한 이유로 하한선은 《大典會通》까지로 잡기로 한다.

이제 연구방법의 문제인데 조선의 형사법제를 연구하기 위하여는 각종 법전으로부터 시작하지 않으면 안된다. 우선 조선시대를 통틀어 일반 형법으로 쓰인 《大明律》을 기본 텍스트로 삼아야 할 것이다. 또한 《大明律》과 함께 조선의 특별 형법으로 쓰인 각종 국전에 나타난 형사 규정들도 검토해야 할 것이다. 《經國大典》을 필두로 하여 《續大典》, 《大典通編》, 《大典會通》의 大典類 법전, 그리고 《大典續錄》, 《大典後續錄》, 《受敎輯錄》의 편찬된 續錄類 법전, 《各司受敎》, 《新補受敎輯錄》 등의 受敎集의 각종 형사관련 규정들이 《大明律》의 텍스트와 비교되는 法典들이고 이를 이용하기로 한다.[35]

조선이 건국되고 임진왜란, 병자호란이 일어나기까지의 각종 문서기록들은 전란의 와중에 일실되거나, 시간의 흐름에 따라 일실되었다. 그래서 《大明律》이 조선에서 어떻게 운용되었는가를 실증적으로 밝히려고 하는 본 논문에서는 조선전기 기록들을 《朝鮮王朝實錄》에 의존한다. 《承政院日記》의 자료들은 조선후기에 해당하는 내용들이 남아있기 때문에 조선의 전기기록은 《經國大典》과 《大典續錄》, 《大典後續錄》의 법전들과 《朝鮮王朝實錄》이라는 편년체 기사들에서 뽑은

---

34) 이미 《刑法大全》과 《大明律》의 관계에 대하여는 이미 선행연구가 있다. 문준영, 앞의 글, 78~115면에서는 《刑法大全》의 내용을 설명하면서 《大明律》과의 관련에 대하여 자세히 언급하고 있다. 한편 개화기 법제의 흐름에 대하여는 鄭肯植, 『韓國近代法史攷』, 박영사, 2002, 42~59면 참조.
35) 朝鮮의 法典을 大典類, 續錄類, 輯錄類, 通考類, 便攷類로 나눈 것은 洪順敏, 「조선후기 법전 편찬의 추이와 정치운영의 변동」 『韓國文化』 21, 서울대학교 한국문화연구소, 1998, 167~169면 참조. 다만 본 논문에서는 이 分類에서 시사를 받았지만, 완전히 동의할 수는 없었기 때문에 약간 수정을 가하였다. 가령 《受敎輯錄》을 續錄類라고 한 것이 그것이다.

판례들과, 勘律에 대한 각종 논변들을 이용할 수밖에 없다. 사실 조선전기의 ≪朝鮮王朝實錄≫의 기사에는 조선후기의 기사들보다 법적 논변들이 많이 나타나기 때문에, 이것을 가지고도 조선전기에 ≪大明律≫의 운용실태를 충분히 고찰하는 것이 가능하다고 생각된다. 물론 후기의 기록, 특히 ≪秋官志≫에서 나타나는 조선전기의 기록들이 있으면 그것들을 이용하기도 한다. 한편 ≪續大典≫이 편찬되기 이전까지의 기록들도 마찬가지로 ≪朝鮮王朝實錄≫의 기사들을 활용하기는 하지만, 그 이외에도 ≪各司受敎≫, ≪受敎輯錄≫, ≪新補受敎輯錄≫의 각종 受敎들과 16세기 이후에 편찬되기 시작하는 詞訟法書에 실린 규정들을 이용한다. 특히 ≪決訟類聚補≫는 이전까지의 사송법서에 비하여 형사규정을 대폭적으로 증보하고 있기 때문에 당시의 수령들이 실제로 이용했던 규정들을 살필 수 있는 자료라고 생각되기 때문에 ≪大明律≫의 활용도를 추출하는 데 자료로 활용하도록 한다.

正祖대에 이르러 편찬된 형사판례집인 ≪秋官志≫, ≪審理錄≫에 실린 각종 형사판례들이 풍부하기 때문에 ≪大明律≫의 운용실태는 국전의 특별규정들과 아울러 이러한 판례집들에서 추출 가능하다. 사찬 형사판례 평석집이라고 할 수 있는 丁若鏞의 ≪欽欽新書≫도 아울러 참고의 대상으로 삼았으며, 특히 憲宗대에 편찬된 ≪律例要覽≫을 이용한다. ≪律例要覽≫은 사안별 적용규정을 수록해두어서 조선후기에 관리들이 주로 재판하는 범죄들이 어떠한 범죄들이었고, 이 범죄들을 해결하기 위하여 동원된 규정들은 어떠한 규정들이었는가를 살펴보기에 좋은 자료이다.

자료를 이용하는 것은 우선 순위를 법전에 두기로 한다. 특히 국전에는 ≪大明律≫을 구체화하는 규정 내지 예외 규정들이 실려 있으므로 이를 기본으로 한다면 조선에 시행된 형률이 어떤 것이었는가가 확연히 드러나리라 생각한다. 연대기 자료와 판례 자료는 국전의 규정이 나타나게 된 연유를 상세히 알려주는 것이 있고, 이와 별도로 국전에는 없지만

≪大明律≫과 관련한 중요한 논의가 나타나는 경우가 있다. 국전을 기본
으로 하되 연대기자료와 판례자료는 국전과의 관련성 혹은 ≪大明律≫
과의 관련성 있는 부분을 언급하기로 한다. 한편 그 이외의 자료들은 각
각의 개별적인 사안에서 드러날 경우가 있을 것이다.

Ⅳ. 이 글의 구성

이 글은 모두 7장으로 구성되어 있다. 각 장을 나누는 기준은 통시대
적인 순서와 국전의 편찬과 그중요성에 따른다. 기존 연구를 정리할 때
에는 조선전기와 후기라는 틀로 나누어 보았는데, 그것은 연구사가 기본
적으로 ≪經國大典≫의 편찬 이전까지의 시기를 다루는 것과, 英正祖
시대를 다루는 것으로 대별되기 때문에 편의상 그렇게 나눈 것이다. 그
러나 본 논문에서는 이를 보다 세분하여 보고자 한다. 우선 제2장에서는
≪大明律≫의 성립과 수용에 대하여 살펴본다. 이 장에서는 중국에서
≪大明律≫이 편찬되는 과정과 조선에 어떻게 수용되었는지에 관하여
살펴볼 것이다. 특히 베트남과 일본의 수용방식에 대하여 언급하면서 조
선의 수용방식이 갖는 특징을 살펴볼 것이다. 그리고 조선과는 이질적인
토양에서 배태된 ≪大明律≫이 조선에 어떠한 과정을 거쳐서 수용되었
는가에 대하여는 ≪大明律≫이 조선에 미친 영향을 고려해볼 때 상당히
중요한 부분이다. 그렇기 때문에 전체적인 균형이 맞지 않지만 이 부분
의 분량이 늘어날 수밖에 없었다.

제3장에서는 ≪經國大典≫ 형전과 ≪大明律≫의 관계에 대하여 살펴
보기로 한다. ≪經國大典≫에 수록된 규정들은 ≪經國大典≫이 편찬되
기 이전까지의 受敎들을 추상화한 것이기 때문에 ≪大明律≫이 조선초
기에 수용되면서 겪었던 갈등 현상들을 확인해볼 수 있는 자료가 되기
도 한다. 특히 ≪大明律≫을 전제로 하지 않고서는 ≪經國大典≫을 이

해할 수 없는 부분이 있는데 이러한 것을 포함하여 刑典을 중심으로 분석하기로 한다.

제4장에서는 ≪經國大典≫이 편찬된 이후 국전과 ≪大明律≫이 짝을 이루며 적용되는 과정을 살펴보고자 한다. ≪經國大典≫이 편찬된 이후에는 ≪大明律≫이 일반 형법의 지위를 가지고 적용되는 시기인데, 임진왜란이 발생하기 전까지는 그리 큰 변화가 없었던 것으로 생각된다. 이 시기는 ≪大明律≫이 어느 시기보다도 잘 적용되었다고 할 수 있는데, 약간의 변화가 실리게 되는 ≪大典續錄≫, ≪大典後續錄≫ 그리고 전란 이후에 정리된 ≪各司受教≫를 중심으로 하여 살펴보기로 한다. 일응 안정적인 시기라고 보여지지만 변화의 움직임이 감지되는 이 시기에 어떠한 규정들이 만들어지고 적용되었는지에 대하여 살펴본다. 또 조선전기의 ≪大明律≫의 적용상황을 살피기 위하여 당시 수령들의 재판상 편의를 위해 편찬된 ≪決訟類聚補≫를 분석하도록 한다.

제5장에서는 전란 이후의 상황에서 사회의 통제와 관련하여 어떠한 법령들이 나오는가를 살펴보고자 한다. 이 시기는 각종 법규들이 난무하는 시기로 일시적인 적용을 위한 수교들과 판례들이 대폭적으로 나오게 된다. 이 시기의 법전으로는 ≪受教輯錄≫을 필두로 이를 종합한 ≪續大典≫이 있다. ≪續大典≫은 그 이전까지 ≪大典續錄≫, ≪大典後續錄≫, ≪受教輯錄≫으로 잡다하게 흩어져 있던 각종의 규정들을 정리한 것이다. ≪續大典≫ 이전의 선행단계로서 ≪新補受教輯錄≫의 편찬도 거론될 수 있지만, ≪新補受教輯錄≫은 ≪受教輯錄≫ 이후의 법령들을 대상으로 하였다는 점에서 ≪續大典≫ 편찬의 선행작업으로서의 의미를 가질 수 있다. ≪續大典≫이 편찬됨으로써 그 이전까지 번잡하게 적용되어 오던 각종 受教들이 ≪大明律≫과의 통일성 하에서 해석되고, 적용될 수 있는 토대가 마련된다. ≪續大典≫에서 國典과 ≪大明律≫의 관계를 확실히 정립한 것도 이런 의미에서 해석이 가능하다고 생각된다.

제6장에서는 ≪續大典≫이 편찬된 이후 ≪大典會通≫이 편찬되기까

지의 시기를 다룬다. 이 시기에는 새로운 규정들은 그리 많이 나오지는 않는다. 그것은 아마도 ≪續大典≫ 단계에서 형사관련 규정들이 대폭적으로 정리되었기 때문에 그런 것이라고 생각되는데, 오히려 이 시기 특히 正祖대에는 정립된 규정 속에서 양형을 어떻게 할 것인가가 주된 대상이 된다. 즉 구체적인 사건이 발생한 경우 구성요건에 완전히 포섭되어 규정에 따라 처벌될 범죄자에 대하여 구체적인 사건이 발생한 배경, 가족관계 등을 고려한 판례들이 많이 나오고 있는 것이다. 正祖대 이후에는 판례집이 간행되지 않았기 때문에36) 이러한 기조가 계속 유지되었는지는 알 수 없으나, 형사판결에 참조하기 위하여 만들어진 각종 편의서류를 통하여 ≪大明律≫이 조선후기의 사회에서 어떠한 역할을 담당하였는지에 대하여 추측할 수 있다. 흔히 ≪大明律≫이 조선후기에 이르면 기계적으로 적용되었다고 이야기되는데, 제4장에서는 그러한 기계적인 적용이 적어도 국전의 규정들과 상충되지 않을 경우에 가능했다는 것을 보여준다. 특히 ≪律例要覽≫의 분석을 통하여 국전과 ≪大明律≫이 서로 연관되어 적용되는 것을 밝히도록 한다.

제7장은 결론으로서 제2장, 제3장, 제4장, 제5장에서 논의된 것을 정리하고 조선 사회에서 ≪大明律≫의 수용과 적용이 갖는 의미에 대하여 언급하기로 한다. 앞의 각 장에서 논의된 것을 종합적으로 다루고 요약하면서 마무리하도록 한다.

---

36) 正祖대 이후 판례집이 편찬되기는 하였다. ≪秋曹決獄錄≫이 대표적인데 대략 순조 22년(1822)부터 고종 30년(1893) 사이의 판례들이 수록되어 있으나 현재 전질이 전해지지는 않는다. 純祖대 이후의 판례들에 대해 살펴볼 수 있는 귀중한 자료이나 아직 연구되어 있지 않다.

제2장 ≪大明律≫의 成立과 受容

제1절 ≪大明律≫의 성립과 내용

≪大明律≫은 唐의 永徽律을 저본으로 하여 법의 형식상 처음으로 六律의 형태를 만들어 내었고, 그 내용은 전통사회의 시대적 특색을 반영하고 있는 것으로 나중에 ≪大淸律≫에도 직접적으로 영향을 주었다. 특히 ≪大明律≫은 이전까지의 중국의 입법성과를 모두 담은 형률로서 조선에 법전 그 자체가 포괄적으로 수용되었다. ≪大明律≫은 기록상 4차에 걸쳐서 개정되었는데, 이전 판본은 전해지지 않으며 洪武 30년(1397)에 마지막으로 개정된 것이 현재까지 내려오고 있다.

I. ≪大明律≫의 성립

최초의 ≪大明律≫은 明太祖 朱元璋이 아직 吳王이었을 시절인 吳 원년(1367)에 이루어졌다.[1] 다만 이것은 洪武 원년(1368)에 頒行되었기 때문

---

1) ≪大明律≫의 성립과 관련하여 국내 문헌으로는 金九鎭, 「大明律의 編纂과 傳來—經國大典 編纂의 背景」『白山學報』29호, 1984, 85~98면이 가장 자세하다. 다만 그의 글에서는 洪武 원년을 1367년(1368년이 정확하다)으로 하는 등 연도의 표기가 부정확하다. 외국문헌으로는 楊一凡, 『洪武法律典籍

에 洪武 元年律이라고 부른다.2) 朱元璋은 武昌을 평정한 후, 律令의 기
초에 착수하여(1364) 吳 元年(1367) 12월에 율령의 편찬이 완료되는데 이때
의 令은 145조, 律은 285조였다. 율령의 편찬에는 특히 다음의 방침이 채
택되었다.3) 우선 前朝인 元의 일시적인 법의 번다한 폐단을 배제하며,
간명하고 엄격한 법일 것을 지향하고, 그 조문은 간략하게 하고 가려 뽑
으며, 더욱이 그 모범은 唐宋의 전통적인 법제로 복귀시키는 것이 고려
되었다.4) 이렇게 편찬된 최초의 律은 周禮의 六官에서 유래하는 六分法
을 채택하고, 선정된 율문은 唐의 그것을 增損하는 것으로 하고 있다. 하
지만 ≪唐律≫의 편목이 12편인 것과 다르고 조문수도 그것에 비하여
적고 특히 法典의 총칙적인 규정을 담고 있는 名例가 없는데 이것이 처

考證』, 法律出版社出版 : 北京, 1992 ; 佐藤邦憲, 「明律・明令と大誥および
問刑條例」, 滋賀秀三編, 『中國法制史－基本資料の硏究－』, 東京大出版會 :
東京, 1993 ; Jiang Yonglin, 「The Great Ming Code : A Cosmological Instrument
for Transforming "All under Heaven"」, A Thesis Submitted to the Faculty of
Graduate School of the University of Minnesota, 1997이 자세한 설명을 하고 있다.
 2) 吳元年(1367)에 이루어진 律이 ≪大明令≫의 서문에 洪武 1년(1368) 正月에
반포되었다고 기술하고 있다는 등의 이유로 洪武 元年律이라고 부르는 견
해(楊一凡, 앞의 책, 2~4면)와 ≪大明令≫과 ≪大明律≫이 동시에 반포되었는가
는 확실하지 않다는 이유로 吳元年律이라고 부르는 견해(Jiang Yonglin, 앞의 글,
103면의 각주 5번)가 있는가 하면 이를 구분하지 않고 吳元年(洪武元年)으로 표
기하기도 한다(佐藤邦憲, 앞의 글, 437면). 本稿에서는 頒行된 것을 기준으로 하
여 洪武 元年律이라고 부르기로 한다. 한편 文亨鎭은 이를 吳王 元年(1364)
12월에 공포하였다고 하는데(文亨鎭, 「大明律的特点及對朝鮮社會的影響－通過對儒
家和法家思想的考察」, 中央民族大學 博士學位論文 : 北京, 1998, 26면 ; 文亨鎭, 「朝鮮初
期 ≪大明律≫의 運用實態」, 『外大史學』 제12집, 한국외국어대학교 외국학종합연구센터 역사
문화연구소, 2000, 97면), 朱元璋이 武昌을 평정한 것은 1364년이지만 ≪大明律≫
과 관련된 吳元年은 1367년을 가리키기 때문에 오류라고 보아야 한다. 趙
志晩, 「朝鮮初期 ≪大明律≫의 受容過程에 관한 硏究」, 서울대학교 법학석
사학위논문, 1998, 8면에서도 1364년이라고 하고 있는데 이를 수정한다.
 3) 張晉藩/何天貴・後藤武秀 譯, 『中國法制史(下)』, 中央大學出版部 : 東京, 1995,
190면.
 4) 佐藤邦憲, 앞의 글, 437면.

음 반포한 律의 특색이 되고 있다.[5]

주원장은 국호를 吳에서 明으로 고치고 연호를 洪武로 바꾸게 되는데, 홍무 원년(1368)부터 唐律을 근본적으로 재검토하기 시작했다. 명태조는 홍무 6년(1373) 겨울 刑部尙書 劉惟謙, 翰林學士 宋濂에게 ≪大明律≫의 편찬을 명하여 홍무 7년(1374) 2월에 완성하였다.[6] 이 2차로 편찬된 명률부터 ≪大明律≫이라는 명칭을 쓰기 시작한다. 이 홍무 7년율은 최초로 반포된 율에 비하여 606조로 조문수가 많고, 그 편목도 周禮의 六官에서 유래하는 六部-六分法을 버리고, ≪唐律≫의 편목을 따라서 12편으로 하면서 名例律을 포함시킨 것이 특색이라고 할 수 있다.[7]

洪武 9년(1376)에 朱元璋은 左丞相 胡惟庸, 御史大夫 汪海洋에게 修律을 명하였고, 그들은 "7年律" 가운데 13개조를 수정하고 나머지 446개조는 그대로 두어 개정하는데 이것이 홍무 9년율이다.[8] 이 홍무 9년율에 대하여는 논란이 있다. 즉 그 이전의 홍무 7년율이 606조로 이루어졌고 13개조만 수정하고 446조는 그대로 두었다고 하는데 이러한 오차가 어디에서 나오는가 하는 문제이다. 이와 병행하여 홍무 19년(1386)에 ≪大明律≫의 이해를 돕기 위하여 편찬되는 ≪律解辨疑≫[9]의 내용이 ≪大明

---

5) 佐藤邦憲, 앞의 글, 437~438면.
6) 張晉藩/한기종·김선주·임대희·한상돈·윤진기 옮김, 『중국법제사』, 소나무, 2006, 493면.
7) 佐藤邦憲, 앞의 글, 439~440면.
8) 張晉藩/何天貴·後藤武秀 譯, 앞의 책, 190면. 한편 佐藤邦憲은 이때의 개정을 따로 다루지 않고, 홍무 7년율의 편찬 이후 바로 홍무 22년율의 설명으로 넘어가고 있는데 홍무 9년율은 반행했다는 기록이 없기 때문이다. 佐藤邦憲, 앞의 글, 440면 참조. 張晉藩/한기종·김선주·임대희·한상돈·윤진기 옮김, 앞의 책, 493면에서는 다만 『明史』를 인용하고 명시적으로는 홍무 9년율이 편찬되었다고는 하지 않는다.
9) ≪律解辨疑≫의 저자인 何廣의 序에서 '洪武丙寅春正月'에 序文을 지었다고 하고 있으므로 ≪律解辨疑≫가 홍무 19년(1386)에 편찬되었다는 것을 추측할 수 있다. 劉海年·楊一凡 主編, 『中國珍稀法律典籍集成 乙編 第一册 洪武法律典籍』, 科學出版社: 北京, 1994, 277면 참조.

律≫의 마지막 판본인 홍무 30년(1397)의 것과 체제도 같고 내용도 大同
小異하기 때문에 발생하는 문제도 있다. 臺灣의 학자인 黃彰健이 이 문
제에 대하여 천착하여 들어갔는데, 우선 洪武 9년에 이루어진 개정은
446조 이외의 13조가 개정되었다는 의미로 보아야 하기 때문에 홍무 9
년율의 총 조목 수는 459개이고, 洪武 16년(1383)에 제정되는 '朝參牙牌律
(나중의 兵律 宮衛 懸帶關防牌面)'을 합하여 460개의 조문이 이후의 ≪大明律≫
의 총조문과 합치된다고 하며, 다음으로 ≪律解辨疑≫도 홍무 9년율을
가져왔다는 것이다.10) 그런데 黃彰健의 선구적 업적에 대하여 반론을 펴
는 견해가 있다. 우선 Jiang Yonglin은 漢字에서 '凡'과 '九'는 혼동되는
경우가 있는데, 이 경우가 바로 그 경우이기 때문에 93조가 개정되었다
고 보아야 하며, 또 홍무 9년율이 만들어진 이후 계속해서 율의 증보가
있었는데, 홍무 9년(1376)과 홍무 19년(1386) 사이에 단 한 개의 율문만이
증가했다고 보기는 개연성이 떨어지며, ≪律解辨疑≫의 문제와 관련하
여서도 홍무 9년과 홍무 22년(1389) 사이에 본질적인 개정이 있었을 것인
데 史料에 기재되지 않았을 것이라고 추정하고 있다.11) 한편 滋賀秀三
도 Jiang Yonglin의 입장과 본질적인 면에서는 크게 차이가 나지 않는데,
홍무 7년율과 홍무 9년율 사이에 중간적인 위치를 차지하는 율이 있었
을 것이고, 홍무 9년율 이후에도 ≪律解辨疑≫의 저본이 된 새로운 ≪大
明律≫이 있었을 것인데 丞相 胡惟庸이 반역으로 실각하면서 그와 업적
과 관련된 모든 기록들이 사라져 버렸다고 추정하고 있다.12) 사실 이 문
제는 史料의 혼동 때문에 여러 가지 추측만이 가능할 뿐인데, 滋賀秀三
은 이에 대하여 시사할만한 주장을 하고 있다. 즉 그는 홍무 7년에 만든
續律이라는 것에 주목하고 있는데, 법전의 형태로 律을 만들었음에도 새

---

10) 楊一凡, 앞의 책, 7면 및, Jiang Yonglin, 앞의 글, 83면, 87면, 滋賀秀三, 앞의
   책, 214면에서 인용된 黃彰健, 『明清史研究叢稿』, 臺灣商務印書館 : 大北,
   1977의 논의를 재구성하였다.
11) Jiang Yonglin, 앞의 글, 82~89면.
12) 滋賀秀三, 『中國法制史論集 ―法典と刑罰』, 創文社 : 東京, 2003, 214~216면.

로운 형률이 만들어질 경우에는 계속하여 증보하여 가다가 반행에 즈음하여 증보하거나 삭제하는 입법방식이었다는 것이다.[13] 이 주장은 中間律의 존재와 아울러 ≪大明律≫이 확정될 때까지는 계속하여 增損이 이루어졌다는 것인데, ≪大明律≫의 편찬과 관련하여 상당히 주목할만한 주장이라고 생각된다.

홍무 22년(1389)에 이르러 ≪大明律≫을 다시 편찬하였다. 이제까지 몇 차례에 걸쳐 편찬된 ≪大明律≫이 지나치게 여러 번 첨삭을 더하여 통일되어 있지 않은데다 類別로 편찬하지 아니하여 刑官이 그것을 제대로 찾아보고 활용할 수 없는 결점이 있었기 때문이었다. 홍무 22년율은 홍무 7년율에서 채택하고 있던 12편목의 체재를 버리고, 名例를 앞에 두고 吏律, 戶律, 禮律, 兵律, 刑律, 工律을 두는 6분 체계로 다시 회귀하는데 그 편목을 보면 홍무 30년율과 완전히 일치하고 있기 때문에 ≪大明律≫의 최종본의 원형이 이때에 이르러 확립되었다는 것이 특징이라고 할 수 있다.[14]

홍무 30년(1397)에 다시 ≪大明律≫을 개정하게 되는데 이것이 현재 전하는 ≪大明律≫이라고 할 수 있다. 말하자면 ≪大明律≫의 최종판본인 셈이다. 홍무 30년율은 홍무 22년 皇太孫이 5개 규정에 대하여 개정할 것을 청하자 이를 좋게 여기고, 또 73개조 정도를 개정했다는 등의 기사로 부분적인 개정이 행해졌던 것 같다.[15] 홍무 22년율의 체제를 그대로 따르고, 다만 律誥를 추가한 것이다. 大明律誥란 홍무 22년에 대개정된 律文의 뒤에 147조의 '律誥'를 덧붙인 것이었다.[16] '律誥'는 '大誥'로부터 뽑아낸 것이었는데, ≪大明律≫ 正文에 규정된 死罪에 관한 條文을 보충하고, 法網을 보다 엄밀한 것으로 하였다. 예를 들면 뇌물을 탐하는

13) 滋賀秀三, 앞의 글, 216~217면.
14) 佐藤邦憲, 앞의 글, 441~442면. 홍무 22년율의 자세한 편찬경위에 대하여는 楊一凡, 앞의 책, 8~10면 참조.
15) 佐藤邦憲, 앞의 글, 442면.
16) 大明律誥에 대하여는 楊一凡, 앞의 책, 13~22면 참조.

관리를 징벌하는 규정, 조정에 대하여 불만을 가진 언론을 탄압하는 '戴刑肆貪', '阻擋鄉民除惡' 등 11조를 새로 더하였다. '律誥'에 정해진 형벌은 律의 正文보다 무거워서 그때문에 ≪大明律≫에 정해진 처벌은 전체적으로 중하게 되고, 경우에 따라서는 경중을 잃게 되는 결과까지 나왔다.[17] 이 홍무 30년율이 중국에서 통용된 律書이다. 명 태조는 이 홍무 30년율의 안정성을 지키는 것을 매우 중시하여 자손 대대로 지킬 것을 요구하여, "가볍게 의논하여 변경하지" 않도록 하였다. 이를 어기면 "선조의 제도를 변란시킨(變亂祖制)" 죄에 처하도록 하였다.[18] 이 律은 반행 이후 明末에 이르기까지 萬曆 13년(1585)에 ≪大明律≫을 합쳐서 반행한 ≪大明律附例≫에서 고친 55자 외에는 변경이 없었다.[19] 홍무 30년율과 홍무 22년율을 비교하면 부록인 <律誥> 147조 외에 律文의 正文에 수정이 있다. 홍무 22년율의 名例律과 刑律의 조문순서가 다르며, 謀反大逆, 詐僞制書, 詐傳詔旨, 官吏受財의 형벌을 가중하였다.

Ⅱ. ≪大明律≫의 내용과 성격

≪大明律≫은 기본적으로 형사법을 담고 있다. 이는 중국의 律令格式 체제에서 유래한다. 律은 刑罰法典이고 令은 非刑罰法典이며, 律은 禁止法이고 令은 命令法이라고 할 수 있다. 또 律은 犯人懲戒法이고 令은 一般行政的 規定이다. 이 율령에는 가족이나 재산에 관한 법규가 얼마간 들어 있었다. 令에 위반하는 경우에는 律에 구체적인 규정이 있을 경우에는 그에 따라 처벌되고, 없을 경우에는 違令이라는 일반규정에 따라 처벌되었다. 한편 格은 수시로 내려지는 명령을 집성한 법전이고, 式은

---

17) 張晉藩/何天貴·後藤武秀 譯, 앞의 책, 191면.
18) 蘇亦工/이원택·채성국 역, 「明淸時代 中國의 法律」『法史學研究』제26호, 韓國法史學會, 2002, 213면.
19) 楊一凡, 앞의 책, 12면.

律令을 시행하는 데 관련된 細則이었다.[20] 이 律令體制는 이미 수나라 시대에 이루어졌던 것으로 唐代에 이르러 그 꽃을 피웠던 것이다.[21] ≪大明律≫이 편찬될 당시만 하더라도 ≪大明令≫을 편찬한 것으로 미루어 기본적으로는 이 율령체제가 유지되고 있었다. 이러한 체제 하에서는 令에서 명령규범을 정하고 律에서는 이에 대한 처벌규범인 금지규범을 규정한다. 예컨대, 혼인에 관하여 令에서 부모의 상중에 혼인하지 않는다는 것을 규정한다면, 律에서는 居喪 중에 혼인한 경우를 처벌하는 규정을 두고 있는 것이다.[22] 따라서 민사에 관련된 법령들은 기본적으로 令에 해당되는 성격의 규정이지, 律에 해당되는 성격의 규정이 아니기 때문에 律에 규정될 필요는 없을 것이다. 그래서 ≪大明律≫은 대부분 형량이 규정되어 있는 형벌규범을 규정하고 있다.

그러면 ≪大明律≫이 어떠한 내용을 담고 있는가에 대하여 살펴보도록 하자.[23] ≪大明律≫의 형벌체제를 보자면 기본적으로 笞刑, 杖刑, 徒刑, 流刑, 死刑의 5형 체제를 따르고 있다. 그러나 이 이외에도 변형된 형태의 刑罰을 규정하고 있는데 邊遠充軍이라든지 陵遲處斬의 형벌이 그것이다. 특히 陵遲處斬에 관련된 규정이 13개 규정인데 ≪唐律≫에서는 陵遲處斬이 규정되지 않았는 데 비하여 ≪大明律≫에서 이를 규정하고 있기 때문에 난세를 다스리기 위한 重典을 사용하는 明 太祖의 의도

---

20) 仁井田陞, 『中國法制史(增訂版)』, 岩波書店 : 東京, 1963, 65면.
21) 시마다 마사오/임대희・박원길・우덕찬・이광수 옮김, 『아시아법사』, 서경문화사, 2000, 45면.
22) ≪大明律≫ 제111조 戶律 婚姻 居喪嫁娶가 그에 해당하는 규정이라고 할 수 있다.
23) ≪大明律≫의 내용과 특색에 관하여 張晉藩은 君主專制制度에 위해를 미치는 人民의 反抗行爲에 대하여 진압을 강화했고, 臣下의 結黨 및 內官과 外官과의 結託을 금지하고, 君主專制制度가 의거하는 經濟基礎를 보호하고 발전시킨 것, 思想・文化의 영역에 있어서 전제통치를 강화한 점을 들고 있다. 張晉藩/何天貴・後藤武秀 譯, 앞의 책, 206~220면. 위에서는 현대의 法學과 비교하여 어떠한 특색을 가지고 있는지 살펴보았다.

가 고스란히 담겨있다고 평가되기도 한다.24)

　또 ≪大明律≫은 名例律을 앞에 두는 六分體制로 구성되어 있다. 즉 현대 형법총칙적인 규정이라고 할 수 있는 名例律은 律에서 쓰이는 각종 용어들에 대한 정의를 하고 있으며,25) 사면이 행해져도 용서되지 않는 十惡, 형사상 특권이 인정되는 八議 등 형사처벌에 관련된 총칙적인 규정들을 두고 있다. 六分體制에서 제일 앞에 위치하는 吏律에서는 관리의 직무수행과 관련된 범죄를 규정하고, 戶律에서는 戶役, 田宅, 婚姻, 稅金, 債務 문제 등에 관하여 규율하고 있으며, 禮律에서는 의례와 관련된 규정들, 兵律에서는 군사와 관련된 사항, 刑律에서는 살인, 모반, 위조, 간음 등 현재 일반적으로 범죄라고 일컬어지는 사항들과 行刑에 관련된 것들이 규정되어 있고, 工律에서는 도로, 교량과 관련된 사항들이 형벌과 함께 규정되어 있다.

　≪大明律≫의 규정체계를 현대의 형법체계와 비교하면 가장 두드러지는 특징이 절대적 구성요건을 규정하고 있다는 것이다. 즉 현대의 형법에서는 가령 살인의 죄를 범한 경우에 법정형은 사형, 무기징역, 혹은 5년 이상의 유기징역으로 규정하고 있다.26) 이를 구체적인 사건에 따라 사건의 정황이나 피고인의 범죄 후의 정황 등을 고려하여 법관이 일정한 형을 선택하여 과할 수 있는 구조로 되어 있다. 이에 대하여 ≪大明律≫은 예컨대 鬪毆를 살펴보면 손이나 발로 폭행하여 상해를 입히지 않은 경우에는 태20, 손이나 발로 폭행하여 상해를 입히거나, 손발 이외의 다른 물건으로 폭행하여 상처를 내지 않은 경우에는 태30, 손발 이외의 물건으로 폭행하여 상해를 입히면 태40에 처하는 등으로 규정하고

---

24) 張晉藩/何天貴·後藤武秀 譯, 앞의 책, 199~201면.

25) 가령 ≪大明律≫ 제11조 名例律 犯罪得累減에서는 刑을 감경할 때는 3가지 종류의 流刑과 두 가지 종류의 死刑을 한 등급으로 해서 감하도록 규정하는 등 各則에서 다루어지는 각종 용어에 대한 총칙적인 규정을 두고 있다.

26) 刑法 제250조 1항 : 사람을 殺害한 자는 死刑, 無期 또는 5년 이상의 懲役에 처한다.

있다.[27] 이에 따르면 재판관이 어떤 범죄에 대하여 재판을 내릴 경우 율 문에 절대적으로 기속될 수밖에 없는 구조이다. 즉 ≪大明律≫ 규정의 구 조는 재판관의 재량을 허용하지 않는 구조인 것이다.

≪大明律≫에서 보이는 또 하나의 특징은 ≪大明律≫이 만들어진 사 회가 신분사회였기 때문에 신분에 따른 형량에 차이가 존재한다는 것이 다. 신분은 사회적 신분 이외에도 가족간의 위계서열에 따라 인정되는 신분도 존재했는데 이러한 신분의 차이에 대해서도 형량의 차이가 인정 되었다. 예컨대, 사회적 신분의 예로서 노비가 가장을 폭행하는 경우에 는 참형에 처해졌지만, 가장이 노비를 때리는 경우에는 죽이지 않는 한 불문에 부치고 있다.[28] 또 가족간의 관계에서도 이러한 형량의 차별이 이루어졌다. 예컨대 卑幼가 大功의 尊長을 폭행하는 경우에는 장70 도1 년반에 처하지만, 존장이 비유를 폭행하는 경우에는 뼈가 부러지는 상해 를 입히지 않는 한 처벌되지 않고, 뼈가 부러지는 상해인 경우에도 그 관계가 大功親인 경우에는 3등을 감하고 있다.[29]

또 ≪大明律≫에서는 緣坐가 허용되고 있었다. 현행 헌법에서는 이 자기의 행위가 아닌 친족의 행위로 인하여 불이익한 처우를 받지 않도 록 하고 있어 명시적으로 緣坐制가 폐지되어 있는데,[30] 신분사회에서 제 정된 ≪大明律≫은 일정한 경우에 한하여 인정하고 있다. 예컨대 謀反 大逆의 경우에 범죄자의 아버지와 16세 이상의 아들은 絞刑에 처하고

---

27) ≪大明律≫ 제325조 刑律 鬪毆 鬪毆 : 凡鬪毆 以手足毆人 不成傷者 笞二十 成傷 及以他物毆人 不成傷者 笞三十 成傷者 笞四十.

28) ≪大明律≫ 제337조 刑律 鬪毆 奴婢毆家長 : 凡奴婢毆家長者皆斬 殺者皆 凌遲處死 … 若奴婢有罪 其家長及家長之期親若外祖父母 不告官司而毆殺 者 杖一百….

29) ≪大明律≫ 제340조 刑律 鬪毆 毆大功以下尊長 : 凡卑幼毆本宗及外姻緦麻 兄姊杖一百, 小功杖六十徒一年, 大功杖七十徒一年半尊屬 … ○若尊長毆卑 幼 非折傷勿論 至折傷以上 緦麻減凡人一等 小功減二等 大功減三等.

30) 憲法 제13조 3항 : 모든 國民은 자기의 행위가 아닌 親族의 행위로 인하여 不利益한 處遇를 받지 아니한다.

처자는 功臣의 집에 노비로 주고 재산은 모두 관에서 몰수하도록 규정하고 있는 것이다.[31]

---

31) ≪大明律≫ 제277조 刑律 賊盜 謀反大逆 : 凡謀反及大逆 但共謀者 不分首從 皆陵遲處死 父子年十六以上皆絞 十五以下及母女・妻妾・祖孫・兄弟・姉妹若子之妻妾 給付功臣之家爲奴 財産並入官.

제2절 ≪大明律≫의 受容

I. ≪大明律≫의 전래와 受容

1. 統一的 刑律의 필요성

≪大明律≫이라는 형률을 받아들이자면 우선 일률적으로 적용되는 형률이 필요한 상황이 있어야 하고, 다음으로 다른 여타의 경쟁적인 法源 중에서 ≪大明律≫을 택하게 되는 이유가 존재하여야 한다. 우선 첫 번째 조건인 일률적으로 적용되는 형률이 필요한 상황은 왕조 말기인 고려말이라는 시대상황에서 자연스럽게 도출된다.

왕조교체기인 고려건국기에 중국에서는 이미 선진법인 唐의 율이 공포되어 있었고, 이후 宋도 새로운 법률을 만들어 시행하고 있었다. 그러나 고려는 이들 법령을 수용하면서도 일관되고 통일적인 형률을 지속적으로 정비해 나가지는 못하였다. 무신란 이후 전개된 혼란한 정국과 사회상, 그리고 원의 통치 등과 같은 정치사회적 조건이 하나의 이유가 될 수 있겠지만, 그 폐해는 매우 심각한 것이었다.[1]

고려 초기에는 당률과 연계된 고려율이라는 나름의 법전체제를 갖추고 있었지만, 그 후 宋의 법률을 받아들이면서 그 방향을 일반적·통일적인 성문형법전의 시행보다는 구체적인 사건과 관련된 왕의 판결과 명령을 집적해 나가는 이른바 王法 체계를 이루어 갔다. 그러나 구체적 타

---

1) 高麗法의 전개과정에 대하여는 崔鍾庫, 『韓國法思想史(전정재판)』, 서울대학교 출판부, 2004, 63~68면 참조. 특히 그는 高麗法의 미발달 원인을 民亂, 武人執權, 외침으로 인한 정치적·사회적 불안정을 들고 있다. 같은 책, 64~65면.

당성이 주로 고려되고 있는 단일 왕법만으로는 법적 안정성과 보편적 적용성을 기하는 데 기본적으로 한계가 있었다.[2] 즉 고려말의 상황은 高麗公事三日이라는 말에서 잘 나타나고 있듯이 법령의 개폐가 빈번하고 법령의 적용에 일정한 기준이 없었다.[3] 조선시대 때 편찬되었기 때문에 역사의 왜곡이 있을 수는 있지만, ≪高麗史≫ 刑法志 序文의 기록은 실상을 어느 정도 반영해준다고 생각된다.

> ≪高麗史≫ 志 卷第38 刑法一 : … 그러나 그 폐단은, 法網을 펴지 못하고 刑罰은 느슨하고 赦免이 잦아서 간사하고 흉악한 무리들이 法網을 벗어나 제멋대로 놀아도 제지하지 못하였고 말기에 가서는 그 폐단이 극도에 달하였다.[4]

---

2) 高麗에 독자적인 律이 있었느냐에 대하여는 논란이 많다. 독자적인 律典을 편찬하였다는 견해, ≪唐律≫을 쓰고 王法으로 통치해갔다는 견해, 초기에는 律典의 편찬이 있었지만 무신란 등의 사회적 혼란으로 律典의 편찬없이 王法으로 통치해갔다는 견해가 그것이다. 任相爀, 「高麗의 裁判에 관한 考察」, 서울대학교 법학석사학위논문, 1993, 43면. 여기서는 세 번째의 견해를 따랐다. 그러나 어떤 견해를 취하든지 고려말의 법상황이 王法간의 모순으로 인하여 혼란스러웠다는 것을 부정할 수는 없을 것이다.

3) 박병호 교수는 고려시대의 司法制度와 통일적 법전의 관계에 대해 다음과 같이 말하고 있다.

"고려는 주로 唐律을 계수하여 형률을 시행하였다. 고려율은 초기에 일시 시행되었으나, 뒤에 宋刑統과 宋令, 宋의 勅을 계수함에 따라 고려율의 개정이 불가피하게 되지 않을 수 없었다. 그러나 고려율을 개정하지 않고 별도로 그때그때 필요에 따라 왕법인 判·制·敎·旨·令·詔에 의하여 통치하고, 따라서 기본법전인 율전없이 단일 왕법으로 통치하였다. 그리하여 이 단일 왕법이 쌓이게 되면 하나의 체계를 이루게 되었던 것으로 추정된다. 기본법전이 없거나 무용지물이 된 경우 왕법에 의한 정치는 자칫하면 법의 혼란을 가져오거나 난세로 되며 독재군주가 나타난다. 또 왕권이 약해지면 자의적인 법의 남발로 말미암아 법의 개폐가 무상하고 법의 안정성을 잃게 된다. 고려말기에는 이러한 현상이 극에 달하였으며, '高麗公事三日'이라는 속담은 이를 증명하는 것이다"라고 하고 있다. 朴秉濠,『근세의 법과 법사상』, 진원, 1996, 32면.

4) ≪高麗史≫ 志 卷第38 刑法一 : … 然其弊也 禁網不張 緩刑數赦 姦凶之徒

≪高麗史≫ 형법지 서문의 이 기사는 고려시대의 법이 ≪唐律≫을 참작하였다는 것에 이어지는 글이다. 이 기사를 통해 고려의 형사사법이 공권력의 부재, 형벌의 느슨함, 잦은 사면 때문에 법적 안정성이 크게 훼손되고 있는 상황에 처해 있었음을 알 수 있다. 이러한 상황은 禑王 14년(1388) 9월 典法司의 상소에서도 나타나고 있다.

> ≪高麗史≫ 志 卷第38 刑法一 職制 辛禑 14년(1388) 9월 典法司의 上疏 : … 刑을 시행하는 자들이 제멋대로 뇌물을 받거나 권세있는 집에 아첨을 하며 혹은 친분에 끌려서 죽을 죄를 범한 자라도 곤장 한 대도 맞지 않았습니다. 그러나 무고한 사람이 간혹 극형을 당하고 심지어 아무 것도 모르는 부녀와 어린아이까지 모두 살육을 당하게 됩니다. … 典法司는 형벌을 맡은 기관인데 한 나라의 형벌집행에 대해 알지 못하고 있으니 진실로 관청을 세운 뜻이 아닙니다. 금후로는 중앙과 지방관청들에게 형벌을 집행할 일이 있게 되면 반드시 典法司에 보고하여 … 마음대로 시행하지 못하게 하소서.5)

이 전법사의 상소를 보더라도 형벌이 제대로 적용되지 않고, 심지어 형벌을 관장하는 전법사에서도 형벌을 어떻게 집행하여야 하는 것인지에 대해 모르고 있는 상황이 벌어지고 있었던 것을 알 수 있다. 이러한 상황이라면 법적용을 실효적이고 통일적이게 하려는 노력이 필요하고, 법적용자가 적용할 율문을 제대로 교육할 것이 필요하다고 할 수 있다. 법적용을 실효적이고 통일적이게 하려는 노력은 일정한 법률텍스트가 있어야 가능한 일이다. 여기서 통일적으로 적용할 법률텍스트에 대한 필

脫漏自恣 莫之禁制 及其季世 其弊極矣.
5) ≪高麗史≫ 志 卷第38 刑法一 職制 辛禑 14년(1388) 9월 典法司의 上疏 : 凡施刑者 皆出妄意 而或受賄賂 或詔權勢 或諱親故 而罪雖可殺 尙不受一笞一杖而無辜 或陷於極刑 至於愚婦赤子 咸被殺戮 … 司掌刑之官 而一國刑戮捴不得知 固非立官之意也 今後京外官司 若有刑戮者 須令通報於司… 毋得擅行…. 禑王 14년의 이 상소는 1388년 6월에 禑王이 퇴위하므로 실은 昌王 때의 것이다. ≪高麗史≫ 世家 卷50 辛禑 5.

요성에 대하여 당시의 지식인들 사이에 합의가 있었음을 짐작하는 것은 어려운 일이 아니다. 또 법률텍스트를 확정한다고 하더라도 위의 전법사의 상소에서는 법률텍스트를 적용하는 관리들에게 어떻게 하면 법률텍스트를 이해하기 쉽도록 하여 적절한 법적용이 가능하게 할 것인가 하는 고민이 있었음도 보이고 있다.

2. ≪大明律≫의 傳來와 受容

≪大明律≫의 편찬은 본장 제1절에서 살펴본 바와 같으나, ≪大明律≫이 명시적으로 언제 우리나라에 전래되었는지는 확실하지 않다. 다만 우리 역사상 명시적으로 나타나는 것은 조선 태조가 정권을 잡게 되는 위화도회군 이후인 ≪高麗史≫ 禑王 14년(1388) 9월 전법사의 상소에서이다. 이 상소는 앞에서 본 전법사의 상소문의 일부분이다. 당시의 형사법제가 문란하기 때문에 형벌이 공평하지 않다는 기사 이후에 다음과 같이 이어지고 있다.

> ≪高麗史≫ 志 卷第38 刑法一 職制 禑王 14년(1388) 9월 典法司의 上疏 : … 大明律을 議刑易覽과 대비하면 古今을 참작하였고, 더욱이 매우 상세합니다. 하물며 중국의 현행법제이니 더욱 마땅히 모방하여 시행해야 합니다. 그러나 우리나라의 律과는 맞지 않는 것이 있으니, 엎드려 생각하건대 전하께서는 중국어와 우리나라의 말에 정통한 사람에게 명하여 이를 참작하여 고치게 하여 중앙과 지방 관리들을 가르침으로써 笞 한 대, 杖 한 대라도 律에 따라 시행하게 하며, 만약 按律하지 않고 제멋대로 가볍게 하거나 무겁게 하는 경우에는 그 罪로 罪를 물으소서.6)

이 기사에서 세 가지 의미를 취할 수 있다. 우선 ≪大明律≫의 도입에

---

6) ≪高麗史≫ 志 卷第38 刑法一 職制 禑王 14년(1388) 9월 典法司의 上疏 : … 大明律考之議刑易覽 斟酌古今尤頗詳盡 況時王之制 尤當倣行 然與本朝律 不合者有之 伏惟殿下 命通中國與本朝文俚者 斟酌更定 訓導京外官吏 一笞 一杖依律而施行之 若不按律 而妄意輕重者 以其罪罪之 ….

관한 최초의 기사라는 것이고, 다음으로 당시 典法司에서 생각하고 있었던 ≪大明律≫에 대한 인식, 마지막으로 ≪大明律≫을 보다 쉽게 알 수 있게끔 하자는 것이다.

우선 傳來에 관해 살펴보자. 禑王 14년(1388) 당시에 典法司에서는 ≪大明律≫의 존재를 알고 있었을 뿐만 아니라 이미 ≪議刑易覽≫과 대비하여 검토를 끝마쳤다는 것을 알 수 있다. 따라서 禑王 14년(1388) 이전에 ≪大明律≫은 이미 우리나라에 들어와 있었던 것이다. 그렇다면 이때 참고하고 있었던 ≪大明律≫은 洪武 22년(1389) 이전의 律일 것인데, 그것이 洪武 7년(1374)의 律인지 洪武 9년(1376)의 율인지는 명확하지 않다. 본장 제1절에서 언급한 것과 같이 洪武 19년(1386)의 ≪律解辨疑≫에서 이미 ≪大明律≫은 현재의 체제를 완성하고 있는데 그것이 洪武 9년(1376) 이후의 개정에 의한 것인지 확실치 않기 때문에 다만 전법사의 상소에서 말하고 있는 ≪大明律≫이 洪武 22년(1389)의 율 이전의 것이라고 추정을 할 수 있을 뿐이다. 어쨌든 ≪大明律≫은 禑王 14년(1388) 이전에 이미 우리나라에 전래되었다는 것은 확실하다고 할 수 있다.

다음으로 통일적인 법적용을 담보할 법률텍스트의 필요성에 합의한 당시의 지식인들이 그 대상으로 어떤 것을 선택할지가 문제된다. 당시 경쟁하고 있던 많은 法源들 중에서 어떠한 이유로 ≪大明律≫이 선택되었는가? 이 문제에 답하기 위하여는 우선 당시의 국제정세가 고려될 수 있을 것이다. 즉 친원파가 강한 세력을 가지고 있을 때는 원의 법제의 영향이 컸을 것이다. 이는 공민왕이 친명정책을 추진하면서 '至正' 연호의 사용을 정지하고7) '洪武' 연호를 사용하게 되었지만,8) 이것이 친원파가 다시 득세하게 되는 우왕 초기에 중앙이나 지방을 막론하고 옥사 처결은 모두 ≪至正條格≫에 의거한 데서9) 여실히 드러난다.

이렇게 당시의 국제정세가 법률텍스트의 선택에 많은 영향을 주었음

---

7) ≪高麗史≫ 世家 卷第39 恭愍王二 恭愍王 5년(1356) 6월 乙亥 : 停至正年號.
8) ≪高麗史≫ 世家 卷第42 恭愍王五 恭愍王 19년(1370) 7월 乙未 : 始行洪武年號.
9) ≪高麗史≫ 列傳 卷第46 辛禑一 禑王 3년(1377) 2월 : 今中外決獄 遵至正條格.

에는 틀림없다고 생각된다. 하지만 경쟁하고 있던 여러 法源들 중에서
비교될 수 있는 우수성을 가지고 있다는 점이 고려되지 않으면 안된다.
또 그것이 유사한 외형, 목표, 경험, 문제들을 갖고 있는 법이라면 훨씬
받아들이기 쉬울 것이다.

동시대에 경쟁할 수 있었던 法源들이 있었는데, 우선 당시 이용되던
법률텍스트 중에 하나였던 원의 법률인 ≪至正條格≫[10]은 그때그때 시
대의 변화에 따른 사회상을 법률에 반영하는 법전체계였다. 내용이 방대
하고, 판례 등이 실려 있어서 실용성은 있었으나 일관된 체계가 없었고
복잡하였다.[11] 또한 ≪宋刑統≫의 경우는 ≪唐律≫을 거의 그대로 따르
고 있었고,[12] 또한 ≪唐律≫의 경우는 거의 유사하게 ≪大明律≫에 발
전적으로 계승되었다는 점이 고려되었다. 즉 ≪大明律≫을 ≪唐律≫과
비교할 때 가장 두드러진 특색은 편목과 체제이다. 法經 6편에서 漢의
九章律, ≪唐律≫에 이르기까지 중국법전의 편목은 增損은 있지만, 큰
틀은 바뀌지 않았다. 明代에서는 입법자는 六部體制와 ≪唐律≫의 12編
目 체제 사이에서 혼돈을 거듭하다가 6부 분편적인 체제가 확립되었다.
丘濬은 이를 "육분체제로 하여 각각 맡은 바가 있어 천하의 사정을 갖추
었으며, 조정의 治典은 근본이 있어 벼리가 서며 조문이 번거롭지 않아

---

10) 元 최후의 황제였던 順帝 5년(1345)에 ≪大元通制≫의 增補・改定版으로 간
   행된 것으로 制詔 150조, 條格 1,700조, 斷例 1,059조로 이루어져 있었다.
   制詔는 建國, 卽位, 立后, 立太子 기타 국가의 大事 및 그에 수반하는 大赦
   免 등의 장엄한 詔書를 모으고 있고, 條格은 일반적인 규범을 세우는 내용
   의 문서인 개별입법을 모아놓은 것이며, 斷例는 당사자가 특정된 사건을
   처치하는 내용을 수록한 것이다. 滋賀秀三, 앞의 책, 175~176면.
11) 金九鎭, 앞의 글, 99면.
12) ≪宋刑統≫은 宋나라의 律인데 ≪唐律≫을 거의 그대로 베낀 것으로서 宋
   代에는 '勅'이라는 명칭의 황제명령이 공식적인 법형식으로 등장하여 사용
   되었다. 金池洙, 「受敎의 法的 理念과 性格−傳統 中國法上의 條例와 대비
   하여−」 『韓國法史學論叢(朴秉濠敎授還甲紀念Ⅱ)』, 박영사, 1991, 116~117면.
   말하자면 宋代의 규율방식은 구체적 타당성을 지향하는 判例法을 우선하
   는 것이었다.

比附하는 수고로움이 없어 한 체제로 귀일하니 관리는 지키는 바를 알아 번문에 현혹되지 않고, 백성은 피할 바를 알아 죄에 걸려들지 않는다"[13]라고 평가하였다. 이러한 6분 체제에서는 가령 ≪唐律≫에서는 살인죄가 盜賊, 鬪訟, 雜律에 흩어져 있었는데, ≪大明律≫에서는 刑律 人命편으로 통합시킨 체계를 취하고 있기 때문에 체제면에서 ≪唐律≫보다 우수하다고 할 수 있다. 또한 당시의 지식인들이 가지고 있었던 유교적 가치를 고스란히 담고 있었던 것이 ≪大明律≫이었기 때문에 선택에 이보다 더 좋은 것은 없었을 것이다.[14] 이러한 생각들은 위의 전법사의 상소에 고스란히 담겨 있다. 즉 전법사의 상소는 ≪大明律≫이 역대 중국의 형률과 대비하여 역대의 형률을 집대성하면서도 1388년 현재 가장 선진적인 내용을 담고 있고, 매우 상세하기 때문에 법조항의 비흠결성도 갖추고 있다는 것이다. 더구나 국제정세도 고려하면 당연히 ≪大明律≫을 모방 시행하여야 한다는 내용이다. 그래서 정치적 사정과 율에 대한 이러한 고려가 더해져 법률텍스트로서 ≪大明律≫이 선택되었던 것으로 생각된다.

한편 법률텍스트를 무조건적으로 들여오는 것만이 아니라 자체의 노력도 있었다는 것이 ≪高麗史≫를 통해 확인된다. 즉 鄭夢周는 恭讓王 4년(1392) ≪大明律≫과 ≪至正條格≫, 고려의 법령을 한데 모아 찬술한 '新律'을 제출하기도 한다.[15] 이 율은 현재 전해지지 않아 어떤 형식과

---

13) "且又分爲六部 各有悠司 備天下之事情 該朝廷之治典 統宗有綱 支節不紊 無比附之勞 有歸一之體 吏知所守而不眩于煩文 民知所避而不犯于罪戾" ; 蘇亦工, 『明淸律典與條例』, 中國法政大學出版社 : 北京, 2000, 100면에서 재인용.

14) 文亨鎭은 ≪大明律≫이 담고 있는 유교적 가치체계를 家族, 孝, 仁情으로 설명하고 있다. 文亨鎭, 「『大明律』의 성격에 관한 일고찰-유교적 가치체계를 중심으로」『中國研究』 제33권, 韓國外國語大學校外國學綜合研究센터 中國研究所, 2004, 266~277면.

15) ≪高麗史≫ 列傳 卷第117 鄭夢周傳 : 四年 夢周取大明律至正條格本朝法令 參酌刪定 撰新律以進.

내용을 담고 있는가는 알 수 없지만, 새로운 율을 만들려고 하는 노력도 있었음을 확인할 수 있다. 하지만 정몽주는 조선의 개창에 즈음하여 암살되고, 조선 건국에 이바지한 鄭道傳이 권력을 잡음으로써 '新律'은 폐기되고 ≪大明律≫이 등장하게 되는 것으로 볼 수 있다. 또 법이 부재한 상황에서 통일적인 법적용을 위해서는 새로운 법령을 만들기보다는 법령을 차용하여 쓰는 편이 용이하기 때문에16) 조선 건국에 즈음하여 ≪大明律≫이라는 법률텍스트를 가져다 쓰는 것이 그리 이상한 일은 아니었다.

요컨대, 고려 말기 새로운 신진사대부층을 중심으로 ≪大明律≫을 수용하려는 경향은 당시 국제정세와도 관련이 있지만, 그들의 사상적 기반과 함께 ≪大明律≫이 갖고 있었던 성격들과도 관련이 된다. 즉 유교적 색채를 강하게 띤 ≪大明律≫이었으므로 신진사대부가 신유학을 지향하는 지식인이었다는 점,17) 그리고 ≪大明律≫ 자체가 가지는 체계성과 합리성은 당시의 지식인이 ≪大明律≫을 받아들이자는 주장을 하게 된 결정적인 동기가 되었을 것이다.18) 당시 지식인들이 느끼고 있었던 ≪大明律≫은 고려말의 형사사법의 붕괴라는 상황을 가장 효과적으로 재건

---

16) Lawrence M. Friedman/안경환 역, 『미국법의 역사』, 청림출판, 2006, 21~136면에서는 식민지 시대의 미국법의 상태에 대하여 기술하고 있다. 법이 부재한 상태에서 법을 빌어쓰는 것이 가장 효율적인 방법이라는 것을 알 수 있다.

17) 新儒學에서는 군자와 효과적인 법률과 기구를 모두 필요로 했다. 즉 형률의 사용은 "달리 더 좋은 것이 없어서" 쓰게 되는 통치자의 도덕적 실패의 징후로 보지도 않았고 오히려 통치의 필요불가결한 도구로 여겨졌다. Shaw, W, "Social and Intellectual Aspects of Traditional Korean Law, 1392~1910", Traditional Korean Legal Attitudes, Institute of East Asian Studies University of California · Berkeley Center for Korean Studies, 1980, 20~21면. 즉 이들은 修己에 역점을 두기보다는 治人의 경학과 治國의 기술학에 관심이 컸던 것이다. 韓永愚, 『鄭道傳思想의 研究』, 서울대학교 출판부, 1989, 11면.

18) Shaw는 ≪大明律≫의 수용의 원인을 친명정책과 ≪大明律≫의 명확성과 높은 편제수준에서 찾고 있다. Shaw, 앞의 글, 25~26면. 특히 그는 ≪大明律≫의 合理性을 受容의 가장 중요한 요인으로 제시한다. 여기서 합리성이란 자의의 배제, 즉 법규정에의 羈束이 담보됨을 의미한다. 같은 글, 26면.

하면서도, 새로운 사회의 방－유교국가건설－에 부응할 수 있는 법이었던 것이다.[19]

마지막으로 전법사의 상소에서는 새로운 법률텍스트로 선택될 ≪大明律≫에 대한 접근 가능성의 확대를 말하고 있다. ≪大明律≫에 대한 이해야말로 ≪大明律≫을 적용하기 위한 전제조건이기 때문에, 이를 이해시키기 위한 번역과 교육을 주장하고 있는 것이다. 이 작업은 ≪大明律直解≫의 등장으로 현실화되는데 이에 대하여는 본절 5. ≪大明律≫의 直解와 底本에서 좀더 자세히 다루기로 한다.

3. 太祖의 卽位教書

우왕 14년(1388) 이전에 전래된 ≪大明律≫은 조선의 건국(1392)과 함께 태조가 즉위교서에서 ≪大明律≫의 적용의지를 밝힘으로써 朝鮮의 역사에 최초로 등장한다.

> 태조의 즉위교서 : … ① 고려의 말기에는 형률이 일정한 제도가 없어서 刑曹·巡軍府·街衢가 각기 소견을 고집하여 형벌이 적당하지 못했으니, 지금부터는 형조는 刑法·聽訟·鞫詰을 관장하고, 巡軍은 巡綽·捕盜·禁亂을 관장할 것이다. ② 형조에서 판결한 것은 비록 笞罪를 범했더라도 반드시 謝貼을 취하고 관직을 파면시켜 累가 자손에게 미치게 하니, 先王의 법을 만든 뜻이 아니다. 지금부터는 서울과 지방의 형을 판결하는 관원은 무릇 公·私의 범죄를, 반드시 대명률의 宣勅을 追奪하는 것에 해당되어야만 謝貼을 회수하게 하고, 資産을 관청에 몰수하는 것에 해당되어야만 家産을 몰수하게 할 것이며, 그 附過해서 還職하는 것과 收贖해서 해임하는 것 등의 일은 일체 律文에 의거하여 죄를 판정하고, 그전의 폐단을 따르지 말 것이며, 街衢는 폐지할 것이다(번호 필자).[20]

---

19) 이는 조선이 명을 종주국으로 하여 출발했다는 정치적인 이유보다도 우수하고 본받아야 할, 그리고 법감정과 법생활에 익숙한 ≪大明律≫을 의용하였음은 문화사적 입장에서 보아 당연하다고 평가되기도 한다. 朴秉濠,『韓國法制史攷』, 법문사, 1987, 418면.

이 즉위교서의 의미에 대하여 모든 형사사건은 반드시 ≪大明律≫을
적용할 것을 선언한 포괄적인 계수의 의미로 파악하는 견해[21]와 ≪大明
律≫ 의용의 법제를 정한 것은 아니고 ≪大明律≫의 전반적인 의용을
전제로 하면서 刑曹·巡軍의 권한 범위 등을 밝히고, 謝貼의 收奪, 家産
의 沒收, 附過, 收贖, 解任 등의 일은 특히 ≪大明律≫에 의할 것을 선명
하고 있다는 견해[22]가 있다. ≪大明律≫이 당시의 현행법률이 된 것을
확인하는 것이라고 하는 견해는 전자에 가까울 것이다.[23]

이 교서를 자세히 들여다보자. 이 교서는 크게 두 부분으로 나눌 수
있다. ①형사사법의 권한이 불명하기 때문에 각 기관의 권한의 범위를
밝히고 있다. 문제는 ②의 부분이다. 이 부분에서 예시하고 있는 것은
≪大明律≫ 名例律 文武官犯公罪와 文武官犯私罪이다. 이 규정은 收贖,
附過, 解任, 謝貼의 追奪 등에 관하여 규정하고 있다.[24] 더욱이 ≪大明

---

20) ≪朝鮮王朝實錄≫ 太祖 元年(1392) 7월 丁未 : 前朝之季 律無定制 刑曹巡軍
街衢 各執所見 刑不得中 自今刑曹掌刑法聽訟鞫詰 巡軍掌巡綽捕盜禁亂 其
刑曹所決雖犯笞罪 必取謝貼罷職累及子孫 非先王立法之意 自今京外刑決官
凡公私罪犯 必該大明律追奪宣勅者 乃收謝貼 該資産沒官者 乃沒家産 其附
過還職收贖解任等事 一依律文科斷 毋蹈前弊 街衢革去.

21) 朴秉濠, 「韓國法制史의 時代區分과 各時期의 特徵」『近世의 法과 法思想』,
도서출판 진원, 1996, 35면.

22) 花村美樹, 「大明律直解解說」『大明律直解』, 朝鮮總督府 中樞院, 1936, 부
록 5~6면.

23) 楊鴻烈, 『中國法律在東亞諸國之影響』, 商務印書館 : 上海, 1937, 86면.

24) ≪大明律≫ 제7조 名例律 文武官犯公罪에 따르면 "… 笞罪에 해당하면 관
원은 收贖하고 아전은 매계절의 끝달에 이전 죄상을 아울러서 논결하되,
죄과명은 그 명부에 기록하지 아니한다. 杖刑 이상이면 명백히 文案을 작
성하여, 매년 1회 고과하며 罪名을 기록하고, 9년만에 1회씩 범한 바의 경
중과 회수를 모두 살펴 파면 또는 승진의 자료로 한다(該笞者 官收贖 吏每季類
決 不必附過 杖罪以上 明立文案 每年一考 紀錄罪名 九年一次 通考所犯次數 重輕以憑黜陟)"
라고 규정하고 있어 謝貼을 취하는 것은 장형이상의 형에 해당되어야 경중
을 참작하여 할 수 있도록 되어 있다. ≪大明律≫ 제8조 名例律 文武官犯
私罪에 따르면 文官이 私罪를 범하는 경우에는 笞50이 되어야 현직을 해임
하고 다른 관직에 이임하고 杖100이 되어야 파직하며(凡文官犯私罪 … 五十解

律≫에 관하여 말하고 있는 부분 바로 앞에는 형조에서 판결한 것은 笞罪라도 반드시 謝貼을 회수하고 관직을 파면시킨다고 하고 있다. 교서의 흐름상 그 이후에는 이 문제에 대한 해결책을 제시하는 것이 자연스럽다고 할 것이다. 이후에 나오는 기사이긴 하지만 太祖 6년(1397)의 都評議使司의 上言도 이를 뒷받침하고 있다. 즉 도평의사사에서는 憲司에서 笞罪라도 반드시 職牒을 회수하고 있는데 前朝의 폐법이라고 하면서 ≪大明律≫ 제7조 名例律 文武官犯公罪와 제8조 文武官犯私罪를 인용하고 이를 따를 것을 청하고 있는 것이다.25) 이 도평의사사의 상언은 태조의 즉위교서의 ②부분과 구조가 같다고 볼 수 있다. 그렇다면 태조의 즉위교서에서 ②부분이 이야기하고 있는 것은 사첩 회수 등에 관련된 규정을 의미한다고 볼 수 있을 것이다.

물론 이 교서가 ≪大明律≫의 수용 의사를 전제로 하고 있음은 말할 나위가 없다. 당시 집정자들에게 ≪大明律≫의 수용은 당연한 것이었고, 새롭게 국가의 제도를 정비해 나가면서 필수적인 것으로 인식되었으며, 그러한 의사가 이 교서에 표현된 것이다. 이 교서를 지은 鄭道傳이 ≪朝鮮經國典≫에서 태조가 議刑이나 斷獄을 ≪大明律≫에 의하였다고 표현하고 있는 것도 이러한 맥락에서 파악해야 한다.26) 이렇게 본다면 태

見任別叙 … 杖一百罷職不叙), 군관이 私罪를 범한 경우는 장형에 해당하여야 현직을 해임하고 강등하여 임용하도록(若軍官有犯私罪 … 杖罪解見任降等叙用) 규정하고 있다.

25) ≪朝鮮王朝實錄≫ 太祖 6년(1397) 9월 己巳 : ○都評議使司上言 憲司劾六品以上官 雖笞罪 必收職牒 實爲前朝弊法 乞依朝廷律文 凡內外大小軍民衙門官吏 犯公罪該笞者 官收贖 凡文官犯私罪笞四十以下 附過還職 笞五十者 解見任別叙之律 六品以上員所犯罪狀 準備推考 以罪狀輕重 杖以上罪申聞 收謝牒鞠問 笞罪不許收職牒 以公緘問備 罪狀緣由具錄 呈使司量罪 移文巡軍 決笞還任 上從之. 이 당시까지 謝貼 회수의 문제는 해결되지 않고 있음을 알 수 있다.

26) 태조의 즉위교서의 지은이는 ≪朝鮮王朝實錄≫ 太祖 원년 7월 丁未에 나와 있다. 또 정도전은 그의 朝鮮經國典 憲典 後序에서 다음과 같이 서술하고 있다. "지금 우리 전하는 덕이 仁에서 돈독하고 예가 순서를 얻었으니,

조 연간에 사용되고 있던 형률은 ≪大明律≫이라는 것을 짐작할 수 있을 것이다. 太祖 연간의 ≪朝鮮王朝實錄≫의 기사에 의하면 직접적으로 ≪大明律≫을 언급하는 기사는 찾기 어렵다.27) 하지만 율학에 능한 사람을 등용하고 있으며,28) 율학을 良家의 자제가 익히도록 하고 있다.29) 여기서 말하는 율학이란 ≪大明律≫을 말하는 것이라는 것은 정도전의 언급으로 미루어보아 쉽게 짐작할 수 있다. 또 시호를 잘못 올린 문제로 형조에서 율문에 의거하여 사형에 처할 것을 청하는 것에 대하여, 唐誠 등이 율문을 가지고 태조를 면대하여 다른 처벌을 내리기도 한다.30) 이때의 율문도 또한 ≪大明律≫을 가리킬 것이다.31) 그렇다면 ≪大明律≫을 法源으로 인정한 위에 그의 원활한 적용을 위하여 율학이 장려되고 ≪大明律≫이 吏讀로 직해되고 있었던 상황이 태조 연간이었다고 보아도 무방하다. 그리고 ≪大明律≫의 본격적인 적용은 태조 4년(1395)에 있었던 ≪大明律直解≫의 간행으로 보다 활발하여졌다고 보아야 한다. 이로 보건대 태조 연간에는 ≪大明律≫이 法源으로서 인정되고 있었다.

정치하는 근본을 체득했다고 할 수 있을 것이다. 그 議刑이나 斷獄으로써 정치를 보좌하는 것은 한결같이 大明律에 의거하였다(今我殿下 德敦乎仁 禮得 其存 可謂得爲治之本矣 其議刑斷獄 以輔其治者 一以大明律爲據". 민족문화추진회 편, 『국역 삼봉집』 2, 도서출판 솔, 313면. 영인부록 108면. ≪朝鮮經國典≫은 太祖 3년(1394) 5월에 이루어졌다. ≪朝鮮王朝實錄≫ 太祖 3년(1394) 5월 戊辰.

27) 본절 주 25)의 太祖 6년(1397)의 기사가 ≪大明律≫을 직접적으로 지칭하고 있다고 할 수 있다.

28) ≪朝鮮王朝實錄≫ 太祖 2년(1393) 7월 丁巳 : 禮曹上言 醫學活人之方 律學輔 治之具 誠國家要務 乞試所業能通者 以充其職 上允之.

29) ≪朝鮮王朝實錄≫ 太祖 2년(1393) 10월 己亥 : ○設六學 令良家子弟肄習 一 兵學 二律學 三字學 四譯學 五醫學 六算學.

30) ≪朝鮮王朝實錄≫ 太祖 5년(1396) 9월 庚申 : ○庚申刑曹照律崔蠲絞 安省金 汾等杖一百徒三年 左政丞趙浚聞之 惻然曰 蠲罪乃至是歟 與判三司事偰長 壽典書唐誠 同議照律 手執律文 直入面啓 上從之.

31) ≪朝鮮經國典≫에 나오는 정도전의 언급뿐만 아니라, 당성이 ≪大明律≫의 直解者였다는 사실이 이를 추측하게 한다. 당성이 ≪大明律直解≫에 관여한 사실은 ≪大明律直解≫의 跋文에 나타나 있다.

요컨대 태조의 즉위교서는 ≪大明律≫을 형률로 삼겠다는 전제 위에서 특히 관리의 사첩문제에 대하여 언급하고 있다고 보아야 할 것이다. 관리의 사첩 등의 문제에 대하여만 언급하고 있기는 하지만, 이는 하나의 예시일 뿐이다. 왜 이 문제만 언급했을까? 관리의 사첩 등의 문제는 당시 笞罪에 해당하더라도 사첩을 취하고 관직을 파면시켰던 것으로부터 반드시 ≪大明律≫에 의하도록 하면 일정 범죄 이상이 아니면 사첩을 빼앗기거나 파면되지 않기 때문에 관리에게는 유리한 것이다.[32] 추측건대 당시 새 왕조를 건설하면서 기존 관리들의 조력이 필요했던 상황에서 그들에게 안정적인 상황을 만들어주는 유인책의 하나로서 제시된 것이 아닐까 생각한다. 그래서 특히 관리의 사첩 등 문제에 대하여만 ≪大明律≫을 언급한 것일 것이다. 또 ①부분에서는 "고려의 말기에는 형률이 일정한 제도가 없어서"라고 언급하고 있기도 하다. 여기에는 새로운 국가 조선에서는 형률에 일정한 제도를 세우겠다는 의미가 내포되어 있다고 볼 수 있다. 그리고 그 형률이라는 것이 ≪大明律≫이라는 것은 앞에서 본 典法司의 상소, 정도전의 언급 등에서 추측된다. 이렇게 본다면 태조의 즉위교서에서 공식적으로 ≪大明律≫이 간접적이나마 형사법으로서 선언되고 있는 것으로 봐도 무방하리라 생각한다. 말하자면 직접적이진 않지만 포괄적인 계수가 전제되고 있다고 보는 것이다.

그리고 그 이후의 과정은 "≪大明律≫의 刑事法으로서의 승인 → ≪大明律≫의 이해 및 적용 → ≪經國大典≫ 刑典 用大明律"로 가는 것으로 봐야 한다. 그리고 형사법으로 승인한 것과 '用大明律'의 의미는 사실상 큰 차이는 없지만, 공식적인 법전에 형률로서 등재된 것이라는 것에서 의의를 찾을 수 있다. 한 가지 간과하지 말아야 할 것은 형사법으로서 승인, '用大明律'의 의미가 현대의 우리가 법률을 적용한다고 했을 때의 의미와는 차이가 난다는 것이다. 즉 일률적인 적용이 아니라 사정에 따라 다르게 적용하고 입법을 새로 하는 등의 사례가 보이고 있는 것이다.

---

32) 본절 주 24) 참조. 公罪의 경우 杖刑 이상에만 謝貼을 회수할 수 있다.

이 차이는 아래의 각 사례를 분석하면서 명확해질 것이다.

4. 동아시아 3국의 中國法 受容方式의 차이

우선 문제를 제기할 수 있는 점은 조선에서 ≪大明律≫을 수용한 방식의 문제이다. 중국이 중심이 된 동아시아 사회에서 조선은 ≪大明律≫ 법전을 그대로 가져와 쓰고 있는데, 일본에서는 ≪大明律≫의 영향이 극히 미미하고, 베트남에서도 중국률의 영향을 많이 받기는 하였지만, 최소한 명칭만이라도 ≪黎朝刑律≫이라고 하여 자신의 형률을 만들고 있다. 이러한 차이가 어디에서 비롯되는 것인지가 하나의 의문이라고 할 수 있다.

조선은 ≪大明律≫을 수용하면서 법전 그 자체를 받아들였지만, 일본과 베트남의 경우에는 그러하지 않았다. 같은 유교 문화권에 속하는 3국이 각각 중국의 법을 받아들이는 방식이 다르다고 할 수 있다. 儒敎는 이념적, 내용적으로 동아시아법을 普通法으로 작용하게 하였다.33) 총론적으로 동일한 바탕 위에 서 있지만 그들이 법을 수용할 때 취한 방식은 약간 다르게 나타나고 있다.

우선 베트남의 경우에는 불교사회에서 유교사회로 전환하는 黎朝(1428~1788)에 들어서서34) 유교교육을 강화하고 유교 이념이 투영된 형률을 편찬하는데 ≪黎朝刑律≫이 그것이다. ≪黎朝刑律≫의 편찬에 대하여는 최근 한 시기에 편찬된 것은 아니고, 현재와 같은 체재와 내용으로 된 것은 聖宗(1460~1497)이고, 하한선이 1767년이라고 한다.35) 그리고 그

---

33) 崔鍾庫, 「東아시아 普通法論－韓・中・日 法史의 基本課題」『서울대학교 法學』제40권 2호, 1999, 72면. 동아시아의 보통법을 法典化, 儒敎法文化, 향약과 촌락법, 法學으로 분류하여 이를 토대로 西洋의 ius commune와 비슷한 개념으로서의 동아시아 普通法을 구축하려고 한다. 같은 글, 68~79면.
34) 베트남의 불교에서 유교사회로의 전환에 대하여 자세한 것은 劉仁善, 「베트남 黎朝의 성립과 儒敎理念의 확립 : 불교이념으로부터 유교이념으로」『東亞硏究』제48집, 西江大學校 東亞硏究所, 2005 참조.

내용이 된 刑律은 총 722개 규정 중에서 ≪唐律≫에서 261, ≪大明律≫에서 53개 규정을 계수하고 있지만,[36] 그 내용을 자세히 살펴보면 고유한 규정의 수가 407개 규정에 이른다고 한다.[37] 이 ≪黎朝刑律≫의 경우를 보면 ≪唐律≫과 ≪大明律≫에서 계수한 규정이 거의 대부분을 차지하고 있기는 하지만, 이들 규정을 나름대로 변형하여 관습에 맞게 고친 규정이 407개조에 이르고 있음을 알 수 있다. 즉 중국률의 영향을 대폭 받기는 하였지만, 자신의 율을 나름대로 만든 것에 특징이 있다고 할 수 있다.

한편 일본의 경우에 대하여 살펴보자. 그들도 중국률의 영향을 받기는 하였지만, 이를 그대로 실시하지는 않았다. ≪唐律≫을 계승하기는 하였지만, 그들은 ≪大寶律≫(710)이나 ≪養老律≫(718)을 만들기도 하고, 幕府에게 권력이 넘어간 武家法時代(1185~1868)에는 각각의 단행법이 발령되었다.[38] 한편 에도막부시대(1603~1868)에 들어와 형률을 정비할 때에도 그들은 ≪大明律≫을 참고하여 자신의 형률을 만드는 방식을 취하였지 先進法이라고 해서 그대로 들여오지는 않았다.[39] 특히 에도 막부의 제8대 장군인 도쿠가와 요시무네에 의해 편찬되는 '公事方御定書'(1742)는 에도 시대 최대의 입법사업이라고 할 수 있는데, 여기에도 중국법의

35) 劉仁善, 「베트남 『黎朝刑律』의 체재와 내용」, 『法史學研究』 제27호, 韓國法史學會, 2003, 325~327면. 베트남 法史에 대한 개략적인 내용은 Nguyễn Ngọc Huy · Tạ Vă Tài, The Lê Code, vol. 1, Ohia University Press, 1987, 4~43면 참조. ≪黎朝刑律≫의 영어번역은 같은 책 참조.
36) 劉仁善, 위의 글, 329면.
37) 劉仁善, 위의 글, 333~335면. 베트남에서 ≪黎朝刑律≫과 그 이전의 법과의 관계에 대하여는 劉仁善, 「베트남 李朝와 陳朝의 法-唐律 및 ≪黎朝刑律≫과의 관계」 『東洋史學研究』 제81집, 東洋史學會, 2003 참조.
38) 시마다 마사오/임대희 · 박원길 · 우덕찬 · 이광수 옮김, 『아시아법사』, 서경문화사, 2000, 200~213면 참조.
39) 에도 시대 日本에서 ≪大明律≫이 어떠한 흔적을 남기고 있는가에 대하여는 趙志晩, 「에도(江戶)시대 일본에서의 대명률의 영향-조선과 비교하여-」 『法史學研究』 제32호, 韓國法史學會, 2005 참조.

영향이 보이기는 하지만, 그 영향은 신체형인 敲(たたき : 笞杖을 의미한다),
刺字刑이라고 할 수 있는 入墨, ≪大明律≫의 贖刑을 염두에 둔 科料 등
그 영향이 직접적이지는 않고 간접적이다.[40] 또한 에도 막부는 봉건 체
제를 취하고 있었기 때문에 각 藩마다 자신의 법을 만들 수 있는 자율성
을 어느 정도 가지고 있다. 이 번들도 ≪大明律≫의 영향을 받을 법전을
편찬하기는 하지만 ≪大明律≫의 필요한 부분을 쓰면서 자신의 법전을
편찬하고 있지 ≪大明律≫ 그 자체를 자신의 형법전으로 쓰고 있지는
않다.[41] ≪大明律≫ 수용에 대한 동양 3국의 차이점은 어디에서 유래하
는가?

우선 베트남에 대하여 살펴보면 베트남에서는 ≪唐律≫을 이미 사용
하고 있던 상태에서 왕조 교체만 이루어졌기 때문에 ≪唐律≫과 관습법
이 혼재된 자신들의 刑書가 있었고, 이를 굳이 바꿀 필요가 없었을 것이
라고 추측할 수 있다. 즉 이러한 상태에서는 이전의 형률을 증보하는 형
식으로 충분하다. 또 하나의 이유는 베트남이 중국의 끊임없는 무력 침
략을 당했지만 베트남 역대 군주들이 황제를 자칭하고 연호를 사용하면
서 중국 황제와 자신을 대등하게 여겼다는 데서도 찾을 수 있을 것 같
다.[42] 그들은 자신을 황제라고 생각했기 때문에 중국의 형률을 그대로
받아들이지 않고 형식만 변경한 채 그들의 형률을 공포했던 것이다.

다음으로 일본의 경우에는 천황이 존재하지만 장군이 다스리는 막부
체제를 취하고 있었는데, 이 체제는 전국적인 중앙집권을 이루지는 못하
고, 지방분권적인 봉건제를 취하고 있었다. 이러한 상황에서는 전국적으

---

40) 자세한 것은 小林 宏,「德川幕府に及ぼせる中國法の影響－吉宗の明律の受
    容をめぐって－」『日本文化研究所紀要』第64輯, 國學院大學, 1989, 78~83
    면 참조.
41) 각 번들의 입법상황에 대하여는 小早川欣吾,「明律令の我近世法に及ぼせる
    影響」『東亞人文學報』第4卷 第2號, 京都帝國大學 人文科學研究所, 1945,
    197~257면 참조.
42) 劉仁善,『새로 쓴 베트남의 역사』, 이산, 2002, 7면.

로 적용되는 통일 법전이 필요하지 않다고 할 수 있다. 즉 굳이 중앙집
권을 전제로 하고, 통일적인 법적용을 바탕에 깔고 있는 ≪大明律≫을
도입할 필요가 없었을 것이다.[43] 또 유교의 영향이 있다고 해도 여전히
武家가 지배하고 있는 사회에서 유교적인 법률이 그대로 들어온다는 것
도 무리가 있었을 것이다. 그래서 일본에는 ≪大明律≫을 비롯한 중국법
의 영향이 그리 크지 않다고 생각된다.

하지만 조선은 고려 무신정권이래 王法으로 통치되어 오던 형사사법
의 혼란을 일률적으로 적용되는 형률에 의하여 가라앉히고자 하는 필요
가 있었기 때문에 통일적으로 적용되는 형률이 필요했다고 여겨진다. 또
한 ≪大明律≫이 가지고 있던 사상체계가 당시 조선의 건국자들이 가지
고 있던 사상체계와 동일하였다는 점도 ≪大明律≫이 손쉽게 조선에 수
용될 수 있었던 원인이라고 생각된다. 하지만 무엇보다도 중요한 원인은
≪大明律≫이 가지고 있었던 체계적 우수성에 있었다고 생각한다. 이러
한 상황에서 수용방식을 어떠한 것으로 택하느냐는 순전히 건국자들의
손에 맡겨진 것이라고 할 수 있는데, 조선이 明의 영향을 받고 있었다는
점, 신왕조 개창에 시간적 여유도 없는 상태에서 문란한 형사사법을 가
장 빠르게 안정시킬 수 있는 가장 손쉬운 방법이 새로운 형률을 만들기
보다는 ≪大明律≫을 통째로 들여오는 것이었다는 것이 베트남이나 일
본에서의 수용방식과는 차이가 나는 이유라고 생각된다.

5. ≪大明律≫의 直解와 底本

≪大明律≫은 중국의 율이기 때문에 중국의 한문으로 되어 있다. 그
러나 율을 직접 적용하고 해석하는 관리들은 그다지 중국 한문에 정통
하지 못하였던 것으로 추측된다. 그리고 율문 자체가 조선의 사정에 맞
지 않는 면도 있었을 것이다. 또한 ≪大明律≫의 문장은 일반 한문과는

---

43) 자세한 것은 趙志晩, 앞의 글, 415~416면 참조.

다른 법조문이었기 때문에 이해하기가 어려웠다. 이러한 사정은 앞에서 인용한 전법사의 상소에서도 확인되고 있고,[44] 여기서 율문을 보다 쉽게 이해할 수 있는 방안이 강구되어야 한다는 것을 당시 사람들도 느끼고 있었음을 알 수 있다. 이에 우리나라의 吏讀로 번역하는 작업인 직해 작업이 시작되었는데, 현존하는 《大明律直解》의 발문을 보면 太祖 4년 (1395) 2월에 최초의 《大明律直解》가 발간되었다.[45] 《大明律直解》의 발문이 조금 길지만 인용해보자.

"… 이 大明律은 형벌적용의 경중이 각각 마땅한 바가 있으므로, 진실로 법을 집행하는 사람들이 기준으로 삼을 만하다. 성상께서 중앙과 지방에 반포하여 벼슬길에 나오는 사람들로 하여금 서로 전해가며 익히고 외우고 익히게 하여 모두 이것으로 본받을 수 있었다. 그러나 그 글자가 보통과 달라서 사람마다 쉽게 깨치기 어려웠다. 하물며 우리나라에는 삼한 때에 설총이 만들어낸 방언문자가 있어서 이두라고 하는데 토속에서는 태어나면서부터 알고 익혀 익숙하니 갑자기 없앨 수도 없으니 어찌 이 책을 집집마다 다니며 일러주고 사람마다 가르쳐 줄 수 있겠는가? 마땅히 이 책으로 이두로 읽게 하여 어질고 유능한 인재를 지도할 수 있을 것이다. 정승 평양백 조준이 검교중추원 고사경과 나에게 그 일을 위촉하였다. 우리들은 거듭거듭 자세히 연구하여 直解하였다. 아! 우리 두 사람이 먼저 대강 풀이하였고 삼봉 鄭先生 道傳과 工曹典書 唐誠이 후에 潤色하였다. 이만하면 切磋琢磨하였다고 할 수 있지 않은가 … 시험삼아 반행한다"(강조는 인용자).[46]

---

44) 이 상소 이후에 직해작업이 진행되고 있었음은 《大明律直解》 名例律 徒流遷徙地方에서 楊廣道, 西海道, 交州道라는 지명이 등장하는데 태조 4년 (1395)에 이르러 양광도가 충청도로 서해도로 풍해도로 하고 있으며[《朝鮮王朝實錄》 太祖 4년(1395) 6월 乙亥], 교주도는 恭讓王 원년(1389)에 交州江陵道로 바꾸기 때문에(《朝鮮王朝實錄》 世宗 地理志 153 江原道) 최소한 공양왕 원년(1389) 이전에 직해작업이 진행되고 있었음을 추측할 수 있다.

45) 《大明律直解》라는 명칭은 원래 《大明律》인데 일제시대 花村美樹가 《大明律講解》나 《大明律附例》와 구분하기 위하여 명명한 것이라고 한다. 安秉禧, 「《大明律直解》의 書名」『韓國語研究』 1, 한국어연구회, 2003, 119~125면. 여기서는 현대의 관용적 용법에 따라 《大明律直解》로 부르기로 한다.

46) "… 此大明律書 科條輕重 各有攸當 誠執法者之準繩 聖上思欲頒布中外 使

여기서 조선의 지식인들이 ≪大明律≫의 한문 정도는 이해할 수 있었다는 점을 가정할 때 ≪大明律直解≫의 대상은 한문해독능력이 떨어지는 실무관리들이었다는 점을 지적할 수 있다. ≪大明律≫의 직해작업은 정도전에 의해서도 확인되고 있다.[47] 이 발문에서 확인할 수 있는 또하나의 사실은 김지와 고사경이 직해를 하였으며 당성과 정도전이 직해된 율문에 潤色하였다는 것이다. 윤색이란 당시 현행되고 있던 법령들과 저촉되는 점을 고려하여 직해율문의 수정, 보충작업을 하였다는 것인데 고려말 전법사의 상소에 나타난 직해의 방향이 관철되고 있음을 볼 수 있다.

이해하기 쉬워진다는 것을 하나의 예를 통해 살펴보자. ≪大明律≫ 제25조 名例律 二罪俱發以重論은 현대 형법에서는 경합범에 해당되는

仕進輩傳相誦習, 皆得以取法 然其使字不常 人人未易曉 況我本朝三韓時 薛聰所製方言文字 謂之吏道 土俗生知習 未能遽革 焉得家到戶諭 每人而敎之哉 宜將是書 讀之以吏道 導之以良能 政丞平壤伯趙浚 乃命檢校中樞院高士褧與予 囑其事 某等詳究反復 逐字直解 於膚予二人草刱於前 三峯鄭先生道傳 工曹典書唐誠 潤色於後 豈非切磋琢磨之謂也歟 … 而試頒行". ≪大明律直解≫, 金祉 跋文. 金九鎭은 그의 글에서 이 ≪大明律≫의 직해 직후 朝鮮經國典이 출간된 것으로 보아 ≪大明律≫을 校閲하면서 朝鮮經國典을 지은 것이라고 한다. 金九鎭, 앞의 글, 106면. 그러나 정도전이 ≪大明律直解≫의 감수를 하면서 朝鮮經國典을 찬술했다고 하더라도 ≪大明律直解≫가 朝鮮經國典의 출간 이후에 나왔다는 것은 사실과 다르다. 왜냐하면 조선경국전의 출간연대는 태조 3년(1394) 5월(태조 3년 5.30. 戊辰)이고 대명률직해의 발문은 태조 4년(1395) 2월이기 때문이다. 이 오류는 金九鎭의 글 각주 76에서는 洪武 28년(1395)이라고 하면서 110면에서는 1394년(洪武 28)이라고 하여 연대를 착오한 것과 朝鮮經國典의 序文에서 鄭摠이 洪武 乙亥(1395)라고 한 데서 연유한 듯하다.

47) 그는 "어리석은 백성들이 알지 못하여 금법을 저촉할까 염려하여, 이에 攸司에 명하여 大明律을 방언으로 옮기게 해서 사람들로 하여금 쉽게 깨치게 하고(又慮萬民 無知觸禁 爰命攸司 將大明律 譯以方言 使衆易曉)"라고 하고 있다. 鄭道傳, 三峯集 卷之十四 朝鮮經國典 憲典 摠序(국역삼봉집 2,299면 및 영인부록을 참조하였음).

규정이다. 이는 의하면 "凡二罪以上俱發 以重者論"이라고 규정하고 있다. 그런데 이에 해당되는 직해문은 "凡二件罪亦 一時俱發爲去等 從重罪論齊"로 되어 있다. 여기서 밑줄친 부분은 이두인데 "亦"은 음가는 "역"이나 "가, 이"의 뜻을 가진 이두이고, "爲去等"은 "하거든"으로 읽히며 "齊"는 "져"로 종결어미이다. 이를 이두로 읽어보면 "범이건죄여 일시구발하거든 종중죄론져"이고 번역하면 "무릇 2건죄가 일시에 함께 발생하거든 중한 죄를 따라서 논한다"로 된다. 한문으로 된 문장이 이두를 사용함으로써 우리말의 어순을 가지게 되고, 이두를 사용할 수 있는 사람들이 읽기에는 아주 편하다는 것을 알 수 있다.

한편 위의 발문에서 보이듯이 시험삼아 반행한 것이므로 보완은 예정되었다. 우선 태종대에 와서 ≪大明律≫을 번역하자는 논의가 나온다.[48] 이후 태종 12년(1412)에 가서는 태조 4년(1395)에 직해된 ≪大明律直解≫의 불완전함을 반증하는 사례가 나오게 된다. 그 사례를 살펴보면 풍해도에서 田地 30負를 盜耕한 사건이 일어났는데 적용법조는 ≪大明律≫ 戶律 田宅 盜耕種官民田이었다. 그런데 이 규정에 따르면 盜耕하는 경우에 그 사람이 도경한 면적이 1畝이하이면 태30에 처하고 매5무마다 1등씩을 가중하여 장80을 한도로 규정하고 있었지만[49] 중국의 면적단위인 '畝'를 조선의 면적단위인 '負'로 환산하지 않았던 것이다. 이에 풍해도 관찰사는 ≪大明律≫ 戶律 田宅 欺隱田粮에서 1負를 1畝로 환산하여 직해한 것을 근거로 이를 유추하여 杖80의 판결을 하였다.[50] 하지만 의정

---

48) ≪朝鮮王朝實錄≫ 태종 4년(1404) 10월 丙申에는 "大明律은 시왕의 제도이니 마땅히 봉행하여야 하는 것이나, 우리나라 사람이 밝게 알기가 쉽지 않으니, 마땅히 俚言으로 이를 번역하여 중외에 반포해서 관리로 하여금 강습하게 하여 무릇 笞 하나 杖 하나라도 반드시 율에 의해 시행할 것입니다"라고 하고 있으며 태종 11년(1411) 12월 戊子에는 "대명률을 번역하라고 명하고 …(命譯大明律…)"라고 하고 있다.

49) ≪大明律直解≫ 戶律 田宅 盜耕種官民田 "一畝以下笞三十 每五畝加一等 罪止杖八十".

50) ≪大明律直解≫ 戶律 田宅 欺隱田粮 "凡欺隱田粮脫漏版籍者 一畝至五畝

부에서는 田法을 상고하여 中朝의 전지 1무가 本朝의 22負에 准하므로
笞40에 처하여야 하므로 직해를 개정하여야 한다는 의견을 제시하였고
태종이 이를 받아들였다.[51] 이 사안은 ≪大明律直解≫가 실무에서 실제
로 활용되고 있음을 보여주는 예이기도 하지만 직해작업이 완전하지 못
했음을 보여주는 것이다. 이후 태종은 ≪大明律≫의 역해에 있어서 잘못
된 점을 바로 잡도록 하여 상정도감까지 설치하였으나[52] 구체적으로 ≪大
明律直解≫를 수정한 결과물은 보이지 않는다.

태종대의 번역논의는 논의에만 그치고 실행되지 못하였는지 세종대
에 가서도 ≪大明律≫을 번역하자는 논의는 계속된다. 즉, 세종 13년(1431)
에 안숭선과 김종서 등이 ≪唐律疏議≫, ≪議刑易覽≫ 등의 글을 참고
해서 번역하고 풀이하여 사람들이 알기 쉽도록 할 것을 건의하였다.[53]
이튿날 세종은 趙瑞康과 權克和에게 ≪大明律≫을 번역할 것을 명한
다.[54] 그런데 세종 때의 이 논의는 ≪唐律疏議≫, ≪議刑易覽≫을 참조
하여 번역할 것을 명하는데 이로 보아 직해보다 좀더 발전된 해설주석
서의 편찬임을 짐작하게 한다. 하지만 이 논의도 제대로 시행되지 않았
는지 세종 14년(1432)에 가서도 다시 ≪大明律≫을 번역하자는 논의가 나
오나,[55] 이를 끝으로 ≪大明律≫을 번역하자는 기사는 실록에서는 사라
진다. 한편 建文 연간(1399~1402)에 ≪大明律≫을 들여오려고 하였지만 중
국의 혜제는 儀禮는 本俗을 따르고 法은 舊章을 지키라는 이유로 거부
하여 홍무 30년율을 들여오려던 시도는 실패하였다.[56] 다만 현존하는 것

笞四十 …<割註 : 凡貢稅軍粮庫乙 冒弄落報爲旀 田地作文乙 漏落爲在乙
良 一負至五負 笞四十 …>".
51) ≪朝鮮王朝實錄≫ 태종 12년(1412) 3월 戊申. ≪經國大典註解≫에 가면 14負
가 1畝로 환산된다. ≪經國大典註解≫ 戶典 量田 "各等田十四負 准中朝田
一畝".
52) ≪朝鮮王朝實錄≫ 태종 14년(1432) 12월 甲申.
53) ≪朝鮮王朝實錄≫ 세종 13년(1431) 6월 甲寅.
54) ≪朝鮮王朝實錄≫ 세종 13년(1431) 6월 乙卯.
55) ≪朝鮮王朝實錄≫ 세종 14년(1432) 11월 壬戌, 11월 戊辰.

은 태조 4년에 직해된 것이며 태종 년간이나 세종 년간에 번역된 것은 전하지 않으므로 확실한 것은 알 수 없지만 아마도 태종대나 세종대의 번역논의는 이미 직해된 ≪大明律≫의 보완 내지는 새로 들어온 홍무 30년율을 대상으로 한 것이 아닌가 추측된다. 그리고 이러한 시도는 현존하는 ≪大明律直解≫의 발문이 태조 4년의 것이고, 내용으로서도 후술하는 바와 같이 홍무 30년의 ≪大明律≫과는 차이를 보이고 있기 때문에 최종적으로는 실패한 것이 아닌가 생각된다.

그러면 현존하는 ≪大明律直解≫와 관련해서는 원재료가 된 ≪大明律≫이 과연 어떠한 것인가, 그리고 ≪大明律直解≫가 과연 조선에서 법전으로서 기능을 하였는가의 두 가지가 문제된다. 우선 판본문제에 대하여 견해가 나뉘는 이유는 ≪朝鮮王朝實錄≫에서 ≪大明律直解≫가 나온 이후에도 계속하여 ≪大明律直解≫의 오류를 지적하기도 하고 새로 번역을 명하는 기사가 나오기 때문이다.[57] 우선 ≪大明律直解≫의 저본이 홍무 30년율이라는 주장이 있다. 즉 홍무 30년율이었다는 견해에 의하면 좀더 구체적으로 세종 때의 번역[58]은 太祖 4년(1395)의 홍무 22년율을 저본으로 한 직해를 홍무 30년율을 저본으로 한 직해로 바꾼 것이라고 하며 이때의 번역은 아직 훈민정음이 반포된 때는 아니므로 한글로의 번역은 아니었을 것이라고 주장하고 있다.[59] 또한 홍무 22년에 반포된 ≪大明律≫과 홍무 30년에 반포된 ≪大明律≫의 조문수가 각각 460조, 444조이고 조선의 ≪大明律直解≫는 442조이므로 가장 나중에 나온 ≪大明律≫인 홍무 30년율이 그 저본일 것이라는 주장도 있다.[60]

---

56) ≪朝鮮王朝實錄≫ 세종 28년(1446) 6월 癸卯. 建文 연간은 세종 즉위 이전이지만, 부모상을 숨기고 애통해 하지 않는 자를 처벌할 때 ≪大明律≫보다 강화된 형을 가하기 위한 논거로 세종은 建文 연간의 사례를 제시하고 있다.

57) ≪朝鮮王朝實錄≫ 태종 11년(1411) 12월 戊子, 세종 13년(1431) 6월 甲寅 등.

58) ≪朝鮮王朝實錄≫ 세종 13년(1431) 6월 乙卯 : 命舍人趙瑞康少尹權克和 譯解大明律于詳定所.

59) 李成茂, 「經國大典의 편찬과 大明律」 『朝鮮兩班社會研究』, 일조각, 1995, 299면.

이에 반하여 홍무 22년율이었다는 견해는 ≪大明律≫의 직해가 태조 4
년(1395)에 이루어졌으므로 시기적으로 홍무 22년율이라고 주장한다.[61]

　≪大明律直解≫의 底本이 된 ≪大明律≫이 도대체 어떤 것이었는가는
비교를 통해 실증적으로 비교를 통해 접근할 필요성이 있다. 홍무 22년
율이 전해지지 않지만, 홍무 30년율은 전해지기 때문에 홍무 30년율과
≪大明律直解≫을 비교하는 방법이 유용한 방법이 될 것이다.[62] 우선
목록의 비교에서 ≪大明律講解≫[63]는 461조, ≪大明律直解≫는 456조,
≪大明律附例≫[64]는 460조가 나왔다. 그리고 음각된 조문의 수는 총 444
조이다. ≪大明律≫에서는 조문명칭을 음각으로 하고 이것이 대개는 1
조가 된다. 그러나 예외적으로 1개의 조문명칭 아래에 수개의 조문을 명
기한 것이 있다. 吏律 公式 棄毁制書印信(二條), 戶律 課程 鹽法(十二條), 兵

---

60) 金九鎭, 앞의 글, 106면, 108면. 특히 97~98면. 442조가 된 것은 兵律 宮衛
　　縣帶關防牌面와 刑律 斷獄 吏典代寫招草가 빠져서 원래 444조인데 442조
　　라는 것이다. 실제로 고려대학교 중앙도서관에 소장되어 있는 ≪大明律直
　　解≫(보경문화사 영인, 1986)에는 이 두 조문이 빠져 있고 규장각에 소장되어 있
　　는 ≪大明律直解≫(서울대학교 규장각 영인, 2001)에서는 다른 책에서 이 부분을
　　보충하여 붙여 놓았다. 이 규정이 ≪大明律直解≫에 원래 붙어 있었는지
　　여부는 다른 판본을 모두 조사해보고 나서 결론을 내려야 할 것인데 현재
　　로서는 불분명하다.
61) 朴秉濠, 『韓國法制史攷』, 418면 ; 金漢植, 「大明律의 朝鮮朝的 繼受」, 『경북
　　대학교 논문집』 제34집, 1982, 48면.
62) 이러한 비교는 이미 鄭肯植・趙志晩의 공동연구에 의해 행해졌다. 이하의
　　서술은 이 공동연구의 결과를 요약한 것이다. 자세한 것은 鄭肯植・趙志
　　晩, 「大明律 解題」, 『大明律講解』, 서울대학교 奎章閣, 20~22면 참조.
63) ≪大明律講解≫는 편자 미상의 책이다. ≪大明律≫에 대하여 講과 解를 붙
　　여서 律文에 대한 의문점을 풀이한 ≪大明律≫의 주석서라고 할 수 있다.
　　자세한 것은 鄭肯植・趙志晩, 앞의 글, 서울대학교 규장각, 2001, 22~24면
　　참조.
64) ≪大明律附例≫는 율문과 사례를 결합한 종합법서라고 할 수 있는데, 萬曆
　　13년(1585)에 이루어졌다. 따라서 홍무 30년율을 담고 있다. ≪大明律附例≫
　　에 관하여 자세한 것은 鄭肯植・趙志晩, 앞의 글, 28~29면 참조. ≪大明律附
　　例≫는 조선후기의 사례집인 ≪律例要覽≫에도 인용되고 있다.

典 宮衛 衝突儀仗(三條) 등이 그 예이다. 그런데 이러한 조문수의 附記도 일치되지 않기 때문에 각 ≪大明律≫의 목록에서 조문수가 차이가 나고 있는 것이다. 즉 율문에서 "○"으로 표기한 것은 조문의 구분이 아니라 율문의 이해를 돕기 위한 임의적 표기에 지나지 않으며, 실제 각 ≪大明律≫마다 그 표기가 일치하지 않는 경우가 많다. 오히려 "凡"으로 시작되는 것이 하나의 조문이다. 이를 토대로 실제로 조사해보면 세 법전의 조문수는 460조로 같다.[65] 조문의 수가 같다면 우선 조문의 수가 틀리다는 견해는 잘못된 것이 드러났다고 볼 수 있다.[66] 항목수가 같다면 율문의 내용을 비교해보는 것이 ≪大明律直解≫의 판본을 밝히는 데 더 유용할 것이다. 중국의 楊一凡은 ≪大明律直解≫의 율문과 홍무 30년율을 對校하여 양자의 文字가 다른 곳이 364곳임을 대비표로써 명시하였다.[67] 그리고 ≪大明律直解≫와 ≪大明律講解≫는 俗字, 同字 이외에는 거의 차이가 나지 않으나 홍무 30년율인 ≪大明律附例≫와는 내용상의 차이가 존재한다.[68] 이는 ≪大明律直解≫의 저본이 홍무 30년율이 아니

---

65) 물론 ≪大明律直解≫의 경우 본절 주 60)에서 말한 두 조문을 더했을 때이다. 또한 ≪大明律直解≫의 목록에서 총 456조라고 하고 있는 것은 음각제목이 달려 있는 조문수는 444조이지만 '凡'을 기준으로 했을 때 빠뜨린 것도 있고 하여 잘못 계산한 것이다. ≪大明律講解≫의 목록상 461조가 나오는 것도 계산 착오이다. 자세한 것은 본서 <부록 2> 참조. Jiang Yonglin도 홍무 30년율과 ≪大明律直解≫가 편목, 조문수(460조)가 모두 같다고 보고 있다. Jiang Yonglin, 앞의 글, 97면. Jiang Yonglin은 그의 ≪大明律≫ 영역본에서도 조문번호를 매길 때 460조로 하고 있다. Jiang Yonglin, The Ming Code, he University of Washington Press, 2005 참조.

66) 張允熙는 ≪大明律直解≫의 총조문수를 458개로 비정하고 나중에 홍무 30년율을 참고하여 두 조문을 끼워 넣은 것이기 때문에 ≪大明律直解≫의 저본이 홍무 22년율이라는 견해를 취하고 있다. 張允熙, 「大明律直解의 書誌學的 考察」, 『震檀學報』 제96호, 震檀學會, 2003, 273면. 그러나 洪武 22년율이나 洪武 30년율은 조문수가 같다는 점을 간과하고 있다.

67) 楊一凡, 앞의 책, 227~247면. 이 364개가 모두 내용상의 차이는 아니고 통용자 등의 차이도 있다. 가령 '以上'을 '已上', '凌虐'을 '陵虐'이라고 쓴 따위이다.

라는 것을 실증적으로 입증한다고 할 수 있다. 또 ≪大明律直解≫ 名例
律 徒流遷徙地方의 楊廣道, 西海道, 交州道가 태조 4년(1395) 혹은 공양왕
원년(1389) 이전의 명칭이라는 것도 홍무 30년(1397) 이전에 직해가 이루어
졌다는 것을 짐작할 수 있는 근거가 될 수 있을 것이다. 그렇다고 본다
면 태종 때나 세종 때 ≪大明律直解≫를 번역하라는 命은 특히 세종 때
의 논의는 ≪唐律疏議≫, ≪議刑易覽≫을 참조하여 번역할 것을 명하는
것으로 보아 직해보다 발전된 해설주석서의 편찬을 의도한 것이 아닌가
생각된다. 하지만 실제로 번역되어 출간된 것은 없기 때문에 현존하는
≪大明律直解≫는 홍무 30년 이전의 율을 저본으로 한 것이라고 할 수
있을 것이다. 특히 建文 연간(1398~1402)에 ≪大明律≫을 들여오려고 하였
지만 의례는 본속을 따르고 법은 舊章을 지키라는 이유로 거부당한 사
실[69]도 홍무 30년율이 공식적인 방식으로 들어오지는 않았다는 것을 짐
작케 한다.

다만 ≪大明律直解≫가 태조 4년(1395)에 편찬되었다는 이유로 그 底本
을 홍무 22년율이라고 단정하는 것은 좀더 생각해봐야 할 문제라고 생
각한다. 우선 ≪大明律直解≫ 名例律 徒流遷徙地方의 交州道는 恭讓王
원년(1389)에 交州江陵道로 명칭이 변경되었다가 太祖 4년(1395)에 이르러
江原道로 명칭이 변경되는데,[70] ≪大明律直解≫에서는 그대로 交州道로

---

68) 예컨대 名例律 老小廢疾收贖에서는 ≪大明律講解≫와 ≪大明律直解≫에서
   "犯反逆殺人應死者"라고 하고 있는 데 반해 ≪大明律附例≫에서는 "犯殺
   人應死者"라고 하고 있는 등 차이가 나타난다. 자세한 것은 서울대학교 규
   장각 영인, 『大明律講解』, 2001, 41면 <표 7> 欄外에 鄕本으로 표기하여
   차이를 제시한 부분 참조. 이러한 지적은 사실 일제시대에도 존재하고 있
   었다. 즉 ≪大明律直解≫와 ≪大明律講解≫ 사이에서는 조문이 거의 차이
   가 나지 않으나, 正德版 大明會典과 萬曆版 大明會典에 실려 있는 ≪大明律≫
   (洪武 30년율)과는 다수 차이가 있다고 한다. 總督府調査課編(麻生武龜 집필),
   『李朝法典考』, 朝鮮總督府 中樞院 : 京城, 1936, 88면. 다만 구체적인 것은 적
   시하고 있지 않다.
69) ≪朝鮮王朝實錄≫ 세종 28년(1446) 6월 癸卯.
70) ≪朝鮮王朝實錄≫ 세종 地理志 153 江原道.

표기하고 있다. 이는 洪武 22년(1389) 즉 恭讓王 원년(1389) 이전에 直解 작업이 진행되고 있었다는 것이고, 당연히 直解의 저본은 洪武 22년(1389) 이전의 율인 것이 된다. 물론 그 이후에 새로이 들어온 판본을 다시 직해했을 가능성은 있으나 그 증거는 없다. 더욱이 지금까지 ≪大明律講解≫나 ≪大明律直解≫의 저본이 모두 홍무 22년율이라고 비정하여 왔는데, ≪大明律講解≫와 ≪大明律直解≫에도 사소한 차이기는 하지만 차이가 발견되고 있다. 예컨대 兵律 軍政 飛報軍情에서 ≪大明律講解≫와 ≪大明律附例≫에 존재하는 규정이 ≪大明律直解≫에는 존재하지 않는다.[71] ≪大明律講解≫도 또한 ≪大明律附例≫와 차이가 있기 때문에 ≪大明律直解≫나 ≪大明律講解≫가 저본으로 삼고 있었던 ≪大明律≫은 각각 다른 판본이 아니었나 생각된다. 그렇다면 앞서 제기하였던 바와 같이 법전의 형태로 율을 만들었음에도 새로운 형률이 만들어질 경우에는 계속하여 증보하여 가다가 반행에 즈음하여 증손하는 입법방식[72]을 ≪大明律≫이 취하고 있었다고 한다면, ≪大明律直解≫나 ≪大明律講解≫의 저본이 반드시 동일하게 홍무 22년의 것이라고 단정할 수는 없을 것이라고 생각된다. 홍무 7년율은 12편목을 취하고 있었기 때문에 그 이후의 ≪大明律≫일 것이고, ≪律解辨疑≫가 담고 있는 ≪大明律≫은 홍무 19년(1386)의 것인데 홍무 30년율과 편목이 일치하고 있기 때문에 편목 자체는 홍무 19년 이전까지 거슬러 올라갈 수 있을 것이다. 좀더 연구가 되어야 할 부분이라고 생각되지만 여기서는 일단 상한선을 홍무 9년, 하한선을 홍무 30년으로 추정해본다. 확실한 것은 ≪大明律直解≫의 저본이 적어도 홍무 30년율은 아니라는 것이다.

---

71) ≪大明律直解≫, ≪大明律講解≫, ≪大明律附例≫의 규정 참조. 이들의 대비표는 서울대학교 규장각, 『大明律講解』, 41~60면 참조. 이 표에서 ≪大明律直解≫, ≪大明律講解≫의 차이나는 규정을 찾아보면 글자의 차이 이외에 내용에 차이가 나는 것이 9개 항목에 이른다.

72) 滋賀秀三, 앞의 글, 216~7면.

6. ≪大明律直解≫의 위상

그러면 조선 초에 번역된 ≪大明律直解≫가 조선의 형사법을 규율하는 법전으로서 기능한 것인가. 이에 대하여 조선에 통용된 것은 직해된 ≪大明律≫에 ≪大明律≫이라는 명칭의 서명을 붙였다는 이유와 ≪大明律直解≫에서 ≪大明律≫을 수정하는 직해가 이루어졌음을 근거로 ≪大明律直解≫였다는 것이 일반적으로 받아들여지고 있다.[73] 특히 ≪大明律≫의 직해에 관여한 정도전은 ≪朝鮮經國典≫에서 "≪大明律≫을 방언으로 번역케 해서 대중으로 하여금 쉽게 깨우치게 하였고, 무릇 처단과 판결에 있어서는 모두 이 법률에 의거하였으니, 위로는 황제의 규범을 받들고 아래로는 백성의 생명을 존중하기 위한 것이다"[74]라고 하고 있다.

하지만 이 문제는 좀더 조심스럽게 접근할 필요가 있다고 생각된다. 즉 ≪朝鮮王朝實錄≫에 나타나는 사안들에서 율문을 인용할 때는 ≪大明律≫의 본조문을 인용하고 있으며 직해를 인용하지는 않는다는 점, 특히 세종 26년(1444)에 논의가 되는 ≪大明律≫ 刑律 鬪毆 奴婢毆家長의 규정에 대해 세종이 적용을 배제한 규정이 ≪大明律講解≫나 ≪大明律附例≫에는 존재하지만, ≪大明律直解≫에는 나오지 않는다.[75] 이 사례에서는 죄없는 노비를 함부로 때려 죽인 경우 그 노비의 가족들을 풀어주어 양인으로 만들어 주는 규정을 적용하지 않을 것을 결정하는데,[76]

---

73) 張允熙, 앞의 글, 276면 ; 延正悅, 「朝鮮王朝와 大明律直解」『한국사학논총』, 아세아문화사, 1992, 155면 등.

74) 민족문화추진회 편,『국역 삼봉집』2, 도서출판 솔, 299면. 영인부록 104면 : 大明律譯以方言 使衆易曉 凡所斷決 皆用此律 所以上奉帝範 下重民命也. 정도전이 ≪大明律≫의 직해에 관여하였다는 것은 ≪大明律直解≫ 跋文 참조.

75) ≪朝鮮王朝實錄≫ 世宗 26년(1444) 윤7월 辛丑.

76) 이 사안은 중종때의 受敎(≪受敎輯錄≫에 실렸다)를 거쳐 ≪續大典≫에 적용하

양인으로 만들어준다는 '當房人口悉放從良'이라는 규정이 ≪大明律直解≫에는 빠져 있는 것이다. 어떠한 규정을 적용하지 않는다고 할 때, 적용되지 않는 규정은 법률에 그대로 있어야 한다. 그래야 적용하지 않는다고 명시한 규정의 의미가 있다. 그렇지 않고 적용되지 않는 규정을 그냥 삭제해버린다면 그를 지시한 조항이 의미가 없다.[77] 또한 16세기 이후에 등장하는 ≪詞訟類聚≫나 ≪決訟類聚補≫와 같은 詞訟法書에 규정된 ≪大明律≫ 규정은 직해문을 실어 놓은 것이 아니라 ≪大明律≫ 원문을 인용하고 있다. 이러한 예를 접할 때 ≪大明律直解≫가 과연 조선에 통용된 법률텍스트로서의 지위를 획득하고 있었는가에 대하여 의심을 가지게 되는 것이다.

그렇다면 ≪大明律直解≫는 법적 효력의 면에서 어떠한 위치를 차지하고 있었는가. 아마도 ≪大明律直解≫의 편찬자들은 처음에 ≪大明律直解≫를 조선에 통용될 법적 효력이 있는 형률로 만들려는 계획을 가지고 있었다고 생각된다.[78] 그렇기 때문에 책의 서명에 굳이 '직해'가 붙지 않은 채 ≪大明律≫로 통용되었을 것이다.[79] 앞서 본 정도전의 언급

지 않는 것으로 명문화된다. ≪續大典≫ 刑典 殺獄 : ○不告官擅殺其奴婢者 用大明律杖徒之法 而如當房人口悉放從良之文 勿用.

77) 이를 ≪大明律直解≫가 실제로 쓰였기 때문에 적용하지 않는 규정을 삭제한 것이라고 해석할 수도 있지만, ≪經國大典≫의 규정을 조선후기에 ≪續大典≫이 간행되면서 폐지되는 규정일 경우에도 존속시키는 것을 보건대 ≪大明律直解≫의 율문 그 자체를 삭제한다는 것은 상정하기 어렵다고 생각된다.

78) 제2절 I. 2에서 본 典法司의 상소에서 "然與本朝律 不合者有之"라는 문구는 本朝와 다른 사항은 수정하여야 한다는 뜻을 나타내고 있으며 이를 ≪大明律≫의 번역서에 담아내어야 한다는 것을 시사하고 있다. 또한 ≪大明律直解≫ 곳곳에서 直解하지 않은 부분(≪大明律直解≫ 戶律 課程)과 律文을 보충한 부분이 보이는데 이것도 시행을 예측한 상태에서 한 작업이 아니었는가 생각된다. 시행을 생각하지 않았다면 受敎의 형태로 ≪大明律≫의 효력을 수정하는 형태의 입법을 했을 것이다.

79) 張允熙, 앞의 글, 276면.

도 이러한 사정을 뒷받침한다. 하지만 조선초기에 이루어진 ≪大明律≫
의 율문에 대한 논의를 거쳐서 ≪大明律≫에 대한 이해가 보다 명확해
짐에 따라 ≪大明律直解≫는 도태되지 않았나 생각된다. 특히 ≪大明律
直解≫에서 ≪大明律≫을 수정하는 직해문들은 다시 수정되어 ≪經國
大典≫에 편입되는데,80) 그 한도에서는 ≪大明律直解≫가 갖는 효용은
이두를 썼기 때문에 읽기 쉽게 되어 있는 것밖에는 없게 된다. 이럴 경
우에는 ≪大明律直解≫가 갖는 法源性은 급격히 약화될 수밖에 없을 것
이다. 법률논의에서 도움이 될 수 있는 것은 오히려 ≪大明律≫의 조항
을 풀이해놓거나 사례를 제시한 것들이 될 것이다. 그래서 조선후기로
갈수록 ≪大明律≫에 대한 해설이 같이 실려 있는 ≪大明律講解≫가 인
쇄되어 널리 사용되고,81) 條例가 붙은 ≪大明律附例≫를 수입하는 양상
을 띠게 되는 것이라고 생각된다.82) 요컨대 ≪大明律直解≫는 ≪大明律≫
이라고 생각된 法源 중 하나가 되었고 그것을 유일한 형률로서 적용하
려는 시도는 방향전환을 하여 ≪大明律≫을 이해하기 위한 수단적인 지
위로 위치하게 된 것이라고 볼 수 있을 것이다.83) 현재 ≪大明律≫의 율
문만으로 이루어진 텍스트는 우리나라에서는 발견되지 않는다. 그렇기
때문에 ≪大明律直解≫나 ≪大明律講解≫, ≪大明律附例≫가 모두 이용

---

80) 그 자세한 사례는 제3장에서 다루기로 한다.
81) 심지어는 근대 法官養成所의 교재로도 사용되고 있다. 鄭肯植－趙志晩, 「大
明律 解題」『大明律講解』, 서울대학교 奎章閣, 2001, 31면.
82) 이러한 假說은 ≪大明律≫의 지침서라고 할 수 있는 ≪律學解頤≫, ≪律解
辨疑≫를 관리들에게 배포한 사실이라든가, ≪大明律附例≫가 출간된 이
후 ≪大明律附例≫를 인용하는 예들을 통해서 확인할 수 있다. ≪大明律講
解≫는 ≪大明律≫ 가운데 가장 많이 남아 있으며, 조선시대의 형사재판에
서 실제로 활용되었다.
83) 이러한 가설은 실록상에서 인용되는 ≪大明律≫은 直解가 아니며 율문 그
자체였고 ≪大明律講解≫나 ≪大明律附例≫ 등을 인용할 때는 항상 講解
律이라든지 附例라고 명시적으로 밝히고 있으며, ≪大明律直解≫의 판본
도 洪武 22년율을 그 低本으로 하고 있으며 이 판본을 새로운 번역없이 계
속하여 중간하였다는 것에도 근거한다.

되었다고 할 수 있는데, 그들이 율문이라고 생각했던 것은 직해문이나 강해, 혹은 부례가 아닌 본문의 내용이라고 할 수 있을 것이다. 다만 ≪大明律直解≫가 조선의 법으로서 시행하기 위해서 편찬된 것인만큼 그 내용이 어떠한 것인가를 살펴보는 것은 의미가 있을 것으로 생각된다.

7. ≪大明律直解≫의 구체적 내용

≪大明律≫을 읽기 쉽게 하려는 목적으로 만든 것이 ≪大明律直解≫이기 때문에 ≪大明律直解≫는 많은 이두가 쓰였다. 그런데 ≪大明律≫의 모든 부분들이 吏讀에 의하여 직해된 것은 아니다. 어떤 부분은 직해가 되기도 하고 어떤 부분은 직해가 되지 않기도 하였다. 직해가 된 부분도 있고 되지 않은 부분이 있다는 것은 편찬자의 의도가 반영된 결과이다. 하지만 ≪大明律直解≫의 편찬자는 이에 대하여 어떠한 실마리도 제공하고 있지 않다. 그래서 다만 직해되지 않은 부분이 어떤 부분인가를 토대로 하여 이를 추측할 수 있을 뿐이다. 직해하지 않은 의도는 쉽게 두 가지를 생각할 수 있다. 첫째는 적용을 아예 배제하려는 의도에서 직해하지 않은 것이며, 둘째는 한문을 직해하나 하지 않으나 똑같은 결과일 경우, 즉 너무 쉽기 때문에 직해하지 않은 경우일 것이다. 한편 ≪大明律直解≫의 모든 직해문이 원문 그대로를 번역한 것은 아니다. 어떤 부분들은 직해문에서 원문을 수정하기도 하였다. 이들에 대해서는 이미 구체적인 연구가 있기 때문에[84] 여기서는 생략하기로 하고, 다만 贖刑率과 유배지방을 어떻게 직해하였는지에 대하여 ≪朝鮮王朝實錄≫의 기사를 토대로 하여 살펴보기로 하자.

우선 贖刑率[85]에 대해 살펴보면 ≪大明律直解≫에서는 錢600문을 五

---

84) ≪大明律直解≫ 자체에 대한 분석은 朴秉濠,「朝鮮初期 法制定과 社會相 ─大明律의 實用을 중심으로」『國史館論叢』제80집, 국사편찬위원회, 1998, 5~17면이 아주 자세하다. 한편 이 연구업적을 바탕으로 하여 약간의 세부적인 점에서 보충을 행한 趙志晩, 앞의 글, 25~32면도 참조가능하다.

升布 3필에 준하여 환산하였다. 그러나 이러한 환산율은 중국과 우리의 화폐가 다르고 물가도 시대가 흐름에 따라 변동하므로, 변경이 예정된 것이었다. 즉, 태조 7년(1398)에는 동전 1관을 15필로 하였고,[86] 태종 2년(1402)에는 우리나라의 流刑地는 3,000리에 차는 곳이 없으므로, ≪大明律≫의 3,000리의 수속은 동전 36관인데 이를 우리나라에서 가장 먼 慶源府의 里數가 1천 6백 80리이므로, 3천리의 36관을 1/3을 감하여 2/3인 24관으로 쳐서 5승포 3백 60필로 감하게 된다.[87] 이렇게 속전규정을 개정하였는데도 가난한 죄인들은 수속하려면 "傾家破産"하여도 하지 못하는 폐가 있으므로 동전 1관을 五升布 10필로 환산하였다.[88] 즉 동전 100

---

85) 贖刑이라는 것은 刑을 贖罪한다는 것으로 贖罪는 贖錢이나 贖布를 바치고 죄를 면하는 것을 의미한다. 『古法典用語集』, 법제처, 1979. 그런데 이 속형의 범위는 ≪大明律≫의 경우 老小廢疾收贖條, 工樂戶及婦人犯罪條를 비롯한 몇몇 범죄에 대하여 종류별로 규정하고 있음에 반해 조선에서는 十惡, 奸盜, 非法殺人, 枉法受贓, 行帥를 제외하고는 태형이나 장형의 범죄에 대하여 일반적으로 속전을 받는 것을 포고를 통하여 허용하고 있다. 속형을 범죄의 종류만이 아니라 이와 아울러 刑의 종류도 고려하고 포고한 것이다. ≪朝鮮王朝實錄≫ 세종 5년 1월 己酉.

86) ≪大明律≫ 제287조 刑律 賊盜 監守自盜倉庫錢糧에 의하면 장물이 40관이 되면 사형에 처하게 되어 있으므로 이를 환산하면 常布 200필에 해당하는데 베 200필로 사형에 처하는 것은 너무 중하며, 杖100은 30필로 속전할 수 있는데 이는 너무 경하므로, 동전 1관을 常布 15필에 준하게 하면 杖100은 90필로 속받고 절도는 600필이 되어야 속받게 하자는 의견이었다. 태조 7년 4월 21일 丁酉. 여기서 常布는 당시에 일반적으로 쓰이던 베를 말하는데 시대마다 다르며 ≪經國大典≫에서의 常布는 三升布를 의미하고 正布는 五升布를 의미한다. 한국정신문화연구원, 『譯註 經國大典-註釋篇』, 1986, 285면. 그러나 태조연간에는 五升布를 의미했던 것 같다. 왜냐하면 ≪大明律直解≫상의 五升布 환산 규정과 위 태조실록에 나오는 常布 환산액이 같기 때문이다.

87) ≪朝鮮王朝實錄≫ 태종 2년(1402) 9월 癸未. 이에 대해 윤국일, 『경국대전연구』, 신서원, 1990, 153면의 각주 1)에서는 五升布 15匹을 1貫에 준하여 계산하여, 24관이 五升布 360필로 환산되는 것에 의문을 표시하고 있다. 태조 7년에 이미 환산율이 나와 있음을 간과한 때문이다.

88) ≪朝鮮王朝實錄≫ 태종 6년(1406) 3월 丁酉.

문에 오승포 1필이 된 것이다. 그 후 楮貨의 유통을 강제하기 위해 저화
로 속전을 납부하도록 하였다. 그런데 저화의 가치하락으로 가난한 죄인
들은 속전을 내기가 어려워져서 세종 7년(1425)에는 다시 ≪大明律≫의
속전 규정인 태10에 전 600文에서 3분의 2를 감하여 錢 200文으로 인하
하였다.[89) 세종 19년(1437)에는 다시 전 300문을 포 1필로 환산하였다.[90)
그러다가 결국 ≪經國大典≫에 가서는 전 400문을 正布(五升布) 1필로 환
산하게 된다.[91) 결국 속형률에 대하여는 조문자체에 환산율을 표시하였
지만, 물가변동이나 흠휼정책의 영향으로 ≪經國大典≫의 규정으로 수정
되기도 하고 ≪大明律≫ 자체가 예정한 錢文額을 수정하기도 하는 것이
다. 이를 표로 나타내면 다음과 같다.[92)

〈표 1〉贖刑率의 변천

刑의 종류	대명률 贖錢	직해 五升布	태조 7년 五升布	태종 2년 贖錢	태종 6년 五升布	세종 7년 贖錢	세종 19년 五升布	경국 대전 五升布
笞10	600文	3疋	9필	400문	4필	200문	2/3필	0.5필
笞20	1貫 200文	6필	18필	800문	8필	400문	1, 1/3필	1필

89) ≪朝鮮王朝實錄≫ 세종 7년(1425) 3월 己卯.
90) ≪朝鮮王朝實錄≫ 세종 19년(1437) 12월 丙寅.
91) ≪經國大典≫ 戶典 國幣의 註에는 "正布一匹 准常布二匹 常布一匹 准楮貨
二十張 …"이라고 규정되어 있고 刑典 銀錢代用의 註에는 "… 錢十文 准楮
貨一張"이라고 규정되어 있으므로 錢 400文이 正布(五升布) 1필이 되는 것이
다. 또한 ≪大明律≫에서는 은으로도 납부할 수 있는 규정이 있는데 ≪經國
大典≫ 刑典 銀錢代用의 규정이 銀을 저화로 환산하는 규정이다. 그런데
≪大典會通≫에 가면 이 규정이 바뀌는데 대체로 正布의 가치가 상승하는
반면 동전의 가치가 하락하는 것을 볼 수 있다. ≪大典會通≫ 戶典 國幣 및
刑典 雜令 ;『大典會通硏究−刑典·工典編−』, 한국법제연구원, 1996, 226
면 참조.
92) ≪經國大典≫ 戶典 國幣 註에서는 "徵贖 全用楮貨"라고 규정하고 있으므
로 환산하면 楮貨 40장이 笞20의 贖錢量이 될 것이고 楮貨의 量으로 표시
하여야 하겠지만 계산의 편의상 오승포로 환산하였다.

笞30	1관 800문	9필	27필	1,200문	12필	600문	2필	1.5필
笞40	2관 400문	12필	36필	1,600문	16필	800문	2, 2/3필	2필
笞50	3관	15필	45필	2관	20필	1관	3, 1/3필	2.5필
杖60	3관 600문	18필	54필	2,400문	24필	1,200문	4필	3필
杖70	4관 200문	21필	63필	2,800문	28필	1,400문	4, 2/3필	3.5필
杖80	4관 800문	24필	72필	3,200문	32필	1,600문	5, 1/3필	4필
杖90	5관 400문	27필	81필	3,600문	36필	1,800문	6필	4.5필
杖100	6관	30필	90필	4관	40필	2관	6, 2/3필	5필
徒1년 杖60	12관	60필	180필	8관	80필	4관	13, 1/3필	10필
徒 1년6월 杖70	15관	75필	225필	10관	100필	5관	16, 2/3필	12.5필
徒2년 杖80	18관	90필	270필	12관	120필	6관	20필	15필
徒 2년6월 杖90	21관	105필	315필	14관	140필	7관	23, 1/3필	17.5필
徒3년 杖100	24관	120필	360필	16관	160필	8관	26, 2/3필	20필
流2,000 杖100	30관	150필	450필	20관 (300필)	200필	10관	33, 1/3필	25필
流2,500 杖100	33관	165필	495필	22관 (330필)	220필	11관	36, 2/3필	27.5필
流3,000 杖100	36관	180필	540필	24관 (360필)	240필	12관	40필	30필
絞刑 斬刑	42관	210필	630필	28관	280필	14관	46, 2/3필	35필

다음으로 徒流遷徙地方의 직해에 대하여 살펴보자. 流刑은 重罪者에게 차마 死刑을 가하지는 못하고 먼 地方으로 귀양보내어 죽을 때까지

고향에 돌아오지 못하게 하는 형벌을 말한다. ≪大明律≫에 의하면 2,000
리, 2,500리, 3,000리에 장100을 병과하는 세 가지 종류가 있다. 그런데
우리나라에는 3,000리가 되는 곳이 없어서, 위에서 보았듯이 태종 2년
(1402)의 기사에 가장 먼 慶源府가 1,680리라고 하고 있으며 ≪大明律≫의
徒流遷徙地方에는 중국의 지명이 거론되어 있다. 따라서 이도 수정이
예정된 것이었다. 그런데 특이한 점은 원문의 徒流遷徙地方 항목과 그
에 따른 중국지명은 그대로 둔 채, 원문과 같이 한 자를 높여 쓰고 같은
크기의 활자로 徒流遷徙地方이라는 항목을 새로 만들어서 이를 직해하
고 우리의 지명으로 대체하고 있다는 것이다. 이를 표로 나타내면 다음
과 같다.

〈표 2〉≪大明律直解≫상의 徒流遷徙地方

거주지		徒役(鹽所와 吹鍊所에 보낸다)	流刑(荒蕪地나 瀕海州縣에 안치한다)	邊遠充軍
京城	遠處	경상도	경상도	경상도
	中間	전라도, 양광도	전라도	전라도
	近處	서해도, 교주도	×	×
西海道		경상도	경상도	경상도
交州江陵道		전라도	전라도	전라도
楊廣道		平壤朔方道	평양삭방도	평양삭방도

　그런데 ≪大明律直解≫상의 徒流遷徙地方만으로서는 유형지의 멀고
가까운 곳을 구체적으로 알 수 없으므로 유형지의 구체화가 필요하게
된다.[93] 또한 ≪大明律直解≫에서는 서울을 중심으로 하여 유배지를 결

---

93) 실제로 ≪大明律直解≫상에서는 流 3,000리에 대하여 遠流라는 표현을 쓰
　　고 있다. 즉, ≪大明律直解≫ 禮律 祭祀 毁大祀丘壇 중의 流三千里, 刑律
　　人命 謀殺制使及本管長官 중의 流三千里, 刑律 人命 造畜蠱毒殺人의 流三
　　千里安置 등에서 '遠流'라고 직해하였던 것이다. 그러나 통일을 기하지 못
　　하였던지 ≪大明律直解≫ 刑律 盜賊 謀反大逆에서는 流三千里를 그대로
　　쓰고 있다.

정하였는데 전라도나 경상도 그리고 지해 이후 확장된 영토의 경우가 빠져 있다. 그리하여 세종 12년(1430) 5월 형조에서 유형의 배소를 정해 보고하여 詳定所에서 검토하게 된다.[94] 8개월 후인 세종 12년(1430) 윤12월에 이르면 구체적인 단위인 息(=30里)을 써서 유형지를 확정하게 된다.[95] 이를 도표로 나타내면 다음과 같다.

〈표 3〉 세종 12년에 확정된 流刑地

流刑의 種類 / 거주지	구체적인 거리에 따른 流刑地		
	3,000里 [30息(900里)를 넘는 濱海各官(바닷가마을)]	2,500里 [25식(750里)를 넘는 濱海各官]	2,000里 [20식(600里)를 넘는 濱海各官]
서울·유후사·경기도	경상도, 전라도, 평안도, 함길도	경상도, 전라도, 평안도, 함길도	경상도, 전라도, 평안도, 함길도
충청도	함길도	함길도	경상도, 전라도, 강원도, 함길도
경상도	함길도	함길도	전라도, 강원도, 함길도
전라도	강원도, 함길도	강원도, 함길도	경상도, 강원도
강원도	전라도, 평안도	전라도, 평안도	경상도, 황해도
황해도	강원도, 함길도	강원도, 함길도	강원도, 평안도
함길도	경상도, 전라도	경상도, 전라도	강원도, 평안도
평안도	강원도	강원도	황해도, 함길도

* 단, 변원충군의 경우에는 각도의 30식을 넘은 極邊의 防禦所에 충군한다. 국사범은 평안도의 麟山과 理山 이북 沿邊 마을과 함길도의 吉州 이북 마을에 유배 또는 충군하지 못한다.

이제 一般的·統一的인 成文刑事法으로서 ≪大明律≫이 현실의 판결과 해석에서 어떠한 모습을 나타내는가를 살펴볼 차례이다.

---

94) ≪朝鮮王朝實錄≫ 세종 12년(1430) 5월 甲寅.
95) ≪朝鮮王朝實錄≫ 세종 12년(1430) 윤12월 丁未. 이 결정이 있기 6개월 전에 邊遠充軍의 경우에는 유 3천리와 같게 취급할 것을 보고하였다. 이 조치는 거리뿐 아니라 속전규정까지도 준용할 것을 결정한 것이었다. ≪朝鮮王朝實錄≫ 세종 12년(1430) 6월 甲戌.

II. ≪大明律≫의 기본 刑事規範으로의 확립과정

≪大明律≫을 조선의 사정에 맞추려는 노력인 직해과정을 통하여 형률 그 자체로서는 이미 조선에서 시행될 준비를 마쳤다. 그러나 ≪大明律≫은 조선의 적용경험을 토대로 성립된 형률이 아니다. 따라서 아직까지 조선의 실질적인 일반율로서 확립된 것은 아니며 조선의 현실과 부닥치면서 생기는 여러 문제들을 해결하여야 하였다. ≪大明律≫에 대하여 당시의 지식인들은 중국 역대의 입법성과를 반영한 체계성, 합리성을 갖춘 형률이라는데 저변의 합의가 있었지만 실무에서는 아직까지 ≪大明律≫은 제대로 기능하지 못하고 있었다. 그래서 실제로 적용하는 형률은 ≪大明律≫이 아닌 당시의 실무자들에게 익숙하였던 ≪至正條格≫이라든지 ≪議刑易覽≫이기도 하였고 때로는 ≪大明律≫과 모순되는 당시까지의 고유법들이 적용되기도 하였다. 이러한 상황은 일반형법화하려 했던 ≪大明律直解≫가 반행되고 난 이후에도 계속되었고 또한 중앙정부에서는 아직까지 ≪大明律≫을 일반법원으로 확정하지 못하였는지 ≪唐律疏議≫와 ≪至正條格≫을 중외의 관리에게 배포하여 형사사건을 재판하는데 참고로 삼게 하였다.96)

이러한 과정속에서 ≪大明律≫ 규정들의 의미가 하나하나 명확해지고 형사사건에 관하여는 ≪大明律≫을 일반법으로서 적용하기로 하는 합의가 확대된다. 이제까지 ≪大明律≫이 理想으로서의 일반형법이었다면 ≪大明律≫의 해석과정과 일반 형사사건에 대한 ≪大明律≫ 적용을 통하여 현실적인 일반형법으로 나아가게 된 것이다. 이 과정에서는 일반

---

96) 世宗 5년에는 ≪至正條格≫, ≪吏學指南≫, ≪御製大誥≫를 인쇄하였고[≪朝鮮王朝實錄≫ 世宗 5년(1423) 10월 庚戌], 世宗 9년에는 ≪唐律疏義≫를 중앙과 지방의 관원에게 나누어 주기도 하였다[≪朝鮮王朝實錄≫ 世宗 9년(1427) 3월 辛亥].

형법으로 ≪大明律≫을 인식하는 형사사건의 규범근거로서 ≪大明律≫
로의 수렴현상이 있었고, 이러한 인식과 병행하여 특별형률을 만들어가
는 현상이 있었다. 전자의 경우는 종래 다른 규정에 의해 처벌되던 것을
≪大明律≫로 그 처벌근거를 옮기는 면이 있는가 하면 비가벌적이던 행
위를 ≪大明律≫에 의하여 가벌적 행위로 규율하는 모습을 보여준다. 후
자의 경우는 ≪大明律≫이 다른 법원들, 즉 ≪唐律疏議≫, ≪至正條格≫
등과의 절충과정에서 ≪大明律≫의 규정과는 내용상 다르게 受敎의 형
태로 표출되는 것들이 있었고, ≪大明律≫이 중국법이라는 맥락에서 조
선의 사정과 맞지 않는 규정들을 受敎의 형태로 조종성헌이라는 이념하
에 수정하는 것이었다. 이러한 전제하에 ≪大明律≫의 내적 정합성을 이
해하게 되는 과정, 많은 법적 현상들이 ≪大明律≫로 수렴되어 가는 과
정, 조선초기의 많은 여타 法源들이 활용되는 모습들, 조선의 사정이 ≪大
明律≫에 어떤 작용을 하는가 하는 관점으로 나누어 살펴보기로 한다.

1. ≪大明律≫ 체계 이해의 심화

1) ≪大明律≫ 규정의 해석

≪大明律≫은 直解됨으로써 刑律 그 자체로서는 해석이 이루어졌다.
그러나 아직까지 朝鮮의 실무가들의 ≪大明律≫에 대한 이해는 부족했
던지 ≪大明律≫ 규정의 해석에 있어서 많은 착오를 가져왔다. 이러한
현상들은 상급기관인 형조나 의정부에 의하여 유권해석이 내려지고 당
시 최고의 사법기관이자 입법기관이라고 할 수 있는 왕에 의하여 확정
되어 ≪大明律≫의 조문해석은 이에 맞추어 행해지게 됨으로써 해결되
게 된다. 이러한 조문 자체의 해석은 이론상의 것으로 그치는 것이 아니
라 실제상 어떻게 적용되는가를 고려하여 행해지는데 이러한 과정에서
≪大明律≫조문 자체에 대한 이해가 심화되는 것이다.

(1) 처벌기준조항의 해석

《大明律》 제287조 刑律 賊盜 監守自盜倉庫錢糧의 처벌기준조항은 "一貫以下杖八十 一貫之上至二貫五百文杖九十 … 四十貫斬"으로 규정되어 있다. 따라서 文理대로 한다면 監守者가 2관을 횡령한 경우에는 杖90의 형에 해당한다. 그리고 당시의 관리들도 이러한 해석 하에 형량을 정하였다.

그런데 刑曹에서는 그 해석이 잘못되었다는 의견을 제시하였다. 즉 장90은 2관 500문부터이며 그 이하는 장80에 처하는 것으로 해석하여야 한다는 것이다. 이와 아울러 《大明律》 제288조 刑律 賊盜 常人盜倉庫錢糧과 《大明律》 제367조 刑律 受贓 官吏受財의 처벌기준조항도 마찬가지로 해석하여야 한다고 주장하였는데 세종은 이를 받아들였다.97) 위의 조항은 문리대로 한다면 2관이면 장90에 처하는 것이 옳은 것 같다. 그렇다면 형조에서 문리에 따르지 않고 "一貫以下杖八十"의 규정을 무시하고 무리하게 2관 500문부터 장90에 처하는 것으로 해석한 이유는 어디에 있었을까. 결론부터 말하자면 이러한 해석을 하게 된 것은 처벌의 불합리를 피하고자 한 데 그 이유가 있었다. 즉 "四十貫斬"에서 문리대로 "40관까지" 참형에 처하는 것으로 해석하게 되면 四十貫이 넘는 것을 처벌하는 실정법상의 근거가 없어지게 되므로 이를 "40관부터" 참형에 처하는 것으로 해석하였던 것이다. 마찬가지로 《大明律》 제288조 刑律 賊盜 常人盜倉庫錢糧에서는 80관이면 絞刑에 처하도록 규정하고 있다. 이를 "80貫까지"로 해석하게 되면 80관이 넘는 범죄에 대하여는 규정이 없으므로 참형에 처할 수 없으므로 교형으로 처벌하면 되지만 이 또한 실정법상의 근거가 없다. 이런 해석하에서는 "一貫以下杖八十"에서의 "一貫以下"를 사문화시켜 버리는 현상이 발생하게 되는데 문언의 사문화보다도 처벌상의 불합리를 회피하는 것이 실무상으로는 훨씬

---

97) 《朝鮮王朝實錄》 세종 6년(1424) 9월 己丑.

더 큰 실익이 있었던 것이다. 이로 보아 문언의 해석은 실제로 적용되는 모습을 구체적으로 고려하여 행해졌던 것임을 알 수 있다.

(2) 殺人之類의 해석

≪大明律≫ 제16조 名例律 常赦所不原은 일반사면으로 사면되지 않는 범죄와 몇 가지 예외를 규정하고 있다.[98] 이 규정에 의하면 살인의 경우에는 일반사면의 대상이 되지 않으나 과실로 치사한 경우인 過失殺의 경우에는 일반사면의 대상이 될 수 있다. 그리고 당시의 처벌관행으로는 十惡, 謀殺, 故殺 이외의 戲殺, 誤殺, 鬪毆殺, 과실살은 양친을 봉양하기 위한 경우인 存留養親의 경우에는 형을 감경하여 처벌하고 있었다.[99] 하지만 ≪大明律≫제18조 名例律 犯罪存留養親은 일반사면의 대상이 되는 자에게만 적용되는 조항[100]이어서 일반사면을 시킬 수 없는 常赦所不原에 해당하는 범죄에 대하여는 과실살을 제외하고는 존류양친을 할 수 없다. 즉 과실살의 경우는 일반사면이 금지되지 않기 때문에 존류양친할 수 있지만 회살, 오살, 투구살의 경우에는 일반사면될 수 없는 범죄들이기 때문에 일반사면이 가능한 범죄를 대상으로 하는 ≪大明律≫ 제18조 名例律 犯罪存留養親을 적용시킬 수는 없는 것이다. 그런데 세종은 지금까지의 관행, 즉 고유법을 살리는 방향으로 회살, 오살, 투구살의 경우에 존류양친의 명목으로 사면할 수 있는 근거를 제시할

---

98) ≪大明律≫ 제16조 名例律 常赦所不原 : 凡犯十惡殺人盜係官財物及强盜竊盜放火 … 之類 一應眞犯 雖會赦並不原宥 其過誤犯罪 … 並從赦原.

99) 謀殺, 故殺, 戲殺, 誤殺, 鬪毆殺, 過失殺을 六殺이라고 한다. 이에 대하여는 韓相敦,「中國 傳統刑律 중의 六殺」『法史學研究』제15호, 한국법사학회, 1994, 122~143면 참조.

100) ≪大明律≫ 제18조 名例律 犯罪存留養親 : 凡犯死罪 非常赦所不原者 而祖父母父母老疾應侍 家無以次成丁者 開具所犯罪名 奏聞 取自上裁 若犯徒流者 止杖一百 餘罪收贖 存留養親. 存留養親이란 死罪에 해당하는 범죄임에도 祖父母나 父母가 老疾 등의 사유가 있을 때 死刑에 처하지 않고 이들을 봉양하게 하는 제도이다.

것을 형조에 명하였던 것이다. 이에 형조에서는 상사소불원에는 희살이
나 오살, 투구살의 경우를 특별취급하지 않아 常赦의 대상에는 제외되는
것이므로 범죄존류양친에는 해당하지 않으므로 ≪大明律≫에 그대로
따라야 하지만, 다만 특별사면의 형태로 免死할 것을 건의101)하였고 세
종은 이를 따랐다.102) 그 구체적인 방안으로 특별사면을 하려는 경우 사
정을 알아야 하기 때문에 존류양친에 해당하는 자가 이러한 범죄를 범
하는 경우에는 보고하여 국왕의 명을 받들어[取旨] 시행하도록 하였
다.103) 殺人之類의 의미를 문리대로 희살, 오살, 투구살을 포함하는 것을
해석하였지만, 구체적인 타당성은 특별사면의 형태로 획득하였다.

　여기서 한 가지 짚고 넘어갈 것이 바로 죄형법정주의와의 관련문제이
다. 처벌기준조항의 해석에서 논의가 된 것은 40관이 넘을 경우 참형에
처할 수 있는 실정법상의 근거가 없다는 것이었고 殺人之類의 논의에서
는 사면을 할 수 있는 실정법상의 근거를 찾으려 했던 것을 볼 수 있었
다. 물론 개인주의, 자유주의를 전제로 하고 유추해석의 금지, 소급효의
금지로 대표되는 죄형법정주의가 그대로 적용될 수는 없을 것이다.104)
그러나 실정법상의 근거를 찾으려 했던 점에서 국왕의 恣意에 의해 형
벌을 내리지는 않았다는 것을 알 수 있고 이를 "최소한" 죄와 형을 법으
로 정한다는 의미에서의 죄형법정주의라고 볼 수 있을 것이다. 당시의
죄형법정주의의 목적은 백성을 법으로 위하하자는 것과 군주나 관리의

---

101) "當赦宥 臨時定罪名 稱鬪毆殺戲殺誤殺特免耳 不在存留養親之例矣". ≪大
　　　明律≫ 제16조 名例律 常赦所不原 : 其赦書 臨時定罪名特免이라고 규정
　　　하고 있다.
102) ≪朝鮮王朝實錄≫ 세종 13년(1431) 10월 辛酉.
103) ≪朝鮮王朝實錄≫ 세종 31년(1449) 7월 乙未. 이 사안에서는 또한 常赦所
　　　不原의 "… 之類"에 대하여 例示로 볼 것인가 列擧로 볼 것인가의 문제가
　　　제기되었으나 "罪疑惟輕"의 정신에 따라 제한적 열거규정으로 해석하였다.
104) ≪大明律≫에서는 유추해석이나 해서는 안되는 행위를 한 경우에 처벌하
　　　는 不應爲 등의 현대의 罪刑法定主義와는 정면으로 배치되는 규정들이
　　　존재한다.

천단을 억제하자는 목적을 지니고 있었다.[105] ≪大明律≫ 자체도 이러한 목적에 봉사할 것을 예정한 규정을 두고 있다.[106] 위의 사례들은 이러한 목적에 대한 이해를 바탕으로 전개된 수준높은 논의를 보여주는 것이었다.

(3) 緣坐의 범위

≪大明律≫ 제277조 刑律 賊盜 謀反大逆에 의하면 謀反한 자의 緣坐[107]범위에 있어서 범인의 처와 딸, 형제자매는 공신의 집에 주어 노비로 삼게 하고 있다. 한편 혼인이 이미 약조되어 있는 상태에 있는 딸의 경우에는 緣坐의 범위에서 벗어나도록 규정하고 있다.[108] 이 조항에서 명백히 규정되어 있는 緣坐 대상에 대하여는 논란이 없이 적용되었다. 따라서 緣坐에서 면제되는 범위와 관련하여 그 범위를 어디까지 할 것인가가 문제되었는데 특히 조선초기에 논의된 것은 이 규정의 끝에 있는 "許嫁한 여자"와 관련한 것이었다.[109]

---

105) 李昌鎬,「朝鮮朝刑事節次法에 관한 一考察－裁判의 公正 및 囚人의 保護를 위한 制度를 中心으로－」, 서울대학교 대학원 법학석사학위논문, 1983, 12면.

106) ≪大明律≫ 제439조 刑律 斷獄 斷罪引律令 : 凡斷罪 皆須具引律令 違者 笞三十(무릇 斷罪는 모두 모름지기 律令을 갖추어 인용하며 어긴 자는 笞30에 처한다).

107) 緣坐는 자연발생적인 가족이라는 집단을 매개로 그 범위가 정하여진다. 이에 비하여 連坐는 공무를 수행하기 위하여 짜여져 있는 상하관계를 국가에서 인위적으로 그 범위를 설정한 것이다. 朴春澤,「唐律의 緣坐에 대한 一考察」『法史學研究』제17호, 한국법사학회, 1996, 73면.

108) ≪大明律≫ 제277조 刑律 賊盜 謀反大逆 : 凡謀反及大逆 但共謀者 不分首從 皆陵遲處死 父子年十六以上皆絞 十五以下及母女妻妾祖孫兄弟姉妹若子之妻妾 給付功臣之家爲奴 財産並入官 … 若女許嫁已定 歸其夫 …. 여기서 女는 犯人의 딸을 가리킨다.

109) 이 謀反大逆 緣坐의 예외 규정이 직접적으로 적용된 사례가 있다. 즉, 父가 謀反으로 처벌받게 되었다. 하급관청에서는 모반대역조의 예외규정을 무시하고 시집간 딸을 緣坐하고 재산을 몰수하여 버렸는데 형조에서 律文에 따르면 딸은 연좌의 범위에서 벗어나야 한다고 주장하여 세종이 이

여기서의 "許嫁한 여자"는 직접적으로는 모반대역을 범한 자의 딸을 가리킨다. 그러나 직접적으로 열거되지 않은 "許嫁한 여자"들을 緣坐의 범위에 묶어서 처벌하는 것은 불합리하다. 딸이 "許嫁"한 경우에 緣坐의 범위에서 면제되는 것은 이미 남편에게 속하였고 본가와는 절연되었기 때문이다. 그렇다면 범인의 자매의 경우에도 "許嫁"한 경우에 마찬가지의 논리라면 연좌의 범위에서 면제되어야 한다. 이 경우 謀反大逆에서 처벌하는 "자매"는 "許嫁"하지 아니한 경우를 가리키는 것으로 한정하여 해석하게 된다. 태종 11년(1411)에 이와 같은 논리로 "許嫁"한 자매의 경우에도 坐罪하지 않게 된다.[110] 즉 연좌의 범위에 들지 않는 "혼인한 딸"의 범위를 범인의 자매까지도 포함하는 것으로 확대해석한 것이라고 할 수 있다.

2) ≪大明律≫ 體系의 理解

≪大明律≫의 규정이 어떻게 해석되었는가에 대하여는 위에서 살펴보았다. 개별 규정의 해석을 통해서 ≪大明律≫에 대한 이해가 심화되지만 ≪大明律≫ 전체에 대한 이해는 조문 하나하나의 이해뿐 아니라 ≪大明律≫에 대한 체계적인 해석이 있어야 가능하다. 즉 ≪大明律≫을 전체적으로 조망하여 그 체계를 이해한 다음에야 비로소 보다 높은 수준의 법적 논변이 가능한 것이다. ≪大明律≫을 전체적으로 조망한다는 것은 그만큼 ≪大明律≫이 일반형사법으로서의 위치를 확고히 다져간다는 반증일 수 있다.

체계적인 면에서 볼 때 ≪大明律≫은 그 자체로 쉽게 이해될 수 있는 체계를 가지고 있다. 총칙규정인 명례율을 비롯하여 6분체계에 맞추어 이루어져 당시의 사회상에 맞춘 범죄들을 거의 모두 열거하고 있는 것이다. 그러나 당시의 실무진들은 ≪大明律≫ 전체계를 제대로 이해하지

에 따랐다. ≪朝鮮王朝實錄≫ 세종 26년(1444) 윤7월 戊子.
110) ≪朝鮮王朝實錄≫ 태종 11년(1411) 11월 癸酉.

못하였는지 사실관계에 형률을 적용하는 데 많은 착오를 범하게 된다. 규정간의 포섭범위를 획정하는 것은 《大明律》의 전체체계를 이해한 뒤에 나오는 현상일 것이다. 즉 각 규정간의 우열과 상호관계를 밝혀 형률적용의 착오를 제거해가는 과정 또한 《大明律》의 일반형법화의 증거일 것이다. 다음의 사례들은 이를 보여준다.

(1) 鬪毆와 威力制縛人의 관계 획정

각 규정의 의미를 다른 규정과의 비교를 통하여 확정하는 경우가 있다. 그 하나가 《大明律》에서 규정하고 있는 威力의 의미를 어떻게 확정지을 수 있을 것인가의 문제인데, 그 규정은 다음과 같다.

> 《大明律》 제335조 刑律 鬪毆 威力制縛人 : 무릇 事理를 다투고 논할 때는 관청을 경유해 고소하여 판결을 받아야 한다. 만약 威力으로 다른 사람을 제압 속박하거나 私家에서 고문·구타·감금한 자는 모두 장80에 처하고, 傷害가 중하여 장기가 손상되어 피를 토하게 한 것 이상의 경우는 각각 凡鬪傷에 2등을 더하며, 그로 인하여 죽음에 이른 경우에는 絞刑에 처한다.[111]

이 규정에서는 위력의 의미를 정의하고 있지 않기 때문에, 적용할 때에는 鬪毆와의 관계가 불분명해질 경우가 있을 수 있다. 《大明律講解》의 講曰에서는 '위력'의 의미에 대하여 '위세와 근력'이라고 풀이하고 있다.[112] 현대 刑法에서도 이 위력이라는 단어를 쓰고 있는데, 여기서의 威力의 의미도 또한 '사람의 의사를 제압할 수 있는 유형적·무형적인 힘'으로 정의되고 있다.[113] 위력의 의미에 사람 수의 多少의 의미가 들

---

111) 《大明律》 제335조 刑律 鬪毆 威力制縛人 : 凡爭論事理, 聽經官陳告, 若以威力制縛人及於私家拷打監禁者 並杖八十 傷重至內損吐血以上 各加凡鬪傷二等 因而致死者 絞.
112) 《大明律講解》 제335조 刑律 鬪毆 威力制縛人 講曰 : 威力制縛人 謂以威勢及筋力而制縛人.
113) 刑法 제253조(위계·위력에 의한 살인죄) 및 李在祥, 『刑法各論(제5판)』, 박영사,

어가 있지는 않은 것으로 볼 수 있다. 하지만 당시 이 조항을 적용하던 律官들의 해석은 위력의 의미를 "무리의 합동에 의한 위세"의 의미로 좁게 해석하였던 것 같다. 그래서 甲이 乙을 제압하였을 경우에도 무리가 합동해서 위력을 행사한 것이 아니라 1대 1의 싸움이기 때문에, 乙이 제압당하여 항거불능임에도 불구하고 이 경우에는 모두 서로 싸운 것으로 擬律하여 鬪毆를 적용하고 있었던 것이다.

그러나 투구는 서로 싸우는 경우에 적용되는 것이지 乙이 제압당하여 항거하지 못하는 경우는 적용될 성질의 조항이 아니다. 왜냐하면 이 경우를 예정하고 있는 위력제박인이 따로 준비되어 있기 때문이다. 이 점에서 세종은 의문을 제기했던 것이다. 즉 위력을 해석하는 기준은 "무리의 합동에 의한 위세"인 것이 아니라 "항거의 유무"라는 것이었다. 그래서 세종은 무리의 合同에 의한 경우는 당연히 위력제박인에 포섭되지만, 2인이 서로 싸우는 경우에도 한쪽이 일방적으로 폭행을 당하고 항거하지 않았다면 위력제박인을 적용할 것으로 결정하였다.114)

이 사안은 위력제박인을 적용할 것인가 투구를 적용할 것인가가 문제된 것인데 위력의 기준을 어디에 둘 것이냐에 따라 적용법조가 달라지게 된다. 위력의 기준을 확정함으로써 달성될 수 있는 것은 형벌의 적정성이었다. 즉 투구에 의하면 태20에서 태50의 형을 기본적인 형으로 규정하고 있고,115) 위력제박인의 일반적인 규정은 장80의 형에 처하게 되어 있다. 또한 투구를 적용하면 內傷出血의 경우에 장80의 형에 처하게 되어 있지만,116) 위력제박인에 의하면 이에 2등을 가중하여 장100의 형에 처하게 되어 있다. 이 사안은 위력의 의미를 다중이냐 아니냐의 구분에 의할 것이 아니라 상대방이 제압되었느냐, 즉 상대방이 항거불능의 상

2004, 38면.
114) ≪朝鮮王朝實錄≫ 세종 25년(1443) 11월 庚辰.
115) ≪大明律≫ 제325조 刑律 鬪毆 鬪毆 : 凡鬪毆 以手足毆人 不成傷者笞二十 成傷及以他物毆人 不成傷者笞三十 成傷者笞四十 扳髮方寸已上笞五十 ….
116) ≪大明律≫ 刑律 鬪毆 鬪毆 : … 內損吐血者 杖八十.

태에 빠졌느냐에 의해 구분하여 해석하여야 한다는 것으로 ≪大明律≫
의 보다 정확한 해석으로 나아간 것이라고 할 수 있다.

(2) 婦人犯罪의 刺字免除

≪大明律≫ 제19조 名例律 工樂戶及婦人犯罪는 工樂戶라는 특수직업
을 가진 자와 여성의 범죄에 대하여 특례를 규정한다. 즉 부인이 범죄자
인 경우 杖刑을 집행할 때는 간음죄 이외에는 홑옷을 입은 채 형을 받도
록 하고 刺字는 면제하는 것으로 규정하고 있다.

> ≪大明律≫ 제19조 名例律 工樂戶及婦人犯罪 : 부인범죄는 장을 쳐야
> 하는 경우에 간통죄의 경우에는 옷을 벗기고 형을 받으며, 나머지 죄는 홑
> 옷을 입히고 벌을 준다. 모두 자자는 면제한다.117)

그런데 절도 3범은 교형에 처하도록 규정하고 있는데118) 부인이 절도
를 세 번하는 경우에 관하여는 규정이 없어서 어떻게 처벌해야 하는지
가 문제되었다. 그래서 실무자들은 부인의 3범 절도에 관한 처벌을 군인
절도의 경우 자자를 면제하지만 3범이면 교형에 처하도록 한 규정119)이
자자를 하지 않는다는 면에서 부인범죄와 비슷하다는 점에 착안하여 부
인의 절도 3범에도 군인절도 3범규정을 유추하여 교형으로 擬律하여 형
조에 보고하였던 것이다.

하지만 형조에서는 부인범죄의 경우에 3범 절도에 대하여 군인절도처
럼 교형을 규정하지 않은 것은 3범 절도를 하더라도 교형에 처하지 않겠
다는 의미이며 이러한 면에서 군인절도는 남성의 범죄에 대한 특별규정
으로 보아야 한다고 해석하였다. 즉 부인범죄에는 군인절도를 유추적용

---

117) ≪大明律≫ 제19조 名例律 工樂戶及婦人犯罪 : 其婦人犯罪 應決杖者 奸罪
　　去衣受刑 餘罪單衣決罰 皆免刺字.
118) ≪大明律≫ 제292조 刑律 盜賊 竊盜 : 三犯者絞.
119) ≪大明律≫ 제292조 刑律 盜賊 竊盜 : 若軍人爲盜 雖免刺字 三犯一體處絞.

할 수 없다는 것이다. 이와 아울러 형조에서는 3범 절도한 부인의 처벌
문제에 대하여는 절도에서 장물의 수에 따라서 처벌하는 예에 의하여
처벌할 것을 항식으로 삼을 것을 건의하였는데 세종은 형조의 의견을
승인하였다.[120] 이후 궁중내에서 절도한 무수리를 궁중의 법에 의거하여
자자를 하려 하였으나 이미 법사에서 처결하기로 한 이상 ≪大明律≫에
따라 자자를 면제하는 판결이 나온다.[121]

　이 사안에서 볼 수 있는 것은 부인범죄는 특별규정이어서 군인절도와
는 다른 법리에 의하여 규율된다는 것, 즉 특별규정의 의미에 대하여 이
해하게 되었다는 점이다. ≪大明律≫체계안에서 특별규정이 어떤 조문
이고 어떻게 해석되어야 한다는 것에 대해 이해한다는 것은 그만큼 ≪大
明律≫의 체계에 대한 이해가 심화되어 가는 것을 뜻하였다. 또한 죄형
법정주의의 원칙 중 하나인 유추해석금지와 관련하여 보면, 유추해석을
하는 절차는 법정의 형식을 거쳐야 했고, 이를 같은 사건에 계속적으로
적용하기 위해서는 입법의 절차가 필요했음을 알 수 있다.[122] 즉 ≪大明
律≫에는 형률에 正條가 없을 경우에는 유추해석을 허용하고 있는데 왕
에게 보고하여 허가를 받아야 하는 것으로 규정되어 있다.[123] 그런데 이
러한 유추해석은 정조를 적용한 것이 아니므로 特旨의 형식으로 발포되
는데 ≪大明律≫에는 이를 같은 사건에 계속하여 적용할 수 없도록 규
정되어 있다. 즉 ≪大明律≫은 같은 사건에 계속하여 적용하기 위하여는

---

120) ≪朝鮮王朝實錄≫ 세종 21년(1439) 2월 辛酉.
121) ≪朝鮮王朝實錄≫ 문종 1년(1451) 3월 癸亥.
122) 李昌鎬는 조선왕조의 형사법을 引律比附를 근거로 형식적인 죄형법정주
　　 의 내지 반죄형법정주의라고 하는 주장에 대해 引律比附의 절차 자체가
　　 당시로서는 엄격하게 법정되어 있었고 이것은 입법에 다름아니라는 것을
　　 근거로 반박하고 있다. 李昌鎬, 앞의 글, 20~21면.
123) ≪大明律≫ 제46조 名例律 斷罪無正條 : 凡律令該載不盡事理 若斷罪而無
　　 正條者 引律比附 應加應減 定擬罪名 轉達刑部 議定奏聞 若輒斷決 致罪有
　　 出入者 以故失論. 여기서의 引律比附가 바로 현대적 개념으로는 유추해석
　　 이다.

일정한 형률로 정할 것을 요구하고 있다.124) 이 사안에서 형조에서 항식
으로 삼을 것을 제의한 것으로 보아 이 규정에 대한 이해를 바탕으로 위
의 논의가 나온 것임을 알 수 있다.

(3) 赦免과 埋葬銀 징수규정

　매장은은 가해자가 피해자측에 장례비조로 급부하는 비용이다. 그런
데 매장은의 경우 사면령이 내릴 경우 약간 문제가 있었다. 우선 매장은
이 문제되는 규정을 살펴보도록 하자.

> 　≪大明律≫ 제322조 刑律 人命 威逼人致死 : 무릇 일로 인하여 남을 위
> 협하고 핍박하여 치사시킨 경우에는 장100에 처하고, 만약 관리나 공무를
> 맡은 심부름꾼 등이 공무가 아닌데도 평민을 위협하고 핍박하여 죽음에
> 이르게 한 경우에는 죄가 같으며, 모두 매장은 10량을 추징한다. … ○만
> 약 간음이나 절도로 인하여 사람을 위협하고 핍박하여 죽음에 이르게 한
> 경우에는 참형에 처한다.125)

　이 규정에 따르면 남을 위협하고 핍박하여 치사시킨 경우에는 장100
의 형에 해당되는데 다만 부가형으로서 매장은 10량을 징수한다. 다만
간음이나 절도가 위협하고 핍박하여 치사한 것의 원인이 된 경우에는
참형이라는 극형에 처하고 있다.

　그런데 사면령이 내릴 경우 매장은 징수는 부가형이기 때문에 보통
사면대상이 되지 않는데, 그렇다면 참형이나 교형에 해당하는 범죄는 완
전히 면제되는 반면에 장100에 처하게 되어 있는 범죄는 매장은을 징수
하게 되므로 경범죄의 처벌이 중하게 되는 결과가 나타난다. 즉 사면과

---

124) ≪大明律≫ 제439조 刑律 斷獄 斷罪引律令 : ○其特旨斷罪 臨時處治 不爲
　　定律者 不得引比爲律 若輒引比致罪有出入者 以故失論.
125) ≪大明律≫ 제322조 刑律 人命 威逼人致死 : 凡因事威逼人致死者杖一百
　　若官吏公使人等 非因公務 而威逼平民致死者罪同 並追埋葬銀一十兩 … ○
　　若因姦盜 而威逼人致死者斬.

관련하여서는 형벌의 역전 현상이 발생하는 것이다. 의정부에서는 이러
한 모순점을 해결하기 위하여 과실살의 속전규정을 준용하되 반만 속전
을 받을 것을 건의하였고 태종이 이를 승인하였다.[126) 따라서 이제는 간
음이나 절도로 인한 威逼人致死의 경우에도 매장은을 징수할 수 있게
된 것이다. 이후 이 결정은 교형·참형을 사면 받는 경우 모든 범죄로
확대되어 매장은을 징수하게 된다.[127)

(4) 違令罪 적용범위의 구체화

≪大明律≫에는 각종 왕의 금제들을 위반한 경우를 처벌하는 違令罪
를 두고 있다. 이를 보면 상당히 광범위한 적용범위를 예정하고 있음을
알 수 있다.

> ≪大明律≫ 제409조 刑律 雜犯 違令 : 무릇 슈을 어긴 경우에는 태50에
> 처한다.[128)

세종대 이전에 이 규정의 광범위한 적용은 이미 널리 퍼져있었던 것
같다. 그런데 ≪大明律≫ 違令을 적용할 경우 불합리한 사례가 발생했
는데, 바로 출근과 관련된 사례이다. 즉 당시 조선에서는 출근과 관련하
여 卯仕酉罷法[129)을 시행하고 있었는데, 이를 어기는 경우에 처벌규정
을 따로 두고 있지 않았기 때문에 다만 ≪大明律≫ 위령에 의하여 처벌
하고 있었다. 그런데 문제는 ≪大明律≫에 출근과 관련된 규정이 존재하
고 있다는 것이었다. 즉 ≪大明律≫ 제57조 吏律 職制 無故不朝參公座
에 의하면 정당한 사유없이 결근한 경우에는 하루에 태10씩의 형을 규

---

126) ≪朝鮮王朝實錄≫ 태종 4년(1404) 9월 壬戌.
127) ≪朝鮮王朝實錄≫ 태종 6년(1406) 12월 丙戌.
128) ≪大明律≫ 제409조 刑律 雜犯 違令 : 凡違令者 笞五十.
129) 이는 ≪經國大典≫에 보인다. ≪經國大典≫ 吏典 考課 : 諸司官員卯仕酉罷.
    즉 卯時(오전 5시에서 7시)에 출근하고 酉時(오후 5시에서 7시)에 퇴근하는 법을
    말한다.

정하고 있는 것이다.130) 이 경우 ≪大明律≫에 의하면 결근하더라도 태
10에 해당되는 데 반하여, 지각하거나 조퇴하는 경우에는 따로 규정이
없으므로 위령에 의하여 태50에 처해지는 결과가 발생한다. 이는 형벌이
경중을 잃은 것이다.

또한 당시는 태형에 해당되는 죄로 확정되었을 경우 고문했을 때의
신장의 횟수는 이에 상당하게 합산하는 규정이 있고,131) 이를 합산하지
않은 관리는 위령죄를 적용하여 처벌하고 있었다. 그런데 형벌을 잘못
부과한 경우에 적용되는 규정인 ≪大明律≫제433조 刑律 斷獄 官司出入
人罪에 따르면 형을 잘못 가감한 경우에는 그 가감한 만큼의 죄책을 지
는데, 과실로 가중한 경우에는 3등을, 과실로 감경한 경우에는 5등을 감
하도록 규정하고 있으므로132) 이에 따라서 처벌하면 불합리한 점이 발
생한다. 원죄가 장70인데, 장1백으로 과실로 가중한 경우에는 30대만큼
의 죄책을 지는데 과실로 가중한 경우이므로 3등을 감하면 무죄가 된다.
또 원죄가 장1백인 것을 과실로 감경하여 태50으로 한 경우 관리는 50대
의 죄책을 지는데 5등을 감하면 무죄가 된다. 하지만 이러한 경우들에
違令이 개입되는 경우에는 태50에 처벌하여야 하므로 ≪大明律≫에서
각 경우에 무죄일 수도 있는 사안에서 위령을 적용함으로써 불합리한
결과가 발생할 수 있다.

세종이 위령의 적용에 대해 의문을 제기했던 것은 이렇게 각 규정간
의 모순적인 처벌을 배제하기 위한 것이었다. 그리하여 세종은 교지에
따르지 않을 때 즉, 敎旨不從律로 논죄하는 것 이외의 나머지 條令을 위

130) ≪大明律≫ 제57조 吏律 職制 無故不朝參公座 : 凡大小官員 無故在內不
朝參 在外不公座署事 及官吏給暇限滿 無故不還職役者 一日笞一十 每三
日加一等 各罪止杖八十 並附過還職.
131) 이는 ≪經國大典≫에서도 확인된다. ≪經國大典≫ 刑典 推斷 割註 : ○笞
罪 計拷訊之數 准減.
132) ≪大明律≫ 제433조 刑律 斷獄 官司出入人罪 : 凡官司 故出入人罪 全出全
入者 以全罪論 ○若增輕作重 減重作輕 以所增減論 至死者坐以死罪 若斷
罪失於入者 各減三等 失於出者 各減五等.

반한 자는 율문에 따라 처벌할 것을 명하였다.[133] 즉 위령이라는 넓은
범위를 가지는 구성요건을 ≪大明律≫에 규정이 있을 경우에는 적용하
지 않고, 왕의 교지에 따르지 않은 경우에 적용하도록 그 범위를 한정한
것이다.

(3)과 (4)의 사례는 여러 규정간의 조화로운 해석을 통하여 각 규정간
의 모순적인 결과를 방지하고자 하였던 모습을 보여준다. 여기서 알 수
있는 것은 ≪大明律≫이 합리적이라는 것에 대한 신뢰를 바탕으로 ≪大
明律≫의 체계내에서 문제를 해결하려고 하였던 모습이다. 체계내에서
문제를 해결하기 위해서는 그 전체계에 대한 이해가 전제되어야 한다.
따라서 규정과 규정간의 관계획정을 통하여 ≪大明律≫이 가지는 체계
내적인 특성을 이해하는 것은 당연히 ≪大明律≫ 전체계에 대한 이해를
바탕으로 하는 것이었다. 이러한 모습은 ≪大明律≫이 조선사회에서 일
반형법의 위치를 획득하여가는 하나의 증거가 될 것이다. 한편 이렇게
각 규정의 해석과 규정간의 관계를 획정하기도 하였지만 일정한 규정이
법적 현상을 어떻게 포섭하여야 하는지도 많은 논의가 있었다.

3) ≪大明律≫규정에의 包攝

포섭이란 일정한 법적사실이 그 규정이 예정하고 있는 행위유형에 해
당되는가를 논구하는 것으로 여기서 포섭과정에서 잘못을 범하여 正條
가 아닌 규정을 적용하는 문제가 발생하게 된 것이다. 이러한 조문의 포
섭범위에 관한 문제들은 관리들의 상언에 의하여 공론에 회부되거나 관
련관청인 형조나 의금부, 의정부 등에 의하여 제기되어 토론을 거쳐 해
결된다. 이 과정을 거쳐 ≪大明律≫ 조문자체가 예정하고 있는 행위유형
은 보다 명확하게 확정되는 것이다. 다음의 사례들은 이러한 조문의 포
섭과정을 보여준다.

---

133) ≪朝鮮王朝實錄≫ 세종 13년(1431) 3월 己卯.

(1) 犯罪事發在逃의 적용대상

≪大明律≫은 자백주의의 약점을 보완하는 의미에서 범죄가 발각되고 도주하는 자가 증거가 명백한 경우에는 신문을 하지 않고 그 죄를 그대로 인정할 수 있는 특례를 규정하고 있다. 이것이 犯罪事發在逃의 규정이다.

> ≪大明律≫ 제30조 名例律 犯罪事發在逃 : ○범죄가 발각되어 도망하였는데, 뭇 증거가 명백하면 곧 재판이 이루어진 것과 같으니 신문할 필요가 없다.[134]

그런데 이 규정에 그대로 따를 경우 심한 拷訊에 의한 허위자백의 우려가 있었다. 즉 고문을 견디지 못하고 무고한 사람을 지목하는 경우에 지목당한 사람을 형사상의 擬制自白制度인 이 규정에 의거하여 사실을 조사하지도 않은 채 옥사가 이루어진 것으로 의제할 가능성을 내포하고 있고 실제로 이러한 경우가 상당수 발생하고 있었다. 이에 세조는 이 규정의 남용을 배제하기 위하여 이 조문의 적용범위를 증거가 명백한데 도주하거나 신문에 자복하고 도주한 경우로 한정하였다.[135]
당시 형사 증거법의 원칙은 물증보다는 자복을 중시하고 있었다.[136] 현재의 형사 증거법의 원칙은 자백만으로는 처벌할 수는 없는데,[137] 이

---

134) ≪大明律≫ 제30조 名例律 犯罪事發在逃 : ○若犯罪事發而在逃者 衆證明白 卽同獄成不須對問.
135) ≪朝鮮王朝實錄≫ 세조 4년(1458) 6월 丙子.
136) 沈義基,「朝鮮後期 刑事制度運營에 대한 一考察-參酌減律을 中心으로-」, 서울대학교 대학원 법학석사학위논문, 1980, 76~77면 ; 이창호, 앞의 글, 27~28면.
137) 憲法 제12조 제7항 "被告人의 自白이 拷問, 暴行, 脅迫, 拘束의 부당한 長期化 또는 欺罔 기타의 방법에 의하여 自意로 진술된 것이 아니라고 인정될 때 또는 正式裁判에 있어서 被告人의 自白이 그에게 불리한 유일한 증거일 때에는 이를 有罪의 증거로 삼거나 이를 이유로 처벌할 수 없다".

와는 정반대의 증거법칙이 당시에는 존재하고 있었다. 이렇게 당시 자백을 중시한 이유는 자백이란 혐의사실을 피의자 스스로 인정하는 것으로서 수사관이나 재판관에게는 이것보다 명백한 증거는 없다고 간주된 때문이었다. 따라서 고문은 자백을 이끌어 내기 위하여 정당화되었다.[138] 하지만 고문이 광범위하게 인정되면 허위자백의 가능성이 생기고 실제로 많은 역사적 사실이 이를 증명해준다. 당시의 집법자들도 고문의 이러한 폐해를 인정하고 있었으며 이를 최소화하기 위하여 고문의 대상, 방법, 訊杖의 규격, 절차의 엄격한 통제를 가하고 있었다.[139] 이 사안도 이와 같은 맥락에서 고문의 폐해를 줄이기 위한 노력으로, 일환으로 평가할 수 있다. 즉 ≪大明律≫ 규정이 포섭하는 범위를 확정함으로써 고문으로 인해 생겨날 수 있는 허위자백의 가능성을 회피하고자 하였던 것이다.

(2) 制書有違律의 적용대상

이 규정은 制書有違者에게 장100대를 과하고 착오로 잘못 안 자는 3등을 감하도록 규정하고 있다.

> ≪大明律≫ 제64조 吏律 公式 制書有違 : 무릇 제서를 받들 때 시행한 바가 위배됨이 있을 경우는 장100에 처하고 … 제서 등의 뜻을 실착한 경우는 3등을 감한다.[140]

그런데 制書란 우리나라에서는 왕의 교지를 의미하는 것이므로 당시의 집법관리들은 왕령을 어긴 모든 자를 이 조문에 의하여 처벌하고 있

---

138) 沈羲基, 『韓國法制史講義－韓國法史上의 판례와 읽을 거리－』, 삼영사, 1997, 223~244면.
139) 이의 자세한 내용은 沈羲基, 위의 책, 225~237면 참조.
140) ≪大明律≫ 제64조 吏律 公式 制書有違 : 凡奉制書 有所施行而違者 杖一百 … 失錯旨意者 各減三等.

었다.

그러나 制書有違律은 吏律에 규정되어 있느니만큼 관리를 대상으로
하는 것이어서 일반인을 이 조문에 의하여 처벌하는 것은 적용대상을
잘못 파악한 것이 된다. 이에 세종이, 法司가 王旨로 한 禁令을 어긴
자[141]를 모두 이에 의하여 처벌하고 있는 것은 적용대상을 잘못 파악한
것이며 이 조문의 적용대상은 관리들이라는 유권해석을 한 것은 이런
맥락에서였다.[142] 즉 금령을 어긴 자에게 그것이 王令이기 때문에 제서
유위율에 의해 처벌하는 것은 조문 포섭의 실수를 범한 것이며, 금령을
어기는 일반인은 금령조항 자체에서 예정하고 있는 형벌에 따르라는 것
이다. 이로써 제서유위율의 적용대상은 관리라는 것이 명확해졌다.

이 사안은 제서유위율의 적용대상을 관리라고 확정함으로써 이제까
지 일반인을 이 조문에 의하여 처벌하던 상황을 시정한 것을 보여준다.
이러한 포섭대상의 확정을 통해서 달성하려고 하였던 것은 형벌의 적정
성이었다. 즉 제서유위율에 의하면 장형을 집행하게 되는데 금령을 위반
하는 일반인을 이 규정에 의해 처벌하는 것은 형벌이 적절하지 않다는
고려에서 나온 해석이었던 것이다.[143]

다음의 사례는 지금까지의 조문적용이 잘못되었다는 것을 지적하는
것인데 제서유위율의 사례와는 달리 과거의 조문해석이 정당시된다.

(3) 拒毆追攝人의 適用與否

일종의 공무집행방해죄인 拒毆追攝人에 의하면 공사처리에 항거하는
자를 장80에 처하도록 규정하고 있다.

---

141) ≪大明律≫ 제409조 刑律 雜犯 違令에 의하면 笞50의 형이 최고형이다.
    그리고 이 조문은 따로 규정이 없을 때 적용되는 보충적인 규정이다.
142) ≪朝鮮王朝實錄≫ 세종 6년(1424) 8월 癸亥.
143) 朴秉濠는 이를 세종의 欽恤政策의 맥락에서 파악하고 있다. 朴秉濠, 『세
    종시대의 법률』, 세종대왕기념사업회, 1986, 76면.

≪大明律≫ 제333조 刑律 鬪毆 拒毆追攝人 : 무릇 관사에서 사람을 파견
하여 돈과 양식을 추징하거나 공무를 담당하게 하였는데 저항하여 복종하
지 않거나 파견된 사람을 폭행한 경우에는 장80에 처한다. 만약 상처가 중
하여 장기가 손상되어 피를 토하게 하는 이상에 이르거나 본래 범한 죄가
무거운 경우에는 각각 2등을 더하되 죄는 장100 유3,000리에 그친다.[144)

여기에서는 공사처리에 항거하는 자의 범위를 어디까지로 하는 것이
문제되는데, 당시의 처벌관행은 신문과정에서 자복하지 아니하면 이를
공사처리에 항거하는 것으로 의제하여 拒毆追攝人을 적용하여 장80에
처하는 것이었다. 범인은 자신의 죄를 부인하게 마련인데 이렇게 되면
태죄에 해당하는 죄인이 자복하지 아니하면 장형에 처해지게 되므로 본
형보다 더 무거운 처벌을 받게 된다. 세종 19년에 成均主簿 宋乙開가 상
언한 것은 이런 맥락에서였다.

그러나 의정부에서는 거구추섭인의 입법취지를 증거가 명백한데도
피고인이 자복하지 아니하는 경우에 이를 징계하기 위하여 둔 것이라고
하여 태형죄라도 항거하면 장80에 처해야 한다고 하고, 증거가 명백하지
않은데도 관리가 강압적으로 신문하여 피고인이 항거하는 경우에는 감
시기구가 감시하는 것으로 해결할 것을 제의하였는데 세종은 이에 따랐
다.[145) 당시에는 자백이 있어야 처벌이 가능하였으므로 자백을 하지 않
고 끝까지 항거하는 경우에 거구추섭인의 적용을 배제하는 경우에는 항
거죄로 처벌할 수 없는 처벌망의 흠결을 가져오므로 관리의 자의적 신
문에 따른 부작용이 예상됨에도 불구하고 거구추섭인의 적용범위에 대
한 축소주장을 배제한 것이다.[146)

---

144) ≪大明律≫ 제333조 刑律 鬪毆 拒毆追攝人 : 凡官司差人追徵錢粮 句攝公
    事 而抗拒不服 及毆所差人者 杖八十 若傷重至內損吐血以上 及本犯重者
    各加二等 罪止杖一百流三千里.
145) ≪朝鮮王朝實錄≫ 세종 19년(1437) 7월 戊戌.
146) "의심스러울 때에는 오히려 가볍게(罪疑惟輕)"라는 명제와 배치되는 듯하다.
    그러나 이 명제와는 다른 것이 拒毆追攝人은 증거가 명백한데도 불구하고
    자복하지 아니하는 경우에 "보충적으로" 抗拒하였다는 죄명으로 처벌하는

이 사안에서 규정을 해석하는 관리들은 입법취지와 실제상의 이유 즉, 처벌망의 흠결을 고려한 논리를 전개하였다. 제서유위율이 문제된 사안에서는 세종 자신이 문제를 제기한 면도 있고 일반인을 제서유위율이 아닌 다른 규정에 의거하여 처벌하여도 처벌의 흠결이 있을 수 없어 흠휼 이상의 큰 문제는 없었다. 그러나 이 사안은 문종대에도 문제가 제기된 것을 볼 때 실제상 억울하게 거구추섭인에 의해 처벌받는 자가 많았다는 것을 추측할 수 있다.[147] 그렇지만 악은 빠짐없이 징계되어야 한다는 "실체적 정의" 관념이 실제상의 폐단보다 우선하였기 때문에 거구추섭인의 적용범위의 축소주장은 계속하여 거부되었다.

이 사안을 (1)의 사안과 비교해볼 때 흥미로운 점이 발견된다. (1)의 사안에서는 自白의 증거능력과 관련하여 고문의 폐단을 최소화하려는 모습을 보여준다. 그런데 이 사안에서는 고문의 폐단을 인식하고 있었음에도 불구하고 "악의 징치", 즉 "정의의 회복"이 중요시된다. 이러한 차이는 (1)의 사안에서는 고문을 견디지 못하고 자백한 자가 지목한 피고인을 그 지목에 의해서만 처벌할 수는 없다는 점이 강조되는 반면, 이 사안에서는 고문받는 피고인의 처벌에 관하여 제기되는 점에서 비롯되는 것이라고 생각한다. 즉 (1)의 사안은 고문에 의해 자백한 경우를 예정하는 것이지만 이 사안의 경우는 자백하지 않는 경우를 예정한 것이다. 이로 볼 때 자백주의의 제한과 정의의 요청 사이에서 끊임없이 동요하는 것을 알 수 있다.

제서유위율이나 거구추섭인이 문제된 사안들은 하나의 규정 내에서 그 규정의 적용여부를 두고 생긴 문제였다. 법적 현상에 대해 처벌근거를 찾는 과정에서 規定자체의 적용여부를 둘러싸고 처벌의 필요에 따라 의견들이 제시되었던 것이다.

것이었다.

147) 문종 때에 이르러 이와 같은 문제가 部令 咸子乂에 의해 제기되지만 같은 결론이 난다. ≪朝鮮王朝實錄≫ 문종 2년(1452) 2월 辛卯.

(4) 收糧違限의 적용범위

세종 19년에 成均主簿 宋乙開는 율문적용에 대한 의문을 제기하였다.
그 의문의 근거가 된 收糧違限을 보자.

> ≪大明律≫ 제127조 戶律 倉庫 收糧違限 : 만약 기한을 어겨 1년 이상이
> 되도록 완납하지 못한 경우 인호와 이장은 장100 遷徙에 처하며 提調部粮
> 官, 吏典은 교형에 처한다.[148]

收糧違限에는 貢稅를 수세하는 데 있어서 1년이 넘도록 수세하지 못
하면 人戶와 里長은 장100 遷徙시키고 提調部粮官과 吏典은 교형에 처
하도록 되어 있었다. 법의 적용상황을 보면 거의 色吏가 도둑질하여 부
족하게 된 경우가 태반인데 수령을 교형에 按律하고 있으므로 이는 부
당하다는 것이었다. 이는 수령의 잘못이 아니고 또 수세하는 데 부족함
이 원래 있었던 것도 아니므로 기한을 어긴 지 1년 이상이라는 이유만으
로 수령을 교형에 처하는 것은 부당하며, 특히 ≪唐律≫에서는 이런 경
우에는 徒1년을 상한으로 처벌하고 있다는 것을 논거로 하여 교형은 너
무 가혹하다는 것을 주장하였다.

따라서 收糧違限은 守令이 세를 받을 人戶에게 사정을 끼고 거두지
않아 기한을 1년 이상 어긴 경우에만 적용하고, 수효대로 상납했는데 중
간의 색리가 도둑질하여 부족하게 된 경우에는 色吏에게 監守自盜倉庫
錢糧[149]을 적용하여 색리를 처벌하고 수령은 색리의 죄를 다스리지 못

---

148) ≪大明律≫ 제127조 戶律 倉庫 收糧違限 : 若違限一年之上不足者 人戶里
長杖一百遷徙 提調部粮官吏典 處絞. 그런데 이 규정에서 遷徙이하는 직
해되지 않았다. 여기서는 송을개가 법의 적용상황을 말하고 있을 때 실제
로 이 조문에 해당되어 교형으로 안율되었지만 특별감경으로 살아난 수령
의 예를 들고 있으므로 적용이 되고 있다. ≪大明律直解≫는 이로 보아
이 당시에 이미 실효성 있는 법률이 아니라 大明律을 이해하기 위한 참고
서였던 것 같다.

하고 부족한 식량을 징납하도록 독촉하지 못한 죄로 의논할 것을 주장
하였다. 이에 세종은 의정부에 논의하도록 하였는데, 의정부에서도 이의
없이 받아들여졌고 확정되었다.[150] 즉 이제부터는 收糧違限은 守令의
잘못이 없을 경우에는 적용되지 않게 되었다.

이 사안을 통해 볼 수 있는 것은 守令의 권한의 확대와 色吏의 권한의
축소이다. 조선초기에는 관권우위의 정책을 펴고 있었으며 이를 관철하
기 위해서는 국왕의 대리인이라고 할 수 있는 수령권의 강화가 필요하
였다.[151] 이 사안을 이러한 맥락에서 본다면 守令이 처벌되는 경우를 보
다 축소하여 수령권의 확대를 꾀하려고 하였다는 것을 읽을 수 있다. 이
로 보아 규정의 포섭범위를 정하는 데는 순수한 법학적 논의만으로 되는
것이 아니라 그 이면에는 정치적 동기도 작용하였다는 것을 알 수 있다.

(5) 獄囚脫監及反獄在逃의 적용범위

≪大明律≫에는 감옥에 갇혀 있는 죄수가 탈옥하는 경우에 대하여 규
정을 두어 일정한 형벌을 가하고 있다.

> ≪大明律≫제413조 刑律 捕亡 獄囚脫監及反獄在逃 : 무릇 죄를 지어 감
> 옥에 갇혔다가 감옥을 탈출하거나 자기에게 채워진 칼이나 수갑 등을 풀
> 고 감옥을 넘어서 도망하면 각각 원래의 죄에 2등을 가중한다. 이로 인하
> 여 몰래 다른 중죄수를 탈옥시키면 중죄수와 죄가 같고 모두 죄는 장100
> 유3천리에 그치며, 원래의 죄수가 사형에 해당하면 일반률에 따른다. ○만
> 약 죄수가 감옥을 부수고 도망하면 모두 참형에 처하고, 함께 갇힌 죄수는
> 그 사정을 알지 못하면 처벌하지 않는다.[152]

---

149) 이에 따르면 감독관리가 창고의 물건을 횡령하면 1관에 杖80이고, 40관이
  면 참형에 처하게 되어 있다. ≪大明律≫ 제287조 刑律 賊盜 監守自盜倉
  庫錢糧 : 一貫以下杖八十 一貫之上至二貫五百文杖九十 … 四十貫絞.
150) ≪朝鮮王朝實錄≫ 세종 19년(1437) 7월 戊戌.
151) 특히 관권우위의 정책은 중앙집권과 밀접한 관련을 갖는다. 李泰鎭,『朝鮮
  儒敎社會史論』, 지식산업사, 1995, 85면 및 133~142면 참조.
152) ≪大明律≫ 제413조 刑律 捕亡 獄囚脫監及反獄在逃 : 凡犯罪被囚禁而脫監

그런데 형조의 司律院에서는 범죄를 저지르고 아직 체포되지 않은 피의자가 도주하는 경우에 獄囚脫監及反獄在逃에 의하여 본죄에 2등을 가중하고 있었다. 하지만 獄囚脫監及反獄在逃는 옥에 갇혀 있는 죄수를 대상으로 한 것이므로 司律院에서 이 조항에 의거하여 판결하는 것은 포섭의 실수를 범한 것이었다. 이에 의정부에서는 이러한 경우에는 獄囚脫監及反獄在逃를 적용할 것이 아니라 續刑典에 있는 "당시에 범죄한 사람이 도망 중에 있어 쫓아 잡으려 하여도 잡지 못하는 자는 경한 죄로 贖錢을 바치게 한다"라는 규정을 적용하자는 의견을 제시하였고 세종은 이에 따랐다.153)

그러면 獄囚脫監及反獄在逃를 어떤 경우에 어떻게 적용하여야 할 것인가가 문제되는데 이에 관하여는 형조에서 문제를 제기하였다. 즉 刑을 결정하는 관리들은 무리를 만들어 獄卒을 협박 구타하여 도망한 자는 물론, 때를 엿보아 몰래 옥을 부수고 도망한 자도 모두 붙잡히면 이 규정에 따라 참형에 처하고, 당해 관리나 옥졸도 도망한 죄수의 형벌에 비겨 감하여 처벌하고 있었는데, 형조에서는 관리들이 이 규정을 잘못 이해한 것이라는 의견을 제시한 것이다.

그리하여 이 규정을 적용하는 기준을 제시했는데 獄囚로서 무리를 만들어 옥졸을 구타하고 도망한 자는 《大明律》의 反獄在逃에 따라 참형에 처하고, 그밖에 몰래 파옥하여 도망한 자는 越獄在逃한 것에 의하여 본죄에 2등을 더하여 처벌하자는 것이었고 세종은 이에 따랐다.154) 이는 獄囚脫監及反獄在逃의 규정해석을 구체화한 것이라고 할 수 있다. 이를 통해서 이 규정의 적용범위가 확정되어 갔던 것이다.

이상에서 《大明律》의 규정의 적용범위를 어떻게 확정해나갔는가를

及解脫自帶枷鎖 越獄在逃者 各於本罪上加二等 因而竊放他囚罪重者 與囚同罪 並罪止杖一百流三千里 本犯應死者 依常律 ○若罪囚反獄在逃者 皆斬 同牢囚人不知情者不坐.
153) "續刑典節該 犯罪在逃追捕未獲者 輕罪收贖". 세종 18년 7월 甲寅.
154) 《朝鮮王朝實錄》 세종 19년(1437) 12월 壬申.

살펴보았다. 이를 통해 알 수 있었던 것은 규정의 해석은 규정 자체의 논리로만 해석되지 않는다는 점이었다. 즉 규정의 적용범위를 확정함에 있어서는 정치적 동기가 고려되고 있었고 흠휼사상도 고려되었던 것이다. 이러한 여러 가지를 고려하여 《大明律》의 적용범위가 확정되면서 《大明律》 규정이 갖는 의미가 점점 더 명확해졌고, 이는 《大明律》이 일반형법의 의미를 획득해가는 징표의 의미를 갖는 것이었다.

2. 《大明律》로의 수렴

《朝鮮王朝實錄》에 보이는 조선초기의 여러 사례들은 대부분 《大明律》에 따라 처벌되고 있는데, 이는 《大明律》을 형사법원으로 인정하였기에 가능한 일일 것이다. 즉 《大明律》이 형사일반법으로 되어가는 것을 가장 직접적으로 보여주는 것이 형사사건의 처벌근거를 《大明律》에 두는 것이다. 이러한 현상은 종래에 다른 형사처벌근거에 의해 처벌하여 오던 것을 《大明律》에 의하여 처벌하는 모습으로도 나타나지만, 이전에는 형벌의 영역에서 배제되어 있던 현상들이 가벌적 행위로 인식되면서 이러한 현상들에 《大明律》을 적용하는 모습으로도 나타난다. 또한 이러한 현상과는 별도로 獄具와 관련하여 《大明律》상의 규격에 맞추어 가는 현상도 발견된다.

1) 可罰的 行爲의 근거로서의 《大明律》

(1) 실무자 처벌

京外의 관리들이 창고의 米布를 손상시키거나 없애는 경우 등에 실무자들은 처벌하지 않고 이를 감독하는 관리를 처벌하고 있었다. 그런데 실무자들인 主守나 吏典 등은 자신들이 처벌받지 않는 것을 기화로 창고를 잘 지키지도 않고 혹은 자신들이 창고의 米布를 빼돌리는 일이 빈번하였다.

따라서 이를 규제하기 위해서는 이들을 처벌하는 조치가 필요하였는
데 ≪大明律≫ 제144조 戸律 倉庫 損壞倉庫財物[155]이나 제145조 轉解官
物[156]에는 이들을 처벌하는 규정이 있었다. 이에 형조에서는 이러한 조
문에 따라 실무자들을 함께 처벌하자는 의견을 제시하였고 세종은 이에
따랐다.[157]

이 사안은 종래 실무자들이 처벌되지 않았다는 것을 반성적 고려하에
≪大明律≫의 규정을 적용하기로 한 것을 보여준다. 非可罰的인 영역을
可罰的인 영역으로 끌어들이기 위해서 ≪大明律≫의 규정을 이용한 것
이다. 이를 통해서 ≪大明律≫이 수용된 초기에는 ≪大明律≫이 하나의
형률로서 전체적으로 모두 실효성을 가지고 있었던 것은 아니며 국왕의
선언으로 규정 하나하나가 실효성을 획득해갔다는 것을 추정할 수 있다.
즉 이 사안은 ≪大明律≫을 포괄적으로 수용한 것은 아니며 오히려 受
敎의 형식을 통해 ≪大明律≫의 규정을 하나하나 발견해갔다는 주장을
뒷받침해준다.

(2) 妻妾失序의 처벌

조선에서는 적서의 구별이 분명하였다. 따라서 첩이 처가 되고 처가
첩이 되는 상황을 방기할 수 없었는데 표면상 이유로는 고려말 이래로
예의의 교화가 시행되지 못하여 부부의 도가 문란하게 된 상황하에서는
이를 처벌하여 풍속을 바로잡아야 할 필요이지만, 그 이면에는 이는 封
爵과 修身田을 지급받는 경제적 이해가 고려되어 있었다.[158]

---

155) ≪大明律≫ 제144조 戸律 倉庫 損壞倉庫財物 : 凡倉庫及積聚財物 主守之
人 安置不如法 … 致有損壞者 計所損壞之物坐贓論 着落均陪還官 … 其監
臨主守 若將侵欺 借貸那移之數 … 並計贓以監守自盜論 ….
156) ≪大明律≫ 제145조 戸律 倉庫 轉解官物 : ○若起運官物長押官及解物人
安置不如法 致有損失者 計所損失之物 坐贓論 着落均陪還官.
157) ≪朝鮮王朝實錄≫ 세종 7년(1425) 5월 庚寅.
158) 장병인, 『조선전기 혼인제와 성차별』, 일지사, 1997, 60면.

따라서 처첩간의 관계는 소송으로까지 번지게 될 것은 이미 예정된
것이었으므로 이를 해결하기 위해서는 처첩간의 질서를 바로잡을 필요
가 있었다. 이를 해결하기 위한 전제는 첫째, 처첩의 구별을 어떻게 하느
냐이고 둘째, 문란해졌을 경우 처벌을 어떻게 하느냐이다. 처첩의 구별
문제는 ≪大明律≫의 실효성 확보측면에서 벗어나는 논의이다.159) 여기
서 문제되는 처벌과 관련하여 살펴보면 ≪大明律≫에 이러한 경우를 처
벌하는 규정 즉 "처를 첩으로 삼는 자는 장100에 처하며 첩으로 처를 삼
은 자는 장90에 처하고 모두 바로 잡는다"160)라는 규정이 있었으므로 이
에 따라 처벌하면 되는 것이었다. 사헌부에서 이러한 내용을 상언하였는
데 태종은 그대로 따르기로 하였다.161)

嫡庶의 구별문제는 위에서 본 것처럼 경제적인 이해관계가 얽혀있는
것이었지만 이외에도 신분적인 면, 즉 관원으로 임용되는 데에도 중요한
것이었다. 즉, ≪經國大典≫ 吏典 限品叙用에서는 첩자녀의 임용에 대하
여 제한을 가하는 규정162)을 두고 있는 등 많은 면에서 차별이 가하여졌
다. 따라서 적서를 구별하는 전제가 되는 처첩의 구별문제는 중요할 수

---

159) 朝鮮 初期 妻妾의 구별기준과 一夫一妻制의 확립과정에 관하여 상세한
　　 것은 장병인, 위의 책, 54~112면 참조.
160) ≪大明律≫ 제109조 戶律 婚姻 妻妾失序 : 凡以妻爲妾者杖一百 妻在以妾
　　 爲妻者杖九十 並改正 ○若有妻更娶妻者 亦杖九十離異 其民年四十以上無
　　 子者 方聽娶妾 違者笞四十.
161) ≪朝鮮王朝實錄≫ 태종 13년(1413) 3월 己丑. 이 사안은 ≪續六典≫상에 실
　　 리게 된 모양인데 이후 시행이 잘 되지 않아 禮曹에서 시행을 강행할 것을
　　 다시 상언하고 세종은 이에 따른다. ≪朝鮮王朝實錄≫ 세종 2년(1420) 11월
　　 辛未.
162) ≪經國大典≫ 吏典 限品叙用 : 文武官二品以上 良妾子孫限正三品 賤妾子孫
　　 限正五品 六品以上 良妾子孫限正四品 賤妾子孫限正六品 七品以下至無職人
　　 良妾子孫 限正五品 賤妾子孫及賤人爲良者 限正七品 良妾子之賤妾子孫限
　　 正八品(文武官 2품 이상의 양첩자손은 正3품에 한하고 천첩자손은 正5품에 한하며, 6품 이
　　 상의 양첩자손은 正4품에 한하고 천첩자손은 正6품에 한한다. 7품 이하로부터 관직이 없는
　　 사람의 양첩자손은 正5품에 한하고, 천첩자손과 천인으로서 양인이 된 자는 正7품에 한하고
　　 양첩자의 천첩자손은 正8품에 한한다).

밖에 없었고 이의 구별기준에 관하여 많은 논의가 있게 된 것이다. 이와
같은 맥락에서 처첩의 구별을 문란하게 하는 행위는 처벌할 필요성이
있었고, 이 사안은 이 처벌을 '명확히' ≪大明律≫에 의거할 것을 선언
한 것을 보여준다. 이 사안 역시 (1)과 마찬가지로 법적 현상에 대해 ≪大
明律≫의 규정들이 개별적으로 실효성을 획득해가는 모습을 나타내고
있다.

2) 處罰의 ≪大明律≫에의 羈束

(1) 직첩회수기준의 변화

태조가 즉위하기 이전에는 6품 이상의 관리가 범죄를 하는 모든 경우
에 반드시 직첩을 거두고 있었음을 태조의 즉위교서를 통해 알 수 있었
다. 모든 범죄에 대하여 직첩을 거두는 것이 어떻게 변화하는가는 규정
해석과 관련하여 복잡하게 전개되기 때문에 우선 해당규정을 제시하고
이에 대한 논의를 전개해보기로 하자.

≪大明律≫ 제7조 名例律 文武官犯公罪 : 무릇 서울과 지방의 대소 군·
민 아문의 관리가 公罪를 범하면, 笞罪인 경우 官員은 收贖하고 吏典은 매
계절마다 죄상을 함께 논죄하며 기록할 필요는 없다. 杖刑 이상의 경우에
는 문안을 명백히 작성하여 매년 1회 考課하며 죄명을 기록하고, 9년에 한
번 범한 죄의 횟수와 경중을 통산하여 출척의 자료로 삼는다.[163]

≪大明律≫ 제8조 名例律 文武官犯私罪 : 무릇 문관이 私罪를 범하면,
태40 이하는 죄명은 기록하되 본직에 복귀시키며, 50대는 현직에서 해임
하고 다른 직에 임용하며, 장60은 1등을, 70은 2등을, 80은 3등을, 90은 4등
을 강등하며 모두 현직에서 해임하되 流官은 雜職에 임용하며, 잡직은 변
방에 임용한다. 장100이면 파직하고 임용하지 않는다.[164]

---

163) ≪大明律≫ 제7조 名例律 文武官犯公罪 : 凡內外大小軍民衙門官吏犯公罪
該笞者 官收贖 吏每季類決 不必附過 杖刑以上 明立文案 每年一考 紀錄罪
名 九年一次通考所犯次數 重輕以憑黜陟.

태조는 즉위교서에서 직첩을 거둘 때는 이 《大明律》의 규정에 의할 것을 지시했다. 그런데 이 즉위교서는 그대로 지켜지지는 않았고 이후 수십 년간에 걸쳐서 논의가 전개된다. 우선 태조 6년(1397)에는 都評議使司에서 이를 시정할 것을 청하였다. 즉 태죄와 같은 경미한 범죄에 있어서도 직첩을 거두는 것은 형의 경중이 맞지 않으므로 위의 《大明律》 규정을 참조하여 6품 이상의 관원이 장형 이상에 해당하는 죄를 범한 경우에만 직첩을 회수하고 태죄에 해당할 경우에는 직첩회수를 하지 말 것을 청한 것이다.165) 이 주장은 그대로 받아들여졌는데 이는 태죄를 범한 관리는 《大明律》에 따라 직첩을 회수하지 않지만 장죄를 범한 관리들의 職牒을 모두 회수한다는 점에서는 《大明律》의 규정과는 다른 점이 있어 후일 논란이 예정된 것이었다.

그 후 태종 18년(1418)에 이 문제가 다시 불거져 나왔다. 이때에는 문무관으로서 장형 이상의 公罪166)를 범한 자는 "교지 안에서 직첩을 거두어들이도록 한 것을 제외"하고는 직첩을 거두지 않도록 하였다.167) 이렇게 되면 公罪의 경우에 《大明律》에서는 직첩을 회수하지 않도록 하고 이전까지의 관행은 직첩을 회수하는 것이었는데, 태종 18년(1418)에 이르러 '특별히' 직첩을 거두어들이는 것 이외에는 직첩을 거두지 말라는 것이므로 한층 《大明律》의 규정과 가까워진 것이다.

한편 公罪·私罪에 관하여 세종 5년 1월에는 종합적으로 논의된다. 즉 세종 5년(1423) 1월에는 문무관이 私罪168)를 범한 경우에는 장60이면

---

164) 《大明律》 제8조 名例律 文武官犯私罪 : 凡文官犯私罪 笞四十以下 附過 還職 五十解見任別敍 杖六十降一等 七十降二等 八十降三等 九十降四等 俱解見任 流官於雜職內敍用 雜職於邊遠敍用 杖一百者 罷職不敍.

165) 《朝鮮王朝實錄》 태조 6년(1397) 9월 己巳.

166) 公罪는 公事로 말미암아 죄를 지은 것으로서 사사로움과 枉曲이 없는 것을 말한다(公罪 謂緣公事致罪而無私曲者). 金鐸敏·任大熙 主編, 『譯註 唐律疏議(Ⅰ)-名例編-』, 한국법제연구원, 1994, 166면, 제17조 名例 17. 官當.

167) 《朝鮮王朝實錄》 태종 18년(1418) 7월 庚戌.

168) 私罪는 사사로이 직접 범한 罪 및 황제 친견시에 받은 질문에 사실대로

2등을 강등하게 하여 ≪大明律≫의 규정보다 1등을 가중하여 직첩을 회수하고 公罪의 경우에는 ≪大明律≫의 文武官犯私罪의 형량을 준용하고 장100에 해당하면 公私罪를 막론하고 직첩을 모두 회수하게 하였다.[169]

그런데 이 조치는 ≪大明律≫의 준수라는 측면에서 볼 때 태종 18년(1418)의 수교보다 한걸음 후퇴한 듯이 보인다. 왜냐하면 태종 18년(1418)의 수교에서는 公罪의 경우에 '특별히' 직첩을 거두어 들이도록 하는 조치가 없으면 직첩을 거둘 수 없게 입법하였는데 세종 5년의 이 조치는 ≪大明律≫의 文武官犯私罪의 규정을 준용하므로 이 규정에 해당하기만 하면 직첩을 거둘 수 있게끔 한 것이기 때문이다.

세종 5년의 수교가 내려진 이후 사간원에서는 公罪의 경우에도 수교에 따라 직첩회수를 하게 되면 文武官의 직무수행이 위축된다는 점과 ≪大明律≫의 文武官犯公罪의 규정에 저촉된다는 점을 들어, 직첩은 회수하지 말 것을 제의하게 된다. 이 제의에 따라 결국 公罪의 경우에는 ≪大明律≫의 文武官犯公罪에 따라 직첩은 회수하지 않기로 결정되고, 私罪의 경우에도 ≪大明律≫ 규정에 따라 직첩회수 즉 장60에 1등을 회수하게 된다.[170] 직첩회수에 관한 한 태조의 즉위교서가 나온 지 30여년 만에 ≪大明律≫에 따르게 되었는데, 특히 私罪의 직첩회수에 관하여는 ≪經國大典≫에 주의적으로 규정된다.[171]

답하지 아니하거나 청탁을 받고 枉法한 것과 같은 경우를 말한다(私罪 謂 私自犯及對制詐不以實受請枉法之類). 金鐸敏・任大熙 主編, 『譯註 唐律疏議 (Ⅰ)－名例編－』, 한국법제연구원, 1994, 165면, 제17조 名例 17. 官當.

169) ≪朝鮮王朝實錄≫ 세종 5년(1423) 1월 己酉.

170) ≪朝鮮王朝實錄≫ 세종 7년(1425) 12월 甲申. 또한 ≪大明律≫에는 公罪를 범한 경우에 笞罪에 한해서만 속전을 징수할 수 있도록 되어 있었는데 이 제는 公罪는 장100, 私罪는 장90 이하에 해당한 죄는 모두 의금부에서 속 전을 징수하게 하였다.

171) ≪經國大典≫ 刑典 推斷 割註 : 犯私罪 杖六十者 啓聞追奪告身一等 七十 二等 八十三等 九十四等 一百盡行追奪送吏兵曹. ≪大明律≫과 비교할 때 啓聞한다는 것을 추가하였는데 이는 ≪大明律≫ 제5조 名例律 職官有犯

(2) 절도죄 처벌의 변화

≪大明律≫이 太祖의 간접적인 수용선언에 의하여 자동적으로 조선에 적용된 것은 아니라는 것을 다음의 절도죄에 대한 처벌의 변화에서도 볼 수 있다.

≪大明律≫의 절도범 처벌규정은 재범까지는 훔친 장물의 양에 따라형을 가하고 아울러 刺字하고 있으며, 삼범일 경우에는 교형에 처하는 것으로 규정하고 있다.

> ≪大明律≫ 제292조 刑律 賊盜 竊盜 : 절도를 이미 행했으나 재물을 얻지 못한 경우는 태50에 처하되 刺字는 면제한다. 단, 재물을 얻은 경우에는 하나의 주된 것을 중하게 하고, 장물을 합해서 논죄하고, 종범은 각각 1등을 감한다. 初犯은 오른쪽 팔 위에 竊盜 두 글자를 새기고, 再犯은 왼팔위에, 三犯은 교형에 처한다. 일찍이 刺字한 것으로 논죄한다.[172]

절도에 대하여는 우선 사면과의 관련에 대하여 언급해보자. 절도 3범이면 교형에 처하고 있는 ≪大明律≫ 규정에는 재범하고 사면되었다가다시 절도행위에 나아갔을 경우 이를 3범으로 취급하여야 할지, 초범으로 취급하여야 할지 명확히 규정되어 있지 않다. 그래서 이 문제가 세종 4년(1422)에 논의되었다. 의정부에서는 ≪大明律≫에 절도의 횟수와 大赦와의 관계에 대하여 밝히고 있지 않아 대사전에 자자한 것까지 모두 계산하여 교형에 처하고 있는 것은 부당하다고 하였다. 그리하여 元의 ≪議

에서 왕에게 보고할 것을 요구하고 있는 것을 반영한 것일 뿐이다.

172) ≪大明律≫ 제292조 刑律 賊盜 竊盜: 凡竊盜已行 而不得財者 笞五十 免刺 但得財者 以一主爲重 倂贓論罪 爲從者 各減一等 初犯並於右小臂膊上 刺竊盜二字 再犯刺左小臂膊上 三犯者 絞 以曾經刺字爲坐. 하나의 주된 것을 중하게 한다는 것은 가령 여러 집에서 절취했을 경우 가장 많이 절취한 집의 절취물을 기준으로 한다는 것이고, 장물을 합해서 논죄한다는 것은 共犯일 경우에도 전체 절취물을 각 범인의 절취물로 계산한다는 것이다.

刑易覽≫을 참조하여173) 대사 이후에 범한 것을 확인하고서 죄를 받게
할 것을 건의하였는데 세종은 이에 따랐다.174) 이렇게 되자, 7, 8번 내지
10번의 절도를 범해도 세 번 연속 범하는 사이에 사면이 있으면 초범으
로 계산되기 때문에 절도가 그치지 않을 정도로 극심해졌다.175) 그러자
斷筋을 강화하기도 하는 등 절도에 대한 처벌을 강화하여 나가지만 절
도는 더욱 성행하게 되자, ≪大明律≫이 초범, 재범은 자자하지만 3범의
경우에는 자자하는 곳을 말하지 않았기 때문에 사면 전후를 가리지 않
는다는 것이 ≪大明律≫의 타당한 해석이라는 형조의 의견에 따라 사면
전후를 가리지 않고 통산하여 3범 절도를 교형에 처하게 된다.176)

　　한편 절도범의 횟수를 어떻게 통산할 것인가도 문제가 되었지만, 위
에서 보았듯이 절도범에 대한 통제는 시대의 흐름에 따라 강화되고 있
다고 볼 수 있는데, 절도가 성행하자 ≪大明律≫에서 예정하고 있는 형
벌보다 중한 형벌을 과하는 경우가 생긴다. 즉 성행하는 절도에 대한 대
책으로 재범 절도에 대하여도 교형에 처하는 극단적인 처방이 내려지는
것이다.177) 하지만 율외로 처리하던 이러한 처벌방식을 다시 율문에 따
르도록 하는 조치가 행해진다.178) 하지만 세조 7년(1461)에 재범자를 교형

173) 議刑易覽內 諸盜經斷後 仍更爲盜 須據赦後 爲坐.
174) ≪朝鮮王朝實錄≫ 세종 4년(1422) 12월 癸卯. 이러고 나면 赦免 후에 다시
　　 竊盜를 범한 자의 刺字 문제가 대두되는데, 목에 刺字하게 된다.
175) ≪朝鮮王朝實錄≫ 세종 18년(1436) 8월 辛未.
176) ≪朝鮮王朝實錄≫ 세종 27년(1445) 7월 丁丑. 한편 文亨鎭, 「朝鮮初期 ≪大
　　 明律≫의 運用實態」『外大史學』 제12집, 2000, 111면에 의하면 이 조치를
　　 세종 26년(1444) 10월 甲寅條로 보고 있는데, 세종 26년의 사안은 사면대상
　　 에서 竊盜를 제외시킴으로써 누적되어 3범이 되게 하여 처벌하자는 논의
　　 이다.
177) ≪朝鮮王朝實錄≫ 단종 2년(1454) 5월 丙寅 : 其餘竊盜則通計累犯俱發之贓
　　 並贓十貫以上者 初犯爲首處絞 爲從及十貫以下 依法刺字 再犯則亦通計赦
　　 前 處絞.
178) ≪朝鮮王朝實錄≫ 세조 4년(1458) 3월 乙卯 : 弭盜無方 故竊盜一貫以上黥
　　 面 初犯十貫以上 再犯處絞 牛馬賊 初犯處絞 姑從權典 律外施行 然律外之
　　 典 行之未安 自今並依律文施行. 한편 이 受敎의 연장선상에서 3범 절도에

에 처하는 조치를 취하고 있고,179) 이것은 이때 인쇄된 ≪經國大典≫에
도 기재되어 있었다.180) 다만 재범자를 교형에 처한다는 것만 기재되어
있어, 사면이 되면 사면과의 관련성을 언급하고 있지 않기 때문에 3범이
라도 이전에 사면된 것에 의하여 교형이 면제될 수 있으므로 도적이 없
어질 기약이 없다는 형조의 지적에 대하여 사면 이전인가를 가리지 말
것으로 결정하였다.181) 그런데 도적이 뜸해지자 ≪大明律≫에 따를 것
이 논의되다가,182) 일체 율문에 따르는 것으로 결정되어183) 최종 판본의
≪經國大典≫에는 규정되지 않았다.

성종 9년(1478)의 조치로 절도 재범을 교형에 처하는 것이 ≪大明律≫
에 위배되므로 일체 ≪大明律≫에 따르는 것으로 된 것이다. 절도 재범
에 대하여는 ≪大明律≫에 따르기로 하여 ≪經國大典≫에 규정되지 않
았다. 하지만 다른 한편으로 생각하면 절도의 대책에 관하여는 절도의
치성 여부에 따라 그때그때 임시적인 조치를 내어 규율하면 되고, 항구
적인 법전으로서 祖宗成憲인 ≪經國大典≫에는 규정할 필요가 없다는
인식이 깔려 있었다고 생각된다.184)

대하여 ≪大明律≫에 따를 것이 확인된다. 세조 4년(1458) 4월 丙子.
179) ≪朝鮮王朝實錄≫ 세조 7년(1461) 5월 丁未.
180) 성종 2년(1471) 校正廳의 보고에 의하면 ≪經國大典≫의 누락조문의 하나
로 再犯竊盜의 絞刑을 들고 있는 것(≪朝鮮王朝實錄≫ 성종 2년 5월 丁酉)으로 보
아, 그 이후 受敎로 준행되다가[≪朝鮮王朝實錄≫ 성종 3년(1472) 1월 戊午, 성종 4
년(1473) 6월 己巳 등 다수] 성종 5년(1474)에 편찬된 ≪經國大典≫(甲午大典) 및
함께 편찬된 ≪大典續錄≫(현전하는 성종 23년의 것과는 다르다)에 편입된 것으
로 생각된다.
181) ≪朝鮮王朝實錄≫ 성종 6년(1475) 1월 己巳.
182) ≪朝鮮王朝實錄≫ 성종 8년(1477) 11월 癸未. 여기서는 그대로 ≪大典續錄≫
에 의할 것으로 결정된다.
183) ≪朝鮮王朝實錄≫ 성종 9년(1478) 8월 乙卯 : 大典續錄竊盜再犯者處絞 有
違於律文三犯處絞之法 已捕獲推鞫者外 一依律文施行. 이를 다시 한번 확
인한 것은 ≪朝鮮王朝實錄≫ 성종 10년(1479) 12월 己巳.
184) 가령 竊盜의 초범은 永屬하고 재범은 전가 영속하라는 中宗의 전교에 대
해 承傳이라면 항구한 법이 될 수 있으므로 '盜賊寢息間'이라는 글자를

(3) 律에 따른 현장주의의 채택

세종 10년(1428)에 간통사건이 발생하였다. 신문과정에서 피의자들은 간통하지 않았다고 항변하였지만 증거는 충분히 갖추어져 있었다. 그러나 이 피의자들은 간통현장에서 체포된 것은 아니었다. 세종 10년(1428) 현재의 법은 간통범죄의 경우 증거만 명백하면 처벌할 수 있었던 것 같다. 따라서 세종 10년 현재의 법에 따라 이 피의자들은 간통죄에 의하여 처벌할 수 있는 것이었지만 세종은 이러한 증거법칙에 제동을 가하게 된다. 즉 ≪大明律≫에 의하면 간통죄의 경우에 현장주의를 취하고 있는데185) 현장주의를 취하는 입법취지가 무엇인지 살펴보아야 한다는 것이었다. 은밀히 이루어지는 간통을 증거에 의해서만 재판하게 되면 무고한 사람들이 형벌의 영역으로 들어오게 되므로 이러한 위험을 방지하여야 하는데 이것이 바로 ≪大明律≫에서 현장주의를 취한 취지라고 세종은 생각하였다. 그리하여 의심스러운 죄는 무죄로 처리해야 한다면서 현장주의에 따를 뜻을 내비쳤다.186)

세종 14년(1432)의 간통사건에서는 증거도 불충분하고 현장에서 체포한 것도 아니므로 피의자는 석방되었다.187) 이 사건은 증거가 불충분한 이유도 있었지만 현장에서 체포되지 않은 것을 이유로 드는 것으로 보

넣자는 의견[≪朝鮮王朝實錄≫ 중종 7년(1512) 11월 壬辰의 都承旨 慶世昌의 啓]도 이에 대한 방증이 될 것이다.
185) ≪大明律≫ 제390조 刑律 犯姦 犯姦 : … 其非姦所捕獲 及指姦者 勿論.
186) 세종 10년 4월 21일 癸酉. 그러나 이 사건에서는 피의자들은 姦通으로 처벌된다. 특히 이 사건은 이성사촌간의 간통인데 이성사촌은 우리나라의 솔서혼속과 관련하여 무복지친으로 논하는 것은 부당하며 親屬相姦으로 처벌해야 한다는 주장도 나온다. ≪朝鮮王朝實錄≫ 세종 10년 윤4월 乙酉.
187) 이 사건의 피의자는 자근조이(小斤召史)였는데 증거도 불충분하고 현장에서 잡히지 않은 점도 있지만 戊申日의 徒罪 이하의 赦令이 있었으므로 석방되었다. ≪朝鮮王朝實錄≫ 세종 14년(1432) 6월 乙巳, 6월 丙午. 6월 戊申, 6월 己酉.

아 현장주의를 참작하기 시작했다는 것을 보여주고 있다. 성종 6년에 사
간원에서 간통의 현장주의는 실제 수사의 애로가 많은 점을 들어 증거
주의를 주장하지만 채택되지 않았다.[188] 이로 미루어 보아 성종 6년 당
시에는 이미 간통죄에 있어서는 현장주의에 의한다는 원칙이 확립된 것
같다. 즉 간통에서는 수사상의 애로점과 처벌되지 않는 자들이 있을 가
능성에도 불구하고 ≪大明律≫의 현장주의가 정착되었다고 볼 수 있다.

현장주의가 정착된다는 것은 그만큼 자의적인 증거조작에 의한 형사
처벌의 위험성을 감소시키는 것이다. ≪大明律≫에서 현장주의를 채택
한 것은 이러한 맥락에서 읽을 수 있다. 이러한 맥락에서 조선에서 간통
에 대하여 정황증거에 의하여 처벌하던 것을 ≪大明律≫의 현장주의에
따라 처벌하게 된 것은 그만큼 증거조작의 가능성을 줄인 것으로 볼 수
있다. 이는 처벌받지 않는 범죄자들보다 처벌되는 비범죄자들을 우선시
한 결과라고 볼 수 있을 것이다.

이상의 사안들이 종래 일정한 규정에 따라 처벌되던 것을 ≪大明律≫
에 따라 그 처벌을 축소하기도 하고 배제하기도 하는 모습을 보여주는
것이라면 다음의 사례는 ≪大明律≫의 규정에 의하여 처벌되던 것임에
도 불구하고 실효성 확보의 측면에서 다른 규정에 의해 처벌하는 모습
을 보여준다.

(4) 棄毀器物稼穡에 의한 처벌

禁山의 나무를 베는 것은 禁令을 어긴 것이 되므로 違令에 의거하여
처벌할 수 있다. 그러나 위령의 규정에 의하면 태50을 가할 수 있을 따
름이어서[189] 생계수단에 곤란을 겪고 있는 사람들은 태50의 형을 감수
하고 벌목을 감행하게 된다. 즉 형벌이 금령위반을 억제할만한 실효성이

---

188) ≪朝鮮王朝實錄≫ 성종 6년(1475) 12월 己亥. 이외에도 간통의 현장주의를
취한 사례는 많이 있다. ≪朝鮮王朝實錄≫ 성종 8년(1477) 9월 乙酉, ≪朝鮮
王朝實錄≫ 성종 15년(1484) 2월 癸酉 등.
189) ≪大明律≫ 제409조 刑律 雜犯 違令 : 凡違令者 笞五十.

없는 것이다. 그렇다고 이러한 경우에 형벌을 무조건적으로 높게 책정하면 적절성의 문제도 발생하고 다른 범죄의 형벌과 균형문제도 생긴다.

조선에서 이를 규제하기 위하여 소나무의 가지를 베느냐 서까래[椽木]로 쓸 수 있는 재목을 베느냐에 따라 처벌을 달리 하자는 것이 병조의 전략이었다. 즉 이러한 자들을 두 부류로 하여 소나무의 가지를 베는 자는 이전대로 위령에 의거하여 처벌하지만 그 벤 것이 椽木 이상인 경우에는 棄毁器物稼穡을 적용하여 절도로 논할 것[190]을 제시하였는데 세종은 이에 따랐다.[191]

≪大明律≫로 처벌근거가 수렴되어가는 현상을 이 사안에서도 찾을 수 있다. 禁山의 소나무를 베는 행위를 위령에 의해 규제하던 것을 금령의 실효성을 확보하기 위하여 채택한 수단은 처벌기준의 이원화였다. 그래서 보다 중한 행위 즉 椽木 이상의 나무를 베는 행위를 처벌할 기준을 찾았는데, 형벌을 새로운 구성요건 하의 새로운 입법으로 제정하는 것이 아니라 이미 현행법으로 통용되고 있던 ≪大明律≫의 규정을 발견하는 형식에 의하였다. "처벌은 ≪大明律≫에 의한다"는 기본전제가 기존의 처벌에서 새로운 처벌로 이행할 때에도 고려된다는 것이 이 사안에서 확인된다.

이상에서 범죄행위의 처벌에 있어서 ≪大明律≫의 규정이 전제가 되고 근거로 되는 것을 볼 수 있었다. 그런데 이러한 현상은 종래 인정되던 폐습을 폐지하는 데 있어서도 활용된다. 즉 다음의 사안은 이전의 폐습을 ≪大明律≫에 근거규정이 없음을 들어 폐지하는 모습을 보여 준다.

(5) 月令徵收慣行撤廢

當番 船軍으로서 上番하지 않은 자는 복무규정을 어긴 것이므로 처

---

190) ≪大明律≫ 제104조 戶律 田宅 棄毁器物稼穡 : 凡棄毁人器物及毁伐樹木
　　稼穡條者 計臟准竊盜論免刺.
191) ≪朝鮮王朝實錄≫ 세종 4년(1422) 윤12월 乙亥.

벌되어야 한다. 그런데 하급관리들은 이들을 상급기관에 보고하여 처벌하지 아니하고 눈감아주는 대가로 일종의 상납금을 받았는데 이러한 관행을 月令이라는 이름으로 계속해오고 있었다. 이 월령으로 인하여 上番하지 않은 자들은 자신의 田土를 매각하여 충당하는 등 폐단이 많았다.

이에 의정부에서는 월령관행을 철폐할 것을 주장하였다. 그 근거로 든 것은 상번하지 않은 경우에는 ≪元典≫에 의하면 당해 守令을 처벌하고 있으며,[192] ≪大明律≫에 의하면 상번하지 않은 당사자를 처벌하고 있는데[193] 속전을 하급관리가 받을 수 있게 하는 규정은 없다는 것이었다. 문종은 의정부의 건의에 따라 철폐할 것을 결정하였다.[194]

≪元典≫ 및 ≪大明律≫에 의하면 守令과 당사자는 처벌되어야 하는데 다만 贖錢을 받아 그 처벌을 면할 수 있다. 그런데 속전의 수령주체가 하급관리라는 것은 ≪大明律≫에는 그 근거가 없다. 따라서 일종의 속전의 실질을 갖는 월령을 폐지하는 데 가장 주요한 근거는 바로 여기에 있었고 의정부에서도 이것을 들었던 것이다. 이 조치가 월령징수의 폐단을 완전히 철폐한 것인지는 의문이다. 왜냐하면 속전의 실질을 갖는 월령의 징수를 하급관리에게서 상급관서로 이관한 가능성도 배제할 수 없기 때문이다. 또한 이러한 폐단 자체는 조선 사회 내부에 퍼져 있는 것이라서 이러한 조치로 없어지지는 않았을 것이다. 하지만 분명한 것은 이전의 폐단에 대해 이를 폐지할 근거가 "≪大明律≫에 규정이 없다는 것"이었다는 점이다. 즉 ≪大明律≫은 폐단의 폐지에 대해서도 중요하게 활용되고 있는 것이다.

---

192) "元典云 各官守令 其官軍人分騎之船 無時糾摘 有逃亡故闕者 隨卽充立 都觀察使節制使 又無時糾摘 有闕立者 各官守令 一名笞一十 每一名加一等 罪止杖八十還任 十名闕立 杖一百罷職". 元典은 ≪經濟六典≫을 가리킨다.

193) ≪大明律≫ 제238조 兵律 軍政 從征守禦軍官逃: … 各處守禦城池軍人在逃者 初犯杖八十 仍發本衛充軍 再犯並杖一百 俱發邊遠充軍 三犯者絞.

194) ≪朝鮮王朝實錄≫ 문종 1년(1451) 5월 壬戌.

3) 行刑기준의 ≪大明律≫ 채택

위에서 본 바와 같이 처벌되어야 할 행위를 규율하는 근거는 ≪大明律≫로 수렴되어갔다. 어떠한 행위를 어떠한 법률에 의하여 처벌하느냐의 문제가 ≪大明律≫을 적용함으로서 해결되어 갔지만 구체적인 행형기준에 대하여도 ≪大明律≫에 따르려고 했던 모습을 볼 수 있다. 즉 종래 관리들의 재량에 맡겨두고 규제하지 않던 刺字의 방법에 관한 것이라든지 獄具의 규격 등에 관하여 ≪大明律≫의 규정을 따르려는 모습이 보인다. 이는 ≪大明律≫이 현행법이고 지켜야 할 법이라는 인식이 없다면 나타날 수 없는 현상이다. 또한 이러한 모습들은 관리의 권한이 ≪大明律≫이라는 통일적 법이라는 수단으로 점점 중앙정부에 기속되어가는 모습의 반증이라고 생각된다.

(1) 刺字에 관한 규정

당시 조선에서는 刺字의 방법에 관한 일정한 기준이 없었고 또한 자자한 다음에 바로 석방하므로 범인들이 빨아버리거나 씻어버려 뒤에 犯數 계산시에 불편한 점이 많았다. 자자의 방법에 관한 규정은 현행법인 ≪大明律≫ 제287조 刑律 賊盜 監守自盜倉庫錢糧에 상세하게 규정되어 있으므로 이에 따르면 되었다.195) 그래서 형조에서는 자자하는 글자의 모양과 字劃에 관하여는 ≪大明律≫에 따라 시행할 것을 제의하였다. 즉 刺字의 규격에 대하여는 이제껏 담당관의 재량에 따라 행하다가 범수계산시의 미비한 점이 발견되자 결국에는 ≪大明律≫의 규정에 따라 刺字를 행할 것을 청한 것이다. 세종은 그대로 따랐다.196)

---

195) ≪大明律≫ 제287조 刑律 賊盜 監守自盜倉庫錢糧 : 每字各方一寸五分 每劃各闊一分五釐 上不過肘 下不過腕 餘條准此(每字는 각 1寸 5分으로 사각형모양으로 하고 每劃은 넓이 1分 5釐로 하며 위로는 팔꿈치를 지나지 못하고 아래로는 팔목을 지나지 못한다. 다른 條에서도 이에 준한다).

(2) ≪大明律≫에 따른 칼(枷)의 사용

칼(枷)은 옥구 중의 하나로서 杖刑 이상의 범죄에 해당하여야 사용할 수 있게 되어 있다.[197] 그런데 중범죄자에게만 씌우는 칼을 당시 조선에서는 피의자의 죄질에 관계없이 태형에 해당하는 죄인에게도 씌우는 폐단이 있었다. 이에 세종 2년(1420) 칼을 씌우는 법은 ≪大明律≫의 옥구지도에는 장형 이상의 죄인에게만 칼을 씌우게 되어 있으므로 ≪大明律≫에 따라 칼을 사용하자는 의견이 제기되었고 세종은 이에 따랐다.[198]

이 두 사안에서는 서로 대비되는 모습을 볼 수 있다. 자자에 관한 사안은 범죄자의 처벌을 보다 명확히 하기 위한 것을 보여주며 枷에 관한 사안은 囚人을 긍휼히 여기는 태도를 보여준다. 절도는 처벌되어야 할 범죄였고 자자는 형벌의 하나였으므로 확실한 처벌이 요구되었다. 하지만 枷의 경우는 태형에 해당하는 경미범죄에 대하여는 굳이 枷를 씌울 필요가 없다는 점, 枷는 형벌의 하나가 아니라 囚人을 억압하기 위한 계호의 도구에 불과하다는 점이 고려되었을 것이다. 이러한 대비점에도 불구하고 두 사안의 공통점은 처벌의 명확성을 위해서건 휼형을 위해서건 ≪大明律≫이 고려되었다는 점일 것이다.

---

196) ≪朝鮮王朝實錄≫ 세종 26년(1444) 1월 辛未. 刺字의 기준에 대해서는 직해가 이루어지지 않았다. 그리고 세종 26년에 가서야 ≪大明律≫에 따르기로 한 것으로 보아 刺字의 기준에 대하여는 당시 담당관의 재량에 맡겨 놓는다는 의미에서 직해하지 않은 듯하다. 이 사안에서는 刺字의 흔적을 오래 남기려는 구체적인 刺字의 방법에 대하여도 의견이 나왔는데 刺字를 한 후 그 부위를 3일간 베로 싼 후 刺字가 살에 깊이 베이면 석방하는 식으로 하기로 하였다. 이는 나중에 ≪經國大典≫에 규정된다. ≪經國大典≫ 刑典 贓盜 : 凡刺字者 封署刺處 仍囚過三日乃放(무릇 얼굴에 글자를 새긴 자는 새긴 자리를 봉하여 날인하여 가두었다가 3일이 지난 뒤에 풀어준다).
197) ≪大明律≫ 獄具之圖 枷 : 長五尺五寸 頭闊一尺五寸<割註 : 以乾木爲之 死罪重二十五斤 徒流重二十斤 杖罪重十五斤 長短輕重 刻誌其上>.
198) ≪朝鮮王朝實錄≫ 세종 2년(1420) 윤1월 戊戌.

3. ≪大明律≫과 다른 法源과의 折衷

≪大明律≫이 형사일반법으로 확고하게 자리를 잡게 되는 것은 ≪大
明律≫이라는 형법전 자체의 해석과 그 적용측면에서도 진전되어 갔지
만 ≪大明律≫과 다른 法源과의 관계속에서 그 자리를 잡아가는 과정에
서도 진행되었다. 법적 현상이 일어났을 때 ≪大明律≫로 그 규범적 근
거가 귀일되어 가는 면도 보이지만, 다른 형사법원인 ≪唐律疏議≫, ≪至
正條格≫, 고유법과의 절충을 통하여 ≪大明律≫의 규정들은 배제되기
도 하고 보충되기도 하였으며, 이 과정속에서 새로운 규범이 정립되기도
하였다. ≪大明律≫이 배제되거나 보충되는 이 과정은 자칫 ≪大明律≫
의 형사일반법화에 저해요인으로 보일 수도 있다. 그러나 오히려 ≪經國
大典≫의 依用規定의 출현으로 나아가는 과정에서 형사일반법으로서의
기능을 하지 못하는 ≪大明律≫의 규정들을 배제하여 나가는 과정으로
도 파악할 수 있다. 즉 형사일반법으로서의 기능을 충실히 하기 위한 과
정으로 이해할 수 있다.

조선초기에는 ≪大明律≫ 이외에도 다른 형사법원들이 존재하였다. 그
것은 ≪唐律疏議≫, ≪吏學指南≫, ≪議刑易覽≫ 등이었는데 ≪大明律≫
의 각 조항들의 해석은 이러한 法源들에 의해 보완되기도 하고 수정되
기도 하였고 이러한 과정에서 ≪經國大典≫의 규정으로 입법되기도 한
다. 이를 구성요건과 관련된 사안과 양형문제와 관련된 사안, 그리고 행
형과 관련된 사안으로 나누어 살펴보기로 한다.

1) 構成要件의 補完·修正

(1) 殺人手段에 따른 故意擬制

≪大明律≫ 제313조 刑律 人命 鬪毆及故殺人에 의하면 싸워서 사람을

살인한 자는 手足, 他物, 金刃을 가리지 않고 교형에 처하며 그것이 고
살인 경우에는 참형에 처하는 것으로 규정되어 있다.[199] 그런데 大赦가
내리는 경우에는 참형에 해당하는 범죄는 사면이 안되나 교형에 해당하
는 범죄는 사면이 가능하였으므로, 고살이냐 투구살이냐는 사면대상의
책정에서 중요한 기준이었지만 집법관리들은 이에 구애받지 않고 임의
로 처벌하고 있었다.

세종은 칼[刃]을 써서 살해하는 경우에는 고의를 의제해야 한다는 생
각으로 ≪唐律≫[200]을 논거로 하여 鬪毆及故殺人은 ≪唐律≫을 쓸 것
을 논의하도록 하였다.[201] 이에 형조에서는 이 조문 전체에 대하여 논의
에 들어갔다. 그리하여 우선 칼을 쓰는 경우를 둘로 나누어 급소가 아닌
곳[四肢不緊之處]을 찌른 행위는 투구살로 논하고 급소[虛怯處]를 찌른 행
위는 고살로 논하여 참형에 처할 것을 제의하였다.[202] 그리고 鬪毆及故
殺人 共同鬪毆致死에 관한 조항[203]에 대하여는 신문에 따른 자복에 따
라 사망의 직접 원인이 된 행위를 한 자가 빠져나가고 경한 자가 중한
죄에 연루되는 폐단이 있으므로, ≪唐律≫에 따라[204] 주모자와 처음 때

---

199) ≪大明律≫ 刑律 人命 鬪毆及故殺人 : 凡鬪毆殺人者 不問手足他物金刃 並
絞 ○故殺者斬.
200) ≪唐律≫에는 병기[兵刃]를 쓴 경우를 고의가 있는 것으로 의제하여 故殺
로 취급, 斬刑에 처하도록 규정하고 있다. ≪唐律疏議≫ 卷第二十一 鬪訟
鬪毆殺人 : 諸鬪毆殺人者絞 以刃及故殺人者斬 雖因鬪 而用兵刃殺者 與故
殺同.
201) ≪朝鮮王朝實錄≫ 세종 14년(1432) 10월 乙巳.
202) 형조에서는 이러한 결론을 도출하기 위한 논거로서 自服 여부에 따라서
故殺이냐 鬪毆殺이냐가 결정되는 것은 부당하다는 점, ≪唐律≫에도 칼로
살해한 경우에는 故殺로 의제한다는 점을 들고 있다.
203) ≪大明律≫ 제313조 刑律 人命 鬪毆及故殺人 : ○若同謀共毆人 因而致死
者 以致命傷爲重 下手者絞 謀者杖一百流三千里 餘人各杖一百.
204) ≪唐律疏議≫ 卷第二十一 鬪訟 同謀不同謀毆傷人 疏 : 假有人群黨共鬪 亂
毆傷人 被傷殺者 不知下手人名 又不知先後輕重 若同謀毆之 卽以謀首爲重
罪 … 自餘非謀首及非初鬪 各減二等(여러 사람이 혹시 함께 싸워서 어지럽게 구타
하여 사람을 상하게 하여 부상으로 죽게 된 것은 직접 죽인 자의 이름도 알 수 없고 또 선후

린 자를 중한 죄로 처벌할 것을 제의하였다. 세종은 이를 모두 따랐다.[205) 즉, 칼을 쓴 경우 급소가 아니면 《大明律》에 따르되 급소인 경우에는 《大明律》의 규정을 폐지하고 《唐律》에 따른 것이고, 重下手者를 구별할 수 없는 경우에는 《唐律》에 따르기로 한 것이다. 전자는 고의를 도구와 행위에 의해 의제하는 특별규정이고 후자는 해석상의 보충규정이다.

칼을 사용한 경우에 고의를 의제한 첫 번째 사례의 경우, 왜 《大明律》에 따르지 않았을까 하는 의문이 생긴다. 《大明律》은 최신의 법이었고 세종이 품은 의문을 나름대로 반영을 하여 입법한 것이었을 것이다. 그럼에도 이렇게 구성요건을 수정하면서까지 《唐律》에 따르게 된 것은 아마도 당시의 법감정이 칼로 사람을 찌른 것을 손발로 때린 것과 동일시하는 것을 용납하지 못한 데서 비롯되지 않았나 생각한다. 즉 법은 중국에서 만들어졌지만 그것이 실제로 적용되는 것은 조선의 현실이었으므로 조선의 법감정에 따라야 할 필요성이 있었다. 따라서 칼을 사용하는 것 중 급소를 찌른 경우에는 《大明律》의 명시적인 규정 자체가 폐지되는 운명에 처했던 것이다. 다음으로 下手者를 특정짓는 징표를 결정하는 문제는 《大明律》에 규정이 없었으므로 새로운 규정을 만들어야 했는데 새로운 규정을 만들 때에는 古法인 《唐律》을 고려하였음을 알 수 있다.

(2) 犯罪發覺 후 퇴직한 官吏의 처벌

《대명률》에 의하면 낮은 관직에 있을 때의 범죄가 전직했을 때 발각되거나 재직중의 범죄가 퇴직후에 발각되었을 경우에는 공죄로서, 태형 이하에 해당하는 경우에는 불문하도록 규정하고 있다.[206) 그런데 《大

경중을 알 수 없을 경우에는 공모하여 구타한 것이면 곧 주모자를 중죄로 삼고, 그 나머지로 주모자가 아닌 자, 또는 처음 때린 자가 아닌 자들은 각각 2등을 감한다).
205) 《朝鮮王朝實錄》 세종 15년(1433) 9월 辛巳.

明律≫에는 사건이 발각된 후에 퇴직한 자의 규정이 없어 이러한 자들
은 公罪로서 笞罪 이하의 범죄를 범하였을지라도 無官犯罪의 특례가 적
용되지 않는다.

　형조에서는 사건이 발각된 후에 퇴직한 관리에게도 특례를 인정하여
야 한다는 취지에서 ≪唐律疏議≫에서는 이들에게도 특례를 인정한다
는 점207)을 근거로 하여 ≪大明律≫ 無官犯罪의 퇴직 후에 범죄가 발각
된 경우의 규정을 준용하자는 의견을 제시하였다. 형조의 의견에 좇아
세종은 公罪로 태형 이하의 범죄를 범한 것이 발각된 후에 퇴직한 관리
에게도 無官犯罪의 특례를 적용할 것을 결정하였다.208)

　≪唐律疏議≫를 이용하여 구성요건을 확대하였지만 위의 사례와는
달리 처벌의 확대가 아니라 특례의 확대를 의미하는 것이다. ≪大明律≫
에서 규정하지 않은 점은 ≪唐律≫을 참조한 ≪大明律≫의 입법자들이
특례의 확대를 의도하지 않았다고 볼 수 있다. 즉 발각된 다음에야 퇴직
하는 관리에게는 특례를 적용하지 않겠다는 의지가 깔려있는 것이다. 그
런데도 조선에서 이를 무시하고 ≪唐律≫에 의거하였다는 것은 관리의
권한이 그만큼 크다는 반증이다. 이 사안은 특례의 구성요건을 확장하는
형식을 띠고 있지만 실질로는 일반인범죄로 처벌하는 ≪大明律≫규정
의 폐지이다.

(3) 贓物徵收의 합리화

　贓物의 징수에 관하여 ≪大明律≫은 사망자에게는 이미 써버린 장물
을 징수하지 않는다고 규정하고 있다.209) 그런데 형조에서는 이 규정의

---

206) ≪大明律≫ 제13조 名例律 無官犯罪 : ○卑官犯罪 遷官事發 在任犯罪 去
　　任事發 犯公罪 笞以下勿論 ….
207) ≪唐律疏議≫ 卷第二 名例 無官犯罪 : 卑官犯罪 遷官事發 在官犯罪 去官
　　事發 或事發去官 犯公罪流以下各勿論 餘罪論如律. 議曰 : … 謂事發去官
　　者 謂事發勾問未斷 便卽去職 ….
208) ≪朝鮮王朝實錄≫ 세종 12년(1430) 10월 丁亥.

운용에 대해 의문을 제기하고 나섰다. 즉 이 규정의 입법취지는 사형수에게 이미 써버리고 없는 장물을 징수한다면 인정에 합당하지 않다는 것인데, 시행관리들은 아직 죽지 않은 사형수에게 이미 써버리고 없는 장물을 징수하므로 이것이 과연 합당한가에 대한 의문이었다. 또한 강도의 경우에는 不待時斬210)인데 절도 3범의 경우에는 待時絞211)이므로 양자가 장물을 이미 다 써버렸다면 강도의 경우에는 不待時斬이므로 장물을 징수하지 못하는데 절도 3범의 경우에는 사형집행일까지 기간이 있으므로 장물을 징수하게 되어 오히려 경범자의 경우를 중하게 처벌하게 되는 결과가 된다는 것이다.

형조에서는 ≪唐律≫212)을 인용하여 그 입법취지를 "범인이 이미 죽고, 가산을 파한 것을 불쌍히 여긴 것"이라고 하고, 장물을 이미 써버리고 없는 것은 징수하지 말 것을 제의하였다. 세종은 이 주장을 받아들여 앞으로는 장물죄로 인해 단죄되어 重刑을 받을 자에게는 현재 있는 장물 외에 이미 허비해 쓴 장물을 징수하지 말도록 하였다.213)

---

209) ≪大明律≫ 제23조 名例律 給沒贓物 : 若以贓入罪 正贓見在者 還官主 已費用者 若犯人身死 勿徵.

210) ≪大明律≫ 제289조 刑律 賊盜 强盜에는 "凡强盜已行 … 得財不分首從 皆斬"으로 규정되어 있고, ≪大明律≫ 제445조 刑律 斷獄 死囚覆奏待報에는 "… 强盜者 雖決不待時 …"라고 규정되어 있다.

211) ≪大明律≫ 제292조 刑律 賊盜 竊盜 : … 三犯者絞 ….

212) ≪唐律疏議≫ 卷第四 名例 以贓入罪에서는 "장물을 이미 써 없앤 자가 죽었거나 유배된 것은 징수하지 않는다(已費用者 死及配流 勿徵)"고 규정하였고 疏에는 "장죄로 인하여 사형에 처단된 것과 장죄로서 유배된 것은 죄를 받은 것이 이미 중하고, 가산을 많이 파하였으며 장물을 이미 허비해 썼으니 그 유배되고 죽은 것을 불쌍히 여겨 그 장물을 징수하지 아니한다(因贓斷死及以贓配流 得罪旣重多破家業 贓已費用 矜其流死 其贓不徵)"고 되어있다.

213) ≪朝鮮王朝實錄≫ 세종 15년(1433) 2월 乙酉. 관의 노비가 결손을 내거나 유실한 물품은 그가 사망하여도 추징하는 관행도 본문의 논변과 같은 논리로 추징하지 않게 되었다. ≪朝鮮王朝實錄≫ 세종 24년 7월 丙寅. 다만 성종 5년에는 이러한 경우에 징수대상이 되는 것과 안되는 것을 구별하였다. ≪朝鮮王朝實錄≫ 성종 5년(1474) 10월 辛丑.

세종의 이리한 조치는 ≪大明律≫이 ≪唐律≫을 계승하였다는 점에서 나온 것이었다. 즉 ≪大明律≫은 사망자에게는 장물을 징수하지 아니한다는 점은 분명히 하였으나 위와 같은 상황을 분명히 해결할만한 기준을 제시하지는 않았다. 이러한 상황에서는 관리들은 문리해석을 통하여 刑을 집행하므로 당연히 절도죄로서 교형을 당하는 자에게도 장물을 추징하게 된다. 그러나 절도보다 죄질이 무거운 강도에게는 장물을 징수하지 않으면서 절도에게서는 징수하는 이러한 모순을 ≪大明律≫에 단지 규정이 없다고 해서 간과해버릴 수는 없는 것이었다. 즉 이러한 모순적인 현상이 발생하는 것은 ≪大明律≫의 입법취지를 이해하지 못한 데서 발생하는 것이었다. 따라서 ≪大明律≫의 입법취지가 무엇인지를 고찰하여야 하였는데 ≪大明律≫에는 입법이유가 나타나 있지 않았다. 이에 ≪大明律≫이 그 본으로 삼고 있는 ≪唐律≫에서는 그 입법이유가 나타나 있으므로 이를 참고하여 ≪大明律≫에서 사망자에게는 장물징수를 하지 않는 이유를 밝힌 것이다. 결국 이 사안은 ≪大明律≫의 구성요건의 해석에 있어서 그것이 이어받고 있는 ≪唐律≫을 참조하여 구성요건의 포섭범위를 사망자뿐만 아니라 사형에 처해질 자에게까지 확대한 것을 보여준다고 할 수 있다.

2) 量刑과 관련된 사안

(1) 干名犯義의 刑罰 修正

계모의 머리털을 자르고 두 손을 뒤로 묶어 형조에 고발한 사건이 있었다. 즉, 奇尙廉이 자신의 이복동생인 尙質과 자신의 계모가 간통하였다고 하여 둘의 머리털을 자르고 형조에 고발한 것이다. 부모를 고발한 건에 대하여는 결과적으로 ≪經國大典≫에 규정된다.[214]

그런데 기상렴사건은 부모를 고발한 것만이 문제가 아니었다. 그는

---

214) 부모를 고발하는 경우는 후술하는 제3장에서 논의하기로 한다.

계모의 머리털을 잘랐는데(斷其髮) 이를 어떻게 해석하여야 할 것인가가
문제로 떠오른 것이다. 이와 관련하여 의금부에서는 머리털을 자른 것
을 폭행으로 해석하기 위하여 ≪吏學指南≫을 끌어들였다. 즉 ≪吏學
指南≫에는 "수염과 머리털을 움켜잡고 꺼두르며 옷깃을 잡고 목을 조
르는 것은 역시 구타하는 것과 같다"[215]라는 조문을 인용하여 머리털
을 자른 것을 毆打에 포섭시키고, 다음으로 계모의 지위에 관하여 ≪大
明律≫의 "繼母는 親母와 같다"는 조항을 인용하고 繼母의 머리털을
자른 것은 부모를 구타한 것과 같다는 결론을 이끌어내어 ≪大明律≫
의 "부모를 구타한 자는 참형에 처한다"라는 조문을 적용시킨다.[216] 결
국 기상렴은 干名犯義가 아니라 毆祖父母父母에 의하여 참형에 처해
진 것이다.

　이 사안에서는 세 가지가 주목된다. 우선 ≪唐律≫을 현행법으로 편
입하기 위해서는 별단의 조치가 필요했다. 이는 당시에는 이미 ≪唐
律≫은 현행법이 아니라는 인식이 있었음을 보여주는 것이다. 즉 ≪大
明律≫이 현행법의 위치를 차지하고 있었다는 것인데, 그럼에도 불구하
고 ≪大明律≫의 모든 조항들이 타당성과 실효성을 가지기 위해서는
그것이 적용의 경험이 없었다는 이유로 적용과정에서 ≪唐律≫ 등에 의
한 여러 형태의 수정을 거쳐야 했다. 다음으로 ≪吏學指南≫에서 예정하
는 행위양태는 분명히 머리털을 자른다는 것(斷其髮)과는 차이가 난다. 따
라서 ≪吏學指南≫에 의거하여 毆打로 의제할 수는 없는 것이었다. 또
한 이런 의제가 가능하다면 ≪大明律≫ 제325조 鬪毆 鬪毆에는 "拔髮方
寸已上笞五十"이라고 되어 이 조항에 의하여 투구에 포섭시키고 다시
毆祖父母父母에 포섭시키는 방법도 있었을 것인데 굳이 ≪吏學指南≫
을 인용한 것은 의문이다. 마지막으로 ≪大明律≫에는 현대 형법의 경

215) "若撮挽鬚髮擒領拒喉 亦同毆打". 鄭光·鄭丞惠·梁伍鎭, 『吏學指南』, 태
　　학사, 2002, 176면 手足 항목 참조.
216) ≪大明律≫ 제342조 刑律 鬪毆 毆祖父母父母 : 凡子孫毆祖父母父母 … 皆
　　斬. ≪朝鮮王朝實錄≫ 세종 12년(1430) 3월 乙巳.

합범에 해당하는 규정이 있다. 이는 二罪俱發以重論에 규정되어 있는데 흡수주의를 취하여 중한 죄에 의하여 처벌하도록 하고 있다. 그런데 위의 사안은 干名犯義와 毆祖父母父母가 경합하는 사안인데 二罪俱發以重論을 고려한 흔적은 표면상 나타나지 않는다. 오히려 干名犯義의 처벌을 ≪唐律≫에 의해 강화한 것으로 보아 처음에는 干名犯義에 의한 처벌을 모색하였음을 추측케 한다. 그러나 그럼에도 불구하고 毆祖父母父母에 의하여 처벌하였음을 볼 때 이 사안의 특수성으로 말미암아 교형이라는 형벌에 만족하지 않고 참형에 의해 처벌하고자 하는 실제상의 필요가 있었음을 짐작할 수 있다. 결국 干名犯義를 ≪唐律≫에 의해 수정하여 교형에 처하는 것에는 만족하지 못하고 참형에 처하려는 목표를 세우고 毆祖父母父母에 포섭시켜 참형에 처한 것이다. 이 과정에서는 二罪俱發以重論에 의한 조작과정이 있는데 표면상 드러나지 않은 것이라고 생각한다.

(2) ≪至正條格≫을 적용한 狂人 처벌

세종 20년(1438)에 칼로 그의 부모와 형 그리고 수령까지 상해를 입히고 囚禁되어 있던 자가 판결전에 사망한 사건이 있었다. 이 사건에서는 두 가지 의견이 대립되었다. 즉 전라 감사는 다시 형을 가하여 棄市에 처하자는 의견이었는데, 형조에서는 이 사건의 범인인 강준덕이 실은 미친 사람이니, 기시형은 부당하다고 하였다.[217] 이에 의정부에서는 형조의 의견을 반박하여 ≪至正條格≫에서 비슷한 사례의 경우에 死刑 내지 사체의 支解하는 것을 인용하고는[218] 악역을 범한 자이므로 기시에 처

---

217) ≪大明律≫에 의하면 미친 병은 篤疾에 해당하는 것으로 贖錢을 징수하게끔 규정하고 있다. ≪大明律≫ 제21조 名例律 老小廢疾收贖 : 八十以上十歲以下及篤疾 … 盜及傷人者 亦收贖.

218) 그 사례는 다음과 같다(번역은 朴秉濠, 세종시대의 법률, 세종대왕기념사업회, 1986, 47면에 의거하였다). "至元 17년(1280) 8월의 형부의 정문에 의하면 제남로의 신유온이 풍병이 발광하여 거리를 뛰어 달리다가 집으로 와서 그 어미 아리

할 것을 주장하였고 세종은 이에 따랐다.219)

현대 한국의 형사소송법 하에서는 피고인이 사망하면 공소기각의 결
정을 내리고 더 이상 문제삼지 않는다.220) 그런데 조선에서는 피고인이
윤리 강상을 심하게 훼손시킨 경우 후대에 이러한 사건이 다시는 없게
하려는 일반예방의 사상에 근거하여 피고인의 사망에도 불구하고 부관
참시 등의 형벌을 가하였다. 이 사건도 이러한 배경에서 논의된 것이다.
하지만 ≪大明律≫은 사망한 자를 처벌하는 규정을 두고 있지 않았으므
로 ≪大明律≫에 따른다면 윤리를 어지럽힌 피고인의 처벌에 문제점이
발생하지 않을 수 없다. 그렇다고 아무런 典據없이 피고인을 ≪大明律≫
의 규정을 무시하고 처벌한다면 근거없는 처벌이어서 자의에 의한 처벌
이 될 가능성이 있었다. 여기에 전거를 찾는 작업이 필요하였는데 이 사
안에서는 마침 ≪至正條格≫이라는 사례집이 이러한 역할을 충실히 수
행한 것으로 볼 수 있다.

(3) 擧哀하지 않은 자의 처벌

≪大明律≫은 부모의 喪을 숨기고 거애하지 아니한 자의 처벌은 장60

를 보고는 살구나무로 된 창살 하나로 아리의 뒤통수를 때려서 단 한 대
에 즉사시켰다. 이러한 신유온의 일을 자세히 고찰하면 비록 풍광증으로
인하여 결국 악역을 범하였으나, 사형에 처함이 합당하다고 擬議하여서
도성에서 그 의의를 인준하였다[至元十七年八月 刑部呈 濟南路申柳溫 因風病擧發
遊走到家 見母阿李 用杏木窓槅一根 於阿李腦後打訖一下 卽時身死 參詳柳溫 雖因風狂 終
犯惡逆 擬合處死 都省准擬]”. “大德 10년(1306) 5월의 형부의 의의에 의하면 진
정로 정안현의 장불류가 몽둥이로 그의 아비 장이를 때려 죽였는데, 장불
류는 수금 중 병사하였으나, 그 시체를 저자에서 支解하는 것이 합당하다
고 하였으므로 도성에서 그 의의를 인준하였다[大德十年五月 刑部議得 眞定路
靜安縣張佛留 用棒將父張二打死 本人在禁病死 擬合將屍支解於市 都省准擬]”.
219) ≪朝鮮王朝實錄≫ 세종 20년(1438) 7월 丁未.
220) 刑事訴訟法 제328조[公訴棄却의 決定] 제1항 다음 경우에는 決定으로 公訴를
棄却하여야 한다 同項 제2호 被告人이 사망하거나 被告人인 법인이 존속
하지 아니하게 되었을 때.

도1년으로 규정하고 있다.221) 그런데 이의 처벌이 부자윤리를 중시한 세종의 눈에는 미약했던지 세종은 ≪大明律≫의 규정이 중국의 시속이 각박하여 할 수 없이 규정한 것이라고 판단하고는 장100 유3천리로 처벌하자는 의견을 제시하고 衆議를 물었다.

이에 신하들은 ≪大明律≫의 講讀律令222)을 인용하여 律은 준수하여야 하는 것이며, ≪唐律≫ 및 ≪至正條格≫에서도 장형에 처하든지 도형에 처하든지 流刑에 처하든지의 양자택일적 규정은 있어도 장형과 도류형을 함께 쓴 예는 없는데 ≪大明律≫은 이 모두를 참작하여 규정한 것이라고 세종의 의견을 반박하였다. 다만 ≪至正條格≫에서는 부모의 상을 거상하지 아니한 경우에 敍用하지 아니한 사례223)가 있고 또 ≪大明律≫에도 匿父母夫喪에서 관리가 父母喪을 친척의 喪으로 거짓 고하고 거상하지 아니하는 경우에 杖100에 영구히 敍用하지 않는다는 규정224)이 있으므로 이 제도를 참조하여 결국 본율에 따라 杖60 徒1년으로 처벌하되 永不敍用을 부가형으로 하기로 하였다.225)

이 사안에서는 ≪大明律≫이 절대적으로 지켜야 할 법은 아니라는 것이 명시적으로 드러난다. 즉 세종은 중국에서는 시속의 변화에 따라 무겁게 처벌할 것을 가볍게도 처벌하고 있지만, 조선에서는 ≪大明律≫을 時俗과 事勢에 따라 사정에 맞게 처벌할 수 있음을 지적하고 있는 것이다. 이러한 전제 하에 새로운 양형기준을 위하여 세종 28년(1446) 현재의 여러 法源들을 참고하여 결정을 내렸던 것이다.

---

221) ≪大明律≫ 제198조 禮律 儀制 匿父母夫喪 : 凡聞父母及夫之喪 匿不擧哀者 杖六十徒一年 ….

222) ≪大明律≫ 제63조 吏律 公式 講讀律令 : 凡國家律令 參酌事情輕重 定立罪名 頒行天下 永爲遵守 百司官吏 務要熟讀講明律意 部決事務.

223) 그 사례는 "抗州路推官高德懋 父亡不卽丁憂 刑部議 除名不敍 都省准擬"이다.

224) ≪大明律≫ 제198조 禮律 儀制 匿父母夫喪 : ○若官吏父母死 應丁憂 詐稱祖父母伯叔姑兄姊之喪 不丁憂者 杖一百罷職役不敍.

225) ≪朝鮮王朝實錄≫ 세종 28년(1446) 6월 癸卯.

이상에서 量刑에 관련된 사안을 살펴보았다. 이들에게서는 일련의 공통점이 발견되는데 그것은 ≪大明律≫의 처벌이 가볍다는 전제하에 여타의 많은 法源들을 활용하여 판결을 내렸다는 점이다. 그러나 ≪大明律≫의 규정이 가볍다고 무조건 무거운 판결을 내리기 위해 다른 法源들을 활용한 것은 아니며 그것이 윤리강상에 관계된 범죄이고 ≪大明律≫의 규정에 의해 처벌하는 경우에는 기강의 확립에 미약하다고 생각되는 두 가지 조건이 충족되는 한에서였다.

4. 새로운 規範의 定立

≪大明律≫이 중국에서 배태된 형률이기 때문에 개개의 규정이 조선의 관습과 충돌을 일으키는 경우도 산견되는데, 그것이 가장 극명하게 드러나는 부분은 바로 가족규범과의 충돌이다.

1) 家族秩序에 관련된 사안

(1) 妻弟와 兄夫의 간통

조선초기의 상황은 고려 말의 전통이 그대로 이어져 率壻婚俗을 취하고 있었는데, 세종 18년(1436) 4월에 李錫哲이 처제인 柳終非와 간통한 사건이 일어났다.[226] 이 사안에서 ≪大明律≫에 따르면 親屬相姦일 경우에는 친속의 원근에 따라 刑이 가중되도록 규정되어 있지만 형부와 처제는 無服의 관계이기 때문에 일반 사람간의 간통으로 취급되어 장80에 처하는 것이 원칙이다.[227] 그런데 사헌부에서는 우리나라는 솔서혼속을

---

226) ≪朝鮮王朝實錄≫ 세종 18년(1436) 4월 庚戌. 우리나라 간통에 대한 법제에 대한 개괄적인 고찰은 鄭肯植, 「우리나라 姦通罪의 法制史的 考察」『형법개정과 관련하여 본 낙태죄 및 간통죄에 관한 연구』, 한국형사정책연구원, 1991, 211~241면 참조.
227) ≪大明律≫ 제390조 刑律 犯姦 犯姦 : 凡和姦杖八十 有夫杖九十.

취하고 있으므로 형부와 처제는 의리가 골육과 같아 犯姦에 의하여 장 80에 처하는 것은 부당하므로 親屬相姦의 아내의 전 남편의 딸을 간음 한 것을 유추하여 장100 도3년에 처하자는 의견을 제시하였다.228) 이에 세종은 ≪大明律≫에 따르는 것이 합당하다고 하면서 이를 의정부에서 토의할 것을 지시하였다. 의정부에서는 율문에 의해서만 처벌하는 것은 "物議"에 맞지 않는다고 하여 절충적인 의견을 제시하였다. 즉 율문대로 과죄하여 장80에 처하되 邊遠充軍을 加罪하자는 것이었고 이것이 확정 되었다.229)

가족의 범위에 있어서 중국과 조선은 차이가 있다. 이러한 면이 잘 드 러난 것이 이 사안이다. 즉 형부와 처제를 조선에서는 솔서혼속의 영향 상 가족관계로 보려고 한 경향이 있었던 반면에 ≪大明律≫에서는 이들 을 일반인과 마찬가지로 취급하고 있다. 따라서 양형을 할 때 ≪大明律≫ 의 규정을 그대로 따르기에는 세종 18년의 상황에서는 법감정상 무리가 있었으므로 이 사안과 같은 결정이 난 것이다. 이 사안은 친족관계에 있 어서의 중국과 조선이 다르다는 점을 인식하여 그 특수성을 존중한 판 결로 보인다.

그리고 ≪大明律≫이 일반적으로 적용되고 있었음에도 불구하고 이 러한 처벌이 가능했던 것은 우선 ≪大明律≫이 적용되고 있다는 의미가 현대의 법의 적용과는 의미가 달랐기 때문이라고 추측할 수 있고, 또 朝 鮮의 관습이었던 솔서혼속이 법의 적용면에서도 고려되고 있었기 때문 이다.230)

---

228) ≪大明律≫ 제392조 刑律 犯姦 親屬相姦 : 若妻前夫之女及同母異父姉妹 杖一百徒三年 ….
229) ≪朝鮮王朝實錄≫ 세종 18년(1436) 4월 丙辰.
230) 성종 6년에도 妻弟를 간통한 사건이 일어나는데, 남자는 장80 極邊充軍하 고 여자는 本道의 殘邑婢로 정속시킨다. ≪朝鮮王朝實錄≫ 성종 6년(1475) 9월 丙寅.

(2) 庶兄의 嫡弟殺人[231]

한편 조선은 처를 한 명 두고 나머지는 첩으로 하는 제도를 취하고 있었는데, 그에 따라 嫡子와 庶子의 차별이 일어나게 된다. 그런데 이는 ≪大明律≫이 예정하고 있지 않았던 신분제도였다. 그래서 成宗 9년(1478)에 庶兄인 黃孝山이 嫡弟인 黃以經을 살인한 사건이 일어났을 때 이를 어떻게 처리해야 할 것인지가 문제가 된 것이다. 이 문제는 '庶'[卑]가 '嫡'[尊]을 죽인 것이냐 아니면 형[尊]이 동생[卑]을 죽인 것이냐의 문제인데, 嫡庶의 관념이 없는 ≪大明律≫에서는 일어날 수 없는 문제였던 것이다.

이 사건은 ≪大明律≫에 의하면 毆期親尊長이 적용되어 장100 도3년이나 장100 유2천리에 처해질 것이었다.[232] 그러나 嫡庶의 차별이 존재하는 朝鮮에서는 이 규정을 그대로 적용할 수가 없었다. 그리하여 논의가 되었는데 첫 번째 주장은 중국에서는 妾의 자식도 과거에 나아가 벼슬을 할 수 있으므로 律文에 嫡庶구별이 없어 長幼로서 논단하지만 朝鮮에서는 嫡庶의 구별이 엄하므로 嫡庶로 논단하여야 하며 이를 法例로 새로 세울 것을 주장하였다. 두 번째 주장은 첫 번째 주장과 마찬가지지만 이 사건에서 처리한 것이 遵例로 될 것이므로 따로 科條를 세우지 않아도 된다고 주장하였다. 세 번째 주장은 毆期親尊長을 적용하여 庶兄

---

231) 이 사안에서는 嫡庶의 관직진출 등의 사회적 차별이라기보다는 嫡庶라는 신분이 兄弟라는 가족질서와 결합될 때 생기는 문제가 더 부각되어 있으므로 가족질서에 관련된 사안으로 구성하였다. 그리고 이 사안은 拙稿,「朝鮮初期 ≪大明律≫의 受容過程에 관한 硏究」, 서울대학교 법학석사학위논문, 1998, 75~76면에 실려 있다. 박강우,「조선조 대명률직해의 형법총칙적 조항의 분석」『조선시대의 규범이론과 규범체계 1』, 한국학술정보(주), 2006, 323~324면에서도 동일한 내용을 찾을 수 있다.

232) ≪大明律≫ 제341조 刑律 鬪毆 毆期親尊長：… 其兄姊毆殺弟妹 及伯叔姑毆殺姪幷姪孫 若外祖父母毆殺外孫者 杖一百徒三年 故殺者杖一百流二千里 過失殺者各勿論.

을 卑로 하여 처벌할 것을 주장하였고,233) 네 번째 주장은 嫡子우선의
원칙에 의하여 庶孼이 嫡子를 능멸한 자는 良賤相毆律에 견주어 시행할
것을 주장하였다.234) 다섯 번째 주장은 律文에 구애되지 말고 凡人이 사
람을 죽인 律에 의거하여 시행할 것을 청하였다.235) 이 논의들은 다섯
번째 주장에서만 嫡弟와 庶兄의 관계를 보통 사람간의 관계로 논하자는
것이고 나머지는 모두 庶兄의 嫡弟 살인을 長幼로서 논하지 아니하고
尊卑로서 논한 데 공통점이 있다. 따라서 어떤 견해에 의하든 庶兄인 황
수산은 死刑에 처해지게 된다. 이 문제가 이렇게 논의가 다양하게 나온
것은 서형과 적제라는 것이 존장과 비유의 관계에 있어서 중첩되는 지
위를 가지기 때문이고, 이는 전혀 생각하지 않았던 새로운 현상이었기
때문이다.

　성종은 嫡弟가 庶兄을 살해하는 경우에도 사형에 처할 수 있는 이론
을 원했다. 이에 다시 의논하게 되었는데 우선 庶兄이 嫡弟를 죽이는 것
은 卑로서 尊을 죽인 것이고, 嫡弟가 庶兄을 죽이는 것은 幼로서 長을
죽인 것이어서 서로가 尊卑와 長幼의 분별만 있을 뿐이므로 다 사형으
로 처단할 것이 주장된다. 이에 대하여 嫡弟가 庶兄을 죽인 자는 법에
의거하여 尊長이 卑幼를 毆殺한 것을 유추할 것을 주장한 자도 있었
다.236) 마지막으로 庶兄이 비록 연장자이기는 하나 존속이 아니고, 嫡弟

---

233) ≪大明律≫ 제341조 刑律 鬪毆 毆期親尊長에 따르면 "凡弟妹毆兄姊者杖
　　九十徒二年半 傷者杖一百徒三年 折傷者杖一百流三千里 刃傷及折肢 若瞎
　　其一目者絞 死者皆斬 …"으로 규정되어 있어 斬刑에 처하게 된다.
234) ≪大明律≫ 제336조 刑律 鬪毆 良賤相毆에 의하면 "凡奴婢毆良人者 加凡
　　人一等 至篤疾者絞 死者斬 其良人 毆傷殺他人奴婢者 減凡人一等 若死及
　　故殺者絞 …"로 규정되어 있다. 이에 따르면 庶兄이 嫡弟를 구타살인하는
　　경우에는 斬刑에 처해지나 嫡弟가 庶兄을 살인하는 경우에는 경우에 따
　　라 死刑을 면하거나 絞刑에 처해진다.
235) 이 설에 의하면 ≪大明律≫ 제313조 刑律 人命 鬪毆及故殺人에서 규정하
　　는 "凡鬪毆殺人者 不問手足他物金刃並絞 ○故殺者斬"에 의하여 絞刑이나
　　斬刑에 처해지게 된다.
236) 위의 세 번째 주장과 같다.

가 비록 존속이기는 하나 연장자가 아니므로, 律文 중의 尊卑, 長幼와는
다르므로 새로 擅殺規定을 두어 長幼와 尊卑의 분별을 엄격히 할 것이
주장되기도 하였다.237) 결국 성종은 자신의 견해를 반영한 모두 다 사형
에 처하자는 주장을 취하게 되는데,238) 이에 그치지 않고 嫡庶의 구별을
확실히 하자는 의도에서 다시 논의하게 된다.

嫡庶의 구별이 ≪大明律≫ 상에서는 존재하지 않지만 嫡弟가 庶兄을
살해하는 경우는 幼로서 長을 죽이는 것이고, 庶兄이 嫡弟를 살해하는
경우는 卑가 尊을 죽이는 것이므로 ≪大明律≫에만 의거하는 경우에는
문제가 생긴다. 하지만 성종은 두 가지 경우 다 사형으로 과단하기로 하
였고 그 科條를 형조로 하여금 詳定하게 하였다.239) 형조에서 이제 이
경우를 처리할 科條를 세우게 되는데 庶兄과 嫡弟의 경우는 毆期親尊長
에 의거하여 상등한 예로 처리하여 어떤 경우에나 사형에 처하도록 하
고, 嫡姪과 庶伯叔父母 등과의 구타·살상에는 毆大功以下尊長에 의거
하여 처벌하기로 하였다.240)

이 사안에서는 ≪大明律≫의 규정과 조선의 사정을 절충한 모습을 엿
볼 수 있다. 형이 아우를 살인하는 경우나 아우가 형을 살인하는 경우는
≪大明律≫ 상에 명확히 규정되어 있다. 그러나 ≪大明律≫은 이러한
혈연관계가 嫡庶라는 신분관계와 결합하는 경우를 예정하고 있지 않다.
그래서 위와 같은 장황한 논의가 나오게 된 것인데 성종은 혈연관계와
신분관계를 모두 아우를 수 있는 결론을 도출해낸 것이다. 즉 庶兄과 嫡
弟는 서로 상등한 예로 하여 庶兄이 嫡弟를 죽이는 것은 卑로서 尊을 죽
인 것이고, 嫡弟가 庶兄을 죽이는 것은 幼로서 長을 죽인 것이므로 두
경우 다 死刑에 처하도록 한 것이다. 이렇게 처리함으로써 신분과 가족
관계가 얽힌 경우를 풀어나갈 수 있었다. ≪大明律≫의 규정이 예정하고

---

237) 위의 첫 번째 주장과 같은 취지이다.
238) ≪朝鮮王朝實錄≫ 성종 9년(1478) 7월 己卯.
239) ≪朝鮮王朝實錄≫ 성종 9년(1478) 7월 庚辰.
240) ≪朝鮮王朝實錄≫ 성종 9년(1478) 8월 戊戌.

있지 않았던 사태에 직면하여 이를 어떻게 해결해 나갔는가를 보여주는
사례이다.

2) 身分犯罪에 관련된 사안

(1) 功臣의 妾에 대한 特例

≪大明律≫ 제9조 名例律 應議者之父祖有犯에 의하면 應議者[241]의
祖父母, 父母, 妻 및 子孫이 범죄하는 경우에 실봉문서로 상주하여 왕지
를 받게끔 되어있다.[242] 그런데 이 규정은 妾에 관하여는 규정을 하지
않아 일반인과 마찬가지의 처벌을 가능하게 하고 있다.

그러나 자손은 嫡庶를 물론하고 모두 혜택을 받는 반면에 그 母가 妾
인 경우에는 부녀가 남편을 따른다는 점에 있어서는 타당하지 않다. 그
러므로 자식이 있는 妾은 應議者之父祖有犯에 해당시키는 것이 應議者
의 자손을 특별취급하는 본의에 들어맞을 수 있다. 이것이 司憲府에서
자식을 낳은 妾을 특별취급하자는 취지였는데 세조는 이에 그대로 따
른다.[243]

이 사안은 세조 초년의 사안으로 應議者 중에서 주로 공신과 관련하
여 논의된 것이다. ≪大明律≫은 행위대상, 양태, 주체 등을 일일이 규정
하는 체제를 취하고 있다. 그런데도 ≪大明律≫ 應議者之父祖有犯에서
妾을 제외한 것은 의도적이 아니었을까. 그럼에도 조선에서는 구성요건
을 확대하면서까지 刑의 특례범위를 넓힌 까닭은 무엇이었을까. 이러한
상황은 지배층의 범죄에 대하여 좀더 관용적이고자 하였던 태도를 추측

---

241) 八議에 해당하는 자로서 처벌상 특별한 취급을 받는다. 이에 해당하는 자
　　로는 議親, 議故, 議功, 議賢, 議能, 議勤, 議貴, 議賓이 있으며 ≪大明律≫
　　名例律에 자세히 규정되어 있다.
242) ≪大明律≫ 제9조 名例律 應議者之父祖有犯 : 凡應八議者之祖父母父母妻
　　及子孫犯罪 實封奏聞取旨 ….
243) ≪朝鮮王朝實錄≫ 세조 3년(1457) 4월 癸丑.

케 한다. 즉 신분적으로 우위에 있는 자의 범죄에 대하여는 ≪大明律≫
이 예정하고 있던 제재의 대상을 수정-이 사안에서는 특례범위를 확대
-하면서까지 관용하고자 하였던 것이다.

(2) 奴婢家族의 免賤문제

≪大明律≫ 제337조 刑律 鬪毆 奴婢毆家長에는 家長, 家長의 朞服親
및 外祖父母가 노비를 官에 신고하지 않고 살해한 경우, 노비의 가족은
면천하여 양인이 되도록 규정하고 있다. 그리고 家長 등이 律文의 제반
규정들을 준수하면서 형벌을 결행하다가 致死한 경우에는 불문에 부친
다고 규정하고 있다.[244]

그런데 세종은 중국과 조선에서의 노비의 지위는 다르므로 良人이 되
게 하는 것은 시행하기 어려우며, 또한 가장이 노비를 일일이 율문에 의
해 처벌하는 것도 가능하지 않으며 그 처벌을 율문에 의했는지의 여부
도 밝혀내기 어려우므로 奴婢毆家長를 그대로 적용하는 것은 불합리하
다는 견해를 피력했다.[245] 그리하여 노비의 유무죄를 막론하고 신고없이
구타살인한 자는 "舊例"에 따라 과단하며, 참혹한 방법으로 노비를 살인
한 경우에는 피살노비의 가족이 자신의 노비가 아니면 속공하지 못하도
록 하고[246] 朞服親이나 외조부모가 구타살해한 경우에는 노비의 가족이
살해자와 관계된 자라면 속공하도록 하였다.[247]

이 사안은 노비의 가족을 良人으로 만든다는 조문을 수정하여 官廳의

---

244) ≪大明律≫ 제337조 刑律 鬪毆 奴婢毆家長 : 若奴婢有罪 其家長及家長之
　　　朞親若外祖父母 不告官司而毆殺者杖一百 無罪而殺者杖六十徒一年 當房
　　　人口 悉放從良 … ○若違犯敎令而依法決罰 邂逅致死及過失殺者 各勿論.
245) 당시 상전이 노비들을 잔혹하게 살해하는 경우가 종종 있었다는 것이 이
　　　러한 견해를 피력하게 된 배경이다. 일반적 고찰 및 자세한 사례에 대하
　　　여는 池承鍾,『朝鮮前期 奴婢身分硏究』, 一潮閣, 1995, 317~342면 참조.
246) 이로 보아 舊例에 따른다면 주인은 노비의 가족이 자신에게 속해 있다면
　　　속공하게끔 되어 있었던 것 같다.
247) ≪朝鮮王朝實錄≫ 세종 26년(1444) 윤7월 辛丑.

公賤으로 되게 한 것인데 ≪續大典≫에 이르러서야 명문규정으로 실리
게 된다.248) 앞의 사례들과 마찬가지로 이 사안도 일련의 경향성을 보이
고 있다. 즉 지배층의 범죄에 대하여 관용하면서 엄격히 신분질서를 유
지하려고 하는 모습이 바로 그것이다. 이러한 입장에서 노비의 가족을 良
人으로 만드는 ≪大明律≫의 규정을 그대로 적용하지 않고 조선의 사정
을 고려하여 새로운 규정 즉 公賤으로 만드는 규정을 정립한 것이다.249)

3) 기타의 犯罪와 관련한 사안

(1) 史草遺失者의 처벌

고려의 법에 따르면 史草를 분실하는 사람은 자손을 禁錮250)에 처하
고 銀20兩을 추징하도록 하고 있었다. 조선에서도 이에 따라 처벌하고
있었는데,251) 세종은 이러한 처벌이 너무 중하다고 생각하여 春秋館으
로 하여금 새로운 입법을 하도록 하였다.252) 이에 春秋館에서는 ≪大明
律≫ 제66조 吏律 公式 棄毀制書印信을 유추적용하여 장90 도2년 반에

248) ≪續大典≫刑典 殺獄 : 不告官擅殺其奴婢者 用大明律杖徒之法 而如當房
人口 悉放從良之文 勿用(官에 고하지 아니하고 함부로 노비를 살해하는 자는 大明律
의 杖徒의 법을 쓴다. 그러나 當房人口 悉放從良의 문언과 같은 것은 쓰지 아니한다). 拙
稿,「朝鮮初期 ≪大明律≫의 受容過程에 관한 硏究」, 서울대학교 법학석
사학위논문, 1998, 78~79면 참조. 여기서 이 규정을 통해 ≪大明律講解≫
를 洪武 30년율로 비정하였는데, 이후의 연구에 의하여 ≪大明律講解≫
역시 洪武 30년율과는 차이가 나기 때문에 이를 정정하기로 한다.
249) 奴婢를 良人으로 만들면 사회질서를 어지럽히고 심지어는 국가사직에 위
협이 오리라는 생각은 이미 고려에서 전해 내려오던 것이었다. 鄭容淑,「高
麗史 刑法志 奴婢項의 檢討」,『韓國史硏究』46, 1984, 89면.
250) 禁錮는 현대의 刑法에서 말하는 정역에 복무시키지 아니하는 자유형의 일
종이 아니다. 여기서의 禁錮는 벼슬길에 나가지 못하게 하는 조치, 즉 일
종의 자격상실을 의미한다.
251) ≪朝鮮王朝實錄≫ 태종 10년(1410) 1월 戊寅, ≪朝鮮王朝實錄≫ 세종 7년
(1425) 4월 戊辰.
252) ≪朝鮮王朝實錄≫ 세종 14년(1432) 6월 癸卯.

처하고253) 자손으로서 史草를 보관하다 분실한 자도 마찬가지로 처벌할 것을 제의하였다. 그러나 세종은 ≪大明律≫의 규정은 너무 경하여 뒷사람을 징계할 수 없다고 하여 다시 의논하도록 하였다.254)

그리하여 春秋館에서는 다시 史草를 유실한 당사자에게는 銀20兩을 징수하고 敍用하지 않으며, 자손으로서 전해 받아 잃은 사람도 마찬가지로 당사자를 처벌을 할 것을 건의하였고 세종은 이에 따랐다.255) 결국 史草遺失者는 물론 그 자손까지 禁錮시키는 高麗의 법에 수정을 가하여 당사자에 한정하여 서용하지 않도록 한 것이다.

이 사안은 과거의 처벌에 대한 반성으로 새로운 입법을 하는 과정을 보여 준다. 여기서 볼 수 있듯이 새로운 입법을 위해서 기본적으로 이용된 것은 ≪大明律≫이었다. 그러나 ≪大明律≫은 무조건 따라야 할 절대적 효력을 가진 형률이 아니었고 이 사안의 경우에는 正條도 없었으므로 ≪大明律≫ 규정을 유추하는 길이 있었다. 그러나 ≪大明律≫ 규정의 유추는 법감정상 처벌이 미약하다는 이유로 채택되지 아니하였다. 하지만 중요한 것은 ≪大明律≫ 규정의 유추는 실패했지만 새로운 입법의 배경에는 ≪大明律≫이 고려되었다는 점이다.

(2) 庶人 婦女竊盜의 囚禁

≪大明律≫은 부인이 범죄하는 경우에는 간통이나 死罪의 경우에는 囚禁하지만 나머지는 남편이 맡아서 관리하도록 규정하고 있다.256) 그

---

253) ≪大明律≫ 제66조 吏律 公式 棄毀制書印信 : ○凡遺失制書聖旨符驗印信 巡牌者 杖九十徒二年半 ….
254) ≪朝鮮王朝實錄≫ 세종 14년(1432) 8월 辛卯.
255) ≪朝鮮王朝實錄≫ 세종 14년(1432) 8월 庚子. 이후 이 受敎에 따라 史草遺失者를 처벌하게 된다. ≪朝鮮王朝實錄≫ 端宗 1년(1453) 1월 己巳.
256) ≪大明律≫ 제444조 刑律 斷獄 婦人犯罪 : 凡婦人犯罪 除犯姦及死罪收禁 外 其餘雜犯 責付本夫收管 責付有服親屬隣里保管 隨衙聽候 不許一緊監禁 違者笞四十.

리고 당시의 《經國大典》의 刑典 囚禁에 의하면 사족의 부녀의 경우에 장형 이상의 죄에 해당하면 왕에게 보고하여 수금하도록 규정되어 있다.[257]

이로 볼 때 庶人의 부인이 범간하거나 사죄를 범하지 아니하는 한 수금할 수 있는 근거규정이 없는 것이다. 그러나 절도를 한 부녀를 남편의 관리에 둔다면 도주해버릴 우려가 있으므로 형조에서는 이러한 실제상의 필요를 고려하여 절도부녀는 수금하자는 의견을 제시하였고, 성종도 이 의견에 따랐다.[258]

절도를 방지하는 것은 당시에 있어서는 매우 중요한 문제였다. 도적이 횡행한다는 것은 민생이 어렵다는 것을 의미하고 이는 민란으로 이어질 가능성이 있었으므로 정부에서는 도적의 방지에 힘을 기울였다. 그리하여 《大明律》에 규정된 절도에 대한 형벌 이외에 부수적인 형벌을 가하려는 노력도 있었고 도적을 방지하려는 대책도 상당한 기간에 걸쳐 세우게 된다. 이 사안은 이러한 경우들의 하나인데 효율적인 절도의 처리를 위하여 특히 부인의 절도에 대하여 《大明律》의 규정을 수정한 것을 보여준다. 즉 《經國大典》에는 이미 사족의 부녀에 대한 수금규정이 마련되어 있었으므로[259] 庶人의 절도한 부녀를 수금할 수 있으면 되었는데 이 사안은 이를 보여주는 것이다. 절도문제는 당시로서는 매우 큰 사회문제였으므로 이 사안 이외에도 《大明律》과는 독자적으로 처리하려고 하였던 모습들을 실록에서는 많이 찾을 수 있다.[260]

---

257) "大典云 文武官及內侍府士族婦女僧人 杖以上啓聞囚禁". 성종 연간에는 이미 《經國大典》이 반포되어 있었으므로 이와 같이 새로운 입법을 할 때는 참조되었다. 이 규정은 최종본 《經國大典》에서도 그대로 유지된다. 《經國大典》 刑典 囚禁 : 杖以上囚禁 文武官及內侍府士族婦女僧人 啓聞囚禁.
258) 《朝鮮王朝實錄》 성종 9년(1478) 6월 甲辰.
259) 이 규정도 역시 《大明律》을 수정한 것이라고 할 수 있다.
260) 이에 관한 일반적인 고찰로는 정태헌, 『조선초기 사회범죄에 관한 연구』, 동국대학교 대학원 박사학위논문, 1988, 148~170면 참조.

이와 같은 과정을 거쳐서 受容된 ≪大明律≫은 ≪經國大典≫ 刑典에 명시적으로 등장하는데, 다음 장에서는 ≪經國大典≫ 刑典의 규정과 ≪大明律≫의 규정이 어떠한 관계를 맺고 있는지를 살펴보고, ≪經國大典≫ 체제에서 ≪大明律≫이 어떻게 활용되고 있는가를 살펴보기로 한다.

제3장 《經國大典》 刑典과 《大明律》

　《經國大典》 刑典에서는 "《大明律》을 쓴다[用大明律]"고 표현하고 있다.[1] 따라서 조선의 일반 형법은 《大明律》임을 알 수 있는데, 이 규정이 갖는 의미는 《大明律》이 법전에 의하여 依用되었다는 것일 것이다. 그런데 그동안 조선시대의 일반 형법으로 사용된 《大明律》과 國典인 《經國大典》의 刑典과의 관계는 일반법과 특별법의 관계에 있다는 논의는 많이 있었지만 실증적이고 구체적으로 어떠한 관계에 있는지 살핀 연구는 거의 없다고 봐도 무방할 것이다.[2] 이 절에서는 《大明律》과 《經國大典》 刑典이 어떠한 관계를 맺고 있는지 그 실체에 대하여 규명하고자 한다. 한편 《經國大典》 刑典에는 사노비와 공노비에 관한 규정들, 각 관청에 근무하는 노비의 수에 관한 규정들, 상속에 관한 규정

---

1) 《經國大典》 刑典 用律 : 用大明律.
2) 文亨鎭의 연구가 거의 유일한 것으로 생각된다(文亨鎭, 「《大明律》 전래와 한국적 변이양상」,『국제지역연구』 제6권 제3호, 한국외국어대학교 외국학종합연구센터, 2002 가을). 그는 《經國大典》의 신설된 사례와 변용된 예를 통하여 조선사회가 《大明律》 수용 차원에서 머무르지 않고 실정에 맞게 독자적인 법규정을 시행하고 있었음을 드러내고 중국과 조선사회의 차이점을 밝히고 있다. 그런데 공노비 입역규정과 상속문제를 중점적으로 다루고 있는데 이들은 刑典에 속해 있지만 범죄와 형벌의 체계, 그리고 그 절차에 관련된 규정은 아니다.

들이 존재한다.[3] 그런데 사실 이러한 규정들은 대부분 형사법과는 관련이 없는 규정들이기 때문에[4] ≪大明律≫과 관련을 맺고 있지 않다고 보아도 무방하다고 보아 논의에서 일단 제외하기로 한다.

제1절 ≪經國大典≫ 刑典과
≪大明律≫의 관계 개관

조선이 건국되고 통치의 기본이 되는 새로운 법령들이 점차 증가하자 이를 모아서 태조 6년(1397)에 ≪經濟六典≫이 편찬되는데 이것이 조선 최초의 성문법전이다.[5] 이후 太宗 때의 ≪續六典≫, 세종 때의 ≪新續六典≫, ≪新撰經濟續六典≫ 등이 편찬된다.[6] 이들 法典들은 ≪經濟六典≫

---

3) ≪經國大典≫ 刑典 賤妾, 賤妾妾子女, 公賤, 私賤, 賤娶婢產, 闕內各差備, 根隨, 諸司差備奴根隨奴定額, 外奴婢 등 참조.

4) ≪高麗史≫ 刑法志에서는 奴婢에 대하여 古朝鮮의 8조 금법을 인용하면서 "남의 물건을 훔친 자는 노비로 만든다[相盜者 沒入爲其家奴婢]"라는 조항에서 유래하였다고 한다. 古典硏究室 편찬/新書苑 편집부 편집, 『北譯 高麗史』 제7책, 신서원, 1997, 628면 노비항목참조. 그렇다면 당대 사람들이 노비가 간접적으로나마 형벌과 관련이 있다고 생각했을 수 있다. 하지만 ≪經國大典≫에 규정되어 있는 公賤과 私賤에 관한 조항들은 대부분 천인신분의 발생, 변동, 소멸에 관한 규정과 상속에 관한 규정들로 이루어져 있기 때문에 현대적 관점에서 보았을 때 범죄와 그에 대한 처벌의 체계 혹은 범죄와 그에 대한 처벌체계를 뒷받침하는 규정들로는 보이지는 않는다. 그래서 일응 이 글의 고찰범위에서 제외하기로 하였다. 한편 朴秉濠는 "재판에 관한 규정과 사노비에 관한 규정 중에는 재산상속법이 포함되어 있는데, 형전에 들어 있는 이유는 당시 재산의 중요한 부분을 차지하는 노비에 관한 분쟁이 주로 상속에 관한 분쟁이며 그것이 판결을 통해 판례법으로 형성되었기 때문이다"라고 하고 있다. 朴秉濠, 『韓國法制史』, 한국방송통신대학출판부, 1986, 17면.

5) ≪朝鮮王朝實錄≫ 태조 6년(1397) 12월 甲辰.

6) 자세한 편찬경위에 대하여는 朴秉濠, 『韓國法制史攷』, 398~406면 참조.

이후의 受教가 누적한 뒤에 전후 모순 등이 발견될 때마다 續典 또는 謄錄으로 증보하고 있었는데 이 작업을 계속하여 진행할 수는 없었다. 그래서 이러한 방법을 지양하여 당시까지의 사회변화를 포괄하고, 모든 법령을 전체적으로 조화시켜 새로 조직적 통일적 법전을 편찬하게 된 것이 바로 ≪經國大典≫이다.

  ≪經國大典≫은 世祖대부터 편찬이 시작되어 계속된 수정 끝에 예종 원년(1469) 9월에 ≪經國大典≫이 완성되었음을 고하는데 이것을 己丑大典이라고 한다.[7] 성종대에 이르면 다시 ≪經國大典≫의 개정 논의가 일어나는데 성종 5년(1474)에 개정되어 반포된다. 이를 甲午大典이라고 한다. 성종 13년(1482)에 이르면 다시 ≪經國大典≫의 개정에 대한 논의가 나오고 있다. 이미 이전부터 개정에 대한 논의가 있었던 것인데 성종 13년에는 이를 구체화하여 실제로 개정작업을 하고 있는 것이다.[8] 이 개정작업이 진행되어 가면서 더 이상의 개정을 바라지 않고 신속한 확정을 희망한 성종은 ≪經國大典≫을 勘校한 후에는 ≪大明律≫의 예에 따라 경솔하게 고치지 못하게 하고 고치기를 청하면 논죄하는 전교를 내리기도 하고,[9] 새로 첨가하여 기록한 것은 선왕의 법이기 때문에 교정 후에 의정부와 육조의 재상들이 當否를 참고하는 절차를 생략하도록 전교하기도 한다.[10] 이렇게 ≪經國大典≫의 勘校를 독려한 끝에 다음 해인 성종 16년(1485) 乙巳年 正月 1일부터 시행할 것을 명한다.[11] 이때 반포된

---

7) 여기서는 논의의 흐름상 필요한 부분에 한하여 되도록이면 간략하게 ≪經國大典≫의 편찬경위에 대하여 살펴보았다. 자세한 ≪經國大典≫의 편찬 경위에 대하여는 朴秉濠, 『韓國法制史攷』, 408~414면 ; 남지대, 「조선초기 법전편찬과 경국대전」『經國大典』, 서울대학교 규장각, 1997 ; 麻生武龜, 『李朝法典考』, 朝鮮總督府 中樞院, 1936, 47~76면 ; 정호훈, 「조선전기 法典의 정비와 『經國大典』의 성립」 ; 오영교 편, 『조선 건국과 경국대전체제의 형성』, 혜안, 2004, 47~95면 참조.

8) ≪朝鮮王朝實錄≫ 성종 13년(1482) 11월 癸卯, 癸丑, 丙子 등.

9) ≪朝鮮王朝實錄≫ 성종 15년(1484) 4월 甲子.

10) ≪朝鮮王朝實錄≫ 성종 15년(1584) 6월 甲申.

11) ≪朝鮮王朝實錄≫ 성종 15년(1484) 12월 丁巳.

≪經國大典≫을 을사년부터 시행되었다고 하여 을사대전이라고 칭하기
도 한다. 현재는 ≪經國大典≫의 판본 중에서 최종본인 乙巳大典만이
전해지고 있으며 그 이전의 판본들은 ≪朝鮮王朝實錄≫의 단편적인 기
사를 통해서 확인할 수 있을 뿐이다.12)

이렇게 편찬된 ≪經國大典≫은 조선의 기본법전으로서 그 기본적인
골격은 변하지 않은 채 유지된다. 그러면 우선 ≪經國大典≫의 刑典과
≪大明律≫이 어떠한 관계를 맺고 있었는지 개관하기로 한다. 그런데 ≪經
國大典≫ 刑典과 ≪大明律≫의 관계에 대하여 개관하기 전에 간략히 언
급하고 넘어가야 할 것이 있다. 앞에서 ≪經國大典≫ 刑典과 ≪大明律≫
이 특별법과 일반법의 관계에 있다고 하였지만, 사실 현대법의 개념인
특별법과 일반법이라는 말 자체도 정확한 용어 사용은 아닌 것이 ≪大
明律≫은 실체법인 것은 분명하지만 ≪經國大典≫ 刑典은 실체법만 규
정되어 있는 것은 아니다. ≪經國大典≫ 刑典에는 실체법적인 규정과
절차법적인 규정들, 조직법적인 규정들, 시행세칙적인 성격을 가지는 규
정들이 아울러 규정되어 있다. 따라서 일반법과 특별법이라는 말을 사용
할 때에는 정확하게는 ≪大明律≫과 ≪經國大典≫ 刑典의 실체규정만
을 대상으로 한다는 것을 미리 밝혀두고자 한다.

그러면 이제 ≪經國大典≫ 刑典과 ≪大明律≫의 관계에 대해 개관해
보기로 하자. 우선 ≪經國大典≫ 刑典에서는 律을 사용할 때 "≪大明律≫
을 쓴다(用大明律)"라고 규정하고 있다. 그렇다면 ≪大明律≫을 형사규정
으로서 사용하겠다는 의미인데, 그렇다면 별도로 刑法을 제정하여야 할
필요도 없고, ≪經國大典≫에서도 따로 刑典을 둘 필요가 없이 다만 조
직법적이고 절차법적인 규정을 두면 될 것이다. 즉 조직법적 규정을 ≪經
國大典≫의 어딘가에 규정하고, 그 조직에서 일어날 수 있는 상하관계상

---

12) 윤국일, 『經國大典 硏究』, 신서원, 1990, 73~113면에서 乙巳大典 이전의 ≪經
國大典≫ 판본들을 ≪朝鮮王朝實錄≫의 단편적인 기사를 토대로 재구성하
고 있다.

의 문제, 조직에서의 公罪, 私罪의 취급 등의 처벌문제는 ≪大明律≫로
처리하면 되기 때문에 ≪經國大典≫에는 ≪大明律≫의 어떤 조항을 지
시하는 규정을 두면 될 것이다. 그러나 ≪經國大典≫에는 이러한 규정도
있지만, 그 이외에 ≪大明律≫에서 예정하고 있지 않은 범죄를 규정하기
도 하고, 사실관계에 따라 ≪大明律≫에서 예정하고 있는 형량을 감경하
거나 가중하기도 한다.

　이러한 모습이 나타나고 있는 것은 ≪大明律≫의 규정체계가 절대적
인 구성요건을 제시하고 있고, 그 구체적인 구성요건에 합치하지 않으면
그 조항이 적용될 수 없는 구조인 것도 하나의 이유가 될 수 있을 것이
다. 가령 내의원의 은그릇을 절도한 경우나, 帳籍을 절도한 경우에는 현
대의 개념에서는 절도죄에 해당될 것이다. 그러나 전통시대에 있어서는
신분이나 권력관계에 따라 각각 개별적인 형을 과하고 있기 때문에, 그
신분관계에 따른 혹은 그 권력관계에 따른 죄에 해당되어야 한다. ≪大
明律≫은 그에 관한 조항을 가지고 있었지만, 내의원의 은그릇 절도를
어떤 조항으로 처벌해야 합당한지, 장적절도를 ≪大明律≫의 규정에 나
와 있는 관문서로 보아 처벌하는 것이 합당한지에 대한 논란이 있을 수
있다.13) 내의원의 은그릇 절도에 합당한 조항을 지시하는 것도 필요하
고, 장적을 관문서로 보더라도 조선의 사회상황에 비추어 적용되는 형벌
을 조정할 필요도 있을 것이다. 또 사회 변화에 따라 새로운 범죄행위도
나오기 마련이다.14) ≪大明律≫은 구체적인 구성요건으로 구성되어 있
기 때문에 새로운 범죄행위에 대하여는 대처가 어려운데 일단은 ≪大明
律≫의 不應爲에 의하여 笞40 혹은 杖80에 처하거나,15) 유추적용을 통하
여 해결할 수 있다.16) 하지만 불응위는 잡범에 적용하는 조항이기 때문

13) ≪大明律≫ 제283조 刑律 賊盜 盜內府財物, 제281조 盜制書 참조.
14) 예컨대 再嫁한 부녀의 자손에 대해 별다른 불이익이 없다가 사회의 변화에
　　따라 관직 임용에 있어서 불이익처분[≪經國大典≫ 吏典 京官職]을 하는 것을
　　들 수 있겠다.
15) ≪大明律≫ 제410조 刑律 雜犯 不應爲.

에 그보다 불법성이 더 큰 범죄가 나타날 경우 적용조항을 의논할 수밖에 없다. 이 경우 유추적용을 통하여 해결할 것인데 한때의 유추적용으로는 해결되지 않을 경우에는 동일한 사안에 대하여 자동적으로 적용되게 하는 새로운 규정을 만들어 내거나 완전히 새로운 규정을 만들게 될 것이다. 이럴 경우 나타나는 규정의 방식은 구체적으로 ≪大明律≫의 규정을 지시한다든가, 개별적으로 처벌규정을 규정하는 방식이 될 것이다.

그리고 행정법적 규제를 행하는 데 있어서도 이를 강제하기 위해서는 법이 필요한 경우가 있다.[17] 가령 조선에서는 승려에게 도첩제를 시행하고 있었는데, ≪大明律≫에는 도첩제와 관련하여 사사로이 승려가 된 경우를 처벌하고 있다.[18] 그런데 ≪大明律≫에서 규정하고 있는 사항 이외에 도첩제와 관련하여 발생하는 사안에 대하여는 어떻게 규율하여야 하는지는 자율에 맡겨져 있다. 따라서 도첩제와 관련된 제반 사항을 ≪經國大典≫에 규정하면 되는데, 도첩에 관한 문제가 생기는 경우 어떻게 처리하여야 하는 문제에 있어서 조선의 일반 형법은 ≪大明律≫이기 때문에 ≪大明律≫의 관련 규정을 유추하여 적용하면 된다. 이럴 경우의 규정형식도 ≪大明律≫의 관련조항을 유추적용한다든지, 개별적인 처벌규정을 마련하면 된다.

---

16) 당시의 법률용어는 比附이다. 나까무라 시게오 지음/임대희 · 박춘택 옮김,『판례를 통해서 본 淸代 刑法』, 서경, 2004, 198~199면에서는 "比附를 오늘날의 類推와 비교할 경우, 類推가 법의 규정을 논리적으로 분석하고, 그 意義를 확정하고, 어떤 사안이 법규범을 구성하는 말에 포섭되는지 그렇지 않은지를 추론하기 위해 추상화의 사고과정을 밟을 수 있는−예컨대 물건이라는 관념을 추상화하여 관리가능성을 표시하는 것으로 해석한−것과는 달리, 比附는 사안에 공통인 본질적 부분을 보다 큰 각도에서 받아들여 유사성을 찾는다고 할 수 있다. 다시 말하면 比附는 '情理'에서 발단하여 정리에 들어맞고 해당범죄에 가장 타당한 형벌을 정한 法條를 찾는 것이 比附가 행해진 근거이기도 하며, 특히 그 기대하는 바였다고 하더라도 좋을 것으로 생각된다"라고 한다.

17) 각종 禁令위반에 대한 처벌을 들 수 있을 것이다.

18) ≪大明律≫ 제83조 戶律 戶役 私創庵院及私度僧道.

한편 ≪大明律≫이 중국의 형법이고, 그것이 적용되는 조선은 삶의 방식이 다른 곳이기 때문에[19] 규율하는 사안은 같지만 처벌의 강도가 다른 경우가 있다. 가령 중국에서 노비의 존재는 미미하지만, 조선의 경우 노비는 중요한 자산이었고, 노비와 주인의 관계 또한 중국과는 달리 처리되었다.[20] 따라서 범죄행위가 주인과 노비가 관련된 사안일 경우뿐만 아니라 예전에 주인이었던 자와 예전에 노비였던 자 사이의 관계에서도 ≪大明律≫과는 다른 강도의 처벌이 행해지는 경우가 있다. 그것은 신분질서, 권력관계에 대한 관념이 다른 것에서 기인하는 것인데, 이로 말미암아 ≪經國大典≫ 刑典에는 ≪大明律≫에 명시적인 규정이 있음에도 불구하고, 처벌을 강화하거나 감경하는 규정들이 나타난다. 조선의 사족에 대한 특권들도 이에 해당될 것이다.

이상과 같은 것들이 처벌을 어떻게 할 것이냐의 문제라고 한다면, 절차적인 규정들이 또한 ≪經國大典≫ 刑典에 규정되어 있다. 이것은 ≪大明律≫의 절차규정이 소략하기 때문인데,[21] 율령체계에서 ≪大明律≫은 '律'에 해당하고 절차규정들은 '슈'에 포함되는 규정들이기 때문에 그렇

---

19) 조선과 중국이 풍속이 다른 것은 당시 사람들도 인식하고 있었고, 달리 취급되어야 한다고 생각하고 있었다. 세종은 중국에서는 부모의 장례에도 며칠 지나면 연향을 하기 때문에 ≪大明律≫ 제198조 禮律 儀制 匿父母夫喪에서 장60 도1년에 처하고 있지만, 우리나라는 이와 다르기 때문에 장100 유3천리에 처해야 한다고 하였다. ≪朝鮮王朝實錄≫ 세종 28년(1446) 6월 癸卯. 居喪行爲 規制의 역사적 변천에 관하여는 鄭肯植, 「朝鮮初期의 居喪行爲의 規制(上)」, 法史學硏究 제10호, 韓國法史學會, 1989, 51~72면 참조. 특히 같은 글 68면에는 ≪唐律≫, 高麗律, ≪大明律≫ 간의 居喪行爲 규제의 차이가 표로 정리되어 있다. 이 표에 따르면 高麗에서는 ≪唐律≫의 영향을 받아 匿不擧哀의 경우 유2천리에 처하고 있는데, 우리나라의 규제가 ≪大明律≫과는 다르다는 것을 알 수 있다.
20) 노비와 주인의 관계가 중국—≪大明律≫을 말한다—과 다르게 처리된 예는 池承鍾, 『朝鮮前期 奴婢身分硏究』, 一潮閣, 1995, 350~358면 참조.
21) 가령 婦人이 죄를 지은 경우 囚禁하는 것에 관한 ≪大明律≫ 제444조 刑律 斷獄 婦人犯罪, 死刑에는 보고를 하여야 하는 것을 전제로 한 ≪大明律≫ 제445조 刑律 斷獄 死囚覆奏待報 등 소수에 불과하다.

다. 따라서 '슈'적인 의미를 가지는 ≪經國大典≫이 ≪大明律≫을 보충하는 의미를 가지고 있다고 할 수 있다. 오늘날의 절차법은 당사자로서의 피고인, 검사, 법원, 그리고 수사절차, 공판절차, 선고 등으로 구성되어 있지만, ≪經國大典≫ 刑典에서 절차법과 실체법은 하나의 법전 안에 혼재되어 있었다. 따라서 당시 사람들이 절차법과 실체법을 명확하게 구분했다고 보기는 힘들 것이다. 그러나 혼재되어 있지만, 대략적인 구분은 행하여져서 囚禁, 恤刑 등의 절차법적 항목과 위조, 장도 등의 실체법적 항목으로 나뉘어져 있다.

또 ≪大明律≫은 중국의 형법이기 때문에 관직이라든가 속죄금을 내는 단위 등이 조선과 다른 경우가 있다. 이런 경우에는 조절을 위하여 당연히 ≪經國大典≫ 刑典에 어떤 형태로든 규정되게 된다.

이하에서는 이상의 것들을 염두에 두고 ≪經國大典≫ 刑典의 규정과 ≪大明律≫의 규정을 비교하고, ≪朝鮮王朝實錄≫의 각종 사례들을 통하여 ≪經國大典≫ 刑典 조문의 성립경위에 대하여 밝혀보고, 조선전기에 법률규정들이 ≪大明律≫과 관련하여 어떠한 경향을 띠고 있는지 살펴보도록 하겠다.

제2절 실체법적 측면

≪經國大典≫의 刑典에는 ≪大明律≫을 일반 형법으로 규정하는 조항이 있다. 그것이 바로 刑典 用律의 "用大明律"이라는 조항이다. ≪大明律≫은 중국의 형법이고, 주로 범죄가 되는 행위와 그에 대한 처벌조항으로 이루어져 있다. 물론 수금에 관련된 조항이라든지, 행형에 관련된 조항들이 산재해 있기는 하지만, 그것은 소수이다. 따라서 ≪經國大典≫ 刑典에서 지칭하는 "用大明律"이라는 규정은 태생적으로 대부분 실체적인 형사규정으로서의 ≪大明律≫을 쓴다는 의미인 것이다. 이렇게 보면 ≪經國大典≫의 刑典에 규정된 조항들이 ≪大明律≫을 보완하는 의미에서 절차적인 규정들을 중심으로 구성되어 있다는 것이 자명해질 것이다. 그런데 위에서도 언급하였듯이 몇 가지의 이유로 ≪經國大典≫ 刑典에는 절차적인 규정들뿐만 아니라 실체적인 규정들이 제시되어 있다. 이들 규정들은 현대적인 관점에서 보면 절차법의 항목—예컨대推斷—에 혼재되어 있는데, 여기에서는 범죄로 되는 행위와 그에 대한 처벌이라는 것을 기준으로 하여 이를 일응 실체법적 측면이라고 하여 다루어보고자 한다.

Ⅰ. 특정한 범죄에 대한 刑의 가중

1. 僞 造

현행 형법에서는 문서위조로서 명의주체에 따라 사문서위조와 공문서위조를 나누어 처벌하고 있으며, 이와 아울러 印章 등의 위조에 대하

여도 나누고 있다. 그리고 객체가 공문서나 공인장인 경우에는 가중하는
형벌체계를 취하고 있다.[1] 그런데 조선시대는 공문서의 경우 항상 官押
을 찍게 되어 있고, 개인이 인장을 소유하고 있는 경우는 양반 부녀자를
제외하고는 없기 때문에[2] 私的 영역과 관련된 것은 보통 文記僞造로 나
타나게 되고, 공적 영역과 관련된 것은 印信의 위조로 나타나게 된다. 그
런데 전자에 대해 ≪大明律≫에서는 별도의 규율을 행하지 않고 있다.
≪大明律≫에서 관심을 기울이고 있는 것은 공적 영역과 관련된 문기의
위조와 印信의 위조이다. 따라서 전자에 대하여는 문제가 발생한다면 새
로운 규정이 필요할 것이고, 후자에 대하여는 ≪大明律≫을 그대로 쓸
것인지 아니면 조선에서 印信(여기서는 공문서위조도 포함) 僞造에 대해 특별
한 취급을 할 것인지가 문제될 것이다.

조선초기에 문기의 위조는 주로 노비의 신분관계와 상속문제에서 발
생하였다. 노비 자신의 입장에서 노비의 면천을 증명하는 문기로서 양인
이 되고자 하는 바람과, 그에 맞물려 財主의 입장에서 상속재산으로 삼
으려고 노비신분임을 증명하는 노비문기가 문제가 되기 때문이다. 그래
서 문기위조와 관련된 조항은 ≪經國大典≫ 刑典 私賤에 규정되어 있다.
≪經國大典≫에 의하면 노비상속에 관하여 刑典 私賤 割註에서 "문기를
위조한 간사가 확실하게 드러난 자는 타관사에 이송하여 조사를 다시하
여 죄를 과하고 영구히 임용하지 아니한다. 赦免이 있어도 朝官은 영구
히 임용하지 않고, 庶人은 徒3년에 처한다"[3]라고 규정하여 이를 처벌하
고 있다.[4]

---

1) 형법 제231조 내지 제240조 참조.
2) 朴秉濠, 『한국의 법』, 세종대왕기념사업회, 1999, 183면. 박준호, 「手掌과
   手寸」『문헌과 해석』 통권 27호, 문헌과 해석사, 2004년 여름, 43~48면에
   는 도판과 함께 설명이 실려 있다.
3) ≪經國大典≫ 刑典 私賤 割註 : ○僞造文記姦詐現著者 移送他司 更覈科罪
   永不敍用 經赦則朝官永不用 庶人徒三年.
4) ≪朝鮮王朝實錄≫ 세종 16년(1434) 6월 丙寅의 사례도 이 조항에 의해 처벌
   된 듯하다.

한편 ≪經國大典≫에서 규정하고 있는 印信僞造와 관련된 ≪大明律≫에 나타나 있는 위조범죄의 양태에 대하여 언급해보자. 우선 ≪大明律≫에서는 국왕의 詔書나 관청의 문서를 위조하거나 인신을 盜用한 경우에는 각각 참형에서 장100 도3년의 형에 이르기까지 신분에 따라 개별적으로 규정하고 있다. 또 明의 지폐인 寶鈔나 동전을 위조한 경우에도 행위의 태양에 따라서 각각의 형벌을 규정하고 있다. 또한 관사의 印信, 달력 등을 위조한 경우에도 일정한 형벌을 가하고 있다. 이들 조항을 제시해보면 다음과 같다.

≪大明律≫ 제362조 刑律 詐僞 詐僞制書 : 무릇 制書를 僞造한 사람은 斬刑에 처하고, 종범은 장100 유3천리에 처한다. 미수범은 1등을 감한다. 制書를 증감하면 죄가 역시 같다. 다만 관부에서 문서를 보내어 옮겨 쓰는데 착오가 있으면 失錯으로 논한다. ○오군도독부·6부·간원·감찰어사 및 총병장군·도지휘사사, 수어관군 衙門의 문서를 위조하거나 서명을 위조하며 印信을 몰래 쓰는 경우에는 장100 유3천리에 처하고 나머지 衙門은 장100 도3년에 처한다. 종범은 각각 1등을 감한다. 미수범은 또 1등을 감한다. 회피함이 있는데 중한 경우에는 중한 것을 좇아 논한다.5)

≪大明律≫ 제365조 刑律 詐僞 僞造印信曆日等 : 무릇 여러 아문의 印信과 달력, 信標, 야간순찰패, 차와 소금의 판매허가장 등을 위조하면 斬刑에 처한다. … 종범과 그 사정을 알고서 사용한 자는 각각 1등을 감하며, 만약 시도는 하였으나 완성하지 못하였으면 또 각각 1등을 감한다.6)

<hr>

5) ≪大明律≫ 제362조 刑律 詐僞 詐僞制書 : 凡詐僞制書者斬 爲從者杖一百流三千里 未施行者減一等 若增減制書者罪亦如之 其官府行移傳寫有誤者以失錯論 ○若詐僞五軍都督府·六府·諫院·監察御史 及摠兵將軍·都指揮使司 並守禦管軍衙門文書 套畵押字·盜用印信者 杖一百流三千里 其餘衙門者杖一百徒三年 爲從者各減一等 未施行者又減一等 若有規避事重者從重論.
6) ≪大明律≫ 제365조 刑律 詐僞 僞造印信曆日等 : 凡僞造諸衙門印信及曆日·符驗·夜巡銅牌·茶鹽引者 斬. … 爲從及知情行用者 各減一等 若造而未成者 各又減一等. 이외에 ≪大明律≫의 詐僞편에는 詐傳詔旨, 對制上書詐不以實, 詐假官, 詐稱內使等官, 近侍詐稱私行, 詐僞瑞應, 詐病死傷避事, 詐敎誘人犯法이 있으나 이 규정들은 문서의 위조, 印信의 위조 자체에 관

≪大明律≫ 제366조 刑律 詐僞 僞造寶鈔 : 무릇 寶鈔를 위조하면, 首犯과 從犯을 구분하지 않고, 窩主 그리고 사정을 알고서 사용한 자 모두 斬刑에 처하고, 재산은 모두 관에 몰수한다.7)

≪大明律≫ 제367조 刑律 詐僞 私鑄銅錢 : 무릇 사사로이 동전을 주조하면 絞刑에 처하고, 匠人의 죄도 같다. 종범과 그 사정을 알고서 사서 쓴 자는 각각 1등을 감한다.8)

위의 두 조항 즉 제362조와 제365조가 印信의 위조에 관한 조문인데 印信의 명의주체가 누구이냐에 따른 구별이라고 할 수 있다. 아래의 두 조항 즉 제366조와 제367조는 말하자면 통화의 위조에 관한 처벌 조항이라고 할 수 있다. 우선 印信의 위조에 관하여 어떻게 처벌하고 있었는지에 대하여 살펴보도록 하자. 역시 실록의 사안에서는 구체적인 사실관계와 적용법조를 생략해놓은 경우가 많기 때문에 구체적인 것은 알기 힘들지만 이들 조문에 의하여 처벌되었으리라고 짐작되는 사례가 꽤 많이 나오고 있다. 가령 왕지나 관교를 위조하여 참형에 처해진 사례가 있고,9) 御寶나 관인을 위조하여 참형에 처해지는 사례들이 있다.10)

한편 위조의 미수범 처벌에 대하여 ≪大明律≫에는 위조의 기수와 미수를 구분하여 미수인 경우에는 1등을 감하도록 규정하고 있다. 하지만

───────────

심을 둔 규정이 아니라 행사에 관심을 둔 규정이기 때문에 일단 제외하기로 한다.

7) ≪大明律≫ 제366조 刑律 詐僞 僞造寶鈔 : 凡僞造寶鈔 不分首從 及窩主 若知情行使者 皆斬 財產幷入官.

8) ≪大明律≫ 제367조 刑律 詐僞 私鑄銅錢 : 凡私鑄銅錢者 絞 匠人罪同 爲從及知情買使者 各減一等.

9) ≪朝鮮王朝實錄≫ 태조 4년(1395) 4월 甲申, ≪朝鮮王朝實錄≫ 태조 4년(1395) 7월 병진, ≪朝鮮王朝實錄≫ 세종 12년(1430) 7월 庚申, ≪朝鮮王朝實錄≫ 세조 13년(1467) 5월 辛卯 등. 이 사례들은 ≪大明律≫ 刑律 詐僞 詐僞制書에 의해 처벌된 것으로 보인다. 왜냐하면 이 조문들은 印影 위조를 처벌하는 것이 아니라 내용 자체의 위조를 처벌하기 때문이다.

10) 御寶僞造 : ≪朝鮮王朝實錄≫ 세종 11년(1429) 10월 庚子, 동년 10월 壬寅 등. 官印僞造 : ≪朝鮮王朝實錄≫ 세종 14년(1432) 8월 己亥.

印信 위조의 기미수 여부에 따라 형량을 조정하는 ≪大明律≫의 규정은
조선에서는 쓰이지 못하고 있었던 것 같다. 왜냐하면 世宗 15년(1433)에
형조에서 印信 위조의 기미수를 구분하여 ≪大明律≫에 따라 감등할 것
을 주장하고 있기 때문이다.11) 세종의 判付에 의하여 ≪大明律≫의 기
미수 구별이 규범력을 확보했지만 印信의 위조가 성행하자 睿宗 때에는
인신위조의 기미수를 불문하고 모두 참형에 처하도록 하고, 처자는 지방
고을에 영속하도록 하며, 검거하지 못한 관리는 制書有違律에 따라 처
벌하는 조치가 내려지게 된다.12) 이 조치는 受教로 되어 적용되다가13)
≪經國大典≫에 실리게 된다.

　　≪經國大典≫ 刑典 僞造 : 印信을 위조하는 경우에는 印文이 비록 이루
　어지지 않았더라도 斬刑에 처하며, 妻子는 諸邑의 노비로 영속시키고, 捕
　告者에게는 범인의 재산을 급부한다.14)

　한편 楮貨의 위조에 대하여도 ≪大明律≫에 규정이 있음에도 불구하
고 ≪經國大典≫에 규정된다.

　　≪經國大典≫ 刑典 僞造 : ○楮貨를 위조하는 경우에는 絞刑에 처하고,
　捕告者에게는 官에서 정포 250필을 상으로 주며<割註 : 都給일 경우에는
　평분한다>, 또 범인의 재산을 급부한다.15)16)

---

11) ≪朝鮮王朝實錄≫ 세종 15년(1433) 1월 己巳 : ○刑曹啓 凡僞造諸衙門印信
　　者 或印文未成 或大小懸別 依大明律 唐律 減等科罪 從之. 이 사례는 國王
　　의 判付에 의하여 ≪大明律≫의 개별조항이 규범력을 확보해가는 모습을
　　보여준다.
12) ≪朝鮮王朝實錄≫ 예종 1년(1469) 7월 甲辰.
13) ≪朝鮮王朝實錄≫ 성종 3년(1472) 10월 辛未, ≪朝鮮王朝實錄≫ 성종 4년
　　(1473) 5월 乙卯.
14) ≪經國大典≫ 刑典 僞造 : 僞造印信者 印文雖未成處斬 妻子永屬諸邑奴婢
　　捕告者給犯人財産. 이를 인용하여 처벌한 예로는 ≪朝鮮王朝實錄≫ 성종 9
　　년(1478) 4월 庚子, 12월 戊戌, 13년(1482) 2월 壬子 등 참조.
15) ≪經國大典≫ 刑典 僞造 : ○僞造楮貨者絞, 捕告者官賞正布二百五十匹<割

이로 보자면 ≪大明律≫ 刑律 詐僞에서 위조와 관련하여 조선에 적용
될 수 있는 조항은 詐僞制書, 僞造寶鈔, 私鑄銅錢, 僞造印信曆日等인데
이들 중 두 조문에 대하여 ≪經國大典≫에서 규정하고 있는 것이다. 印
信에 대하여는 성행하는 印信 위조의 엄금을 위하여 기미수를 구분하지
않을 뿐 아니라 처자를 노비로 정속시키므로 기준이 되는 ≪大明律≫보
다 강화하여 처벌하는 것이라고 할 수 있다. 여기서 중국의 형률인 ≪大
明律≫이 들어오긴 하였지만, 수용과정에서는 조선의 사정이 고려되어
기미수를 구분없이 처벌하는 형태의 규정이 ≪經國大典≫에 편입되는
모습을 볼 수 있다. 한편 저화위조에 대하여는 ≪大明律≫의 僞造寶鈔
가 斬刑을 규정하고 있는 것에 대하여 ≪經國大典≫에서는 絞刑을 규정
하고 있는데, 강제통용력이 약한 楮貨[17]이기 때문에 형량이 약화된 것이
아닐까 생각된다.[18]

註 : 都給 平分> 仍給犯人財產. 이 조항에 의해 처벌된 예로는 ≪朝鮮王朝
實錄≫ 성종 8년(1477) 6월 癸卯, 9년(1478) 4월 戊申.

16) 文亨鎭은 "사형을 부가한 형벌에 있어서는 ≪大明律≫과 차이가 없으나 연
좌의 범위와 형벌이 추가되고 있음을 알 수 있다"라고 하고 있는데(文亨鎭,
앞의 글, 175면), "형벌이 추가되고 있음"이 무엇을 의미하는지는 모르겠으나
형벌에 있어서도 印信위조에 있어서 기수와 미수의 동일시, 楮貨위조에서
는 참형과 교형의 차이가 나타나고 있음을 알 수 있다.

17) 楮貨는 치폐를 거듭하는데 楮貨를 사용하도록 하였다가[태종 1년(1401) 4월 甲
子], 폐단에 따라 혁파하고는[≪朝鮮王朝實錄≫ 태종 3년(1403) 9월 乙酉], 다시 저
화를 사용하도록 한다[≪朝鮮王朝實錄≫ 태종 10년(1410) 5월 辛巳].

18) 文亨鎭, 앞의 글, 176면에서는 "大明律에서는 관에 범인을 고발한 자에게
은 50냥을 급상한 반면, 經國大典에서는 정포 50필과 범인 재산도 주고 있
다. 經國大典 위조조의 규정이 大明律에 비해 처벌조항이 확대되었고, 급
상의 규모가 범인 재산으로까지 확대되었으며, 처자에까지 연대 책임을 묻
고 있는 것으로 볼 때 위조범에 대한 조선사회의 인식이 명나라에 비해 강
경했음을 알 수 있다"라고 하고 있다. ≪經國大典≫에서는 印信僞造와 楮
貨僞造를 나누어 규정하여, 印信僞造의 경우에는 범인의 재산만 급부하고,
楮貨僞造의 경우에는 정포 250필과 범인재산을 주고 있다. 한편 ≪大明律≫
에서는 印信僞造의 경우 은 50냥을 주지만, 寶鈔僞造의 경우에는 은 250냥
과 범인재산을 급부하고 있다. 이로 미루어 본다면 조선에서는 印信僞造의

2. 强盜의 刺字 및 緣坐

정책적인 입장에서 ≪大明律≫의 규정들을 변형한 예는 강도죄의 경우에 더욱 극명하게 드러난다. 우선 강도에 대한 ≪大明律≫의 처리 방침을 살펴보자.

> ≪大明律≫ 제289조 刑律 賊盜 强盜 : 무릇 强盜를 이미 범하였는데 재물을 얻지 못한 경우에는 모두 장100 유3천리에 처하고, 단 재물을 얻은 경우에는 首從을 가리지 않고 모두 斬刑에 처한다.[19]

≪大明律≫에 따르면 强盜에 대한 법정형은 재물의 취득 여부에 따라 참형에 처해지느냐 1등을 감하여 처벌되느냐가 나뉘고 있음을 알 수 있다. 刺字에 대하여는 따로 규정이 없는데, 강도 기수인 경우에는 이미 사형에 처해졌으므로 자자를 할 필요가 없지만, 미수인 경우에는 살아 있는 상태이므로 예방적 효과를 위하여 자자를 할 필요가 있을 것이다. 그런데 ≪大明律≫에서는 절도 미수인 경우에는 자자를 면제하는 것으로 규정하고 있다.[20] 이로 미루어보아 강도의 미수에도 마찬가지로 자자를 하지 않는다는 의미로 보인다.[21]

강도의 처벌에 대하여는 대체로 ≪大明律≫에 따른 처벌이 행해져,

경우에는 처자를 노비로 정속시키는 것과 범인 재산을 급부하는 것으로 볼 때 ≪大明律≫보다 강화되었다고 볼 수 있지만, 楮貨僞造의 경우에는 참형이 교형으로 된 것으로 볼 때 약화되었다고 볼 수밖에 없다. 즉 위조는 경우를 나누어 생각하여야 한다.

19) ≪大明律≫ 제289조 刑律 賊盜 强盜 : 凡强盜已行而不得財者 皆杖一百流三千里, 但得財 不分首從 皆斬.

20) ≪大明律≫ 제292조 刑律 賊盜 竊盜 : 凡竊盜已行 而不得財者 笞五十 免刺.

21) 이는 强盜를 자자하려고 하자 竊盜를 자자하는 일이 있으나 强盜를 자자한다는 것은 일찍이 들어보지 못했다는 議政府의 보고에서도 확인된다. ≪朝鮮王朝實錄≫ 세종 29년(1447) 5월 壬寅.

강도를 범한 자는 참형에 처해졌다.[22] 나이가 어리다는 이유로 減死되는 경우도 있었는데, 특히 減死되었기 때문에 '强盜'라는 글자를 刺字하였다.[23] 이것이 선례가 되어 成宗 2년이 되면 강도로서 사형되지 않은 자에게 '强盜'라는 글자를 자자하게 되고[24] 이것이 ≪經國大典≫에 그대로 규정된다. 한편 강도에 대한 처벌도 緣坐를 하게 되는데, ≪大明律≫에는 연좌에 대한 규정이 없어서 예종 1년에 강도의 처자를 극변의 관노비로 영속하게끔 하는 조치가 내려지고,[25] 다시 성종 1년에 강도로서 사형에 처하지 않는 자의 가족을 모두 극변에 정속시키라는 조치가 내려진다.[26] 이 조치는 受敎로서 행해지다가,[27] ≪經國大典≫의 단계에 가면 합쳐져서 强盜의 처자를 소재지 관아의 노비로 영속하게 된다.[28] 또 강도와 표리가 되는 窩主(장물아비)에 대한 처벌도 강도와 마찬가지로 행해져 사형에 처해지지 않는 窩主의 가족은 全家를 극변으로 옮기고,[29] '强窩' 두 글자를 刺字하게 되었고,[30] 이것이 그대로 ≪經國大典≫에 규정되었다.

> ≪經國大典≫ 刑典 臟盜 : 强盜로서 死刑에 처해지지 아니한 자는 율에 따라 논죄한 후 '强盜'를 자자하고, 再犯하면 絞刑에 처한다<割註 : 强盜의 妻子는 소재지 관아의 노비로 永屬시킨다. 窩主로서 율이 死刑에 이르지 않은 자는 논죄 후에 '强窩'를 刺字하고 全家徙邊하며, 3범하면 絞刑

---

22) ≪朝鮮王朝實錄≫ 세종 1년(1419) 11월 乙卯 등 다수.
23) ≪朝鮮王朝實錄≫ 세종 29년(1447) 5월 壬寅.
24) ≪朝鮮王朝實錄≫ 성종 2년(1471) 11월 丁卯.
25) ≪朝鮮王朝實錄≫ 예종 1년(1469) 5월 甲申. 이 경우에는 强盜 자신은 斬刑에 처해질 것이므로 가족들만 극변에 정속된다.
26) ≪朝鮮王朝實錄≫ 성종 1년(1470) 3월 壬午.
27) ≪朝鮮王朝實錄≫ 성종 2년(1471) 윤9월 壬戌, ≪朝鮮王朝實錄≫ 成宗 2년 (1471) 윤9월 戊辰 등.
28) 이에 따른 처벌 사례로는 ≪朝鮮王朝實錄≫ 성종 17년(1486) 5월 癸酉, ≪朝鮮王朝實錄≫ 성종 17년(1486) 5월 辛亥 등.
29) ≪朝鮮王朝實錄≫ 성종 1년(1470) 3월 壬午.
30) ≪朝鮮王朝實錄≫ 성종 2년(1471) 11월 丁卯.

에 처한다>.31)

이처럼 강도의 경우에는 대체로 ≪大明律≫에 따르지만 자자규정과 처자를 소재지 관아의 노비로 정속시키거나 全家徙邊하는 방안으로 부가적인 규정을 덧붙여서 강도에 대한 처벌을 강화하고자 하였다.32) 여기서 강도의 처자를 소재지 관아의 노비로 定屬시키는 것에 대하여 국가의 公賤 공급원확대에 대한 지나친 의욕을 상징하는 것이라고 하는 견해가 있다.33) 이러한 의도를 부정할 수는 없겠지만, 처자는 강도를 원활하게 할 수 있다는 측면에서 謀反大逆의 緣坐와 같은 맥락으로 강도가 능성의 근원을 배제하려는 측면이 더 강하다고 하겠다. 즉 強盜에 대한 처벌에서도 또한 상황 변화에 따라 범죄 행위에 대한 효과적인 대응책이 ≪經國大典≫에 규정되었다고 보아야 한다.

한편 군인절도에 대하여도 ≪大明律≫에서는 자자를 면제하고 있는데,34) 초기에는 ≪大明律≫ 군인절도의 예에 따라 자자를 면제하고 있었다.35) 그런데 자자가 없으면 범죄한 것을 외형상 알 수 없기 때문에 범죄한 것이 비록 수십 번에 이르더라도 推問할 길이 없으며, 또 벼슬길이 통하여 장차는 朝班에 섞이게 될 폐단이 있을 것이고, 조선에서는 군인과 민간인이 본래 같은 관계에 있어 서로 役을 바꾸게 되므로, 중국의 제도와는 같지 않기 때문에 군인에게도 자자를 하여야 한다는 형조의 건의에 따라 자자하게 되어,36) ≪經國大典≫에 규정되었다.37)

---

31) ≪經國大典≫ 刑典 贓盜 : 强盜不死者 依律論罪後 刺强盜二字 再犯處絞 <割註 : 强盜妻子永屬所在官奴婢 窩主律不至死者 論罪後 刺强窩二字 全家徙極邊 三犯處絞>.
32) 이는 强盜에 대하여 보고 없이 拷訊을 허용한 규정에서도 확인할 수 있다. ≪經國大典≫ 刑典 推斷 : 凡拷訊 取旨乃行<割註 : 庶人及犯盜者否>.
33) 俞起濬,「朝鮮初期 奴婢犯罪와 刑政」『湖西史學』제16집, 호서사학회, 1988, 101면.
34) ≪大明律≫ 제292조 刑律 賊盜 竊盜 : ○若軍人爲盜 雖免刺字 ….
35) ≪朝鮮王朝實錄≫ 세종 12년(1430) 4월 丙申.
36) ≪朝鮮王朝實錄≫ 세종 17년(1435) 10월 癸亥.

Ⅱ. 尊卑秩序의 유지를 위한 刑의 加重

존비질서의 유지를 위하여 ≪大明律≫의 규정보다 형벌을 강화하는 경우도 나타나는데 그것은 ≪經國大典≫ 刑典 告尊長에 규정되어 있다. 告尊長은 주로 卑幼의 尊長에 대한 고발을 다루고 있다. 卑幼의 尊長에 대한 행위는 殺人, 暴行, 侮辱, 犯姦, 告訴를 들 수 있을 것이다. 그런데 卑幼의 尊長에 대한 살인, 폭행, 모욕, 범간의 경우에는 이미 ≪大明律≫에서 신분질서를 대폭 강화하여 처벌하고 있기 때문에 ≪經國大典≫에서 다른 규율방식을 찾을 필요는 없다.

가령 폭행에 대해 ≪大明律≫이 규정한 것을 보자면 노비가 가장을 폭행하는 경우에는 참형에 처하고, 죽이면 凌遲處死에 처하고 있다.[38] 처가 남편을 때린 경우에는 장100에서 뼈가 부러지는 상해를 일으키면 일반 상해에서 3등을 가중하고 있고,[39] 부모를 폭행하면 참형에 처한다.[40] 또 侮辱의 경우에도 노비가 가장을 모욕하면 교형에 처하고,[41] 부모를 모욕해도 교형에 처한다.[42] 즉 살인, 폭행, 모욕, 범간이 존비질서와 관련될 경우의 조항들은 이미 ≪大明律≫에서 사형에 처하고 있다.

다만 고발하는 경우에는 무고를 하지 않는 이상 사형에까지 이르지는 않는다.[43] 그런데도 ≪經國大典≫은 告尊長을 두어 ≪大明律≫보다 중

---

37) ≪經國大典≫ 刑典 臟盜 : 軍人犯盜者亦刺字.
38) ≪大明律≫ 제337조 刑律 鬪毆 奴婢毆家長 : 凡奴婢毆家長者皆斬 殺者皆凌遲處死.
39) ≪大明律≫ 제338조 刑律 鬪毆 妻妾毆夫 : 凡妻毆夫者 杖一百 … 至折傷以上 各加凡鬪傷三等. 첩이 때린 경우에는 여기에 다시 1등을 가중한다.
40) ≪大明律≫ 제342조 刑律 鬪毆 毆祖父母父母 : 凡子孫毆祖父母·父母 及妻妾毆夫之祖父母·父母者 皆斬.
41) ≪大明律≫ 제350조 刑律 罵詈 奴婢罵家長 : 凡奴婢罵家長者 絞.
42) ≪大明律≫ 제352조 刑律 罵詈 罵祖父母父母 : 凡罵祖父母父母 及妻妾罵夫之祖父母父母者 並絞.

하게 처벌하고 있는 것이다. ≪經國大典≫의 규정을 보자.

> ≪經國大典≫ 刑典 告尊長 : ① 子孫, 妻妾, 奴婢로서 父母, 家長의 비행
> 을 고발하는 경우에는 謀叛, 逆反을 제외하고는 絞刑에 처한다. 奴妻, 婢夫
> 가 家長의 비행을 고발하는 경우에는 장100 유3천리에 처한다<割註 : 옛
> 노비, 雇工이 옛 가장을 구타, 모욕, 고발하는 자는 家長을 구타, 모욕, 고
> 발한 律에서 각 2등을 감하여 논죄한다. ② ○무릇 下官이 한 등급이 높은
> 관원을 모욕한 경우에는 남을 모욕한 本律에 1등을 더하며, 두 등급인 경
> 우에는 또 1등을 더하고, 이렇게 번갈아 더하여 장100에서 그친다. 工商賤
> 隸는 관직의 유무를 물론하고 각각 또 1등을 더한다>(圓숫자는 필자).44)

이 규정을 보면 우선 ①에서는 직접적인 존비관계가 있는 자손, 처첩,
노비가 부모, 가장의 비행을 고발하는 경우 謀叛, 逆反을 제외하고는 교
형에 처하도록 규정하고 있다. 원래 ≪大明律≫로는 이 경우 장100 도3
년의 형에 처해지도록 되어 있는데,45) 4등을 가중하여 처벌하고 있는 것
이다. 한편 ②부분은 가장과 직접 관계를 맺고 있지 않은 奴妻나 婢夫가
그 가장의 비행을 신고하는 경우 장100, 유3천리에 처하도록 규정하고
있다. 奴妻나 婢夫는 원래 자신의 배우자의 가장과는 주종관계가 성립하
지 않는다. 그런데도 직접 주종관계를 맺고 있는 관계를 처벌하는 ≪大
明律≫의 장100 도3년보다도 3등을 가중한 형벌인 장100 유3천리로 규
정하고 있는 것이다. 이는 일견 존비질서가 확장된 것으로 볼 수 있다.

---

43) ≪大明律≫ 제360조 刑律 訴訟 干名犯義 : 凡子孫告祖父母・父母 妻妾告夫
   及夫之祖父母・父母者 杖一百徒三年 但誣告者 絞.
44) ≪經國大典≫ 刑典 告尊長 : 子孫・妻妾・奴婢告父母・家長 除謀叛・逆反
   外 絞 奴妻・婢夫告家長者杖一百流三千里<割註 : 舊奴婢・雇工, 罵告舊
   家長者, 各減罵告家長律二等論 ○凡下官罵差等官者 於罵人本律加一等 隔
   等者又加一等 以此遞加 至杖一百而止 工・商・賤隸勿論有・無職 各又加
   一等>.
45) ≪大明律≫ 제360조 刑律 訴訟 干名犯義 : 凡子孫告祖父母・父母 妻妾告
   夫及夫之祖父母・父母者 杖一百徒三年. … 若奴婢告家長及家長緦麻以上
   親者 與子孫卑幼罪同. 다만 誣告한 경우에는 絞刑에 처해진다.

여기서 좀더 자세히 告尊長의 규정이 탄생한 배경을 살펴보자. 자식이 부모를 고발한 경우와 노비가 가장을 고발한 경우의 유래가 다르기 때문에 나누어 보아야 한다. 우선 자식이 부모를 고발한 조항의 성립에 대하여 살펴보면, 세종 때 계모의 머리털을 자르고 두 손을 뒤로 묶어 형조에 고발한 사건이 있었다. 즉, 奇尙廉이 자신의 이복동생인 尙質과 자신의 계모가 간통하였다고 하여 둘의 머리털을 자르고 형조에 고발한 것이다. 세종은 綱常에 관계된 사건이므로 이들을 형조에서 의금부에 넘기고, 그 처벌방법을 논의하게 하였다. 許稠는 어미와 자식 사이는 비록 과실이 있더라도 서로 용서하고 숨겨주는 것이 의리인데, 기상렴이 그 어미를 고발한 것은 그 어미와 아우를 죽이고 재물과 노비를 차지하고자 한 것일 뿐이니 크게 징계하여야 한다는 의견을 제시하였다. 그에 따라 《大明律》로는 처벌이 미흡하다고 하여 《唐律》에서는 "자손으로서 부모를 고발한 자는 교형에 처한다"[46]고 되어 있으므로 《唐律》에 따라 人道를 세우기를 주장하였는데 이 주장이 받아들여졌다. 다만 《唐律》은 당시의 현행법이 아니었으므로 이를 현행법으로 편입시키는 조치가 필요한데, 이에 세종은 "앞으로 자손이 부모를 고발한 경우에는 《唐律》에 따라 처벌한다"라는 受敎를 내렸다.[47] 따라서 이제 자손이 부모를 고발하게 되면 《大明律》과 달리 일반적으로 교형에 처해지게 된 것이다. 이 사안에서 내려진 受敎는 그대로 《經國大典》에 수록된다.

다음으로 노비가 가장을 고발한 경우에는 참형에 처하고, 奴妻, 婢夫의 경우 노비와 같이 처리했다.[48] 그런데 奴妻, 婢夫는 노비와는 차이가 있으므로 차등을 두어 논죄할 것을 청한 형조의 보고에서 시작되었다.[49]

---

46) 《唐律疏議》卷第二十三 鬪訟 告祖父母父母 : 諸告祖父母父母者絞.
47) 《朝鮮王朝實錄》세종 12년(1430) 2월 己亥 : 今後子孫告父母者 依唐律議斷.
48) 《朝鮮王朝實錄》세종 2년(1421) 9월 戊寅. ○禮曹判書許稠等啓 … 願自今臧獲如有告主者勿受, 仍斬之 … 從之.
49) 《朝鮮王朝實錄》세종 3년(1422) 12월 乙卯 : 刑曹啓 婢夫奴妻 亦在臧獲之例 然與臧獲有間 罪同未便 婢夫奴妻告主者 請於本律加等論罪.

이에 따라 논의가 행해져 時王의 제도50)에 어긋남이 있지만, 강상에 관계된 것이기 때문에, 노비가 주인을 고발한 경우에는 ≪大明律≫ 제360조 干名犯義의 무고에 比擬하여 교형에 처하고, 奴妻, 婢夫는 태종 7년(1407)의 受教에 따라 雇工과 동일하게 취급되고 雇工은 1등을 감하므로 장100 유3천리에 처하는 것으로 결정되었다.51) 奴主의 分을 엄히 하기 위한 것으로 조선 노비법의 특징 가운데 하나가 되었다고 할 수 있다.52) 이는 受教로써 시행되다가,53) ≪續六典≫에 실리게 되고,54) 그대로 ≪經國大典≫에 규정된다. ≪大明律≫과 비교해보면 존비질서를 강화했다고 볼 수 있지만, 원래 처벌해오던—모두 다 참형에 처하던—방식보다는 좀 약화된 형태라고 할 수 있을 것이다. 이 규정이 나오게 된 과정에서 볼 수 있듯이, 형량을 결정하는 데는 ≪大明律≫의 규정과 조선 사회의 현실을 적절히 조화하고자 하였음을 알 수 있다.

이상은 직접적이거나 그와 유사한 존비관계가 있는 경우인데, 예전에 이런 관계가 있었던 경우에도 없는 것으로 처벌하지는 않고 보다 가중하여 처벌하고 있다. 즉 ≪大明律≫에 의하면 노비가 옛가장을 모욕하거나 폭행하면 일반인으로 논죄하고 있다.55) 그런데 ≪大明律≫을 직해하

---

50) 時王의 제도는 당시 현행되고 있던 中國의 제도를 의미하며 구체적으로는 ≪大明律≫을 가리킨다.

51) ≪朝鮮王朝實錄≫ 세종 4년(1423) 2월 庚寅 : ○刑曹啓 … 願自今奴婢告主者 勿受 依誣告律處絞 婢夫奴妻告主者勿受 杖一百 流三千里 … 從之.

52) 池承鍾, 앞의 책, 355면.

53) ≪朝鮮王朝實錄≫ 세종 13년(1431) 3월 壬辰. 그런데 이 기사에서는 永樂 18년[世宗 2년(1421)] 9월의 受教로 인용하며 '處絞'라고 하고 있는데, 이때 許稠의 건의는 '斬刑'이었다. 세종 4년(1422)의 受教를 잘못 인용하지 않았나 생각된다.

54) ≪朝鮮王朝實錄≫ 세종 16년(1434) 6월 庚戌, ≪朝鮮王朝實錄≫ 세종 19년(1437) 11월 庚寅 등에서 ≪續六典≫을 처벌의 근거로 내세우고 있다.

55) ≪大明律≫ 제354조 刑律 罵詈 妻妾罵故夫父母 : 若奴婢罵舊家長者 以凡人論. ≪大明律≫ 제345조 刑律 鬪毆 妻妾毆故夫父母 : ○若奴婢毆舊家長 及家長毆舊奴婢者 各以凡人論.

면서 직해문에는 이를 일반인으로 논하지 않고, 가장을 폭행한 죄인 참형에서 1등을 감하거나, 가장을 모욕한 죄인 교형에서 2등을 감하도록 하고 있다.[56] 이 직해문에 대해 세종은 노주관계가 한결같은 모양이 아닌데 분변하여 시행할 수 없게 되니 문제가 있다고 비판하고, 노주의 관계가 끊어지지 않은 전매된 노비나 보충군에 소속된 노비의 경우에 1등 내지 2등을 감하라고 하고 있다.[57] 말하자면 주체를 한정한 것이라고 할 수 있다.

하지만 ≪經國大典≫에는 세종의 의도는 약간 수정되어 모두 2등을 감하여 논죄하는 것으로 규정한다. 이 규정에 따라 형량을 계산해보면 고발의 경우에는 장80 도2년(雇工인 경우에는 장70 도1년반), 모욕의 경우에는 장100 도3년, 暴行의 경우에는 장100 도3년의 형에 처해지게 된다.[58] 이

---

56) ≪大明律直解≫ 妻妾罵故夫父母 直解文 : … 本國法良中 奴婢亦 本主乙 罵詈爲乎所 凡人例以 論爲乎不喩良尔 罵家長 絞罪良中 減二等爲乎事. 현재 초간본이 전해지지 않으므로 확언할 수 없지만, 다른 증거가 없는 한 국초부터 ≪大明律≫보다 강화된 형률을 시행했던 것으로 추정할 수 있다. 池承鍾, 앞의 책, 375면.

57) ≪朝鮮王朝實錄≫ 세종 14년 9월 癸酉.

58) 池承鍾, 앞의 책, 376면에서는 "毆는 斬刑, 罵는 絞刑, 告는 조선에서는 絞刑이므로 減二等하면 모두 장100 도3년이 된다. 같은 告尊長條에 奴妻·婢夫가 家長을 告하면 減一等에 해당하는 장100 유3천리의 형을 받도록 되어 있으므로, 告하는 것만 가지고 비교한다면 舊奴婢는 奴妻·婢夫에 비해 다시 減一等한 형량을 적용하도록 되어 있는 셈이다"라고 하고 있다. 그런데 ≪經國大典≫에서 "毆罵告家長律"이라고 했을 때는 ≪大明律≫을 가리킨다고 할 수 있다. 물론 實錄에서 '律'이 용례에 따라서는 國典을 나타내는 경우도 있지만, ≪經國大典≫刑典 用律條에서 ≪大明律≫을 쓴다고 한 이상 법전에 나와 있는 '律'이라는 용어는 특별한 사정이 존재하지 않는다면 ≪大明律≫을 가리킨다고 보아야 한다. ≪經國大典≫에서 같은 법전 내에 있는 다른 조항을 가리킬 때는 '例'라는 표현을 쓰고 있다(≪經國大典≫ 刑典 才白丁團聚 : … 每年考其生產·物故·逃亡, 啓聞置簿, 逃亡者依徒·流·付處人逃亡例論 참조). 이러한 해석은 ≪經國大典註解≫ 後集에서도 동일하여 '告者杖一百徒三年雇工減一等'이라고 표현하여 ≪大明律≫을 지칭하는 것으로 보고 있다(단국대학교부설 동양학연구소, 「經國大典註解」, 단국대학교출판부, 1987, 312면).

를 일반인이 같은 죄를 범했을 때 우선 고발은 문제가 되지 않고, 모욕의 경우에는 일반 모욕죄인 罵詈가 적용되면 태10의 경미한 형에 처해지며 폭행한 경우에 노비의 신분을 벗어나지 못했다고 가정한다고 해도, 상처에 따라 태30에서 시작하는 형을 받게 되는 것과 비교해본다면, 신분관계가 이미 종료된 자 사이에 이전 신분관계가 유추되어 적용된다는 것은 ≪大明律≫보다 극히 가중적인 처벌을 가져온다는 것을 알 수 있다. 여기에서 조선에서는 일단 한번 奴主之分이 맺어지면, 그 노비가 타인 소유가 되거나 심지어 贖身從良되더라도, ≪大明律≫에서처럼 일반적인 한 관계로 바꾸어지는 것이 아니라 주노관계에 준하는 특수한 관계에 있는 것으로 인정되었음을 알 수 있다.59)

告尊長에서는 관리를 모욕한 경우에 대하여도 특칙을 규정하고 있다. 즉 下官으로서 한 등급이 높은 관원[差等官]을 욕하면 1등을 더한다는 등의 규정이다. 즉 下官이 한 등급 높은 관원을 모욕하는 경우에는 일반 모욕죄보다 1등을 가중하여 태20으로 처단한다는 것이다.60) 이 규정의 성립경위를 추적해보자. 우선 ≪大明律≫에는 下官이 관청의 長官61)을 모욕하는 경우나, 관내의 部民이 長官을 모욕하는 경우에 대하여 규정하고 있지만,62) 하급관원이 상급관원에 대해 모욕하는 것은 규정되어 있지 않다. 즉 일반인의 모욕으로 처벌한다는 것이 ≪大明律≫의 뜻일 것이다. 그런데 조선사회에서는 名分을 중시했기 때문에 ≪大明律≫대로 일반인끼리의 모욕으로 처벌할 수는 없었다. 이에 새로운 규칙을 만드는데, 태종 15년(1415)에 3품 이하 9품 이상이 2품 이상을 모욕하면 佐職統屬罵長官의 5품 이상 長官을 모욕한 예에 의해 장80에 처하고, 7품 이하

---

59) 池承鍾, 앞의 책, 377면.

60) ≪大明律≫ 제347조 刑律 罵詈 罵人 : 凡罵人者 笞一十.

61) ≪經國大典≫에서는 ≪大明律≫에서 長官이라고 하는 것을 '行首'로 하고 있다. ≪經國大典≫ 刑典 推斷.

62) ≪大明律≫ 제348조 刑律 罵詈 罵制使及本管長官과 제349조 佐職統屬罵長官 참조.

와 양인이 6품 이상을 모욕한 경우에는 佐職統屬罵長官의 6품 이하 長官을 모욕한 예에 따라 태50에 처하기로 한다.63) 하지만 이 조치는 사실 佐職統屬罵長官64)을 적용하기 위한 조치일 뿐이며, 가령 6품관이 5품관을 모욕한다든가, 양인이 5품관을 모욕하는 경우 등과 같이 세분된 경우에 적용할 조항이 없다. 그래서 위와 같은 ≪經國大典≫의 조문이 생겨났는데, 세조 7년(1459)에 頒降된 ≪經國大典≫에는 이 조항이 들어 있었지만 성종 5년(1474)에 반강된 ≪經國大典≫에는 이 조항이 없었다. 이러한 상황이라면 서인들이 재상을 모욕하여도 일반 모욕죄에 따라 태10에 해당하는 형을 가하는데 인정에 맞지 않으므로 부득이 不應爲律을 인용하여 처벌하던 상황이었던 것이다. 그래서 성종 15년(1484)에 형조에서는 이를 다시 재규정할 것을 요청하여65) 현재의 ≪經國大典≫에 실리게 된 것이다. ≪大明律≫에서 규정하고 있지 않고 일반 모욕죄로 처리해야 하지만, 이는 너무 경하기 때문에 不應爲로 처벌하던 것을 ≪經國大典≫에서는 관계에 따라 장100을 부과할 수도 있게끔 가중하고 있는 셈이다. 결국 ≪經國大典≫ 告尊長은 ≪大明律≫에서 처벌되는 것 이상으로 가중하여 처벌하는 것을 보여주는데, 여기에서 조선 사회가 존비질서에 관하여는 ≪大明律≫이 상정한 신분질서에 따른 차등처벌보다도 더 강하게 신분질서를 유지하고자 했던 모습을 엿볼 수 있다.66)

---

63) ≪朝鮮王朝實錄≫ 태종 15년(1415) 11월 丁巳.
64) ≪大明律≫ 제349조 刑律 罵詈 佐職統屬罵長官 : 凡首領官及統屬官 罵五品以上長官 杖八十 若罵六品以下長官 減三等 佐貳官罵長官者 又各減二等.
65) ≪朝鮮王朝實錄≫ 성종 15년(1484) 5월 丙午 : ○刑曹啓 : 辛巳年大典 卑下罵尊長條云 凡下官罵差等官者 於罵人本律 加一等 隔等者 又加一等 以此遞加 至杖一百而止 工商賤隷 勿論有無職 各又加一等 今大典不錄此條 故京外庶人及工商賤隷等 非徒罵有職顯秩人 至罵時任宰相 若依律照得 則不過罵人笞一十 不合情法 故不得已引用不應爲之律 而不得加減 有職人與工商賤隷 更無分別 竝用一律 大體未便 令勘校廳 議定何如 從之.
66) ≪經國大典≫ 告尊長의 정신은 현행 刑事訴訟法에도 자기 또는 배우자의 직계존속은 고소하지 못한다고 규정되어(刑事訴訟法 제224조) 이어지고 있는데, 전통적인 가정내 위계질서를 존중·유지하기 위한 것이라고 한다. 申

Ⅲ. 構成要件의 통합 - 濫刑

拷訊이란 "조선시대의 형사재판과정에서 피의자 또는 목격자(증인)의 自白 기타의 진술을 얻어내기 위하여 일정한 법적 규제와 제한 하에 실시하는 강제수단"[67]이라고 할 수 있다. 따라서 조선시대에는 고신이 합법적으로 행하여졌던 것인데, 고신으로 인한 부작용, 예컨대 피의자의 상해, 사망 등을 방지하기 위하여 법적으로 여러 가지 제도적 장치가 만들어져 있었다. 범죄행위를 밝히기 위한 고신이 도가 지나치게 되면 바로 남형이 되는데, 합법적인 고신과 남형의 경계를 설정하는 것이 중요하였다. 왜냐하면 고신이 합법적인 것이라고는 해도 백성에 대한 신체적인 위해를 가하는 것인 이상 백성의 억울함을 되도록이면 억제하여야 하는 王政에서는 이를 가급적이면 제한하여야 하였는데, 그렇다고 제한을 설정하고 제한 내에서만 고신을 행하게 되면 피고인이 제한 내의 고신을 끝까지 참고 자백하지 않으면 처벌할 수 없는 문제가 발생하기 때문이다.[68] 따라서 제한된 합법적인 고신과 남형과의 경계를 찾는 것이

東雲, 『刑事訴訟法(제3판)』, 法文社, 2005, 87면. 또 조선에서 불효와 관련된 범죄는 ≪刑法大全≫(1905)에까지 남아 있다가 사라진다. 불효죄와 관련하여 자세한 것은 朴秉濠, 「孝倫理의 法規範化와 그 繼承」 『近世의 法과 法思想』, 도서출판 진원, 1996, 507~529면 참조. 특히 527~529면에 걸쳐서 불효죄와 관련한 ≪刑法大全≫, ≪唐律≫, ≪大明律≫의 규정들과 한국, 대만, 일본의 刑法에 규정되어 있는 불효죄를 표로 정리하여 대비하여 놓았다.

67) 沈羲基, 『韓國法制史講義』, 삼영사, 1997, 221면.
68) 濫刑을 금지한 것에 대한 비판은 ≪朝鮮王朝實錄≫ 곳곳에 나타난다. 예컨대, 도적을 막기 위한 여러 정책을 베푸는데도 濫刑의 위험 때문에 함부로 杖訊을 가하지 못하여 도적이 더욱 성행한다든가(≪朝鮮王朝實錄≫ 세조 11년 2월 辛巳), 법 이외에 고신하는 것을 모두 濫刑으로 논하고 赦免시에도 용서하지 않기 때문에 도적이 날로 성해진다는 기사가 있다[≪朝鮮王朝實錄≫ 세조 13년(1467) 11월 丁亥].

중요하였다. 이 문제는 남형을 엄격하게 제한한 세조 때에 중하게 다루
어져 과거시험의 시제로까지 출제되기도 하였다.[69]

남형과 관련된 규정이 ≪大明律≫에는 두 개나 존재하고 있는데 다음
과 같다.

> ≪大明律≫ 제420조 刑律 斷獄 故禁故勘平人 : ○만약 죄없는 사람을 고
> 의로 신문한 경우 장80에 처하며, 뼈가 부러지는 상해 이상을 입혔으면
> '일반 鬪傷'에 의하여 죄를 논하고, 그로 인하여 죽음에 이르게 한 경우 斬
> 刑에 처한다.[70]

> ≪大明律≫ 제437조 刑律 斷獄 決罰不如法 : 무릇 官司에서 법과 다르게
> 형을 집행하면 태40에 처하며, 그로 인하여 사망에 이르면 장100에 처하고
> 매장비용 銀10량을 추징하며, 형장을 친 자는 각각 1등을 감한다. … ○監
> 臨하는 관원이 공사로 인하여 사람에게 급소가 되는 곳을 불법하게 구타
> 하거나, 스스로 큰 몽둥이, 칼, 손과 발로써 사람을 구타하여 뼈가 부러지
> 는 상해 이상의 상해를 입혔다면, 일반 鬪傷에서 3등을 감하여 처벌하며,
> 사망에 이른 경우에는 장100 도3년에 처하고 매장비용 銀10량을 추징한다.
> 부림을 받아 직접 실행한 자는 각각 1등을 감한다. 모두 죄는 죄가 말미암
> 은 자만을 처벌한다.[71]

이 규정들에 따르면 우선 제420조 故禁故勘平人에 의하면 뼈가 부러
지는 상해 이상인 경우에는 '일반 鬪傷'의 예에 따른다고 하였는데 이는
≪大明律≫ 鬪毆를 가리킨다. 鬪毆에 따르면 부러진 상처에 따라 장100
에서 장100 유3천리의 형을 과하고, 죽은 경우에는 참형에 처하게 되는

---

69) ≪朝鮮王朝實錄≫ 세조 14년(1468) 4월 辛卯.
70) ≪大明律≫ 제420조 刑律 斷獄 故禁故勘平人 : 若故勘平人者 杖八十 … 折
　　傷以上 依凡鬪傷論 因而致死者 斬.
71) ≪大明律≫ 제437조 刑律 斷獄 決罰不如法 : 凡官司決人不如法者 笞四十
　　因而致死者 杖一百 均徵埋葬銀一十兩 行杖之人 各減一等 … ○若監臨之官
　　因公事 於人虛怯去處 非法毆打 及自以大杖 或金刃手足 毆人至折傷以上者
　　減凡鬪傷罪三等 至死者 杖一百徒三年 追埋葬銀一十兩 其聽使下手之人 各
　　減一等 並罪坐所由.

구조이다.[72] 한편 제437조 決罰不如法에 의하면 관사에서 법과 다르게 형을 집행하여 사망에 이른 경우에는 장100에 처하고 埋葬銀10냥을 추징하고, 감림관원이 공사로 인하여 급소를 불법하게 구타하는 등 사망에 이른 경우에는 장100 도3년에 처하고 매장은 10냥을 추징하는 구조이다. 이상과 같이 규정이 있는 이상 조선은 형률에 있어서 《大明律》을 쓴다고 하였으므로 이에 따라 처벌하면 될 것이었다.

사실관계가 명확하게 나와 있지 않아 어떠한 조문을 적용했는지 정확하게는 알 수 없으나,[73] 《大明律》의 형벌과 일치하는 것을 살펴보면 태종 때 전 議郎 方與權이 溫水貢吏를 남형한 죄에 대하여 장80에 처하였고,[74] 濟州 按撫使 趙希鼎이 私奴 洪龍에게 남형하여 치사케 한 죄는 장100에 해당하며,[75] 고을 사람 鄭偶가 사슴을 사냥하여 私的으로 사용하는데 화를 내어 濫刑한 결과 치사케 한 判忠州牧事 尹夏에 대하여는 장80 도2년에 照律한 사례를 볼 수 있다.[76] 또 사형에 해당하는 것으로

72) 《大明律》 제325조 刑律 鬪毆 鬪毆 참조.
73) 《大明律》 제420조 刑律 斷獄 故禁故勘平人은 무고한 자를 수금하여 拷訊하는 경우에 적용되는 조문이고, 決罰不如法은 원래 正刑을 집행할 때 타격처나 타격방법 등을 달리한 경우에 적용되는 조문인데, 《朝鮮王朝實錄》의 기사로는 이를 구분할 정도로 자세한 사안을 알 수 없다. 하지만 조선에서는 決罰不如法을 正刑 집행의 불법뿐만 아니라 拷訊의 불법에도 적용하여 濫刑이라는 용어 속에 통합하여 사용하였다. 예컨대 《朝鮮王朝實錄》 태종 17년(1417) 5월 丙申 : 京中掌刑各司 已決訊杖次數及杖數 每於決等啓本具錄 雖竟未得情 其已行訊杖者 次數杖數亦當啓聞 毋得濫刑.
74) 《朝鮮王朝實錄》 태종 11년(1411) 윤12월 丁巳. 이는 《大明律》 제420조 刑律 斷獄 故禁故勘平人 : 若故勘平人者 杖八十에 해당될 것이다.
75) 《朝鮮王朝實錄》 세종 9년(1427) 9월 壬辰. 《大明律》 제437조 刑律 斷獄 決罰不如法 : 凡官司決人不如法者 笞四十 因而致死者 杖一百에 해당될 것이다.
76) 《朝鮮王朝實錄》 세종 12년(1430) 11월 丁巳. 그런데 《大明律》 刑律 斷獄 決罰不如法條에 의하면 이러한 경우에는 장100 도3년의 형이 과해져야 하는데, 어떤 이유에서인지 2등을 감하여 조율되었다. 世宗은 尹夏에 대하여 다만 직첩만 회수하여 외방에 부처하도록 한다.

전 永興府使 朴冠이 官奴인 延萬·加叱同·內隱達 등 6명에게 濫刑하여
치사케 한 사안에서 참형으로 照律한 사례를 볼 수 있다.[77] 태종, 세종대
의 이 사례들은 양형단계의 문제를 떠나서 照律단계에 있어서는 남형하
는 관리들에 대한 처리를 충실하게 ≪大明律≫에 따라 하고 있었음을
보여준다고 하겠다. 이렇게 처벌하고 있었던 것은 ≪大明律≫이 하나의
法源으로 인정된 것이기도 하지만, 특히 ≪續刑典≫에 이 규정이 편입
되어 있었기 때문이다. 즉 ≪續刑典≫에서는 "서울과 지방의 관리로서
만약 법을 어겨 남형하면, 서울에서는 사헌부가 지방에서는 감사가 죄인
의 친속이 고발하는 것을 허용하여 율에 따라 과죄한다"라고 규정하고
있었는데,[78] 여기서 '律'이라는 것은 ≪大明律≫을 의미하기 때문에 ≪大
明律≫의 규정에 따라 과죄한다는 의미이다. 여기서 특이한 것은 ≪大明
律≫ 상으로는 행위와 대상에 의하여 확연하게 구분되는 두 규정 - 故禁
故勘平人, 決罰不如法 - 이 실무에서나 법전에서나 남형이라는 용어 하
나로 다루어진다는 것이다. 더군다나 文意로 보면 고신의 불법에는 적용
되지 않을 것 같은 ≪大明律≫의 조항들이 남형이라는 새로운 구성요건
에 의하여 적용되고 있는 점이다. 즉 남형이라는 구성요건의 포괄범위는
무고한 자에 대한 고신, 불법한 고신, 불법한 정형에까지 이른다는 것이
다. 이로써 추측해볼 수 있는 것은 ≪大明律≫이 적용되기 이전부터 행
위와 대상의 구분 없이 남형이라는 용어가 굳어져 있었고 그 처벌을 어

---

77) ≪朝鮮王朝實錄≫ 세종 12년(1430) 윤12월 丙午. ≪大明律≫ 刑律 斷獄 故禁
故勘平人 : 若故勘平人者 … 因而致死者 斬에 해당된다. 이 사건에서 朴冠
은 감1등된다. 그리고 같은 사건에서 嚴克寬은 匿名文書에 의하여 內隱達
에게 형을 잘못 실시하여 죽게 하여, 杖100 도3년과 매장은 10에 처해지는
데 이는 決罰不如法에 부합한다.

78) ≪朝鮮王朝實錄≫ 세종 21년(1439) 2월 辛亥 : 續刑典 京外官吏 如有違法濫
刑者, 京中憲府 外方監司 許令犯罪人親屬陳告, 依律論罪. 연세대학교 국학
연구원편, 『經濟六典輯錄』, 신서원, 1993, 293면에 의하면 이 규정의 元受
敎가 태종 17년(1417) 5월 丙申의 기사(본절 주 73)이기 때문에 여기서 말하는
續刑典은 新續六典의 刑典을 의미한다고 한다.

떻게 할지가 문제가 되었는데, 각기 사안에 따라 故禁故勘平人, 決罰不
如法을 적용하여 남형이라는 명목으로 처리해오던 것이 아니었나 생각
된다. 그러던 것이 法典에 故禁故勘平人, 決罰不如法을 포괄하는 의미에
서의 濫刑으로 규정되고, 이 두 가지 행위가 있을 경우 각기 ≪大明律≫
의 해당 조항을 적용했을 것이라 생각된다.

그런데 이렇게 대체로 ≪大明律≫에 따라 처벌되던 남형이 세조대에
들어오면 보다 강화된다. 즉 세조는 남형에 대하여 중하게 다스릴 것을
曉諭79)한 후에, 이를 故殺에 비겨 처리하기도 하였다.80) 특히 형벌을 어
긋나게 가한 관리를 중한 자는 교형과 참형에까지 이르게 하였다.81) 그
리고 사면의 대상에서 제외한 것도 세조가 남형을 금지하기 위한 조치
라고 할 것이다.82) 세조대의 사안을 이전 시기와 비슷하게 ≪大明律≫에
해당되게 처벌한 것으로 분류하여 보면 참형에 처하는 계열83)과 장100
도3년에 처하는 계열84)이 있다. 그런데 장100 도3년에 처하는 계열의 경
우에는 이전 시기와는 다르게 특별히 '영구히 서용하지 않는다'는 조치
를 덧붙이는데 이것은 ≪大明律≫보다 형을 가중한 것이라고 할 수 있다.

이렇게 세조대에 조금 더 강화된 형태로 처벌되던 남형이 ≪經國大典≫
의 단계에 가면 조금 다르게 규정된다.

---

79) ≪朝鮮王朝實錄≫ 세조 8년(1462) 6월 乙酉 : … 濫刑誣陷無罪者 當治罪不
　　饒 惟爾刑曹 體予至懷 曉諭中外.
80) ≪朝鮮王朝實錄≫ 세조 11년(1465) 9월 己酉 : … 然其中濫刑官吏 例同故殺
　　不可不懲.
81) ≪朝鮮王朝實錄≫ 세조 12년(1466) 7월 丁丑 : … 枉刑官吏 隨其輕重 重者至
　　於絞斬.
82) ≪朝鮮王朝實錄≫ 세조 7년(1461) 4월 乙酉를 시작으로 하여 世祖 13년(1467)
　　4월 丙午 등 多數.
83) ≪朝鮮王朝實錄≫ 세조 12년(1466) 12월 癸亥 : ○傳旨義禁府曰 吳達善金貴
　　明楊仲生甫羅吳決等 濫刑殺人 金宗蓮附下罔上 並處斬.
84) ≪朝鮮王朝實錄≫ 세조 11년(1465) 12월 庚子, 동년 12월 辛丑 등인데 이 경
　　우 대개 장90 도2년반 혹은 기타로 감형된다.

　　《經國大典》刑典 濫刑 : 관리의 濫刑은 장100 도3년에 처하고 치사시
킨 경우에는 장100에 처하고 영구히 서용하지 않는다.[85]

　　이 규정은 이전까지 처벌해오던 방식과는 조금 다른 방식을 취하고
있다. 즉 이전까지의 사례들은 《大明律》의 규정을 크게 벗어나지 않는
참형에 처하는 계열과 장100 도3년에 永不敍用을 덧붙이는 계열이었지
만, 이 조항에 의하면 남형에서 참형 계열이 제외되어 있음을 볼 수 있
다. 이러한 형태의 조문이 언제 성립되었는지는 명확하게 알 수는 없지
만, 성종 4년(1473)에 濫刑한 정읍현감 金瑗을 《經國大典》에 의해 장
100, 고신추탈, 영구히 서용하지 않도록 한 사례[86]를 보면 성종 4년(1473)
때 시행되고 있던 《經國大典》에 이미 현재 남아있는 《經國大典》(乙
巳大典)의 조문과 동일한 형태의 조문이 존재하고 있음을 추정할 수 있
다.[87] 이로 본다면 세조 11년(1465) 이전에는 《大明律》에 따라 남형한
자를 참형에 처하거나 장100 도3년에 처하고 永不敍用을 덧붙이던 것을,
성종 4년(1473)까지의 사이에 장100 도3년과 장100 永不敍用으로 나누어
규정한 것이 아닌가 생각된다. 거기에 《大明律》의 부가형인 埋葬銀10
냥도 또한 추징하였음을 알 수 있다.[88] 이전에는 남형이라는 구성요건에

---

85) 《經國大典》刑典 濫刑 : 官吏濫刑 杖一百徒三年 致死者 杖一百 永不敍用.
86) 《朝鮮王朝實錄》성종 4년(1473) 4월 甲子. 告身追奪은 私罪로 장100에 해
　　당하면 告身을 추탈한다는 규정에 따른다. 《經國大典》刑典 推斷條註 :
　　○犯私罪 … 一百盡行追奪.
87) 한편 《朝鮮王朝實錄》성종 10년(1479) 7월 己巳에서는 "臣等 以謂濫刑及
　　塗改文書者 永不敍用 載在續典"이라고 하는데 여기서 말하는 '續典'은 성
　　종 5년(1474)에 《經國大典》(甲午大典)과 함께 반포된 《大典續錄》을 말한
　　다. 이는 성종 5년(1474) 3월 戊子條에서 "大典續典"이라고 한 표현에서도
　　확인할 수 있다. 그렇다면 永不敍用이라는 부가적 형이 《經國大典》(성종
　　5년 이전)에 실려 있었다가 성종 5년에 《經國大典》을 개정하면서 삭제하
　　고 《大典續錄》(성종 5년판)에 실었다가 다시 《經國大典》에 실은 것으로
　　추정할 수 있을 것이다.
88) 《朝鮮王朝實錄》성종 11년(1480) 5월 丙戌 : 前會寧府使沈膺 濫刑女妓笑
　　雲英致死罪 律該決杖一百 告身盡行追奪 均徵埋葬銀一十兩 依大典 永不敍

포함되던 故禁故勘平人의 참형을 제외시키는 조문성립과정을 보면 ≪經國大典≫에 규정된 남형조항은 ≪大明律≫의 그것과 극히 유사한 것으로 ≪大明律≫에 없는 부가형인 永不敍用에 초점을 둔 것이라고 할 수 있지만, 故禁故勘平人과 決罰不如法을 남형이라는 하나의 구성요건으로 통합하여 다루었다는 점에도 주목하여야 할 것이다. 이후의 사례를 보면 남형을 하였다고 참형으로 照律하는 사례는 찾아볼 수 없으며, 율에 의한다고 표현하지만 ≪經國大典≫에 의하였다고 생각되는 것[89]도 故禁故勘平人과 決罰不如法이 ≪經國大典≫의 남형으로 통합되었다는 것을 뒷받침하는 것이라고 생각된다.

IV. 構成要件의 세분화-亂言

조선시대의 난언은 세상에 대한 불평 내지 王에 대한 불평을 포함하며 다양한 스펙트럼을 갖는 구성요건이라고 할 수 있다.[90] 그런데 ≪大明律≫에서는 난언에 대하여 따로 규정하는 체제를 취하지 않고 황제와 관련되어 謀反大逆에 해당하는 경우를 처벌하고 있다.[91] 따라서 난언을

用. ≪朝鮮王朝實錄≫ 중종 4년(1509) 8월 丙辰 : ○傳曰 覽鄭士傑推案 濫刑繼同已甚 當如律罪之 功減一等 杖九十 永不敍用.

89) 가령 바로 윗주의 중종 4년(1509)의 사례를 보면 해당 律에서 1등을 감하여 장90, 永不敍用이라고 하는데 ≪大明律≫에서 1등을 감하면 장90이지만 永不敍用은 없다. ≪經國大典≫에 의하였다고 볼 수 있다.

90) 兪起濬, 『朝鮮初期 刑律硏究-律文과 律學을 中心으로-』, 충남대학교 문학박사학위논문, 1996, 34면은 "난언이라 함은 왕실에 대한 비난이나 모독 등의 유언비어를 말하는 것으로 왕권의 유지에 영향을 미칠 수 있는 행위"라고 정의하고 있다.

91) ≪大明律≫ 禮律 祭祀 禁止師巫邪術이 말하자면 소위 '혹세무민'에 해당하는 범죄를 처벌하는 조항일 수 있으나, 이는 주체가 무당이거나 무당이 아니더라도, 주술행위와 관련된 것이다. 단순히 세상이나 왕에 대한 불평을 처벌하는 조항은 아니다. ≪大明律≫ 禮律 祭祀 禁止師巫邪術 : 凡師巫假

한 경우에는 별다른 조항이 없어서 사안의 경중에 관계없이 조선초기에
는 ≪大明律≫의 謀反大逆에 따라 처벌하고 있었던 것 같다.[92] 그런데
난언이라는 행위는 워낙 개념이 넓기 때문에 일률적으로 謀反大逆으로
처리하면 타당하지 않은 문제가 있어서 세종은 이를 세분하여 처벌하기
위하여 역대의 형률을 상고할 것을 명한다.[93] 형조에서 이에 대하여 회
답을 하는데, 唐의 刑律과 ≪元史≫ 刑法志를 인용한다. 즉 ≪唐律≫에
의하면 황제를 지목하여 비난함에 정리가 切害한 경우에는 참형에 처하
고, 절해하지 않은 경우에는 도2년에 처하며,[94] 元史 刑法志에 의하면
난언으로 임금을 범하면 사형에 처하고, 가산을 몰수한다고 규정되어 있
다고 하였다. 형조에서는 ≪唐律≫과 ≪元史≫ 刑法志를 종합하여 난언
으로 임금에게 관계된 것으로 情理가 切害한 경우에는 참형에 처하고
가산을 몰수하며, 切害하지 않은 경우에는 장100 유3천리에 처할 것을
청하고, 世宗은 이에 따랐다.[95] 이때 정해진 규정은 切害하지 않은 경우
에는 장100 도3년으로 정해졌다가,[96] 다시 ≪經國大典≫의 단계에 가서

降邪神 書符呪水 扶鸞禱聖 自號端公大保師婆及妄稱彌勒佛白蓮社明尊敎白
雲宗等會 一應左道亂正之術 或隱藏圖像 燒香集衆 夜聚曉散 伴修善事 扇
惑人民 爲首者絞 爲從者 各杖一百流三千里. ○若軍民裝扮神像 鳴鑼擊鼓
迎神賽會者 杖一百 罪坐爲首之人 里長知而不首者 各笞四十. ○其民間春秋
義社 不在禁限.

92) 世宗 1년(1419) 金仁發의 난언이 불충에 관계된다 하여 凌遲處死에 처한 예
   가 있다. ≪朝鮮王朝實錄≫ 세종 1년(1419) 11월 壬寅.

93) ≪朝鮮王朝實錄≫ 세종 4년(1422) 윤12월 辛酉.

94) 임대희·김택민 주편, 『譯註 唐律疏議－各則(상)－』, 한국법제연구원, 2154
   면(제122조 職制 32 指斥乘輿).

95) ≪朝鮮王朝實錄≫ 세종 5년(1423) 1월 丙戌. ≪朝鮮王朝實錄≫에도 명시적
   으로 나오긴 하지만, 이를 명시적으로 분석하여 '亂言'이 ≪唐律≫이나 ≪大
   明律≫에 없고 ≪元史≫ 刑法志에 나오기 때문에 ≪元史≫ 刑法志를 受容
   한 입법이라고 평가하고, 다만 情理切害와 非切害는 ≪唐律≫의 文句를 援
   用하였다고 하는 견해도 있다. 田鳳德, 『經濟六典拾遺』, 亞細亞文化社, 1989,
   229면.

96) ≪朝鮮王朝實錄≫ 세종 6년(1424) 3월 戊寅, ≪朝鮮王朝實錄≫ 세종 11년(1429)

약간의 수정을 거쳐 수록된다.

> ≪經國大典≫ 刑典 推斷 : ○무릇 亂言을 하는 경우에는 왕에게 보고하여 추문하여 사실을 조사하고, 장100 유3천리에 처한다. 만일 임금을 범한 것에 관여되어 정황이 아주 나쁜 경우에는 斬刑에 처하고, 家產을 籍沒한다. 誣告하는 경우에는 反坐하며, 알고도 고발하지 아니하면 각각 1등을 감하여 처벌한다.[97]

난언의 실체가 실록상으로 대부분 나타나지 않고 있지만, 형량을 기준으로 하여 본다면 난언은 謀反大逆에 해당하는 난언[98]과 임금과 관계되지만 情理가 切害하지 않은 난언, 그리고 情理가 切害한 난언[99]으로 구분할 수 있을 것이다. ≪經國大典≫에서는 뒤의 두 사항에 대하여 규정하고, 난언이 모반대역에 해당할 경우에는 본율인 ≪大明律≫로 돌아가서 처벌하면 된다. 왜냐하면 ≪大明律≫은 ≪經國大典≫에 규정이 존재하지 않을 때 쓰는 일반 형법이기 때문이다. 그런데 情理가 切害 즉 정상이 극히 흉악하냐 아니냐는 주관적인 문제라고 할 수 있는데, 판단

7월 丁巳, 세조 6년(1460) 3월 戊寅의 사안에서는 受敎 내지 續典에 정리가 절박하지 않은 경우에는 장100 도3년에 처한다로 규정되어 있다는 표현이 나오고 있다.

97) ≪經國大典≫ 刑典 推斷 : ○凡亂言者 啓聞推覈 杖一百流三千里 若干犯於上情理切害者斬 籍沒家產 誣告者反坐 知而不告者各減一等.

98) 이러한 亂言의 사례는 ≪朝鮮王朝實錄≫ 세조 5년(1459) 8월 丙子, ≪朝鮮王朝實錄≫ 세조 6년(1460) 1월 庚辰, ≪朝鮮王朝實錄≫ 성종 1년 1월 壬寅 등을 들 수 있다. 특히 ≪朝鮮王朝實錄≫ 세종 18년(1436) 12월 甲申에 나오는 사례는 "天神이 나에게 말하되 너를 명하여 北狄을 다스려 임금이 되라 한다"라는 亂言을 한 金浩然에 대해 凌遲處死하여야 한다는 의금부의 주장에 대하여 "이 사람에게 능지형을 가하면 謀反의 마음이 있는 사람에게는 어떤 죄를 가하겠는가"라고 하여 배척하고 참형에 처해진 사안인데 난언에 대해 경우를 나누어 판단해야 한다는 사안으로 이해할 수 있겠다.

99) 이 경우가 가장 사례가 많은데 ≪朝鮮王朝實錄≫ 세종 6년(1424) 5월 戊子, ≪朝鮮王朝實錄≫ 세종 6년(1424) 6월 庚戌, ≪朝鮮王朝實錄≫ 세종 13년(1431) 5월 戊子 등이 있다.

하는 주체가 이를 확정할 수밖에 없을 것이다. 한편 난언을 하였다고 誣
告한 경우에도 ≪經國大典≫에서는 反坐100)한다고 규정하는데 이는 이
미 ≪大明律≫ 誣告에 反坐하는 규정이 있으므로 注意的 규정이라고 할
수 있다.101) 이렇게 본다면 난언은 임금과 관련되어 있다면 ≪大明律≫
에서는 謀反大逆으로 규율될 것인데 사안의 경중을 따르지 않고 謀反大
逆으로만 처벌하면 刑이 너무 무거우므로, 난언의 내용을 경중을 나누어
규정한 것이 ≪經國大典≫이라고 할 수 있다. 이 규정의 성격에 대하여
"국가왕실에 대한 모독 행위에 대해서는 중국의 율보다 엄한 제재가 따
르고 있는 것이다"라고 평가하는 견해도 있다.102) 그러나 난언이라는 구
성요건이 ≪大明律≫에 존재하지 않기 때문에 ≪大明律≫에서 처벌하
지 않고자 하는 것을 國典인 ≪經國大典≫에 新設한 것으로 보이지만,
실은 입법과정에서 살펴볼 수 있듯이 謀反大逆으로만 처벌하면 처벌이
너무 중하기 때문에 처벌을 완화하기 위하여 행위 유형을 세분화하여
규정한 것이라고 생각된다.

---

100) 反坐란 가령 誣告者가 死刑에 해당하는 범죄를 誣告하여 被誣告者가 처
형되었을 경우 그 죄를 誣告者에게 과하여 誣告者도 처형시키는 것을 말
한다. ≪大明律≫ 제359조 刑律 訴訟 誣告 : 至死罪 所誣之人已決者 反坐
以死.

101) 난언을 무고한 경우 反坐되어 장100 유3천리에 加役 3년이 부가된 사례로
는 ≪朝鮮王朝實錄≫ 세종 2년(1420) 2월 丁卯, ≪朝鮮王朝實錄≫ 세종 4년
(1422) 4월 丁未, ≪朝鮮王朝實錄≫ 세종 10년(1428) 1월 己酉, ≪朝鮮王朝實
錄≫ 세조 1년 12월 丙辰 등을 들 수 있다. 참고로 ≪大明律≫ 刑律 訴訟
誣告條에 의하면 "… 至死罪 所誣之人已決者 反坐以死 … 未決者 杖一百
流三千里加役三年"으로 규정하고 있다.

102) 兪起濬, 앞의 글, 35면.

제3절 刑事節次의 구체화

위에서 ≪經國大典≫에서 범죄행위와 그에 대한 처벌규정의 결합으로 이루어진 조항들에 대하여 대략 살펴보았다. 이를 실체법적인 규정이라고 한다면 대부분의 ≪經國大典≫ 刑典의 규정들은 절차법적인 규정으로 되어 있다. 또 행형은 형을 집행하는 절차이다. 이 단계에는 판결이 이루어진 이후의 사항들이 분류될 수 있다. 부가형으로서 刺字에 대한 처리라든지, 신체형에 대신하여 收贖을 할 것인지, 獄에 갇혀 있는 죄수의 검찰은 어떻게 할 것인지 등이 이에 속한다. ≪大明律≫에는 이러한 행형에 해당하는 규정들이 있지만, 조선에서는 보충적 내지 수정하여 규정한다. 이러한 현상이 나타나는 것은 ≪大明律≫이 실체법을 중심으로 한 규범체계이기 때문이다. 아래에서는 이들에 대하여 개괄적으로 살펴보고 ≪大明律≫과 관련이 있을 경우에는 좀더 자세히 살펴보도록 한다.

I. 決獄日限과 事物管轄

刑事訴訟인 決獄을 몇일 이내에 행할 것인가, 사물관할은 어떻게 분배되는가와 같은 기술적인 사항에 관하여는 ≪大明律≫이 규정하고 있지 않다. 이들은 ≪經國大典≫의 각각의 항목에 산재되어 규정되어 있다. 決獄日限에서는 死刑에 해당하는 大事에 대하여는 30일, 徒流罪에 해당하는 中事에 대하여는 20일, 笞杖에 해당하는 小事에 대하여는 10일 이내에 사건을 처리하도록 하는 期限에 관하여 규정하고 있고,[1] 형량에

---

1) ≪經國大典≫ 刑典 決獄日限 : 凡決獄 大事<割註 : 死罪> 限三十日 中事

따른 사물관할의 범위에 대하여는 直斷이라는 용어를 사용하여 流刑이
하에 대하여는 觀察使, 刑曹, 開城府가 직접 심리 처결할 수 있고, 각 아
문이나 守令의 경우에는 笞刑 이하에 해당되는 범죄에 대하여만 직접
심리 처결할 수 있다는 것을 推斷에서 규정하고 있다.[2] 이들 규정은 원
래 ≪大明律≫이 행위와 그에 따른 처벌 규정을 내용으로 하고 있기 때
문에 ≪大明律≫에 규정되어 있지 않은 것인데, 필요한 규정이기 때문에
≪經國大典≫에 규정된 것이다.

Ⅱ. 拘禁 및 獄具

拘禁과 관련하여서 ≪大明律≫은 拘禁을 전제로 하고 있는 규정들을
두고 있지만,[3] 구금의 절차를 규정하고 있지는 않다.[4] 따라서 구금 절차
와 대상, 방식에 대하여는 다른 형태의 규정이 필요하다고 볼 수 있다.
≪經國大典≫에서는 이에 대하여 구금의 주체, 구금의 대상, 구금의 절
차, 구금이 면제되는 경우, 구금하지 않고 재판하는 경우, 代理拘禁하는
경우에 대하여 자세하게 규정하고 있다.[5]

또 拘禁時 보조하는 獄具의 종류와 사용대상에 대하여 ≪大明律≫에
서는 獄具之圖에서 규정하고 있는데,[6] 이와 별도로 ≪經國大典≫에서도

<割註 : 徒流> 二十日 小事<割註 : 笞杖> 十日.
 2) ≪經國大典≫ 刑典 推斷 : 本曹・開城府・觀察使 流以下直斷 各衙門 笞以下
   直斷.
 3) ≪大明律≫ 제419조 刑律 斷獄 囚應禁而不禁에서는 마땅히 囚禁해야 하는
   데 囚禁하지 않는 경우의 처벌을 규정하고 있다.
 4) 다만 부인범죄의 경우에는 姦犯이나 死罪의 경우에는 구금하지만 그 이외
   에는 남편에게 책임지워 맡기고 있다. ≪大明律≫ 刑律 斷獄 婦人犯罪 : 凡
   婦人犯罪 除犯姦及死罪收禁外 其餘雜犯 責付本夫收管….
 5) ≪經國大典≫ 刑典 囚禁 : 杖以上囚禁 文武官及內侍府 士族婦女 僧人 啓聞
   囚禁<割註 : 如司饔院・掖庭署之類一應入番者同> 犯死罪者先囚後啓 ….

옥구의 종류와 대상에 대하여 규정하고 있다. 특히 《經國大典》에서 쓰고 있는 옥구는 칼, 수갑, 족쇄, 항쇄인데 《大明律》에 규정되어 있는 鐵索(쇠줄), 鐐(쇠사슬)는 규정하고 있지 않다.7) 《大明律》에 옥구에 대한 규정이 있고, 옥구를 사용하는 형량에 대한 규정도 있는데 굳이 《經國大典》에 같은 규정을 반복해서 규정한 것으로 보아 鐵索, 鐐는 사용하지 않는다는 의미로 볼 수 있다.8) 그렇다면 獄具에 대하여 《大明律》이 들어오기 이전부터 사용하던 방식이 있었고, 《大明律》은 獄具 규격에 대한 참고자료 정도의 의미가 아니었을까 추측된다. 즉 이 옥구에 대한 규정은 《大明律》과는 계통을 달리하는 별도의 규정이라고 볼 수 있을 것이다. 말하자면 옥구에 관하여는 《大明律》과는 다르게 행해져오던 방식이 그대로 《經國大典》에 규정된 것이 아닌가 생각된다.9)

Ⅲ. 拷 訊

전통시대에 고신은 합법적으로 행해졌다.10) 하지만 고신에 의해서 사

---

6) 《大明律》 獄具之圖에서는 笞, 杖, 訊杖, 枷, 杻, 鐵索, 鐐의 규격과 사용하는 경우 등에 관하여 규정하고 있다.

7) 《經國大典》 刑典 囚禁<割註 : 死罪, 枷・杻・鎖足, 流以下, 枷・杻, 杖, 枷 ○議親・功臣及堂上官・士族婦女犯死罪, 鎖項, 堂下官・庶人婦女鎖項足, 杖則鎖項, 關係宗社者不在此限>.

8) 《秋官志》에서도 우리나라에서 鐵索과 鐐를 쓰지 않는다고 하고 있다. 《秋官志》 詳覆部 附訊杖.

9) 옥구에 관하여 조선후기 정조 2년(1778)에 이르면 《欽恤典則》이 반포되어 刑具의 규격이 정비된다. 《欽恤典則》과 관련하여 자세한 것은 沈載祐, 「정조대 《欽恤典則》의 반포와 刑具 정비」, 奎章閣 22, 서울대학교 奎章閣, 1999, 143~152면 참조.

10) 고신의 역사와 그 격식에 대하여는 文亨鎭, 「朝鮮初 拷訊運用과 刑具 使用例」 『外大史學』 제13집, 한국외국어대학교 외국학종합연구센터 역사문화연구소, 2000, 215~225면 참조.

망하는 경우가 발생하자 이에 대한 제한을 행하게 되는데 태종 때에는
형조의 回啓에 따라 한 번 칠 때 30대 이상을 때리지 못하게 하는 조
치11)가 내려진다. 이와 아울러 고신을 제한하는 규정이 정제되어 ≪經國
大典≫에 규정된다.

> ≪經國大典≫ 刑典 推斷 : 무릇 拷訊은 <割註 : … 1차에 30대를 넘을
> 수 없다> … ○3일 내에 다시 拷訊을 행해서는 안되며, 拷訊한 지 10일 후
> 에 決罰한다.12)

고신에 대하여 ≪大明律≫에 규정이 없는 이유는 ≪大明律≫이 합법
적인 고신을 전제하고 있기 때문이다.13) 또 ≪大明律≫은 실체형법이기
때문에 고신을 잘못했을 경우의 처벌규정만을 규정하고 고신의 기준에
대하여는 율령체계에서의 슈에 위임하면 되기 때문이라고 생각된다. 이
렇게 고신이 전제되고 있기 때문에 문제는 이를 어떻게 제한할 것인가
이다. 이에 대하여 ≪大明律≫에서는 아무런 규정도 두고 있지 않기 때
문에 남형과 합법적인 고신의 경계선을 어떠한 형태로든 설정해주지 않
으면 안된다. 이러한 의도에 따라 ≪經國大典≫에서는 위와 같이 拷訊
의 제한에 대하여 규정하고 있는 것이다.14) 즉 고신을 제한하면서도 남
형에 대한 기준도 되는 규정이 ≪經國大典≫에 규정되어 있는 것이라고
할 수 있다.

---

11) ≪朝鮮王朝實錄≫ 태종 17년(1417) 5월 丙申. ≪秋官志≫에서는 判義勇巡禁
   司事 朴訔의 啓請에 따라 세종 3년(1421)에 定式으로 규정되었다고 한다.
   ≪秋官志≫ 詳覆部 附訊杖 세종 4년.
12) ≪經國大典≫ 刑典 推斷 : 凡拷訊<割註 : … 一次無過三十度> … ○三日
   內毋得再行拷訊 拷訊十日後決罰.
13) 가령 ≪大明律≫ 제428조 刑律 斷獄 老幼不拷訊에 의하면 拷訊이 면제되
   거나 제한되는 자에 대하여 규정하고 있다. 또 이 한도에서 ≪經國大典≫
   은 拷訊면제자에 대하여 규정하지 않고 있다.
14) 다만 위 규정에서 알 수 있듯이 전체적인 拷訊의 횟수에는 제한이 없다.

Ⅳ. 收贖對象

수속이란 형벌을 받아야 하는데 일정한 사유에 의하여 돈으로 대신할 수 있도록 하는 제도를 말한다.[15] 이 수속에 대하여 ≪大明律≫에는 나이와 질병에 따라 수속할 수 있는 조항이 있으며,[16] 각 범죄에 따라 수속할 수 있는 규정들을 마련해놓았다.[17] 또 수속해야 할 자를 유배보내거나, 유배보내야 하는데 수속한 경우를 처벌하는 규정도 마련해두고 있다.[18] ≪大明律≫에서 이렇게 기본적으로 수속 대상이 되는 주체와 범죄에 대하여 규정하고 있기 때문에 ≪經國大典≫은 ≪大明律≫에서 규정하는 이외의 사항들에 대하여 주로 규정하고 있다.

≪經國大典≫ 刑典 推斷<割註 : ○문·무관과 내시부의 有蔭子孫·생원·진사로서 十惡·奸盜·非法殺人·枉法受贓을 한 이외에는 笞·杖에 해당할 경우 모두 收贖한다. 公罪로 徒刑 이상이거나 私罪로 杖100 이상인 경우에는 決杖한다>.[19]

이처럼 ≪經國大典≫에서는 수속할 수 있는 대상을 규정하고 있는 것

---

15) ≪大明律≫에서는 收贖金을 錢文으로 규정하여 놓았으나 ≪大明律直解≫에서는 이를 五升布로 환산하여 규정하고 있다. 朝鮮 前期 환산율의 변천에 관하여는 본서 제2장 <표 1> 참조.
16) ≪大明律≫ 제21조 名例律 老少廢疾收贖 참조.
17) ≪大明律≫ 刑律 戲殺誤殺過失殺傷人, 妻妾毆夫, 誣告에 각각 수속할 수 있는 경우를 규정해두고 있다.
18) ≪大明律≫ 제446조 刑律 斷獄 斷罪不當 : 凡斷罪應決配而收贖 應收贖而決配 各依出入人罪減故失一等 ○若應絞而斬 應斬而絞者 杖六十 失者減三等 其已處決訖 別加殘毀死屍者 笞五十 ○若反逆緣坐人口 應入官而放免 及非應入官而入官者 各以出入 流罪故失論.
19) ≪經國大典≫ 刑典 推斷<割註 : ○文·武官及內侍府有蔭子孫·生員·進士, 犯十惡·奸盜·非法殺人·枉法受贓外, 笞·杖並收贖, 公罪徒, 私罪杖一百以上, 決杖>.

이다. 기본적으로 수속할 수 있는 대상을 이렇게 규정하고 있지만 또 이 대상에서 제외된다고 하더라도 수속할 수 있는 규정을 두고 있다. 즉 수금된 죄수를 불쌍히 여기는 마음에서 아주 덥거나 아주 추울 때에는 장 100 이하의 범죄자가 수속할 수 있도록 하고 있다.[20]

즉 ≪大明律≫에서 수속의 대상으로 정해 놓은 사람들―일정한 나이 이상의 사람, 질병에 걸려 있는 사람, 부인 등―에 대하여는 ≪大明律≫의 규정이 있으므로 수속하면 되지만 그렇지 않은 사람들은 決杖하여야 한다. 하지만 조선에서는 문무관 등의 일반 양민들과는 구분되는 유품관 및 그에 준하는 자들[21]과 내시에 대하여는 決杖하지 않고 수속할 수 있는 길을 열어주고 있다. 이것은 사상적으로는 "禮不下庶人, 刑不上大夫"[22]에서 연유하였다고 볼 수밖에 없는데, 유품관 등에 대하여 특권을 인정해준 것이라고 할 수 있다. 그리고 특권을 인정해주는 범위는 제도가 다르기 때문에 중국과는 다를 수밖에 없는데 이것이 ≪經國大典≫에 따로 규정된 연유라고 생각된다.

V. 刑의 執行時期

≪大明律≫에는 사형 집행에 대하여 詳覆의 주청을 하고 회보를 받은 후 3일 후에 집행하고 그렇지 않을 경우에는 장60에 처하도록 하고 있다. 또 春分과 秋分 사이에는 사형집행을 금하고 있으나 十惡의 죄와 강

---

20) ≪經國大典≫ 刑典 恤囚 : ○隆寒・極熱時<割註 : 自十一月初一日至正月晦日, 自五月初一日至七月晦日> 事干綱常・贓盜男人杖六十以上, 女人杖一百以上外, 其餘杖一百以下收贖, 自願受杖者聽. 이 규정에서도 알 수 있듯이 綱常, 橫領, 瀆職, 賊盜에 관련된 남자는 장60 이상, 여자는 장100 이상은 收贖할 수 없다.
21) 有品官의 규범적 특징, 외연 등에 관하여는 조우영, 『경국대전의 신분제도』, 서울대학교 법학박사학위논문, 2003, 141~156면 참조.
22) 『禮記』 曲禮 上.

도범은 不待時[23]로 집행할 수 있음을 규정하고 있고, 禁刑日에 형을 집행하는 경우 처벌하는 규정을 두고 있다.[24] 금형일에 형을 집행하는 경우에 처벌하는 규정을 두고 있지만, 어떤 날을 금형일로 정할 것인가에 대하여는 침묵하고 있다. 따라서 금형일을 어떤 날로 정할 것인가는 國典에서 규정하여야 할 사항이라고 할 수 있다. 금형일에 관하여는 태종 때 논의가 되는데,[25] 세종 때에 금형일이 추가되어 확정된 것[26]이 정리되어 ≪經國大典≫에 실린 것이다.

> ≪經國大典≫ 刑典 禁刑日 : 서울과 지방의 각 관아는 왕·왕비의 탄생일, 왕세자의 생일, 큰 제사 및 致齋·朔望·上弦·下弦·停朝市日을 당해서는 고신과 결벌을 행하지 못한다<割註 : 왕의 탄생일은 전후 각 1일도 포함한다>. 위의 各日 및 24절기, 비가 개지 않은 때, 밤이 새지 않은 때에는 死刑을 집행하지 못한다.[27]

그런데 이 규정에 대하여 立春 이후 秋分 전까지의 사형집행정지 조항이 停訟條로 독립 규정되었다고 하는 견해가 있다.[28] 그러나 停訟條는 소송의 정지에 관한 규정이지 사형집행의 정지에 관한 규정은 아니다. 立春 이후 秋分 전까지의 사형집행의 금지는 ≪大明律≫ 死囚覆奏

---

23) 不待時란 때를 기다리지 아니한다는 뜻으로, 刑罰은 秋分과 春分 사이에 집행하도록 하고 있으나 일정한 범죄에 대하여는 秋分을 기다리지 않고 집행한다는 의미에서 不待時라고 한다.

24) ≪大明律≫ 제445조 刑律 斷獄 死囚覆奏待報 : 凡死罪囚不待覆奏回報 而輒處決者 杖八十 若已覆奏回報 應決者 聽三日乃行刑 若限未滿而行刑 及過限不行刑者 各杖六十. ○若立春以後秋分以前 決死刑者杖八十 ○其犯十惡之罪應死及强盜者 雖決不待時 若於禁刑日而決者笞四十.

25) ≪朝鮮王朝實錄≫ 태종 13년(1413) 11월 丁亥.

26) ≪朝鮮王朝實錄≫ 세종 21년(1439) 12월 戊寅.

27) ≪經國大典≫ 刑典 禁刑日 : 京·外各衙門每遇大殿·王妃誕日王世子生辰大祭祀及致齋朔·望上·下弦停朝市日勿行拷訊決罰<割註 : 大殿誕日則並前·後各一日> 上項各日及二十四氣雨未晴夜未明勿行死刑.

28) 문형진, 앞의 글, 166면.

待報條에 따라 행해졌다고 보아야 한다. 이 금형일에 관련된 ≪經國大典≫의 규정은 ≪大明律≫ 규정을 보충하고 구체화하는 규정이라고 할 수 있을 것이다.[29] 그리고 이 한도에서는 율령체계에서 ≪大明律≫의 律的인 면과 ≪經國大典≫의 令的인 면이 드러나고 있다.

Ⅵ. 罪囚의 處遇

獄에 갇힌 죄수를 돌보지 않아서 物故하는 사람이 많으면 이것은 국왕이 刑獄을 잘못 다스리는 것이다. 형옥을 잘못 다스리는 것은 유교국가의 국왕이 백성을 교화하지 못하는 것까지 이어지기 때문에 국초부터 옥에 갇힌 죄수에 대해 수시로 살펴 보았다. 그래서 옥에 갇혀 있는 죄수가 사망에 이르지 않게 하기 위하여 국초부터 많은 조치를 하였는데, 몹시 춥거나 심하게 더운 때에는 질병에 걸리지 않도록 자리를 새로 마련해준다든가 의원에게 진찰하게 하는 조치가 그것이다.[30] 이런 사항은 흠휼의 일환으로 ≪經國大典≫에 규정된다.[31]

한편 위와 같이 죄수를 추울 때 내어 보내는 것과 달리, 더울 때는 죄수를 침학하는 것을 어떻게 제한할 것인가도 문제가 된다. 그 제한은 물론 죄수침학에 대한 형벌로 나타나는데, ≪大明律≫에서는 옥에 갇혀 있

---

29) 國忌日은 재판하는 데 중요하였기 때문에 詞訟法書들에 수록되었다. 예컨대 朝鮮後期의 詞訟法書인 ≪決訟類聚補≫에서도 수록하고 있다. 國學振興研究事業推進委員會 편, 『決訟類聚補』, 韓國精神文化研究院, 1996, 46~50면.

30) ≪朝鮮王朝實錄≫ 세종 7년(1425) 5월 庚午; ≪朝鮮王朝實錄≫ 세종 9년(1427) 7월 己亥; ≪朝鮮王朝實錄≫ 세조 1년(1455) 10월 辛未 등 수시로 죄수를 검찰하는 명령을 내린다. 죄수의 처우에 대한 다양한 조치들에 대하여는 임재표, 『조선시대 행형제도에 관한 연구 - 恤刑을 중심으로 - 』, 한국형사정책연구원, 2000, 139~201면 참조.

31) ≪經國大典≫ 刑典 恤囚 : ○隆寒・極熱時 事干綱常・贓盜男人杖六十以上 女人杖一百以上外 其餘杖一百以下並收贖 自願受杖者聽.

는 죄수를 학대하는 경우에는 죄수를 폭행하면 일반 폭행죄로 처벌하고, 관리가 검찰하지 않으면 같은 죄로 처벌하되 죽은 경우에는 1등을 감하도록 규정하고 있다.[32] 한편 ≪大明律≫에 이를 처벌하는 규정이 있음에도 불구하고 ≪經國大典≫에서 같은 내용의 사항을 규정하고 있다.

  ≪經國大典≫ 刑典 恤囚 : 서울은 司憲府, 지방은 觀察使가 獄에 갇힌 죄수를 검찰한다. … <割註 : ○당해 관리가 救恤하지 못하여 사망을 많이 초래케 한 경우에는 重罪로 논한다. …> 만일 옥에 가두지 않았거나, 獄舍를 깨끗이 하지 않았거나, 외부와 漏通시키거나, 獄囚를 침학하는 일이 있으면 장100에 처한다.[33]

  같은 사항에 대하여 ≪大明律≫과 ≪經國大典≫에 중복하여 규정하고 있는데 형벌의 내용은 ≪經國大典≫의 규정이 경우를 나누어 규정하지 않고, 침학행위에 대하여 장100에 처하고 있으므로 상당히 모호하게 규정하고 있다. 한편 죄수가 죽는 경우에도 많이 죽어야 重罪로 논하기 때문에, ≪大明律≫의 致死한 경우의 絞刑 혹은 감1등한 장100 유3천리와 비교해보면 가볍게 처리한다고 볼 수 있다. ≪經國大典≫ 恤囚의 규정이 만들어지는 과정을 살펴보면 그 이유에 대하여 추측할 수 있을 것 같다.
  우선 관리가 죄수 처우를 잘못하여 物故된 경우의 처벌 사항에 대하여 살펴보면 대개 인사고과의 불이익을 주는 처벌사항이 논의되고 있다.[34] 이로 미루어 보면 ≪經國大典≫ 恤囚에서 규정하고 있는 重罪란 인사고과상의 불이익을 말하는 것이라고 볼 수 있다. 이렇게 본다면 옥의 죄수의 사망에 대하여는 ≪大明律≫의 규정보다 가볍게 처벌하는 것

---

32) ≪大明律≫ 제422조 刑律 斷獄 陵虐罪囚 : 凡獄卒非理在禁 陵虐·毆傷罪囚者 依凡鬪傷論 剋減衣糧者 計贓以監守自盜論 因而致死者 絞. 司獄官典及提牢官 知而不擧者 與同罪 至死者 減一等.
33) ≪經國大典≫ 刑典 恤囚 : 京司憲府 外觀察使 檢察獄囚 … <割註 : ○當該官吏不能救恤多致物故者 重論…> 如有不牢不修 漏通侵虐等事則杖一百.
34) ≪朝鮮王朝實錄≫ 세종 24년(1442) 11월 己卯, ≪朝鮮王朝實錄≫ 문종 1년(1451) 3월 辛亥, ≪朝鮮王朝實錄≫ 성종 6년(1475) 11월 壬子.

이라고 볼 수 있다. 이렇게 처벌한 이유는 관리에 대하여 형벌이 관용적
이고, 더군다나 作爲가 아닌 不作爲이기 때문이 아닐까 생각한다.

　한편 죄수를 침학하여 재물을 탈취한 경우에는 원래 ≪大明律≫의 규
정대로 처벌되었던 것 같다.[35] 그러다가 세조 12년에 죄수를 능학하는
자는 制書有違律 혹은 毁棄制書律로 처벌하라는 절목을 내리고 있다.[36]
制書有違律의 형량은 장100이고, 毁棄制書律은 장100에서 참형까지 처
할 수 있는 律이기 때문에 ≪經國大典≫의 이 조항은 이때의 절목이 법
조문화한 것이다.

　죄수를 능학하는 행위에 대하여 ≪大明律≫ 陵虐罪囚에 의하면 일반
폭행으로 논하는 데 대하여 ≪經國大典≫에서는 일괄적으로 장100에 해
당시키고 있다. 陵虐罪囚가 존재하고 있음에도 불구하고 중복하여 새로
운 처벌조항을 만들어냈다는 것은 이 한도에서 ≪大明律≫의 陵虐罪囚
가 작동하지 않는다는 것을 의미한다. 논의의 과정에서도 ≪大明律≫의
陵虐罪囚가 등장하지 않는 것으로 보아 罪囚의 檢察에 대하여는 처음부
터 ≪大明律≫과는 별도의 길 ― 즉 국왕의 受敎 ― 로 나아간 것이 아닌가
생각된다. 또 이는 ≪經國大典≫ 刑典 用律의 ‘用大明律’이 가지는 의미
가 현대적 의미에서 그대로 적용한다는 의미와는 차이가 있음을 보여주
는 예라고 할 수 있다.

Ⅶ. 逃 亡

　전통시대의 五刑 체계에 의하면 笞杖의 경우에는 태장을 때리는 것으

---

35) ≪朝鮮王朝實錄≫ 세조 2년(1456) 12월 壬寅의 사례는 典獄署의 鎖匠 등이
　　죄수를 능학하여 재물을 핍박하여 취하였는데 臟物의 양에 따라 조율하는
　　것이 ≪大明律≫ 刑律 斷獄 陵虐罪囚의 조항과 완전히 일치하고 있다.

36) ≪朝鮮王朝實錄≫ 세조 12년(1466) 7월 丁丑 : 久滯獄 不修獄 不牢獄 漏通
　　虐囚官吏獄卒 或以制書有違律 或以毁棄制書律論.

로 형집행이 끝나지만, 徒流의 경우에는 일정한 기간 내지 赦免의 명령이 내려질 때까지는 일정한 장소에서 벗어날 수 없는 형벌이다. 일정한 장소를 벗어나는 경우에는 처벌대상이 되는데 ≪大明律≫에서는 이에 대하여 일정한 형벌을 과하고 있다. 죄수 중에는 이미 형이 徒流로 확정되어 일정한 장소에 있는 죄수가 있고, 아직 형이 확정되지 않았거나 사형에 해당하여 옥에 갇혀 있는 죄수가 있는데, ≪大明律≫에서는 이들이 도망하는 경우 전자를 徒流人逃에서 후자를 獄囚脫監及反獄在逃에서 규율하고 있다. 즉 徒刑이나 流刑을 선고받았는데 도망한 경우에는 원래 범한 죄가 死刑에 해당되지 않기 때문에 장100을 부과하고 원래의 배소로 돌려 보내고 있지만, 형이 확정되기 이전에 옥에 갇혀 있다가 옥을 파괴하고 도망한 경우에는 斬刑에 처하고 있다.

　≪大明律≫ 제413조 刑律 捕亡 獄囚脫監及反獄在逃 : 무릇 죄를 지어 감옥에 갇혔다가 감옥을 탈출하거나 자기에게 채워진 칼이나 수갑 등을 풀고 감옥을 넘어서 도망하면 각각 원래의 죄에 2등을 가중한다. 이로 인하여 몰래 다른 중죄수를 탈옥시키면 중죄수와 죄가 같고 모두 죄는 장100 유3천리에 그치며, 원래의 죄수가 사형에 해당하면 일반률에 따른다. ○만약 죄수가 감옥을 부수고 도망하면 모두 斬刑에 처하고, 함께 갇힌 죄수는 그 사정을 알지 못하면 논죄하지 않는다.[37]

　≪大明律≫ 제414조 刑律 捕亡 徒流人逃 : 무릇 徒刑과 流刑, 遷徙 죄수가 형기 내에 도망하면 1일에 태50으로 처벌하고 3일마다 1등을 가중하되 죄는 장100에 그치며 그대로 配所로 보낸다. 徒罪囚는 원래의 刑期에 따라서 새롭게 형기를 시작하고 지나간 형기는 모두 인정하지 않는다. ○만약 이미 처결하여 배소로 보낸 徒刑과 流刑, 遷徙 죄수와 充軍된 죄수가 배소에 도착하기 전에 중간에 도망가면 죄는 역시 같다.[38]

37) ≪大明律≫ 제413조 刑律 捕亡 獄囚脫監及反獄在逃 : 凡犯罪被囚禁而脫監及解脫自帶枷鎖 越獄在逃者 各於本罪上加二等 因而竊放他囚罪重者 與囚同罪 並罪止杖一百流三千里 本犯應死者 依常律 ○若罪囚反獄在逃者 皆斬 同牢囚人 不知情者 不坐.
38) ≪大明律≫ 제414조 刑律 捕亡 徒流人逃 : 凡徒流遷徙囚人 役限內而逃者 一

그런데 조선에서는 특정한 범죄에 대하여는 徒流刑 및 그와 유사한
형에 처해진 자가 도망한 경우 ≪大明律≫에서 예정하고 있는 형벌을
과하지 않고 사형에 처하고 있다.

> ≪經國大典≫ 刑典 逃亡 : 徙民으로서 逃亡하는 경우에는 처자는 殘驛
> 의 노비로 定屬하고, 포획하면 戶首는 斬刑에 처한다. 자수하면 다시 徙邊
> 한 곳으로 還元하며, 처자는 풀어준다. ○강도를 범하여 永屬된 경우에 두
> 번 도망가면 참형에 처하고, 徒刑・流刑・付處・安置・充軍・定役되거나
> 竊盜로 인하여 永屬된 경우에 세 번 도망하면 참형에 처한다.[39]

이 규정을 보면 조선초기의 변방을 충실하게 하기 위하여 인정[40]되었
던 全家徙邊刑에 처해진 자들이 도망한 경우에는 처음 도망한 경우라
할지라도 斬刑에 처한 것을 알 수 있다.[41] 한편 強盜의 경우에는 두 번
의 기회를 주고 있고, 竊盜 내지 일반범인 경우에는 세 번 도망하면 斬
刑에 처하도록 하고 있다. 徒流人이 逃亡한 경우에 ≪大明律≫에서는
몇 번 도망했느냐에 관계없이 형벌은 장100에 그치고 배소에 돌려보낼
뿐이었다. 하지만 ≪經國大典≫에서는 逃亡者 처벌에 대한 실효를 거둘
수 없다는 이유였는지,[42] 범죄의 종류와 도망 횟수에 따라 참형에 처하

　日笞五十 每三日加一等 罪止杖一百 仍發配所 其徒囚照依原犯徒年 從新拘
　役 役過月日 並不准理 ○若起發已斷決 徒流遷徙充軍囚徒 未到配所 中途在
　逃者 罪亦如之.
39) ≪經國大典≫ 刑典 逃亡 : 徙民逃亡者 妻子屬殘驛奴婢 捕獲則戶首斬 自現
　則還元徙處 妻子放 ○犯强盜永屬者 二度處斬 徒流付處・安置・充軍・定役
　及竊盜永屬者 三度處斬.
40) 金池洙,「朝鮮朝 全家徙邊律의 역사와 법적 성격」『法史學研究』제32호,
　한국법사학회, 2005, 109~119면.
41) 全家徙邊刑에 처해진 자가 도망하는 경우 斬刑에 처하는 것은 세조 7년 4
　월에 정해진다. ≪朝鮮王朝實錄≫ 세조 7년(1461) 4월 己亥.
42) 이러한 인식은 도망하는 자가 이어지는 것은 법이 가볍기 때문이며, 엄형
　에 처하지 않으면 안된다는 말에서도 확인할 수 있다. ≪朝鮮王朝實錄≫
　성종 9년(1478) 7월 壬申.

고 있는 것이라고 할 수 있다. 그래서 강도로 인하여 定屬된 경우 두 번 도망한 경우에 참형에 처하고, 徒刑, 流刑, 安置, 充軍, 定役 및 竊盜로 인하여 영구히 정속된 자가 세 번 도망하는 경우에는 참형에 처하도록 하는 등 ≪大明律≫에서 규정하는 형보다 훨씬 가중하여 처벌하고 있는 것이다. 이렇게 도망에 관한 조항의 관계는 역시 ≪大明律≫이 일반적으로 적용되고 특칙으로서 ≪經國大典≫이 적용되는 것으로 볼 수 있다.[43]

그런데 조선후기의 사례지만 ≪續大典≫에도 도망과 관련된 규정이 존재하고 있다. 이 규정은 도망과 관련된 규정이기 때문에 여기서 일괄적으로 다루기로 한다. 조선후기에 들어가면 破獄을 하는 사례들이 발생하는데 이와 관련된 규정이 ≪續大典≫에 규정되는 것이다.

> ≪續大典≫ 刑典 逃亡 : ① ○賊人이 獄을 부수고 도망하는 경우에는 그 본죄의 承服을 기다려 律에 따라 斬刑에 처한다<割註 : ② 刑獄의 獄卒이 잡혀 있는 적인과 부화뇌동하여 칼과 수갑을 풀어주고 獄門을 부수어 도망쳐 숨도록 한 경우에는 그 실상을 조사하여 도적을 다스리는 예에 따라 신문하여 承服을 받아 임금에게 보고하여 斬刑에 처한다. 당해 守令은 營門에서 杖을 치는데, 杖을 치기 전이 아니면 관찰사가 파출할 수 없다. ③ ○감옥을 넘어서 도망하는 죄인을 다른 사형수가 미리 고발하면 사형을 감하여 정배한다>(圓숫자는 필자).[44]

우선 옥을 부수고 도망하는 규정인 ①부분을 보자. 이 부분은 참형에 처하는 면에서 ≪大明律≫ 제413조 獄囚脫監及反獄在逃와 차이가 나지

---

43) 妻弟인 終非와 姦通하였다가 充軍된 李錫哲이 서울로 도망쳐 왔다가 장 100에 처해지고 배소로 돌아간 사안에서 ≪大明律≫이 적용되고 있음을 확인할 수 있다. ≪朝鮮王朝實錄≫ 단종 즉위년(1452) 10월 壬子. 처음에 充軍된 사실은 ≪朝鮮王朝實錄≫ 세종 18년(1436) 4월 丙辰. 이 사례는 제2장 제2절 Ⅱ. 4 참조.
44) ≪續大典≫ 刑典 逃亡 : ○賊人破獄逃者 待其本罪承服 依律斬<割註 : 刑獄鎖匠符同見囚賊人 脫枷杻 破獄門逃躲者 査得其事狀 依治盜例訊問取服 啓聞斬 當該守令 營門決杖 未決杖前 觀察使勿得罷黜 ○越獄罪人 他死囚 若先發告則減死定配>.

않는다. 그렇다면 왜 ≪續大典≫에 따로 규정을 했을까. 이 규정의 원형인 ≪新補受敎輯錄≫에는 ≪續大典≫에 따로 규정하게 된 이유를 추측할 수 있게 하는 문구가 들어있다. 즉 '곧바로 감옥을 부순 죄로 논단하는 것은 옳지 않다'라는 것이다.[45] 그렇다면 ≪續大典≫에 옥을 부수고 도망하는 경우에 대하여 특별히 규정한 것은 바로 '本罪의 承服'을 반드시 받아야 하는 것 때문이라고 추측할 수 있을 것이다. 사실 ≪大明律≫에는 본죄의 승복을 받아야 하는지 아니면 탈옥한 죄를 바로 물어서 참형에 처하면 되는 것인지에 대한 세부적인 규정이 없다. 따라서 이 관계가 문제가 된다면 논의를 통해서 정해야 할 것이었는데, ≪續大典≫은 이를 '본죄의 승복'을 받은 후에 참형에 처하라고 결정한 것이다. 왜 이러한 결정이 내려졌는가는 ≪承政院日記≫를 통해 살펴볼 수 있다. 숙종 24년(1698) 5월에 全州의 죄수 15인이 파옥하여 도망갔다가 8인이 잡혔는데, 이들 8인에 대하여 본래 저지른 죄를 自服받은 다음에 형을 집행할 것인지 아니면 獄囚脫監及反獄在逃에 의하여 斬刑에 처벌하고 말 것인지가 논의된다. 經筵 자리에서 參贊官 沈枰은 이들을 처벌하는 조항이 바로 ≪大明律≫의 劫囚 혹은 獄囚脫監及反獄在逃라고 하면서, 본죄를 조사하기를 기다리고 탈옥에 대한 규정에 따라 처치하지 않는다면 타인을 징계하고 그치게 할 수 없으며 이와 같은 일이 계속 일어날 것이라고 주장하였다.[46] 이 일은 18일 후에 다시 논의가 되었는데, 대체적인 의견은 본죄의 승복을 기다려서 처벌하자는 것이었다. 즉 不待時斬에 처하고 처자를 노비로 삼는 죄를 자복하는 경우에는 이 형에 처벌하여야지 단지 탈옥의 죄만 묻는 것은 부당하고, 자복을 받았는데 탈옥의 죄가 더 중하다면 그때 가서 탈옥으로 처벌하여 참형에 처하여도 늦지 않다는 것이었다.[47] ≪續大典≫에서 승복을 기다려서 참형에 처한다는 규정

---

45) ≪新補受敎輯錄≫ 0976 受敎 : ○賊人等 破獄逃躱 則不可徑以破獄之罪論斷 待其承服 依律處之(康熙戊寅承傳).

46) ≪承政院日記≫ 肅宗 24년(1698) 5월 乙亥.

47) ≪承政院日記≫ 肅宗 24년(1698) 5월 癸巳.

은 결국 탈옥한 행위와 비교하여 본죄가 그보다 重할 경우에는 不待時 斬 및 緣坐를 부과하고, 그보다 경할 경우에는 곧바로 탈옥으로 처벌하 여 참형에 처한다는 의미를 내포하는 것이라고 보아야 할 것이다.

다음으로 ②부분인 옥졸이 죄수와 내통하여 죄수를 풀어준 경우에 옥 졸과 수령은 어떻게 처벌되는가에 대하여 실은 《大明律》에 그 규정을 두고 있다. 즉 《大明律》 主守不覺失囚에 의하면 고의로 놓아준 경우 에는 죄수와 죄가 같은데, 수령의 경우에는 형을 감경하고 있다.[48] 그런 데도 《續大典》에 같은 사항을 규율하는 규정이 실려 있는데 그 이유 도 역시 입법한 이유에서 추적할 수 있다. 《續大典》의 이 규정은 《新 補受敎輯錄》에서 明火賊과 부화뇌동한 옥졸을 승복을 받은 뒤에 효시 하는 규정[49]과 좀더 상세하게 토포사로 하여금 도적을 다스리는 예에 따라 승복을 받고 수령의 처벌에 관하여 덧붙인 규정[50]으로 흩어져 있 던 것을 합친 것이다. 옥졸의 승복을 받은 뒤에 梟示한다는 규정은 숙종 21년에 내려진 受敎에서 유래하는 것인데 그 구체적인 논의과정은 기록 이 남아 있지 않아 알 수가 없다. 하지만 숙종 25년(1699)의 受敎에서 유 래하는 《新補受敎輯錄》 0948 受敎는 논의과정을 통해 입법한 이유를 알 수 있다. 숙종 25년(1699) 5월에 죄수들이 칼과 수갑을 스스로 벗을 수 가 없는데, 안에서부터 도망가는 것은 옥졸이 도와주어서 그런 것인데, 이들을 처벌하지 않으면 죄수가 도망가는 폐를 막을 수 없을 것이라는 숙종의 언급에서 논의가 시작된다.[51] 대략적인 의견은 《大明律》 主守 不覺失囚를 인용하여 옥졸이 알고서 한 것이라면 죄수의 죄로 처벌하기 때문에 明火賊과 내통하여 내보낸 경우에는 明火賊을 梟示로 처벌하기

---

48) 《大明律》 제416조 刑律 捕亡 主守不覺失囚.

49) 《新補受敎輯錄》 0944 受敎 : ○明火賊符同獄卒 取服後 一體梟示.

50) 《新補受敎輯錄》 0948 受敎 : ○明火賊 自外打破獄門者外 自內脫枷杻破 獄門逃躱者 刑鎖等 使討捕使 依治盜之例 取服啓聞 梟示 當該守令 營門決 杖 而決杖守令之托病圖遞者 監司不得啓罷(康熙己卯承傳).

51) 《承政院日記》 숙종 25년(1699) 5월 癸巳. 이하의 의견들은 모두 이 記事에 서 나오는 것이다.

때문에52) 옥졸도 마찬가지로 효시로 처벌하자는 것이었다. 숙종은 율문
을 알지 못한다면 梟示의 법을 쓸 수가 없다고 하여 전국에 신칙할 것을
명하였다.53) 그런데 判府事 柳尙運이 이럴 경우 捕盜의 책임을 오로지
수령에게만 묻기 때문에 수령이 자주 갈리는 것이 근일의 폐단이고, 그
래서 迎送할 때 민생에 해를 끼치는 것이 잦다는 것을 지적하면서 守令
의 파직 이외에 다른 형벌로 대체할 것을 청하였다. 이에 判敦寧府事 徐
文重은 대체 형벌로서 杖刑 이외에는 다른 벌이 있을 수 없지만, 杖을
친 후에는 監司가 병을 칭탁하여 파출할 수 없도록 할 것을 같이 신칙할
것을 청한다. 이에 숙종은 일 자체는 수령을 파출시켜야 할 것이나, 자주
갈리는 폐단이 있으므로 營門에서 杖을 치는 것은 定式으로 하여 시행
하되, 杖을 맞을 守令이 병을 칭탁하여 교체되기를 도모하는 것도 타당
하지 않고, 監司가 병을 칭탁하여 교체시키는 것도 역시 부당하므로, 守
令이 교체되기를 도모함이 있는 경우에는 監司가 보고하여 파출할 수
없도록 할 것을 신칙하도록 한다. 이때의 결정이 ≪新補受敎輯錄≫ 0948
受敎로 되었다가 ≪續大典≫에 규정된 것이다.

결국 ≪續大典≫의 이 규정은 성립경위에서 알 수 있듯이, 獄卒의 부
화뇌동한 범죄에 관하여는 ≪大明律≫ 主守不覺失囚를 구체화하여 신
칙하기 위한 것이기도 하면서, 守令에 대하여는 수령이 자주 체임되어
생기는 민폐를 방지하기 위하여 생긴 규정인 것이다.

마지막으로 ③부분인 감옥을 넘어 달아나는 죄인을 고발한 경우에 減
死定配한다는 규정은 숙종 22년(1696)의 受敎에서 유래하는 것으로 ≪新
補受敎輯錄≫에 규정되어 있던 것54)을 ≪續大典≫에 재록한 것이다. 이
규정은 ≪秋官志≫에서 확인할 수 있는데, 典獄署의 죄수 3인이 담을 넘

---

52) ≪受敎輯錄≫ 776 受敎 : ○明火賊殺越人命 罪狀旣已承服 依例梟示(順治丁
酉承傳).
53) 원래 옥수를 놓치면 守令을 파직하는 것이 관례였다. ≪承政院日記≫ 숙종
24년(1698) 5월 甲申 참조
54) ≪新補受敎輯錄≫ 0739 受敎 : ○越獄罪人發告罪囚 減死定配(康熙丙子承傳).

어 도주하는데 같이 수금되어 있던 死囚가 높은 소리로 크게 외치자 獄
쭈이 알아채었지만 끝내 잡지 못한 사안에서 붙잡지는 못했지만, 고발한
것에 대해 論賞이 없을 수 없다는 의견에 따라 숙종이 減死定配를 명한
것에서 유래한 것이다.55)

---

55) ≪秋官志≫ 考律部 續條 罪囚 發告越獄.

제4절 용어대응

한편 ≪大明律≫은 중국의 법률이기 때문에 대응되는 용어의 문제, 단위의 환산 문제가 일어나지 않을 수 없다. 이를 조정하는 규정은 ≪大明律≫을 直解한 ≪大明律直解≫에도 贖刑과 관련하여 실려 있지만, 시대가 흐르면서 환산 비율이 달라지는 것을 볼 수 있다. 이와 별도로 ≪經國大典≫에 실려 있는 환산 규정은 ≪大明律≫의 직해 이후에 각종 受敎에 의하여 확정된 것들을 규정한 것이라고 생각되는데, 관직의 대응, 조선에서는 쓰지 않는 銀錢을 어떻게 대응시킬 것이냐의 문제, 遷徙, 充軍 등의 범죄를 五刑 체계에서 어느 형에 해당시킬 것인가의 문제가 규정되어 있다.[1]

Ⅰ. 長官, 首領官, 佐貳官

吏典, 長官, 首領官, 佐貳官은 ≪大明律≫에 나오는 관직명인데 實職은 아니고, 각 관청에서 차지하는 위상에 따라 구분한 관직명이다. 그런데 ≪大明律≫ 제27조 名例律 同僚犯公罪에는 이들이 함께 범죄를 했을 때 1등씩 체감하도록 규정하고 있다.

≪大明律≫ 제27조 名例律 同僚犯公罪 : 무릇 동료가 公罪를 범한 경우에는 吏典을 首犯으로 하고 首領官은 吏典의 죄에서 1등을 감하고, 佐貳官

---

1) ≪大明律直解≫, ≪經國大典≫에 나타난 친족용어에 대하여 분석한 글로는 朴秉濠, 「麗末鮮初의 親族의 稱號와 範圍」『서울대학교 法學』제44권 4호, 서울대학교 법학연구소, 2003, 94~113면 참조.

은 수령관에서 1등을 감하고 장관은 좌이관에서 1등을 감한다.[2]

세종은 조선에서는 이 네 등급, 즉 吏典, 長官, 首領官, 佐貳官의 구별
이 없기 때문에 일률적인 법적용이 행해지지 않는다고 하며 이를 조정
하라는 지시를 내린다. 이에 형조와 詳定所에서 대응하는 관직명을 정하
는데, 다음 표와 같다.[3]

〈표 4〉 世宗 17년의 명칭대응 受敎

大明律 / 朝鮮	長官	佐貳官	首領官
堂上官이 있는 衙門	行首	次官 이하	郎廳
堂上官이 없는 衙門	行首	次官 이하	南行
2등만 있는 아문	長官과 首領官으로만 함		
동등관만 있는 아문	首領官으로 처리		

이 표에 의하면 조선시대의 관계 체계에 따라 크게는 堂上官의 유무
에 따라 나누고 있다. 그래서 당상관이 있는 衙門의 경우에는 行首가 長
官이 되고, 次官 이하가 佐貳官, 그리고 郎廳이 首領官에 대응한다. 또
堂上官이 없는 아문일 경우에는 蔭職인 南行이 首領官에 대응하도록 하
였다. 또 2등만 있는 아문이 있을 수 있는데, 그 경우에는 佐貳官을 배제
하여 長官과 首領官만으로 대응하게 하였고, 동등관만 있는 아문의 경

---

2) ≪大明律≫ 제27조 名例律 同僚犯公罪 : 凡同僚犯公罪者 並以吏典爲首 首
　領官減吏典一等 佐貳官減首領官一等 長官減佐貳官一等.

3) ≪朝鮮王朝實錄≫ 세종 17년(1435) 6월 甲子 : ○刑曹與詳定所同議啓曰 有堂
　上各衙門【如六曹之類】行首爲長官 次官以下爲佐貳官 郎廳爲首領官【如仁
　順府少尹判官爲佐貳官 南行爲首領官】吏典爲首分四等 無堂上各衙門【如奉
　常之類】亦分四等 行首爲長官 次官以下爲佐貳官 南行爲首領官 若事干提調
　則提調爲長官 祿官行首以下爲佐貳官 南行爲首領官 但有二等處【如五部】
　只分正官及首領官 有同等官而無次官【如宮直之類】則只以首領官論 若有提
　擧別坐處【如惠民局】通計祿官爲等 皆以吏典爲首 分等遞減 從之.

우에는 모두 首領官으로 처리토록 하였다.

세종 때 내려진 이 조치는 이후 그대로 적용되는데 世祖 때의 사례를 통해 확인할 수 있다. 세조 2년(1456)의 사례는 典獄署의 鎖匠·司吏, 刑曹의 皂隷·杖首 등이 죄수를 凌虐하여 재물을 핍박하여 취한 사안인데 적용법조를 명확하게 드러내어 놓고 있지 않아 불명확하다. 그렇지만 ≪大明律≫의 陵虐罪囚, 監守自盜倉庫錢糧, 獄囚衣糧, 對制上書詐不以實, 二罪俱發以重論, 同僚犯公罪, 위의 世宗 17년(1435) 受敎가 적용법조로서 동원되고 있음을 추측할 수 있다. 이 사안에서 용어대응과 관련된 사항만 살펴보면, 죄수를 능학하여 치사한 郎廳들은 형조가 당상관이 있는 아문이기 때문에 首領官으로 擬律되어 1등이 감해지고, 또 典獄署의 典獄丞의 경우에는 2등만 있는 衙門의 長官으로 취급되어 2등이 감해져[4] 처벌되고 있다.[5] 이 사안에서 ≪大明律≫ 제27조 同僚犯公罪의 적용에 있어 법적용자에 따라 등급을 나누는 것이 달라서 처벌이 다르던 혼란에서 세종 17년(1435)의 受敎에 의하여 이 혼란이 수습되고 있음을 볼 수 있다. 이후 세종 17년(1435)의 受敎는 郎廳이 堂下官으로, 南行이 7품 이하로만 개정되어 ≪經國大典≫에 규정된다.[6]

II. 銀錢代用

≪大明律≫에는 贖刑에 대하여는 銅錢으로 지급하게끔 규정하고 있

---

4) 2등만 있는 衙門일 경우에는 長官, 首領官, 吏典이 될 것인데, ≪大明律≫ 名例律 同僚犯公罪에 따르면 首領官은 吏典보다 1등을 감하고, 長官은 佐貳官이 없기 때문에 首領官에서 1등을 감하기 때문에 총 2등을 감하는 것으로 된다.
5) ≪朝鮮王朝實錄≫ 세조 2년(1456) 12월 壬寅.
6) ≪經國大典≫ 刑典 推斷<割註 : ○凡同僚共犯公罪者 有堂上官衙門 行首爲長官 次官以下爲佐貳官 堂下官爲首領官<割註 : 成均館之類 七品以下官 爲首領官> 無堂上官衙門 行首爲長官 次官以下爲佑貳官 七品以下爲首領官 有二等官處 只分長官首領官 同等官處 只以首領官論 有無祿官處 通計祿官>.

지만, 매장할 때의 비용이나 상을 줄 때는 銀을 사용하도록 하고 있다. 그런데 조선에서는 銀을 통용하지 않기 때문에 銀을 환산할 수 있는 규정이 필요하다.[7] 그래서 《經國大典》에는 銀錢을 國幣에 준하여 계산하도록 규정하고 있다.

> 《經國大典》 刑典 銀錢代用 : 大明律에서 銀錢이라고 칭한 것은 모두 國幣로서 준하여 계산한다<割註 : 銀價는 7품은에 따른다. 銀을 납부하기를 바라는 자는 들어준다. 錢 10문은 楮貨 1장에 준한다>.[8]

여기서 말하는 國幣는 바로 布와 楮貨를 말한다.[9] 따라서 《經國大典》 刑典에서 규정하고 있는 것은 《大明律》에서 銀으로 지급하도록 되어 있는 것은 布나 楮貨로 지급한다는 것을 의미한다. 印信僞造犯을 체포한 사례에서 《大明律》에 따라 銀 50냥을 주어야 하는데, 《經國大典》의 규정에 따라 7품은 1냥이 시가 면포 1필 반이므로 75필을 상으로 주었다.[10] 7품은 1냥이 正布 1필에 준하는 것이 항식이 되고,[11] 正布 1필은 면포 2필에 준했는데,[12] 시대가 내려옴에 따라 면포의 가치가 높아져서 正布 1필에 면포 1.5필로 되어서 이런 결정이 내려진 것이다.

---

7) 가령 銀이 본국의 소산이 아니기 때문에 埋葬銀을 징수하기 어려우므로 銅錢으로 은값에 준하여 징수하기도 한다. 《朝鮮王朝實錄》 세종 8년(1426) 7월 己亥.

8) 《經國大典》 刑典 銀錢代用 : 律稱銀錢 以國幣準計<割註 : 銀價依七品銀 願納銀者聽 錢十文準楮貨一張>.

9) 《經國大典》 戶典 國幣 : 國幣通用布·楮貨<割註 : 正布一匹準常布二匹 常布一匹準楮貨二十張 楮貨一張準米一升 凡徵贖全用楮貨 價買 一半用之>.

10) 《朝鮮王朝實錄》 성종 4년(1473) 2월 戊辰.

11) 《朝鮮王朝實錄》 세종 19년(1437) 8월 己未.

12) 《朝鮮王朝實錄》 세종 29년(1447) 1월 癸酉.

Ⅲ. 罪犯准計

1. 罰俸錢

罰俸錢제도는 관리의 일정한 범죄에 대하여 일정한 날수의 급여를 감봉하는 제도이다. 이 제도가 성립되기 위해서는 관리에 대한 급여체계가 확립되어 있어야 하는데 조선초기에는 그러하지 못하였다. 그래서 ≪大明律≫에는 벌봉전의 제도가 있었던 반면에 조선에서는 벌봉전제도를 시행할 수 없었던 상황이 발생하였던 것이다.13) 즉 벌봉전을 처벌규정으로 하고 있는 ≪大明律≫의 조항들에 대한 처리가 곤란하였다. 벌봉전을 규정하고 있는 ≪大明律≫의 규정들은 祭享, 講讀律令, 照刷文券, 盜賊捕限인데, 이 규정을 적용하려고 하여도 처벌을 어떻게 해야할지 곤란한 상황이 발생한다. 조선초기의 관리들은 이 규정에 대한 위반행위가 나오면 ≪大明律≫의 違令이나 不應爲에 의하여 처벌하고 있었다.14)

그러나 違令이나 不應爲에 의하면 자신의 행위에 대한 처벌의 예견가능성이 떨어지기 때문에 이러한 상황이 계속될 수는 없었다. 그래서 형조에서는 이 문제를 해결하기 위하여 다음과 같이 제안하였다. 즉 형

---

13) ≪大明律直解≫에서는 罰俸錢을 규정에 따라 다르게 번역하고 있다. 祿俸으로 한 것은 ≪大明律直解≫ 吏律 公式 講讀律令, 俸祿으로 번역한 것은 ≪大明律直解≫ 吏律 公式 照刷文卷, 罰俸祿으로 번역한 것은 ≪大明律直解≫ 禮律 祭祀 祭享, 罰俸錢으로 번역한 것은 ≪大明律直解≫ 刑律 捕亡 盜賊捕限이다. 같은 용어에 대하여 번역이 다르다는 것은 朝鮮에서는 罰俸錢제도를 시행하지 않고 있었다는 방증이 될 것이다.

14) ≪朝鮮王朝實錄≫ 세종 11년(1429) 4월 戊戌 : ○刑曹啓 ⋯ 前此 上項犯罪者 不論一月半月 或以違令 或以不應爲 比律科斷 實爲未便. ≪大明律≫ 제409조 刑律 雜犯 違令 : 凡違令者笞五十으로 違令은 태50에 처한다. ≪大明律≫ 제410조 刑律 雜犯 不應爲 : 凡不應得爲 而爲之者 笞四十 事理重者 杖八十으로 규정되어 不應爲는 경우에 따라 태40 혹은 장80에 처한다.

조에서는 ≪大明律≫의 規定체계와 ≪唐律≫을 참조하여 1개월의 俸錢
을 태30에 준하고, 반개월은 태20, 10일은 태10에 준하고, 2개월은 태40
으로 할 것을 啓請하였는데 세종은 이를 윤허하였다.15) 예컨대 ≪大明
律≫ 講讀律令에 의하면 초범은 벌봉전 1월이고, 재범은 태40이다.16) 또
盜賊捕限에 의하면 벌봉전 2월17), 祭享에는 벌봉전 반월,18) 照刷文券에
는 벌봉전 10일19)이 규정되어 있다. 이로 보면 벌봉전의 단계는 10일, 반
월, 1월, 2월인 것을 알 수 있다. 한편 ≪大明律≫ 講讀律令에서는 초범
인 경우 벌봉전 1월이고, 재범을 하면 태40에 처하고 있기 때문에 이를
벌봉전의 단계적 구조에 대입하여 보면 벌봉전 1월이 笞30에 해당할 것
이라는 것은 쉽게 짐작할 수 있다.

즉 대략 笞10에 벌봉전 10일이라는 것이다. 벌봉전의 구조와 태형을
치는 구조를 종합하여 비교하면 태10=벌봉전 10일, 태20=벌봉전 반개
월, 태30=벌봉전 1월, 태40=벌봉전 2월임을 알 수 있다. 태40이 벌봉전
2월에 해당하는 것은 講讀律令에서 再犯의 경우 태40을 부과하고 3범인
경우에는 강등하여 임용하기 때문에 강등되지 않는 가장 무거운 벌이
태40이기 때문일 것이다. 이때 결정된 것은 2개월에 태50에 준하는 것만
바뀌어 ≪經國大典≫에 규정된다. 벌봉전 2개월을 태50에 준하도록 하
는 것은 벌봉전 2개월이 가장 높은 처벌이고, 태50이 杖刑 아래의 가장
중한 처벌이기 때문이라고 생각된다.

15) ≪朝鮮王朝實錄≫ 세종 11년(1429) 4월 戊戌.
16) ≪大明律≫ 제63조 吏律 公式 講讀律令 : …初犯罰俸錢一月 再犯笞四十附
過….
17) ≪大明律≫ 제418조 刑律 捕亡 盜賊捕限 : 凡捕强竊盜賊 以事發日爲始
當該應捕弓兵 一月不獲强盜者笞二十 兩月笞三十 三月笞四十 捕盜官 罰俸錢
兩月….
18) ≪大明律≫ 제176조 禮律 祭祀 祭享 : … ○若百官已受誓戒 而吊喪問疾 判
署刑殺文書及預筵宴者 皆罰俸錢一月.
19) ≪大明律≫ 제72조 吏律 公式 照刷文卷 : … 其府州縣正官巡檢 一宗至五宗
罰俸錢一十日….

≪經國大典≫ 刑典 罪犯准計 : 律에서 말하는 罰俸錢 10일은 태10에 준하고, 반월은 태20, 1월은 태30, 兩月은 태50에 준한다.[20]

2. 充軍 등의 換刑

한편 ≪大明律≫의 五刑에 해당되지 않는 특수한 유형의 형벌에 대하여 五刑 체계에 준할 것이 요청된다. 가령 爲奴, 充軍, 全家徙邊 등의 범죄가 어떤 형벌에 준하는지 규정하지 않으면 사면이라든지 감형의 경우 문제가 복잡하여진다. 군인의 充軍에 관하여는 ≪大明律≫에 규정이 되어 있다.

≪大明律≫ 제10조 名例律 軍官軍人犯罪免徒流 : 무릇 軍官과 軍人이 죄를 지은 경우 율문의 徒刑과 流刑에 해당하면 각각 장100에 처한 후, 다섯 종류의 徒刑에 해당하는 자는 모두 2천리 내의 衛로 보내어 充軍하고, 세 종류의 流刑에 해당하는 자는 지리의 원근을 고려하여 각 衛로 보내어 充軍하며, 邊遠充軍者는 율문에 의거하여 보내되, 모두 刺字의 형은 면제한다.[21]

이 규정에 따르면 군인이 徒流刑을 범했을 때 장100에 처하고, 徒流刑 대신 거리의 원근에 따라 충군시킨다는 것인데,[22] 거꾸로 ≪大明律≫에 규정되어 있는 일반적인 充軍刑이 五刑 체계의 어디에 해당하는지에 대하여는 언급하고 있지 않다. 이 경우를 ≪經國大典≫에서 규정하고 있는

---

20) ≪經國大典≫ 刑典 罪犯准計 : 律稱罰俸錢一十日準笞一十 半月笞二十 一月笞三十 兩月笞五十.

21) ≪大明律≫ 제10조 名例律 軍官軍人犯罪免徒流 : 凡軍官·軍人犯罪 律該徒流者 各決杖一百 徒五等 皆發二千里內衛分充軍 流三等 照依地里遠近 發各衛充軍 該發邊遠充軍者 依律發遣 並免刺字.

22) 장60 도1년에 해당하는 범죄를 범한 군인이 充軍되었을 때, 그가 充軍된 장소에서 본래의 복역지로 돌아오는 것에 관해 ≪大明律≫은 규정하고 있지 않기 때문에 논란이 되었는데, 平民의 예와 마찬가지로 복역 기한이 차면 本衛로 돌려보내도록 결정된다. ≪朝鮮王朝實錄≫ 세종 12년(1430) 4월 癸酉.

데 규정은 다음과 같다.

> ≪經國大典≫ 刑典 罪犯准計 : ○充軍의 죄를 범한 것은 장100 도3년에 준한다. 邊遠充軍, 爲奴, 全家徙邊, 殘驛驛吏로 소속되는 것 등은 모두 장 100 유3천리에 준한다.[23]

환산된 형량을 보면 徒刑과 流刑의 가장 중한 형을 기준으로 하긴 하였지만 ≪大明律≫ 제10조 軍官軍人犯罪免徒流와 유사하게 규정하고 있음을 볼 수 있다. 邊遠充軍의 경우에는 ≪大明律≫에서는 流刑보다 높은 형량에 쓰이는 것이지만, 우리나라는 3천리가 되는 곳이 없으므로 유3천리와 마찬가지로 시행해도 된다는 의견으로부터[24] 유3천리에 준하게 된 것으로 보인다. 그리고 殘驛驛吏의 경우에는 성종 5년(1474)의 甲午大典에는 규정되어 있지 않았다가, 잔역의 역리로 정속된 자에 대하여 准計하는 법이 없으므로 편입하자는 司憲府의 의견에 따라 ≪經國大典≫에 편입된 것이다.[25] ≪經國大典≫의 罪犯准計는 ≪大明律≫에서 인정되고 있던 형벌과, 조선에 특유하게 적용되던 刑罰을 ≪大明律≫의 五刑 체계에 맞추기 위하여 규정한 것이라고 볼 수 있을 것이다.

이상에서 살펴본 ≪大明律≫과 ≪經國大典≫의 각종 규정을 대응시키는 것은 ≪大明律≫이 조선의 형사 실체법으로서 인정되었기에 일어난 일들이다. 즉 특별법에 대응하는 일반법으로서 ≪大明律≫의 존재가 인정되었기 때문에 ≪大明律≫에 규정되어 있고, 조선에서는 그와 다른 용어를 사용하고 있는 경우에 이를 환산할 규정이 필요했던 것이라고 이해할 수 있을 것이다.

---

23) ≪經國大典≫ 刑典 罪犯准計 : ○犯充軍者准杖一百徒三年 邊遠充軍者 爲奴者 全家徙邊者 屬殘驛吏者 並准杖一百流三千里.
24) ≪朝鮮王朝實錄≫ 세종 12년(1430) 6월 甲戌.
25) ≪朝鮮王朝實錄≫ 성종 5년(1474) 2월 癸未.

제5절 소 결
－《經國大典》 刑典과 《大明律》

  이상에서 《大明律》과 《經國大典》 刑典의 관계에 대하여 실제 규정을 중심으로 살펴보았다. 이상에서 살핀 바로부터 다음의 것들을 이야기할 수 있다.

  사회에서 그 범죄가 차지하는 영향에 따라 《大明律》을 가중하기도 하고, 사회윤리를 보호하기 위하여 《大明律》의 규정보다 가중하여 처벌하는 규정들이 나타나고 있다. 조선과 중국이 가지고 있는 사회제도가 달랐기 때문에 그에 대한 인식도 다를 수밖에 없었고, 인식차가 《經國大典》에 형이 가중되는 형태로 실린 것이다. 조선후기로 갈수록 신분질서가 더욱 강화되는 방향으로 나아감에 따라 《大明律》이 예정하고 있던 신분차에 따른 형벌도 더욱 강화된 형태로 규율되는데, 《經國大典》의 규정들은 신분질서에 따른－《大明律》보다 강화된－형벌가중의 단초를 보여주는 것이라고 할 수 있다.

  한편 《經國大典》 刑典 규정의 성립과정을 보면서 흥미로운 추측을 할 수 있었는데, 그것은 《經國大典》이 受敎의 집적물이기 때문에 《大明律》과 별도로 규율되던 범죄행위가 《大明律》의 영향을 받아 규정되었다고 추측할만한 규정도 있었고, 《大明律》만으로는 처벌에 문제가 발생하므로 《唐律》 등 다른 法源을 동원하여 채택된 규정도 있었다는 것이다. 이로 보건대 《大明律》이 태조의 선언에 의하여 바로 형법으로 사용되었다기보다는 여러 法源들간의 경쟁에서 가장 강력한 刑事法源으로부터 《經國大典》 刑典 用律의 '用大明律'의 규정으로 나아간 것이다.

  여기서 한 가지 간과하지 말아야 할 것은 태조의 즉위교서나 《經國

大典》의 '用大明律'이 현대에서 법을 적용한다는 의미와는 조금 차이가 난다는 점이다. 현대법에서 법을 적용할 때에는 그 법을 적용하면 되지 굳이 다른 法源을 동원하여 때때로 이를 수정할 필요는 없을 것이다. 하지만 당시 사람들이 《大明律》을 쓴다고 했을 때는 이를 그대로 적용하는 측면도 있지만, 일정한 경우에는 이를 수정하여 다른 법규범을 만들기도 한다는 점이다. 이 점은 당시 사람들이 법을 이용한 것은 어떤 범죄에 대하여 적용할 형벌을 규정한 근거로서 이용한 것이었지 반드시 그 규정에 따라야 한다는 의식을 가지고 있었다고 보기는 힘들다는 것을 의미한다. 그러한 맥락에서 규정된 것이 《經國大典》 刑典의 《大明律》에 대한 특별규정들이었다고 보여지며, 이는 앞으로 살펴볼 조선 후기의 상황에서는 이러한 의식이 더욱 많이 나타나고 있다.[1] 특히 형사 실체법적인 측면에서는 형사특별법의 특성이 일반법보다는 형벌을 가중하는 것이기 때문에[2] 《經國大典》에서도 《大明律》의 형벌보다 가중하여 규정되고 있다.

또 搜査에서 囚禁, 行刑으로 나아가는 형사절차의 흐름에 따라 《經國大典》 刑典의 규정들을 분류하여 정리해보았다. 여기서도 《大明律》과 평행한—즉 그 한도에서 《大明律》의 적용을 배제하는—규정도 있었지만, 대부분의 규정은 《大明律》을 전제로 하여 《大明律》의 규정을 보충하거나 구체화하는 규정임을 확인할 수 있었다. 마지막으로 用語 對應에 관하여도 살펴보았는데, 《大明律》이 전제로 하고 있던 明의 제도와 조선의 제도가 다르기 때문에 환산하는 규정으로 나타난 것이고, 《大明律》을 刑律로 인정한 바탕 위에서 규정된 것임을 볼 수 있었다.

---

1) 자세한 것은 제5장에서 일괄적으로 다루기로 한다.
2) 예컨대 刑法 제260조 1항에서는 사람의 신체를 폭행한 자에 대하여 2년 이하의 징역, 500만원 이하의 벌금, 구류 또는 과료를 법정형으로 규정하고 있다. 이에 대하여 특별법인 폭력행위 등 처벌에 관한 법률 제3조 1항, 제2조 1항에 따르면 흉기 또는 기타 위험한 물건을 휴대하기만 하여도 1년 이상의 유기징역에 처하고 있다.

제4장 《經國大典》 이후의 법령집과 《大明律》

조선은 16세기에 들어오면서 새로운 변화를 맞이하게 된다. 士林이라 불리는 사회세력이 대두하게 된 것이다. 이들의 대두에 따라 법적인 취급에 있어서도 변화가 보이기 시작한다. 이러한 변화의 단초들은 《大典續錄》, 《大典後續錄》, 《各司受敎》에 실려 있다. 이하에서는 이러한 변화들이 《大典續錄》, 《大典後續錄》, 《各司受敎》에 어떤 모습으로 반영되어 있는지, 그리고 《大明律》과의 관계는 어떻게 처리되고 있는지를 살펴보기로 한다.

제1절 《大典續錄》을 통해 본 《大明律》의 운용

I. 《大典續錄》의 편찬

《大典續錄》은 조선초에 확립된 '典錄'의 구별원칙에 따라서 편찬된 법전이라고 할 수 있다. 즉 세종 8년(1426) 12월에 六典修撰色에서 ≪經濟六典≫을 편찬하면서 新續六典 6책과 함께 영세적인 규정이 못되는 것을 따로 모아 謄錄 1권을 만들어 올린 바 있었다. 여기에서 조선의 법전 편찬준칙이 생기게 되는데, 영구히 시행하지 않으면 안될 법규인 永世之典과 일시의 편의에 따라 임시 시행하는 법규인 非永世之典을 구별하여 前者를 典이라 칭하고 後者를 錄이라 칭함으로써 法典과 法令集을 구분하기로 한 것이다.1) 이후 世祖 때에는 ≪經國大典≫ 편찬과정에서 戶典을 가장 먼저 반행한 뒤 戶典謄錄을 만들기도 하였다.2) ≪大典續錄≫은 이러한 謄錄 편찬 작업의 연장선상에 있는 것이다. 성종대에 들어오면 ≪經國大典≫이 여러 번 수정을 거치게 되는데 성종 5년(1474)에 甲午大典을 반포하면서 大典에 수록되지 않은 조항 72개조를 묶어서 續錄이라고 이름하여 반포하였다.3) 이 ≪大典續錄≫은 필요할 때마다 첨록하는 형식이었던 것 같다.4) 그리고 이 ≪大典續錄≫에 기재되어 있던 조항들 중에서 영구히 준행할만한 조항들을 취사선택하고, 기타 受敎를 실어서 성종 15년(1484)에 ≪經國大典≫ 乙巳大典이 반행되었던 것이다.5) 그런데 성종 15년(1484) 현전하는 乙巳大典을 반행할 때에는 따로 ≪大典續錄≫을 만들지 않았다. 아마도 감교청에서 영구적인 대전의 편찬에 만족하고 일시적으로 시행할 조문을 모아 續錄을 편찬할 필요가 없다고 여겼던 것 같다.6) 이후 성종 22년(1491)에 이르면 ≪經國大典≫을 인쇄한 이후의 受敎를 모아 인쇄하는 작업이 시작되었는데, 신법이 너무 많으면 뒷날에

---

1) 朴秉濠, 『韓國法制史攷』, 法文社, 1987, 401~402면.
2) 朴秉濠, 위의 책, 409면.
3) ≪朝鮮王朝實錄≫ 성종 5년(1474) 1월 戊子.
4) ≪朝鮮王朝實錄≫ 성종 6년(1475) 3월 庚戌 : 今大典續錄 只載醫學習讀官 而漢學習讀官則不錄 請依前受敎 立添入續錄 從之.
5) ≪朝鮮王朝實錄≫ 성종 15년(1484) 7월 丁亥 : 傳曰 大典非創新法 只以受敎 及續錄之語 移載耳.
6) 南智大, 「大典續錄・大典後續錄・經國大典註解 解題」『大典續錄・大典後續錄・經國大典註解』, 서울대학교 규장각, 1997, 4면.

폐단이 있으므로 다시 교정하자는 의견이 있어[7] 성종 23년(1492) 7월말에
이르러 편찬을 마치게 된다.[8] 이후 교정작업을 거쳐 성종 23년(1492) 10월
에 인쇄[9]한 것이 현전하는 ≪大典續錄≫이다. ≪大典續錄≫은 祖宗成憲
尊重을 앞세우고 있었으나 大典條文을 개폐하려고 한 주장이 정면으로
표명되고 그중에는 그것이 받아들여진 점에서 주목할 만하다.[10] 이렇게
편찬된 ≪大典續錄≫에도 ≪大明律≫과 관련을 맺고 있는 조항들이 몇
몇 보이고, 또 ≪經國大典≫이 반포된 이후의 ≪朝鮮王朝實錄≫ 기사에
서도 이 시기 ≪大明律≫의 운용실태를 볼 수 있으리라 생각된다.

II. ≪大典續錄≫ 刑典과 ≪大明律≫

1. 사위와 장모의 간통

妻母, 즉 장모는 ≪大明律≫에 의하면 사위와 緦麻親의 관계에 있
다.[11] 한편 ≪經國大典≫에 의하여도 妻父나 妻母는 모두 시마친으로
취급하지만, 다만 상을 당했을 경우 관리의 휴가기간을 23일 더 주는 방
식으로 규정하고 있다.[12] 이에 따르면 장모는 시마친이지만 시마친의 상

---

7) ≪朝鮮王朝實錄≫ 성종 22년(1491) 10월 癸丑.
8) ≪朝鮮王朝實錄≫ 성종 23년(1492) 7월 丙申.
9) ≪大典續錄≫ 序 참조.
10) 朴秉濠,「朝鮮後期 變法思想과 法令整備事業」『近世의 法과 法思想』, 도서
    출판 진원, 1996, 466면.
11) ≪大明律≫ 妻親服圖 참조.
12) ≪經國大典≫ 禮典 五服. 妻父母에 대한 복제는 小功에 준하다가[≪朝鮮王朝實
    錄≫ 태종 11년(1411) 윤12월 乙卯], 緦麻로 바뀐다[≪朝鮮王朝實錄≫ 세종 12년(1430)
    6월 戊子]. 한편 휴가를 주는 기간은 高麗 때부터 30일간이었는데[≪朝鮮王朝實
    錄≫ 태종 15년(1415) 1월 甲寅], 태종, 세종 연간에 논란을 겪다가 세종 15년(1433)
    에 편찬된 新撰經濟續六典 단계에 이르면 續典謄錄에 이미 처부모의 喪에

에 부여하는 7일간의 휴가기간에 23일간의 휴가기간을 더하여 총 30일
의 휴가기간을 얻게 되는데, 이는 期親에게 부여하는 휴가기간과 같은
것이다. 즉 명목상으로는 시마친의 관계에 있지만, 관리에게 부여하는
喪을 치르기 위한 휴가기간에 관하여는 기친과 동일하게 처리하고 있는
것이 ≪經國大典≫의 규정인 셈이다. 이럴 경우 처부모를 대상으로 한
범죄에 대하여 시마친으로 처벌하여야 할지 아니면 기친으로 처벌하여
야 할지 문제가 될 수 있다. ≪大典續錄≫과 ≪朝鮮王朝實錄≫의 사례
들에서 이를 어떻게 해결했는지를 살펴볼 수 있다.

우선 간음과 관련된 ≪大明律≫과 ≪大典續錄≫의 규정을 살펴보도
록 하자.

≪大明律≫ 제392조 刑律 犯姦 親屬相姦 : ○무릇 同宗의 無服親이나 無
服親의 처를 간음한 자는 장100에 처하고, 義女를 간음한 자는 일등을 더
한다. ○緦麻 이상의 親屬 및 시마 이상 친속의 처를 간음하거나 妻의 전
남편의 딸 및 어머니가 같고 아버지가 다른 자매를 간음한 자는 각각 장
100 도3년에 처한다. 강간한 경우에는 참형에 처한다.[13]

≪大典續錄≫ 刑典 推斷 : ○장모를 간음하는 경우에는 雇工姦家長妻女
律에 比附하여 논한다.[14]

≪大明律≫ 제394조 刑律 犯姦 奴及雇工人姦家長妻 : 무릇 남자 종이나
雇工人이 家長의 妻나 딸을 간음한 경우에는 각각 斬刑에 처한다.[15]

≪大明律≫의 규정에 의하면 緦麻親인 장모를 간음하면 장100 도3

23일을 더하도록 규정되고 있다[≪朝鮮王朝實錄≫ 세종 17년(1435) 9월 甲戌].
13) ≪大明律≫ 제392조 刑律 犯姦 親屬相姦 : 凡姦同宗無服之親及無服親之妻
者 各杖一百 若姦義女者 加一等 ○若姦緦麻以上親及緦麻以上親之妻 若妻
前夫之女及同母異父姊妹者 各杖一百徒三年 强者 斬.
14) ≪大典續錄≫ 刑典 推斷 : 奸妻母者 比雇工奸家長妻女律論.
15) ≪大明律≫ 제394조 刑律 犯姦 奴及雇工人姦家長妻 : 凡奴及雇工人姦家長
妻·女者 各斬.

년의 형에 처해지는 데 비하여, ≪大典續錄≫에 의하면 ≪大明律≫ 제
392조 親屬相姦의 緦麻親에 대한 처벌에 의하지 않고, 雇工姦家長妻女
律에 의한다는 것을 알 수 있다. 雇工姦家長妻女律은 ≪大明律≫ 제394
조 奴及雇工人姦家長妻를 지칭하는 것인데, 이에 의하면 참형에 처해
진다.

  이와 같은 규정의 형태는 특이한데, 왜냐하면 ≪經國大典≫의 상복규
정을 ≪大明律≫과는 달리 하여 좀더 무거운 복으로 규정한 후 그 복에
맞는 형벌을 지시하면 되기 때문이다. 추론해본다면 ≪大明律≫ 親屬相
姦에서 볼 수 있는 바와 같이 시마 이상의 친속을 간음한 경우라는 일
반적인 규정을 두고, 그 이외의 경우에는 각기 개별적으로 형벌을 정하
고 있는 상황에서,16) 장모를 간음한 경우 이를 특별히 처벌하고자 한다
면 개별적으로 장모에 대한 형을 규정하여야 했기 때문일 것이다. 하지
만 이러한 추론은 규정 방식에 대한 설명이 될 뿐이지 왜 장모에 대한
간음을 類推까지 해가며 처벌을 강화하고 있는지에 대한 설명은 되지
못한다. 이에 대한 손쉬운 설명으로는 조선초기에는 率壻婚俗을 취하고
있었다는 점을 들 수 있다.17) 예컨대 처부모의 喪에 휴가를 더 주는 이
유에 대하여 조선의 풍속이 처가에 기탁하여 많은 은혜를 받고 있으므
로 처부모의 服을 ≪大明律≫의 시마복의 제도에 특별히 23일을 더한
것이라는 중종 때의 영의정 尹殷輔의 언급18)에서도 솔서혼속의 영향으
로 처부모에 대하여 ≪大明律≫보다는 중하게 처리하고 있음을 확인할
수 있다.

  그런데 이런 설명을 위해서는 처부모에 대한 다른 형태의 범죄, 예컨

---

16) ≪大明律≫ 제392조 刑律 犯姦 親屬相姦에서 이어지는 조문은 다음과 같
   다. 若姦從祖祖母姑·從祖伯叔母姑·從父姊妹·母之姊妹及兄弟妻·兄弟
   子妻者 各絞 强者 斬 若姦父祖妾·伯叔母·姑·姊妹·子孫之婦·兄弟之女
   者 各斬 若姦乞養子孫之婦者 各減一等.
17) 同旨 : 張炳仁,『조선전기 혼인제와 성차별』, 일지사, 1997, 318면.
18) ≪朝鮮王朝實錄≫ 중종 38년(1543) 3월 乙卯.

대 폭행이나 살인과 같은 범죄에 대하여도 ≪大明律≫의 처벌보다는 강화된 형태의 처벌이 있어야 할 것이다. 이러한 기조는 폭행이나 살인에 관한 사례를 살펴보면 비슷하게 이어지고 있음을 확인할 수 있다. 우선 폭행에 관련된 사례를 보면, 처부모를 구타한 安珍에 대하여 律이 장100에 告身을 추탈[19]하는 것에 해당하지만, 가볍게 논할 수는 없으므로 外方으로 물리쳐서 엄히 징계할 것을 청하는 사헌부의 啓에 대하여 성종은 본율대로만 시행하라고 하고 있다.[20] 한편 처부모를 살해한 경우에 대하여는 참형에 처하거나,[21] 능지처사에 처하고 있다.[22] 이렇게 처벌이 논란되는 이유는 위에서도 언급하였듯이, 처부모의 경우 명목은 시마친이지만, 관리의 휴가기간에 있어서 23일을 더하여 주기 때문에 기복친과 동일한 취급을 받게 되는 데 기인한다. 즉 ≪大明律≫에 의하면 장인이나 장모를 폭행하거나 살해한 경우에는 장100 내지 참형에 처하도록 규정하고 있는데,[23] 조선의 풍습이 다르기 때문에 사건이 발생하면 더욱 엄히 징계하자거나, 능지처사에 처하자는 주장이 나오게 되는 것이다. ≪大典續錄≫을 제정할 당시에는 적용의 통일이 이루어지지 않았지만, 중종 때 이르게 되면 이와 같은 논리로 형조에서 통일된 적용이 필요하다는

---

19) ≪大明律≫ 제340조 刑律 鬪毆 毆大功以下尊長 : 凡卑幼毆本宗及外姻緦麻兄姊杖一百. 그리고 ≪經國大典≫ 刑典 推斷 : ○犯私罪杖六十者 啓聞 追奪告身一等 七十二等 八十三等 九十四等 一百 盡行追奪이라고 규정되어 본문의 행위는 장100, 告身追奪이 된다.

20) ≪朝鮮王朝實錄≫ 성종 19년(1488) 4월 辛丑.

21) ≪朝鮮王朝實錄≫ 세종 1년(1419) 11월 乙丑. 斬刑에 처하는 것은 ≪大明律≫ 刑律 人命 謀殺祖父母父母에 따른 처벌이다.

22) ≪朝鮮王朝實錄≫ 성종 5년(1474) 1월 庚寅. 다만 이 사건의 경우에는 사위가 장모와 간통하고 장인을 함께 살인한 사건인데, 간통한 것은 受敎에 따라 참형에 해당하지만, 살해한 것은 기복친의 예에 따라 능지처사에 해당하므로(≪大明律≫ 刑律 人命 謀殺祖父母父母 참조), ≪大明律≫ 二罪俱發以重論에 따라 凌遲處死에 해당한다고 한 것 같다.

23) ≪大明律≫ 제338조 刑律 鬪毆 妻妾毆夫 : ○若毆妻之父母者 杖一百 折傷以上 各加凡鬪傷罪一等 至篤疾者絞 死者斬.

보고가 나온다.24) 즉 당시의 영의정이었던 尹殷輔는 형벌을 사용하는데 23일의 휴가기간을 더 준 것을 가지고 죄를 가중하여서는 안된다는 주장을 펴고 있다.25) 이로 보건대 처부모에 대한 폭행이나 살인의 경우에는 ≪大明律≫의 규정대로 처벌이 행해졌음을 알 수 있다.

그렇다면 장모를 간음한 경우에만 ≪大明律≫의 규정과는 달리 처벌을 강화하였다는 것이 되는데 이 규정이 어떻게 성립되었는가에 대해 살펴보도록 하자. 장모와 간통한 사례는 ≪朝鮮王朝實錄≫에 그리 많이 나오지는 않는데, 최초의 사례는 세종 5년에 나온다. 私奴 德龍이 장모와 간통한 사건을 형조에서 雇工奸家長妻律에 의하여 참형에 처할 것을 요청하자 세종이 그대로 따른 사례이다.26) ≪大典續錄≫이 나오기 전부터 ≪經國大典≫에는 실리지 않았지만 受敎로서 적용되고 있었던 흔적은 산견되는데,27) 이로 보아 장모를 간음한 경우에 대하여는 국초부터 참형에 처하고 있었고, 이것이 受敎로서 적용되다가 ≪經國大典≫에는 실리지 못하고, ≪大典續錄≫에 실리게 되는 과정이라고 할 수 있을 것이다. ≪大明律≫보다 강화된 형벌을 규정하고 있는 것은 물론 처갓집에 은혜가 있고 가깝게 여겼기 때문이다.28) 다만 폭행이나 살인과 차이가

---

24) ≪朝鮮王朝實錄≫ 중종 38년(1543) 3월 癸丑.

25) ≪朝鮮王朝實錄≫ 중종 38년(1543) 3월 乙卯 : ○領議政尹殷輔等 詣賓廳議 啓曰 我國之俗 寄托妻家 受恩深重 故妻父母之服 於大明律緦麻之制 另加二十三日矣 至於用刑 則不可以此而加罪. 其殺妻父母者 依律文 以殺緦麻親之罪 罪之何如.

26) ≪朝鮮王朝實錄≫ 세종 5년(1423) 10월 甲戌.

27) ≪朝鮮王朝實錄≫ 성종 15년(1484) 4월 辛巳(이 사건에서는 장모와 간통한 邊石齡이 승복하였기 때문에 律에 의하면 사형에 처해야 한다는 언급이 나온다) ; ≪朝鮮王朝實錄≫ 성종 20년(1489) 12월 乙巳(이 사건에서는 장모와 간통한 良人 申莫三을 受敎에 의하여 斬待時에 해당한다고 한다).

28) ≪朝鮮王朝實錄≫ 중종 31년(1536) 4월 丁未에서는 "… 律文 奸妻母者 本非一罪 而我國 則例有恩於贅家 故不用元律 比雇工奸家長之文 斷以一罪 此國俗有異者 …"라고 하고 있어 婚俗이 다른 데서 처벌이 다르게 규정되고 있음을 말하고 있다.

나는 이유는, 폭행이나 살인이 논란을 거쳐서 ≪大明律≫의 형벌대로 처벌하는 것이 확정되지만, 간음의 경우는 별다른 논란 없이 受敎대로 처벌하는 것으로 되었고, 살인의 경우에는 어차피 중한 형으로 처벌되지만 간음의 경우 보호하는 가치에 비하여 ≪大明律≫에 따른 처벌이 너무 약하다는 당시의 관념이 작용하였다고 생각한다.[29]

2. 各司雜物竊盜

≪大典續錄≫에는 各司의 雜物을 절취하는 경우에 절도에 따라 과죄하는 규정을 두고 있다. 어떤 물건을 절취하면 절도죄로 처벌하는 것이 당연할 것인데 ≪大典續錄≫에서는 이를 특별히 규정하고 있는 것이다.

> ≪大典續錄≫ 刑典 推斷 : ○各司 私庫의 雜物을 절취하는 경우에는 竊盜에 따라 과죄한다.[30]

현대 형법에서는 객체가 무엇이든지 간에 절취행위에 의한 것이면 의당 절도죄에 의하여 처벌된다. 이처럼 당연한 사항을 왜 이렇게 특별히 규정한 것일까? 그 이유는 바로 전통시대에는 같은 절도라도 임금과 관련되어 있는 물건을 절취한 경우와 기타의 물건을 절취한 경우의 처벌이 다르기 때문이다. 가령 各司의 雜物이 임금과 관련되어 있는 경우에는 일반 절도죄와 달리 특별한 규정을 ≪大明律≫에서 규정하고 있다. 즉 ≪大明律≫에는 관청물건의 절취행위와 관련하여 內府의 물건을 절취한 자에 대하여 참형에 처하도록 규정하고 있는 것이다. 또 그 조항의 註에서는 御寶나 乘輿, 의복 등 御物을 절취하는 경우라고 하고 있다.

---

29) 가령 妻弟와 兄夫와의 간통사례에서 ≪大明律≫의 규정에 따르지 않고 보다 강화된 형벌로 처벌하고 있는 예[≪朝鮮王朝實錄≫ 世宗 18년(1436) 4월 丙辰 ; ≪朝鮮王朝實錄≫ 成宗 6년(1475) 9월 丙寅]에서도 이러한 관념을 엿볼 수 있다. 제 2장 제2절 Ⅱ. 4 참조.

30) ≪大典續錄≫ 刑典 推斷 : ○盜各司私庫雜物者依竊盜科罪.

≪大明律≫ 제283조 刑律 賊盜 盜內府財物 : 무릇 內府의 재물을 훔친 경우에는 모두 참형에 처한다<割註 : 옥쇄나 임금이 사용하는 가마, 옷 등을 훔치는 것이 모두 이것이다>.[31]

따라서 임금과 관련있는 물건일 경우에는 참형에 처해지고, 관련이 없다면 일반 절도죄에 따라서 절취물의 양에 비례하여 처벌이 정해진다. 그렇기 때문에 대궐 안에 있는 물건이라고 하더라도 임금과의 관련성이 인정되는가의 여부에 따라 처벌에 엄청난 차이가 생긴다. 그렇기 때문에 경계를 그을 필요가 있기 때문에 ≪大典續錄≫의 규정이 만들어진 것이다. 처음부터 ≪大典續錄≫의 규정과 같이 경계를 그어주는 규정은 없었기 때문에, 대궐 안의 물건의 절취에 대하여는 御物과 관련성이 없는 잡물의 경우에도 궐내에 있다면 盜內府財物에 의하여 참형으로 조율하고 있었던 것 같다. 즉 대궐 안의 잡물을 훔친 金亥麻之 등을 의금부에서 斬刑으로 조율하기도 하고,[32] 內藥房에서 朱砂 등 各色 藥材를 절취한 남자 종 자근노미 등을 형조에서 참형으로 조율하기도 했던 것이다.[33]

이때의 적용법조는 ≪大明律≫ 제283조 盜內府財物이지만 그대로 처벌했느냐 하는 것은 좀더 살펴보아야 한다. 정확한 사실관계가 나오지 않아 구체적인 것은 알 수 없지만, 內府의 재물을 절취하였다고 하여 참형에 해당되지만 減死하는 경우[34]와 그대로 참형으로 결정하는 경우로

---

31) ≪大明律≫ 제283조 刑律 賊盜 盜內府財物 : 凡盜內府財物者 皆斬<割註 : 盜御寶及乘輿服御物 皆是>.

32) ≪朝鮮王朝實錄≫ 세종 5년(1423) 2월 戊辰. 참형으로 조율하였지만, 처벌은 1등 내지 2등을 감하여 처벌하고 있다. 이유는 제시되어 있지 않아 알 수 없다.

33) ≪朝鮮王朝實錄≫ 세종 6년(1424) 3월 壬午. 이 사건에서도 그대로 처벌하지는 않고 1등을 감하여 처벌하고 있다.

34) ≪朝鮮王朝實錄≫ 세종 5년(1423) 5월 庚子 ; ≪朝鮮王朝實錄≫ 세종 5년(1423) 6월 癸丑 ; ≪朝鮮王朝實錄≫ 세종 5년(1423) 7월 壬辰 ; ≪朝鮮王朝實錄≫ 세종 6년(1424) 3월 壬午 ; ≪朝鮮王朝實錄≫ 세종 6년(1424) 4월 癸酉

나눌 수 있다.35) 減死하는 경우와 그대로 참형에 처하는 사안을 나누는
기준이 무엇인지 정확히는 알 수 없지만 대략 중요한 물건-예컨대 銀
器 등-일 경우에는 그대로 참형에 처하지만 잡물일 경우-예컨대 수박,
어용으로 쓸 쌀 등-에는 減死하는 경향을 엿볼 수 있다. ≪大明律≫ 盜
內府財物이 보호하고자 하는 법익이 왕실의 위엄이라고 본다면, 객체의
중요성과는 관계없이 御用에 관련된 물건이기만 하면 이 조항을 적용하
여 처벌하여야 할 것이다. 이런 인식을 가지고 논의한 경우도 있지만,36)
대체로 물건의 다소와 종류에 따라 減死하였던 것37)으로 보아 이미 이
조항을 그대로 적용한다면 처벌이 너무 중하다는 인식이 있었던 것 같
다. 이러한 인식은 이미 司饔房의 御饌을 절취하는 외에 일반인에게 공
급하는 물건을 절취하는 경우에는 盜內府財物로 조율하는 것은 마땅하
지 않으므로 監守自盜倉庫錢糧에 의하여 처벌하라는 세종의 傳旨에서
도 확인할 수 있다.38) 즉 이러한 인식의 바탕 위에 各司의 물건을 절취
할 때 그것이 雜物일 경우에는 盜內府財物에 의하지 않고 절도에 따라
절취한 물건의 양에 따라 처벌하도록 결정되었고 ≪大典續錄≫에 실리
지 않았나 생각된다. 즉 판례의 축적으로 盜內府財物에 의하여 처벌되
는 객체와 그 이외의 객체들이 분리되고, 후자의 경우는 절도에 따라 처
벌하는 것으로 ≪大典續錄≫에 규정된 것이라고 할 수 있다.

; ≪朝鮮王朝實錄≫ 세종 12년(1430) 3월 丁未 ; ≪朝鮮王朝實錄≫ 세종 12
년(1430) 12월 丁卯 ; ≪朝鮮王朝實錄≫ 성종 10년(1479) 9월 丁丑 ; ≪朝鮮王
朝實錄≫ 성종 13년(1482) 11월 乙未.

35) ≪朝鮮王朝實錄≫ 세종 5년(1423) 4월 戊寅 ; ≪朝鮮王朝實錄≫ 세종 11년
(1429) 2월 壬辰 ; ≪朝鮮王朝實錄≫ 세종 23년(1441) 3월 戊申.

36) ≪朝鮮王朝實錄≫ 성종 10년(1479) 9월 丁丑. 尹弼商 : 어고의 재물을 훔친
자는 비록 작은 물건이라도 용서할 수 없다(儵御庫財物者 雖小 不可赦也).

37) ≪朝鮮王朝實錄≫ 성종 10년(1479) 9월 丁丑의 사례에서는 절취한 것이 2냥
이라는 것, 성종 13년(1482) 11월 乙未의 사례에서는 훔친 장소가 司導寺이
고 쌀 3석 5두를 훔쳤다는 것이 고려되었다.

38) ≪朝鮮王朝實錄≫ 세종 5년(1423) 10월 己未.

3. 竊盜處罰에 대한 特則

竊盜 처벌에 있어서 재범을 교형에 처하던 것을 ≪大明律≫에 따라 3
범을 범해야 교형에 처하도록 하게 된 것은 앞서 보았다.[39] 절도의 초범
에 대하여는 ≪大明律≫대로의 처벌을 행하면 되고, 3범의 경우에는 교
형에 처하기 때문에 별다른 부가적인 규정이 필요가 없다. 하지만 원래
교형에 처하던 재범절도에는 ≪大明律≫의 규정에 따른 훔친 물건의 양
에 따른 형벌을 과하지 않았다. 즉 원래 재범절도를 교형에 처하던 것에
서 ≪大明律≫에 따라 3범절도를 교형에 처하게 되자 재범절도는 한 단
계 아래의 형벌인 유형을 과하는 것이 당시 법제정자들의 입장이었던
것 같다. 또한 사형에 처해야 할 절도범이 減死된 경우에 유형에 해당하
는데 이 경우에 대하여도 특칙을 두고 있다. ≪大典續錄≫에는 이들에
대한 특별한 규정이 있는데 다음과 같다.

> ≪大典續錄≫ 刑典 捕盜 : … 再犯의 竊盜는 황해도나 평안도에 전가족
> 을 분배하며, 竊盜를 범하였다가 減死된 사람은 황해도나 평안도에 아울
> 러 妻子를 또한 定屬시킨다.[40]

우선 재범 절도에 대하여는 緣坐刑으로서 전가족을 황해도나 평안도
로 보내고 있다. 이 규정은 절도 방지책을 의논하라는 성종의 전교에 따
라 형조에서 회계한 것이 입법된 것이다. 형조에서는 절도에 대하여 고
신할 때 圓杖을 써서 실정을 캐고, 재범절도와 사형이 감해진 자를 모두
황해도와 평안도에 전가족을 永屬시키면 백성의 폐해가 없어질 것이라
고 주장한 것인데, 원장을 쓰는 법이 참혹하기 때문에 이것만 제외하고

---

39) 제2장 제2절 Ⅱ. 2 참조.
40) ≪大典續錄≫ 刑典 捕盜 : … 再犯竊盜 黃海平安道全家分配 犯盜減死人 幷
妻子亦於兩道定屬.

모두 입법되었다.[41) 그런데 성종 21년 2월에 이르러 經筵 자리에서 特進官 李克均이 절도를 범하고 減死된 자에 대하여 全家徙邊하고 노비로 삼는 것에 대하여 의문을 제기하고 나선다. 즉 謀反大逆의 경우에도 妻子만을 노비로 삼을 뿐 全家徙邊까지 하지는 않기 때문에 형벌이 과중하다는 것이었다.[42) 그러자 이 문제에 대하여 성종은 領敦寧 이상으로 하여금 의논하게 하였다. 靑松府院君 沈澮, 領議政 尹弼商, 左議政 洪應 등은 全家徙邊까지 부과하는 것은 과중하다는 의견이었다. 이에 대하여 戶曹判書 盧公弼, 參判 宋瑛 등은 전가사변과 노비로 삼는 것을 비교하면 고향을 떠나는 전가사변보다는 노비로 삼는 것이 더 과중한 것이라고 하여 전가사변만 행할 것을 주장하였다. 兵曹參判 柳洵은 절도의 이득을 가족이 다같이 하기 때문에 처벌도 같이 받아야 한다는 의견이었다. 이에 대하여 성종은 형조의 受敎, 즉 전가사변을 하고 노비로 영속시키는 것을 쓰지 말도록 하였다.[43) 이렇게 되면 절도범 자신만을 노비로 정속하게 되는데 이것은 또 너무 가볍다는 의견이 제기되었다. 즉 며칠 후의 經筵 자리에서 知事 李崇元이 처자를 노비로 정속케 하자는 의견이 제기하자, 성종은 이에 긍정적으로 반응하고[44) 다시 며칠 후 처자만 노비로 정속하도록 전교를 내린다.[45) 즉 절도죄를 범하여 減死된 자는 원래 전가사변+노비정속이었는데, 이때의 受敎로 인하여 처자와 함께 노비로 定屬되는 것으로 바뀐 것이 ≪大典續錄≫에 규정된 것이라고 할 수 있다.

절도에 관해서는 국초부터 대단히 많은 변화가 있어 왔다. ≪大明律≫에 없는 斷筋刑에 처하기도 하고 재범일 경우에 교형에 처하기도 하는

---

41) ≪朝鮮王朝實錄≫ 성종 18년(1487) 5월 丙午. 全家徙邊刑에 대해 자세한 것은 金池洙,「朝鮮朝 全家徙邊律의 역사와 법적 성격」『法史學硏究』 제32호, 韓國法史學會, 2005, 97~161면 참조.
42) ≪朝鮮王朝實錄≫ 성종 21년(1490) 2월 乙酉.
43) ≪朝鮮王朝實錄≫ 성종 21년(1490) 2월 乙酉.
44) ≪朝鮮王朝實錄≫ 성종 21년(1490) 2월 丙申.
45) ≪朝鮮王朝實錄≫ 성종 21년(1490) 2월 壬寅.

등 절도를 근절하기 위해 여러 가지 방안을 제시하기도 하였던 것이다. 절도에 대한 처벌의 변화를 관찰하면 절도에 대한 규율이 ≪大明律≫을 참조하기는 하지만, ≪大明律≫과는 또 다른 길을 가고 있었음을 알 수 있다. ≪大典續錄≫에 실린 절도범의 처자를 노비로 영속시키는 규정도 緣坐 범위를 확대한 것으로, 처벌 기준을 ≪大明律≫에 맞추어 가면서도 상황에 따라 처벌 범위를 확대하는 모습을 볼 수 있었다.

제2절 ≪大典後續錄≫을 통해 본
≪大明律≫의 운용

Ⅰ. ≪大典後續錄≫의 편찬

　≪大典後續錄≫은 ≪大典續錄≫의 시행 후 중종 37년(1542)까지 약 50년 간의 현행법령을 수집·편찬한 법령집이다. 현전하는 ≪大典後續錄≫은 中宗 38년에 편찬 시행된 것인데, 그 과정에는 중종 9년(1514)에 간행된 ≪大典後續錄≫이 존재했었다.[1] 즉 연산군의 폭정을 정리하고 유교정치의 이상을 회복하기 위하여 여러 정책 가운데 혼란에 빠진 법령 정비가 필요했고,[2] 이에 따라 ≪大典續錄≫ 이후의 각종 受敎들 가운데 시행할만한 법령들을 모아 간행한 것이다. 그런데 편찬과정에서도 간행 여부에 대해 논란이 많았으나, 간행 후에도 全家徙邊律 21개조를 삭제하는 등,[3] 삭제한 것이 반이어서 이미 묵책이 되어버려 시행할 수 없다는 의견이 나오고, 각기 受敎한 것을 법으로 삼아서 서로 모순, 저촉되는 지경에까지 이른다.[4] 결국 중종 9년에 간행된 ≪大典後續錄≫은 법령집으로서의 기능을 상실하고 삭제되고 남은 조항들은 다시 受敎로 되돌려진

---

1) 朴秉濠, 앞의 글, 468면에서는 中宗 9년(1514) 9월 戊子에서 10월 己酉까지의 사이에 간행되었다고 하고 있다. 근거는 제시되어 있지 않지만 ≪朝鮮王朝實錄≫ 中宗 9년(1514) 10월 己酉條의 기사에 "史臣曰 時所刊行後續錄"이 나오는 것을 보아 이를 근거로 한 것 같다. 한편 이 ≪大典後續錄≫의 序文을 쓴 사람이 申用漑인데, 中宗 8년(1513) 11월에 ≪大典後續錄≫을 완성했다고 한다. 金燉, 「中宗代 法制度의 재정비와 ≪大典後續錄≫의 편찬」『한국사연구』 제127집, 한국사연구회, 2004, 41면.

2) 金燉, 위의 글, 36면.

3) ≪朝鮮王朝實錄≫ 중종 9년(1514) 12월 丁酉.

4) ≪朝鮮王朝實錄≫ 중종 10년(1515) 윤4월 辛巳.

것이다.5)

　이후 斤正廳을 설치하여 다시 편찬에 착수하여 중종 38년(1543) 8월 하순에 편찬이 완료되고,6) 동년 11월 14일부터 시행한 것이 바로 현전하는 ≪大典後續錄≫이다.7) 그러면 이러한 과정을 통하여 편찬된 ≪大典後續錄≫ 刑典에 실려 있는 형사규정을 살펴보고 이 시기 ≪大明律≫의 운용실태가 어떠했는지에 대하여 알아보도록 한다.

Ⅱ. ≪大典後續錄≫ 刑典과 ≪大明律≫

　≪大典後續錄≫이 편찬될 때까지의 약 50년간 ≪大明律≫의 운용에는 별다른 변화가 없다고 보여진다. 다만 아래에서 살펴볼 수 있듯이 ≪大明律≫에서 예정하고 있던 신분적인 특권이 조선의 사회사정과 맞물려서 확대되는 경향이 나타난다. 즉 이미 ≪大明律≫이나 ≪經國大典≫에서 일정한 신분－士族 내지 功臣－에 대하여 인정되던 특권들이 ≪大典後續錄≫에 이르면 좀더 확대된 모습을 보이는 것이다.

　우선 사족에 관한 것인데 사족에 대하여는 ≪經國大典≫에서 여러 가지 형사상의 특권을 인정하고 있는데, ≪大典後續錄≫에서는 이렇게 형사상의 특권이 인정되는 사족의 부녀가 음행을 하는 경우 일반인보다

---

5) ≪朝鮮王朝實錄≫ 중종 9년(1514) 6월 壬申. 35년 1월 丙午 : 後續錄, 在卽位後乙亥年間, 其不可行用者, 商確爻周, 其存者, 皆可用條件이라는 문장에서 '條件'이 바로 受敎와 같은 뜻인 것에서 중종 9년(1514) 6월 이후에 ≪大典後續錄≫의 법령집으로서의 기능이 사라지고 受敎로서 시행되고 있음을 확인할 수 있다. 朴秉濠,「朝鮮後期 變法思想과 法令整備事業」『近世의 法과 法思想』, 도서출판 진원, 1996, 468면 각주 24.
6) ≪朝鮮王朝實錄≫ 中宗 38년(1543) 9월 甲子 및 ≪大典後續錄≫ 序文 참조.
7) 內藤吉之助에 의하면 經國會典의 기록과 詞訟類聚의 기록을 종합하면 ≪大典後續錄≫의 반포는 11월 13일, 시행은 14일이라고 한다. 內藤吉之助,『大典續錄及註解』, 朝鮮總督府中樞院, 1935, 例言 10면.

엄벌에 처함으로써 사족 집단의 일반인에 대한 우월성을 유지하려고 하고 있다. 다음으로 살펴볼 것이 공신에 대한 것인데, ≪經國大典≫에서는 공신이라고 칭할 때 원종공신은 포함하지 않고 있는데, ≪大典後續錄≫에서는 이를 수정하여 공신에게 인정되는 형사상의 특권을 원종공신에게도 인정하고 있는 것이다.

한편 ≪大典續錄≫에도 규정되었던 절도범에 대한 특례규정이 ≪大典後續錄≫에도 규정되고 있다. 이것은 절도범에 대한 처벌이 사회변화에 따라 다양하게 나타날 수 있고, 따라서 ≪大明律≫의 처벌을 보충 내지 수정하는 처벌이 나올 수 있음을 보여주는 징표라고 할 것이다. 또 ≪大典後續錄≫에 실린 사안은 아니지만 이 시기도 역시 倫常을 중요시했기 때문에 ≪大明律≫과 같은 형법전에 구성요건으로 등재되어 있지 않은 사례가 발생하는 경우 윤상을 심히 훼손하는 행위라면 어떠한 처벌을 내렸는지, 그리고 그 경우에 ≪大明律≫은 어떠한 역할을 하는지를 살펴볼 수 있다.

1. 士族婦女로 淫慾恣行 : 姦夫와 함께 絞刑

사족에 대하여는 ≪經國大典≫에서도 여러 가지 특권이 인정되고 있다. 예컨대 사족을 구금할 때에는 보고 후에 구금한다든지 사족부녀의 경우에는 사죄의 경우에만 項鎖를 하든지 囚禁을 한다는 규정들이 그것이다.8) 그런데 이러한 기조는 시대가 내려갈수록 조금씩 확대되는 경향을 보이는데 우선 조선중기라고 할 수 있는 ≪大典後續錄≫ 단계에서는 사족부녀의 간음에 대하여 특별한 규정을 두게 된다. 우선 ≪大明律≫ 관계되는 규정을 살펴보도록 하자.

≪大明律≫ 제390조 刑律 犯姦 犯姦 : 무릇 和姦하는 경우에는 장80, 남

---

8) ≪經國大典≫ 刑典 囚禁 참조.

편이 있는 경우에는 장90, 위계에 의해 간음한 경우에는 장100에 처한다.
… ○和姦하거나 위계에 의해 간음한 경우 남녀의 죄는 같다.[9]

이 규정에 의하면 간음했다고 해서 사형에까지는 이르지 않는다. 한
편 ≪大典後續錄≫에서 사족부녀의 간음에 대하여 어떻게 규정하고 있
는지 살펴보도록 하자.

　　≪大典後續錄≫ 刑典 禁制 : 사족 부녀가 음욕을 자행하여 풍교를 더럽
히고 어지럽힌 경우에는 간음한 남자와 아울러 교형에 처한다.[10]

≪大典後續錄≫에 의하면 일반 간음의 경우에도 여성이 사족인 경우
에는 ≪大明律≫의 최대 장100의 형과는 달리 간음한 남자와 함께 사형
에 처해지도록 규정되고 있음을 알 수 있다. 사실 사족이 아닌 피지배층
의 간통은 ≪大明律≫ 제390조 犯姦의 적용대상이 되기는 하지만 국가
권력이 여기에 개입하지 않았을 가능성이 크다.[11] 따라서 ≪大明律≫ 犯
姦의 적용영역은 사족부녀라고 할 수 있는데, 조선초부터 ≪大明律≫의
규정에 따르자는 논의는 있지만 그때그때의 사정에 따라서 ≪大明律≫
의 형보다는 가중하여 처벌하고 있었던 것으로 보인다.[12] 하지만 사족부
녀의 간음에 대한 처벌은 구체적인 사건에 대한 처단형이기 때문에 조

---

9) ≪大明律≫ 제390조 刑律 犯姦 犯姦 : 凡和姦 杖八十 有夫 杖九十 刁姦 杖
一百 … ○其和姦‧刁姦者 男女同罪.
10) ≪大典後續錄≫ 刑典 禁制 : … ○士族婦女恣行淫慾, 瀆亂風教者 幷奸夫
處絞.
11) 張炳仁, 『조선전기 혼인제와 성차별』, 일지사, 1997, 296～297면에서는 성
종 10년의 사례인 양녀 仲今이 雇工과 간통한 사건에서 "율로는 마땅히 사
형이나 常人은 본래 家格이 없으니 사대부에 비할 바가 아니다[≪朝鮮王朝實
錄≫ 성종 10년(1479) 9월 戊午]"라는 언급을 들고 있다.
12) ≪朝鮮王朝實錄≫ 세종 5년(1423) 9월 癸卯 ; ≪朝鮮王朝實錄≫ 세종 5년
(1423) 10월 乙卯 ; ≪朝鮮王朝實錄≫ 세종 9년(1428) 9월 己丑 ; ≪朝鮮王朝
實錄≫ 세종 10년(1429) 4월 癸酉 등 다수.

율할 때에는 그대로 《大明律》에 의하게 된다. 연산군 때의 사족인 玉
今의 간통사건에 대하여 장90으로 照律한 사례에서 이를 알 수 있다.13)
그런데 玉今 사건에서는 이전에 장형과 함께 定屬하던 관행과는 달리
처벌에 대해 심도 깊게 논의하게 된다. 논의는 사족부녀의 음행을 징계
하지 않는다면 절의가 땅에 떨어져서 백성들의 악행을 방지할 수 없다
는 주장과 풍속은 형률으로써 변화시킬 수 없으므로 형률 외의 죄로서
형벌을 시행할 수는 없다는 주장으로 대별된다.14) 결국 《大典後續錄》
의 조문과 같이 간음한 남자와 함께 교형에 처하는 것으로 결정되어 玉
今은 교형에 처해진다.15) 이렇게 강화된 형벌에 처하고 있는 것은 간통
사건을 중형으로 처리하기보다는 풍속을 순화시키는 근본적 치유책을
통해 해결하려고 했던 세종대의 시각과는 달라진 당시의 시각의 일면을
보여준다고 하겠다.16)

　한편 중종 8년(1513)에 만들어진 《大典後續錄》(이하 1차 大典後續錄)을
편찬하는 과정에서 사족부녀인 玉終의 간통사건이 발생한다. 이전부터
진행되어 오고 있던 연산군 때의 법령을 바로잡는 斥正작업의 일환으로
사족부녀의 사형조항이 연산군 때 이루어졌기 때문에 이 조항에 대한
논의도 일어나게 된다.17) 이때도 사형에 해당하는 범죄를 쉽게 늘려서는
안되고, 더군다나 연산군 때의 법령이기 때문에 혼란한 정사의 뒤를 이
어받아 관대한 법으로 다스려야 한다는 반대의견도 많았다.18) 그러나 중

---

13) 《朝鮮王朝實錄》 연산군 6년(1500) 6월 癸巳.
14) 《朝鮮王朝實錄》 연산군 6년(1500) 6월 甲午 ; 《朝鮮王朝實錄》 연산군 6
　　년 6월 경술 ; 《朝鮮王朝實錄》 연산군 6년 6월 辛亥.
15) 《朝鮮王朝實錄》 연산군 6년(1500) 6월 戊戌 ; 《朝鮮王朝實錄》 연산군 6
　　년 8월 壬寅.
16) 張炳仁, 앞의 책, 1997, 303면.
17) 1차 大典後續錄의 편찬과정에서 나타난 斥正 조항에 대한 논의는 金燉,
　　「中宗代 法制度의 재정비와 《大典後續錄》의 편찬」, 『韓國史硏究』 제127
　　집, 한국사연구회, 2004, 37~49면 참조. 특히 정치운영에서 가장 시급하게
　　간주한 것은 혼란에 처한 법제도의 재정비라고 지적하고 있다.
18) 《朝鮮王朝實錄》 중종 7년(1512) 10월 癸卯 ; 《朝鮮王朝實錄》 중종 7년

종은 형벌을 무겁게 하여 名敎를 중히 여기며, 만약 定屬하여 婢로 삼으면 도리어 음욕을 이루어주게 되는 불합리가 있다고 생각하고 있었고,[19] 이를 지지하는 의견도 많았기 때문에 결국 연산군 때의 受敎를 그대로 인정[20]하여 현존하는 ≪大典後續錄≫의 규정으로 정착되었던 것이다.

이 규정의 성립과정에 대한 이해에 있어서, 大臣들뿐만 아니라 臺諫과 弘文館 사이에서도 각기 입장이 상이하였기 때문에 훈구파와 사림파의 대립이라고 간주할 수는 없고, 오히려 중종의 의도대로 법적용과 법령집 편찬이 이루어지는 양상을 살펴볼 수 있다는 견해가 있다.[21] 그러나 법적용과 법령집 편찬이 반드시 중종의 의도대로 이루어졌다고는 볼 수 없을 것이다. 법적용에 있어서 많은 경우 왕의 판단이 가장 중요시되기는 하지만 신료들과의 논의를 통해서 이루어지기 때문에 항상 왕의 의도대로 이루어진다고는 볼 수 없을 것이다. 이 사례에 있어서도 신료들과의 논의 속에서 국왕인 중종은 자신의 의견을 피력했고, 이에 동조하는 많은 신료들이 있었기에 중종의 의견이 관철된 것이지 이 사례 하나를 통해 중종의 의도대로 법적용과 법령집 편찬이 되었다고 볼 수는 없을 것이다. 이 시기에 사족부녀의 음욕을 자행하는 행위에 대하여 ≪大明律≫에서 사형을 규정하지 않는 뜻이 있음[22]에도 불구하고 사형을 규정한 이유는 신분적 차별을 사회기강의 핵심으로 삼고 있었던 고려사회와 달리 도덕적 우월을 지배의 명분으로 들고 등장한 사대부가 신분적 차별보다는 가족 윤리 쪽으로 사회기강의 핵심을 변화시키면서 도덕적 우월을 뒷받침할 덕목으로 남성에게는 학문에 의한 수양을, 여성에게는 정절을 강요했기 때문일 것이다.[23] 즉 사족에 대하여는 형벌상 특권이

10월 丙辰.

19) ≪朝鮮王朝實錄≫ 중종 7년(1512) 10월 丙辰.

20) ≪朝鮮王朝實錄≫ 중종 7년(1512) 10월 戊午.

21) 金燉, 앞의 글, 45면.

22) ≪朝鮮王朝實錄≫ 중종 7년(1512) 10월 癸卯의 成希顔 견해.

23) 張炳仁, 앞의 책, 307면.

인정되기도 하였지만 형벌상 특권을 유지하기 위하여 더 높은 도덕성이 요구되었다. 이에 따라 사족부녀에 대하여는 士族에게 인정되는 형벌상 특권에 대한 반대급부로서 도덕성을 훼손하는 행위를 하였을 때에는 보다 강한 처벌을 하였던 것이다.

2. 原從功臣의 형사상 특례 편입

공신에 대하여 사죄의 경우에만 항쇄를 채우도록 하는 것은 ≪經國大典≫에도 규정되어 있었다.24) 하지만 ≪經國大典≫에서는 다만 공신이라고 하고 있고, 吏典에서는 공신이라고 칭할 때에는 원종공신은 포함되지 않는다고 하고 있기 때문에25) 당연히 원종공신은 項鎖의 특례가 적용되지 않아야 한다. 그런데 이와 같은 해석하에 당연히 원종공신을 항쇄한 金銀孫 사건에서 중종은 사헌부를 추고하게 된다.26) 다만 領事 成希顔의 말을 들어보면 원종공신도 사죄에만 항쇄하는 것이 유래가 오래인 것 같다.27) 이로 본다면 ≪經國大典≫에서 공신이라고 한 것에는 원종공신이 포함되지 않지만, 관행상 원종공신에게도 공신에게 인정되는 형사상의 특례가 인정되어 왔다고 할 수 있다. 다만 형사상의 특례가 동일하게 인정되어 왔다고 하더라도 구례로서 인정되었을 뿐이지 법문에 규정된 것은 아니기 때문에 후일의 논란을 막기 위해서라도 확정할 필요가 있었다. 그래서 중종은 이를 귀일되게 하기 위하여 논의를 요청하였다.28) 법에는 없지만 조종조로부터 이미 전례를 이루었기 때문에 이를

---

24) ≪經國大典≫ 刑典 囚禁<割註 : ○議親·功臣及堂上官·士族婦女犯死罪, 鎖項>.
25) ≪經國大典≫ 吏典 京官職 : ○封君<割註 : 王妃父及二品以上宗親·功臣·功臣承襲等 ○承襲者父沒乃授 ○凡單言功臣, 原從不與焉>.
26) ≪朝鮮王朝實錄≫ 중종 4년(1509) 3월 己亥.
27) ≪朝鮮王朝實錄≫ 중종 4년(1509) 3월 癸卯 : 領事 成希顔 曰 原從功臣不項鎖 其來久矣 但不可信其所言 故考錄卷間 項鎖耳.
28) ≪朝鮮王朝實錄≫ 중종 4년(1509) 3월 癸卯.

입법하여 통행하자는 의논[29]에 따라 원종공신도 사죄가 아니면 項鎖를 할 수 없도록 규정된다. 또 공신에게 인정되는 고신의 특례인 임금에게 주청하여 재가를 받아야 한다는 것[30]도 원종공신에게 인정되어 규정된다.

  ≪大典後續錄≫ 刑典 推斷 : ○원종공신은 사죄가 아니면 項鎖하지 못하고 고신에는 주청하여 재가를 받아야 한다.[31]

3. 竊盜의 처벌특례

  竊盜는 조선초기부터 ≪大明律≫과는 다르게 처벌하다가 ≪大明律≫에 따라 처벌하기로 한 것이 성종 때에 와서다. 물론 초범과 3범에 대하여는 ≪大明律≫에 의하지만 재범절도에 대하여는 앞서 ≪大典續錄≫ 규정에서도 보았듯이 일률적으로 전가사변에 처하고 있었다. 즉 절도에 대한 처벌은 한편으로는 ≪大明律≫에 의하고 한편으로는 ≪大典續錄≫에 의하여 규율되고 있는 실정이었다. 절도에 대하여 ≪經國大典≫에서 규정하지 않은 이유는 절도 처벌에 대하여는 상황에 따라 유연하게 대처하려는 인식도 작용하였을 것이라고 생각된다. 다리의 힘줄을 끊거나 얼굴에 문신을 하는 斷筋·黥面의 법도 ≪經國大典≫에 규정되지 않았는데 이도 마찬가지로 당시에 이를 영구히 적용할 형벌로는 인식하지 않았던데 기인한 것으로 생각된다. 절도에 대해 斷筋·黥面하는 법은 ≪大典後續錄≫에 규정되어 있는데 다음과 같다.

  ≪大典後續錄≫ 刑典 盜賊 : 竊盜의 初犯으로서 3인 이상이 무리를 지어 도적질을 하여 장물이 1관 이상이거나, 2인이 2관 이상이거나, 再犯을 한

---

29) ≪朝鮮王朝實錄≫ 중종 4년(1509) 3월 甲辰.
30) ≪經國大典≫ 刑典 推斷<割註 : … ○功臣議親拷訊, 啓請時並錄功臣議親以啓>.
31) ≪大典後續錄≫ 刑典 推斷 : ○原從功臣 非死罪不項鎖 拷訊則取稟.

자는 장물의 다소를 막론하여, 주종을 구분하지 아니하고 斷筋 黥面하여
絶島殘邑에 全家屬을 영구히 노비로 삼고, 나머지는 모두 율에 의하여 처단
한다.32)

이 규정은 중종 때 서울과 지방에서 도적이 들끓자 새로 내린 受敎가
그대로 ≪大典後續錄≫에 실린 것이다.33) 원래의 受敎는 '도둑이 잠잠해
질 때까지(盜賊寢息間)' 한정하여 사용하도록 하였는데, 이 어구가 빠지고
≪大典後續錄≫에 규정된 것이다. 이 규정은 절도일 경우에도 떼도둑인
경우와 절도의 재범일 경우 斷筋·黥面하여 全家屬을 영구히 노비로 삼
는다는 규정인데 앞에서 보았던 ≪大典續錄≫의 규정을 보완하는 규정
이라고 할 수 있다. 절도가 많아지자 원래 ≪大典續錄≫에 의하여 재범
절도에 대하여 일률적으로 전가사변과 노비정속으로 처벌되던 것에서
그 주체를 확장하고 처벌을 강화한 것이라고 할 수 있다. 즉 전가사변과
노비정속으로 처벌되는 주체를 初犯인 경우라도 3인 이상이 범하였는데
절취물이 1관 이상이거나, 2인 이상이 범하였는데 절취물이 2관 이상인
경우로 확장하였다. 또 主從을 구분하지도 않고 모두 정범으로 처벌하도
록 하였다.

처벌도 확장되었는데, 斷筋과 黥面을 더하고 있다. 이때 정해진 斷筋·
黥面의 법은 제정 초기에도 일시적으로 사용할 것으로 예정하고 있었기
때문에,34) 중종 7년(1512) 이후에는 처벌이 너무 심하여 거행하지 않고 있
었던 것 같다. 중종은 斷筋·黥面을 시행하지 않는 것이 절도가 많아지
는 요인의 하나라고 생각하여 다시 시행할 것을 의논하라고 명한다.35)

---

32) ≪大典後續錄≫ 刑典 盜賊 : 竊盜初犯 三人以上成群作賊 贓滿一貫以上 二
    人二貫以上 及再犯者勿論贓多少 並勿分首從 斷筋黥面 絶島殘邑 全家永屬
    爲奴 餘皆依律論斷
33) ≪朝鮮王朝實錄≫ 중종 7년(1512) 11월 壬辰.
34) ≪朝鮮王朝實錄≫ 중종 7년(1512) 11월 壬辰 : 斷筋黥面之法 不在律文 而成
    俊所立也 其初犯永屬 再犯全家永屬事 捧承傳 則恐爲恒法 盜賊寢息間五字
    添入承傳何如 傳曰可.

며칠 후 의논하였는데 領中樞府事 鄭光弼, 判中樞府事 高莉山, 禮曹判書 張順孫 등 다수의 대신들이 강도의 죄는 참형에 처하지만 범하는 자가 있는데, 절도범을 斷筋·黥面한다고 해서 근절되지는 않을 것이라는 반대의견을 내었다. 이에 대하여 左參贊 李沆, 吏曹判書 尹殷輔는 斷筋을 하면 온전한 사람이 되지 못하니 절도를 범하려고 해도 범할 수가 없을 것이라는 이유로 斷筋·黥面에 대하여 찬성의 뜻을 표했는데, 중종은 後者의 의견을 받아들여 다시 斷筋·黥面의 법을 시행하게 된다.[36) 이 斷筋·黥面을 시행하는 데는 중종의 의지가 강했는데 수시로 斷筋·黥面을 시행하고 있는지 확인하고 있다.[37) 이때부터 법외의 刑으로서 치폐를 거듭하던 斷筋·黥面의 법은 法典의 규정으로 확정되어 위와 같이 ≪大典後續錄≫에 규정된 것이다.

4. 繼母와의 姦通

한편 ≪大典後續錄≫에 실린 사안은 아니지만, ≪大明律≫에 규정이 없는 경우에도 처벌을 했던 사례가 있다. 전통시대에는 근대적 의미에서의 죄형법정주의가 있었다고 보기는 어렵기 때문에 이러한 현상이 가능했던 것인데 문제된 사안은 바로 계모와 간통한 사안이다. 즉 중종 34년에 趙萬齡이 자신의 계모, 庶母와 아버지가 살아 있을 당시부터 약 30년간 간통해온 사건이 발생한 것이다.[38) 가령 서모를 간음한 경우에는 아버지의 첩을 간음한 것으로 되어 ≪大明律≫에 따르면 참형에 처할 수 있으므로 문제가 없다.[39) 하지만 계모의 경우에는 별도의 규정이 없기 때문에 문제가 달라진다. 趙萬齡 사건의 경우 현대의 형법적용례에 의하

---

35) ≪朝鮮王朝實錄≫ 중종 19년(1524) 12월 乙卯.
36) ≪朝鮮王朝實錄≫ 중종 20년(1525) 1월 癸酉.
37) ≪朝鮮王朝實錄≫ 중종 20년(1525) 2월 丙辰, 동년 4월 辛亥, 동년 12월 甲寅 등.
38) ≪朝鮮王朝實錄≫ 중종 34년(1539) 5월 庚午.
39) ≪大明律≫ 제392조 刑律 犯姦 親屬相姦 : … 若奸父祖妾 … 各斬.

면 계모 간통에 대한 처벌규정이 없기 때문에 죄형법정주의의 원칙상
서모 간음으로 처벌될 것이지만, 당시의 처벌은 그렇지 않았다. 당시의
관념은 보다 중하다고 생각되는 불법에 대하여 처벌하는 것이 타당하기
때문에 계모간음으로 처벌해야 한다는 것이었다. 다만 계모에 대한 간음
의 불법성이 서모를 간음한 경우보다는 크지만, 그러한 사건을 예상하지
못했기 때문에 율문에 규정이 없으므로 三公과 義禁府堂上이 모여 어떻
게 처벌할 것인지 의논하였다.40) 의논의 주된 論旨는 율문에 규정이 없
다고 하여 서모 간통에 따라 참형에 처한다면 계모 간통에 대한 餘罪가
남을 염려가 있다는 것이었다.41) 또 며칠 후 領議政 尹殷輔와 左議政 洪
彦弼은 율문에 없는 죄를 범했으므로 율문에 없는 법으로 다스리는 것
이 마땅하다고 한 것42)도 이런 맥락에 닿아 있는 것이라고 할 수 있다.
이러한 의견에 따라 趙萬齡은 극형에 처하라는 명이 내려지는데 극형의
실체는 알 수 없으나, 참형보다는 중형이므로 능지처사일 가능성이 높다.

이 사례에서 당시의 율에 대한 인식을 엿볼 수 있는데, 율은 일반적인
범죄에 대응하기 위한 것이고 어떤 범죄에 대하여는 규정되어 있지 않
을 수도 있다는 생각이 있었다.43) 그 범죄행위가 율에 규정되어 있지 않
고, 당시 사람들의 법감정을 극히 심하게 훼손하는 것이라면 특별히 더
욱 중하게 처벌하고 있음을 알 수 있다. 그것은 전통시대의 율이라는 것
이 구체적이고 절대적인 구성요건으로 구성되어 있음에도 불구하고 처
벌을 행하는 기준 이상의 의미는 띠지 않고 있었음을 의미한다고 볼 수
있다. 언제라도 그 기준에 맞지 않는다는 판단이 들 때에는 그 기준을
뛰어 넘어서 처벌이 행해질 수 있었다는 의미이다. 그렇게 본다면 현대

---

40) ≪朝鮮王朝實錄≫ 중종 34년(1539) 5월 庚午.
41) ≪朝鮮王朝實錄≫ 중종 34년(1539) 5월 辛未.
42) ≪朝鮮王朝實錄≫ 중종 34년(1539) 5월 癸未.
43) ≪朝鮮王朝實錄≫ 중종 34년(1539) 5월 辛未 : 律文 奸父祖妾者各斬云 不及
    奸父祖之妻 究其所以 古今天下 子無蒸母之理 故不及此條矣라고 언급한 것
    도 이러한 의미에서일 것이다.

의 죄형법정주의와 관련해서 죄형법정주의가 지켜지지 않고 있었다고 할 수 있을 것이다. 그러나 일반적인 범죄에 대하여는 형벌의 가중이나 창설이 허용되지 않았다. 처벌이 불합리하다고 생각되는 범죄에 대하여 형벌의 가중이나 창설이 허용되었다고 볼 수 있다. 말하자면 새로운 범죄에 대하여 특별한 형벌을 과하는 것은 소급효를 인정하는 효과를 가지고 있다고 볼 수 있는데, 그 한도에서 죄형법정주의는 후퇴하고 있었다고 볼 수 있을 것이다. 그렇다고 이를 자의적인 법적용으로 확대하여 보는 것은 문제가 있다. 왜냐하면 일반적인 범죄에 대하여는 그대로 규정되어 있는 법을 적용하고 있기 때문이다. 즉 대부분의 사건들은 자의가 배제된 채 법규정에 따라 해결되고 있었기 때문이다. 소급효가 인정되는 그러한 사건들은 죄형법정주의를 대전제로 하면서도 극단적인 文理的 형식논리를 배격하여 權道에 따른 재판이 허용된 것으로 보아야 한다.44)

---

44) 이는 丁若庸의 형률관에서도 나타나고 있다. 朴秉濠, 「茶山의 刑律觀」『茶山學의 탐구』, 민음사, 1990, 46면.

제3절 ≪各司受敎≫를 통해 본 ≪大明律≫의 운용

I. ≪各司受敎≫의 편찬

≪大典後續錄≫ 이후 ≪受敎輯錄≫이 나오기까지 약 150여년 동안 법령집의 편찬은 없다. 하지만 이 시기에 법령집 편찬의 단초가 없지는 않았다.[1] 즉 宣祖 4년(1571) 직후 어느 시기에 受敎들을 모아 관서별로 분류하고 내용별, 연대별로 정리하여 행정실무에 사용하다가 인조 14년(1636) 이후 6개조의 受敎를 추록하면서 다시 정리했던 것으로 추정되는[2] ≪各司受敎≫가 있기 때문이다. ≪各司受敎≫는 ≪大典後續錄≫과 ≪受敎輯錄≫을 잇는 가교역할을 하는 법령집이지만, 인쇄되어 반포되지는 않았다. 그러나 ≪大典後續錄≫ 이후의 법령들을 담고 있기 때문에 당시의 사회상을 아는 데도 중요한 자료이고, 이 시기 ≪大明律≫의 운용실태를 아는 데도 도움이 되는 자료이다. 앞서와 마찬가지로 ≪各司受敎≫에 나타난 범죄와 형벌에 대한 규정을 ≪大明律≫과 비교해보고, 이 시기 實錄에 나타나는 사례를 분석하여 보기로 한다.

---

1) 金燉은 이 시기 법령집 편찬의 움직임이 없었다고 한다. 金燉, 앞의 글, 60면 각주 64). 하지만, ≪各司受敎≫에서 볼 수 있듯이 법령집 편찬의 노력이 있었다고 보아야 한다. 다만 ≪朝鮮王朝實錄≫에서는 법령집을 편찬하자는 논의가 나오지 않는데, 金燉의 언급은 이런 의미로 파악하여야 한다.
2) 구덕회, 「≪各司受敎≫ 해제」『各司受敎』, 한국역사연구회 중세2분과 법전연구반, 청년사, 2002, 15~16면.

Ⅱ. ≪各司受敎≫ 刑曹受敎와 ≪大明律≫

≪各司受敎≫의 刑曹受敎에 나타나는 규정들 중 ≪大明律≫의 형벌을 수정하거나 구성요건을 신설하는 등의 것은 없다. 그러한 것보다도 사법절차를 어떻게 하여야 할 것인지, 사면과의 관계를 어떻게 설정하여야 할 것인지의 문제가 다수를 차지한다. 즉 印信僞造에 대하여 赦免을 받지 못하도록 규정한다든가,3) ≪經國大典≫의 소송관련 규정들 예컨대 過限이나 三度得伸, 故意奄然者에 대한 처벌규정들이 그런 것들이다.4)

한편 濫刑에 관해서는 ≪經國大典≫에 규정되어 있는데, 濫刑했을 경우에 직접 刑杖을 가한 자까지 연좌해서 처벌을 하였다. 하지만 ≪經國

---

3) ≪各司受敎≫ 111 受敎 : ○丁未九月十七日承傳 印信僞造段 罪犯深重 雜犯死罪例以 蒙宥爲臥乎所 至爲未便爲置 凡僞造文記 奸詐現著段置 勿揀□□□去等 印信僞造之罪 比此尤重爲沙餘良 凡矣公私文券□□□□踏下爲在如中 受贈必多亦 與贓罪無異爲昆 今後印信僞造之罪乙良 各別立法 勿令蒙宥爲只爲 刑曹傳敎.

4) ≪各司受敎≫ 132 受敎 : 癸丑四月初九日承傳內 凡訟事 過限與三度得伸之法 載在大典爲乎等用良 不問文記有無事狀曲直 而立法定限 以期斷訟是去乙 近來奸細之徒 無所忌憚 雖過限之事 百計用術 惹起事端 官吏乙良置 或怵於威勢 或利其作紙 使之接訟 京外皆然 而先王之法 廢而不用 大抵過限之事 與三度得伸 非所可疑之事 只計年月久近 得決度數而已 奸細之徒 紛紜繼起 極爲痛憤爲置 自今□□□過限之事 三度得伸相訟者 論以非理好訟 全□□□□□給者 論以知非誤決 永不敍用爲乎矣 幷令法□□□□□只爲 司憲府傳敎. 133 受敎 : 癸丑四月二十三日 承傳內 近來紀綱不振 人心偸惰 法立而不懼 令出而猶反悠悠度日 漸成難救之弊 事事皆然 有難枚擧 滯訟之弊 近日尤甚 或怵於權勢 或拘於請託 知其是非 而不卽決折 前官如此 後官踵之 以致訟事積滯 歲月未決 必于推考治罪爲置 其淹延不決者 照以公罪杖八十 故慢不畏法 推考之後 淹延益甚 至爲寒心 大典內 故爲淹延者 杖一百永不敍用亦爲有置 淹延不決者 雖與故爲淹延有間 而照以公罪 似不相應 是如爲昆 自今以後 淹延不決者 私罪杖八十科斷 以懲滯訟之弊爲只爲 司憲府等傳敎.

大典≫ 刑典에 用大明律이라고 하고 있고, ≪大明律≫의 註에 부림당한
下手人은 연좌하지 않는다는 규정이 있으므로 이에 따라 연좌하지 않기
로 하는 受敎가 ≪各司受敎≫에 실려 있다.5) 이 규정이 나온 맥락이 實
錄에 나와 있지 않아 자세한 사정을 알 수는 없지만, 국가 공권력의 행
위에 대하여 지시한 관리만 처벌하면 족하지, 이를 실행에 옮긴 직접 행
위자까지는 처벌할 필요가 없다는 고려에서 이 규정이 나온 것으로 추
측할 수 있다.

그리고 ≪各司受敎≫에는 이전부터 강화되어 오던 사족의 지위에 대
한 규정도 재차 천명되는 것을 볼 수 있다. 16세기 이래 계속되어온 사
족의 지위 강화와 관련하여 이 受敎는 대단히 중요한 의미를 가진다. 이
受敎 이전에도 이미 중종 연간에 사족의 지위 강화와 관련된 受敎들이
내려지는데, 명종 때의 이 受敎는 ≪各司受敎≫에 규정의 형태로 존재하
기 때문에 특히 중요한 의미를 지닌다고 볼 수 있다. 이 규정과 아울러
사족과 常賤의 폭행 문제에 대하여도 규정하기 시작하는 것을 ≪各司受
敎≫에서는 확인할 수 있는데, 우선 全家徙邊과 관련하여 사족이 전가
사변의 대상에서 제외되는 규정을 보기로 한다.

≪各司受敎≫ 刑曹受敎 ○庚戌年(1550, 明宗 5) 2월 27일의 傳敎. 入居의 본
뜻은 오로지 변방을 충실하게 하기 위해 만든 것이지 士族을 징치하기 위

---

5) ≪各司受敎≫ 118 受敎. 戊申十一月初九日 承傳內 人命至重乙仍于 濫刑致
   死官吏乙 重論叱分不喩 下人至亦治罪事段 似爲死者雪冤是在果 大典刑典
   用大明律亦爲有置 律文註云 其聽使下手之人不坐亦爲有去等 律外別立新條
   不得事是昆 一依律文旋行事 傳敎. 이 규정에 대하여 본문의 인용에 들어맞
   는 ≪大明律≫ 조문이 없다는 견해가 있다.『各司受敎』, 청년사, 2002, 129
   면 각주 135). 이 규정은 ≪大明律≫ 제437조 刑典 斷獄 決罰不如法을 가리
   키는데 본문에서도 '罪坐所由'라고 하여 聽使下手之人을 연좌할 수 없는
   취지를 규정하고 있지만, ≪大明律講解≫의 講曰에는 정확하게 이 문구가
   등장한다. 즉 ≪大明律講解≫에서는 講曰이라고 하여 '聽使之人不坐'라고
   명시적인 문구를 두고 있는 것이다. 따라서 ≪各司受敎≫에서 가리키고 있
   는 '律文註'는 ≪大明律講解≫의 講曰을 가리키는 것이다.

함이 아니어서 成宗 이전에는 士族으로 全家徙邊되어 변방을 채운 자들이 없었으므로 嘉靖 4년(1525, 중종 20)에 받은 傳敎 안에, '죄를 지어 入居하도록 뽑힌 사람 가운데 文科나 武科에 급제한 자의 아들과 손자 및 아버지·어머니 양측의 四祖에 모두 顯官이 있는 자, 당사자가 生員이나 進士인 자는 모두 全家入居를 면제해주고 次律로 죄를 정한다'고 하였으니 입법한 것이 지극히 상세하고 치밀하므로 거듭 밝혀 거행하여 영원히 定法으로 할 것을 刑曹에 전교한다.[6]

이 명종 5년의 受敎는 전가사변에서 사족들을 제외하는 것을 다시 신칙하여 定法으로 삼는 受敎인데, 원래의 受敎는 중종 20년의 受敎임을 알 수 있다. 원래 전가사변은 전가족을 변방으로 옮기는 의미로 변방을 충실히 하기 위한 정책의 일환으로 인정된 것이다. 이 전가사변은 부역을 면제받기 위하여 응모하는 등의 방식의 募民徙邊, 하삼도의 제읍군사 및 양민, 향호 중에서 부유한 호를 뽑아서 북방에 강제로 이주시키는 勒令徙邊, 평민의 강제입거에서 말암는 백성의 원성을 덜어보자는 의도에서 건의되어 世宗조부터 늑령사변에 보충적으로 시행되다가 중종조에서 사민실변논의의 중심을 이루게 되는 犯罪徙邊으로 나누어진다.[7]

역사적으로도 犯罪徙邊으로 발전해온 것인데, 이 전가사변은 원칙적으로 사족에게는 그 적용이 배제되었다. 중종 4년에는 사족과 관련된 자로서 과거에 급제한 자의 아들을 입거에서 제외하는 조치가 내려진다.[8] 徙邊 정책이 가장 강도 높게 추진된 때는 중종 19~20년(1524~1525)이었다. 중종 18년 평안도군사를 대대적으로 동원하여 단행한 女眞 정벌이 무위

---

6) ≪各司受敎≫ 114 受敎 : 庚戌二月二十七日傳 入居本意段 專爲實邊而設 非爲懲治士族乙仍于 成宗朝以上 士族無全家實邊者爲臥乎等用良 嘉靖四年承傳內 作罪入居抄出人內 文武科出身員子孫 及兩邊四祖俱有顯官者 當身生員進士者 幷除全家入居 以之次律定罪亦 立法至爲詳密爲昆 申明擧行 永爲定法爲只爲 刑曹傳敎.

7) 金池洙,「朝鮮朝 全家徙邊律의 역사와 법적 성격」『法史學硏究』제32호, 한국법사학회, 2005.10, 103~104면.

8) ≪朝鮮王朝實錄≫ 中宗 4년 11월 丙戌.

로 끝나고 이듬해부터 확산되어간 전염병으로 평안도민 상당수가 유리·도산하거나 사망하게 되자, 국가는 인명손실분을 보충하기 위해 하삼도민을 대상으로 한 '全家入居罪條'가 중종 19년에 반포된다.9) 이때 반포된 '全家入居罪條'는 流刑 이상의 범죄자를 제외하면 호강품관이나 원악향리의 무단작폐를 처벌하기 위해 제정한 것이었다.10) 결국 생원·진사와 문무과 자손 및 內外 四祖에 모두 현관이 있는 사족에 한해 全家에서 제외하여 次律을 적용하기로 하였는데,11) 이것이 위의 명종 5년에 신칙되고 ≪各司受敎≫에 수록된 것이다.

사족의 外延이 점차 명확해지면서 사족을 전가사변의 범위에서 제외하는 조치와 함께, 사족에 대한 범죄를 규율하는 조치도 이때부터 나오기 시작한다. 이것은 사족이라는 집단이 하나의 신분 집단으로 형성되어가는 증좌라고도 할 수 있는데, 사족을 폭행하는 것을 일반 범죄에 비하여 가중하여 처벌하는 것도 중종 때에 치폐를 거듭하다가 명종 때에 확립된다.

> ≪各司受敎≫ 刑曹受敎 : ○甲寅年(1554, 明宗 9) 4월 4일에 받은 傳敎 안에, "우리나라는 士族과 常人의 구분이 매우 엄격하여 중국의 혼잡하여 등급이 없는 것과 같지 않으니 士族을 능욕하고 구타하는 율을 진실로 엄히 하지 않을 수 없다. 하물며 인심이 날로 어지러워지고 세상의 도의가 날로 엷어지니 상하의 구분은 더욱 분명히 하지 않을 수 없으므로 지난 甲申年間(1524, 중종 19)에 庶人과 賤口들이 세력을 믿고 사족을 능멸하면 全家徙邊한다는 법을 세워 시행한 지 매우 오래되었다. … 이후부터는 다시 쓰이지 않은 까닭에 조정 관리와 士族 중에 常人에게 폭행당하는 자들이 서로 이어져 끊이지 않으니 매우 해괴하고 놀랍다. 이 법률에 따라 죄를 다스리지 않으면 상하의 구분이 날로 점점 문란해져 큰 난리가 일어날 것이라고 하니 이 법률을 밝히어 거행하되 …12)

---

9) 김성우, 『조선중기 국가와 사족』, 역사비평사, 2001, 270면.
10) ≪朝鮮王朝實錄≫ 中宗 19년(1524) 7월 庚寅.
11) ≪朝鮮王朝實錄≫ 中宗 20년(1525) 8월 戊申, 庚戌.
12) ≪各司受敎≫ 125 受敎 : 甲寅四月初四日 承傳內 我國士族常人之分 甚爲嚴

이 규정에 따르면 이미 中宗 19년(1524)에 常賤이 士族을 폭행하는 경우에는 全家徙邊을 당하는 형으로 되어 있었다. 중종 34년(1539)에 이르러 중종 때의 3흉이었던 金安老, 許沆, 蔡無擇이 만든 법이라고 하여 폐지하였다가, 명종 9년(1554)에 이르러 다시 시행하게끔 된 것이다. ≪大明律≫에 따르면 良賤相毆가 규정되어 있지만, 사족을 특별히 대우하는 규정을 두고 있지는 않다. 따라서 이 규정은 조선적인 상황에서 나온 특별한 규정이라고 할 수 있다. 말하자면 良賤의 대립구조가 아닌 士族과 常賤의 대립구조가 중종 때의 혼란을 거쳐서 명종 때에 이르면 거의 확립된 것이라고 볼 수 있는 것이다. 이는 중종 때 관계로 진출하기 시작한 士林 세력이 부침을 거듭하다가 명종 때에 이르면 거의 확정적으로 승리를 거두는 것을 방증하는 것이기도 한데, 사족에 관련된 특권은 戰亂을 거치면서 더욱 확대되어 간다고 볼 수 있다. 즉 ≪各司受敎≫ 단계에 나타난 사족의 특권은 사족 신분의 형성기에 불과하고, 이후 사족에 대한 형사상 특권이 확대되는 하나의 시발점이라고 볼 수 있을 것이다. 제5장에서 사족의 범죄에 대하여 본격적으로 살펴보겠지만, ≪續大典≫에 이르면 사족에 관련된 규정이 대폭적으로 늘어나게 된다.

峻 非若中朝混無等級是去等 其凌辱毆打士族之律 固不可不嚴爲弥 況弥人
心日淆 世道日薄 則上下之分 尤不可不爲分明是置 往在甲申年間 庶人賤口
恃其豪勢 凌蔑士族者 全家徙邊 立法行之甚久爲去乙 … 自此以後 更不復用
故朝官士族之被打於常人者 相繼不絶 極爲駭愕爲置 不依此律治罪爲在如中
上下之分 日漸紊亂 大亂作矣是如爲昆 同律申明擧行爲乎矣 ….

제4절 ≪經國大典≫ 편찬 이후의
≪大明律≫과 國典

≪經國大典≫이 반포되고, ≪大典續錄≫, ≪大典後續錄≫으로 이어지는 법전의 편찬에서 ≪大明律≫은 國典의 일반 刑法으로서 존재하고 있었음을 위에서 확인할 수 있었다. 그런데 실제로 ≪大明律≫의 규정 중에서 國典의 규정이 차지하는 비중이 어느 정도였는가는 통계를 통해서 살펴볼 수 있을 것 같다. 이 통계를 통해서 ≪大明律≫이 조선전기의 사회에서 차지하고 있었던 비중이 어느 정도였는지 가늠해볼 수 있다.

우선 조선후기의 기록이지만 ≪增補文獻備考≫ 刑考 諸律類記에 따르면 각 刑量에 해당하는 범죄를 하나 하나 기록해두고 있어서, ≪大明律≫과 國典의 비율을 피상적이나마 확인할 수 있다. ≪增補文獻備考≫의 분류방식은 하나의 규정이더라도 각 행위에 따라 형량이 다른 경우에는 이를 분리하여 실어 놓았기 때문에 ≪大明律≫이나 國典의 항목수와는 차이가 난다는 점을 고려하여야 한다. 또 ≪大明律≫에서 '1등을 減한다'라거나 '遞減한다' 혹은 '加重하되 장100 유3천리에 그친다'와 같은 표현으로 된 규정들은 일정한 기준 없이 분리되어 처리되기도 하고 처리하지 않기도 하고 있고, ≪經國大典≫에서도 '重罪로 논한다'거나 '治罪한다'라는 표현으로 되어 있는 규정들을 처리하지 않고 있기 때문에 ≪增補文獻備考≫에 나와 있는 규정의 수가 정확하다고는 할 수 없지만, 대략적인 수치를 나타내고 오차범위가 그리 크지 않다고 보이기 때문에 일응의 기준은 되리라고 본다. ≪增補文獻備考≫ 諸律類記에 나와 있는 처벌 규정들을 沈載祐의 박사논문에서 표로 정리해놓았다. 이를 전재하면 다음과 같다.[1]

---

1) 沈載祐, 『≪審理錄≫ 硏究-正祖代 死刑犯罪 처벌과 社會統制의 변화-』, 서울대학교 문학박사학위논문, 2005, 43면의 <표 1-2>를 전재하였다. 趙

〈표 5〉≪增補文獻備考≫ 諸律類記에 수록된 규정통계

분류	형량	大明律 (%)	經國大典 (%)	續大典 (%)	大典通編 (%)	합계
笞刑	태10	34	2	3		39
	태20	47				47
	태30	29				29
	태40	91		4		95
	태50	58	1	6	1	66
	합계	259(94)	3(1)	13(4)	1(1)	276
杖刑	장60	75	5	8		88
	장70	25	1			26
	장80	123	20	22		165
	장90	24	2	1		27
	장100	152	19	75	4	250
	합계	399(72)	47(8)	106(19)	4(1)	556
徒刑	장60 도1년	34		12		46
	장70 도1년반	25				25
	장80 도2년	43	1	10		54
	장90 도2년반	48		2		50
	장100 도3년	138	11	91		240
	합계	288(70)	12(2)	115(28)		415
流刑	장100 유2천리	39		3		42
	장100 유2천5백리	4				4
	장100 유3천리	96	5	69		170
	합계	139(65)	5(2)	72(33)		216
	장100 遷徙	4		1		5
	장100 充軍	15		12		27
	장100 邊遠充軍	21		8		29
	장100 水軍充軍		1	6		7
	徒配			6		6

志晩,「＜三典類抄＞의 자료적 성격」『法學研究』제9권, 서울대학교 법과대학, 2002, 105면에서는 ≪三典類抄≫에서 나타난 ≪大明律≫, ≪經國大典≫, ≪續大典≫의 형량에 따른 규정 수를 비교하여 표로 만들어 놓았으나, ≪增補文獻備考≫에서는 ≪大典通編≫까지를 다루고 있으므로 이를 이용하여 보완하기로 하였다. 이 자리를 빌어 자료의 이용을 허락한 한국학 중앙연구원의 沈載祐 교수에게 고마운 뜻을 전한다.

徒流 類似刑	장100 定配			39		39
	勿限年定配			9		9
	장100 遠地定配			16		16
	邊遠定配			4		4
	極邊定配			4		4
	장100 絶島定配			15		15
	減死定配			13	2	15
	爲奴	6	4	24		34
	합계	40(20)	5(2)	157(77)	2(1)	204
死刑	一律			27		27
	梟示			12		12
	絞待時	90	5	9		104
	絞不待時	18		3		21
	斬待時	103	5	10		118
	斬不待時	34		34		68
	陵遲處死	15				15
	합계	260(71)	10(3)	95(26)		365
총합계		1,391(68)	82(4)	558(27)	7(1)	2,038

　이 표는 ≪大典通編≫까지의 규정들을 다루고 있지만, 여기서의 관심사인 ≪經國大典≫까지의 규정을 비교해보자. 위의 통계는 처벌규정이 있는 규정의 수를 통계낸 것인데 ≪大明律≫의 규정 1,391개에 대하여 ≪經國大典≫이 차지하고 있는 형벌관련 규정은 82개에 불과하다. 형벌에 있어서 ≪大明律≫에 비해 ≪經國大典≫이 차지하는 비중이 전체 1,473개의 규정에서 약 5.5% 정도밖에 되지 않는다는 것을 알 수 있다. 이를 세부적으로 살펴보면, 笞刑과 杖刑을 합친 刑罰이 ≪大明律≫에서는 658개, ≪經國大典≫에서는 50개로 ≪經國大典≫이 전체 笞杖 범죄 중에서 7.08%를 차지한다. 徒刑과 流刑에 있어서는 ≪大明律≫이 473개 ≪經國大典≫이 22개로 ≪經國大典≫이 차지하는 비율은 4.5%밖에 되지 않는다. 그리고 死刑에 해당하는 범죄는 ≪大明律≫이 260개, ≪經國大典≫이 10개로 ≪經國大典≫이 차지하는 비율은 불과 3.7%밖에 되지 않는다. 전체범죄에서 ≪經國大典≫이 차지하는 비율이 5.5%인데 笞杖에서 ≪經國大典≫이 차지하는 비율이 7% 정도이기 때문에 ≪經國大典≫

에서는 笞杖을 다른 형들에 비하여 보다 많이 규정하고 있음을 할 수 있다.

그런데 ≪增補文獻備考≫에 나오는 규정들은 ≪大明律≫과 ≪經國大典≫에 나오는 모든 형량이 명확한 규정들을 망라한 것이기 때문에 실제로 어떠한 규정들이 쓰이고 있었는가를 추정하기에는 한계가 있다. 가령 현대 刑法의 조문은 372개이지만, 이 중에서 주로 쓰이는 규정이 있듯이 당시에도 모든 규정을 다 적용하지는 않았을 것이라고 생각된다. 따라서 전체적인 규정을 대비하기보다는 실제로 많이 사용되고 있던 규정들을 비교해보는 것이 실제적인 적용비율을 살펴보는 보다 좋은 자료를 제공해주리라고 생각한다.

이러한 실제적인 적용비율을 살펴볼 수 있는 자료로는 ≪詞訟類聚≫, ≪決訟類聚≫, ≪大典詞訟類聚≫, ≪決訟類會≫, ≪聽訟指南≫, ≪詞訟類抄≫, ≪詞訟錄≫ 등 여러 자료들이 있으나, 형사 관련 규정을 대폭적으로 증보한 ≪決訟類聚補≫가 적합한 자료라고 생각된다.[2] ≪決訟類聚補≫의 편찬년대는 불분명하다. 다만 鄭求福의 해제에 따르면 ≪決訟類聚補≫가 ≪詞訟類聚≫의 改修 이후 약 50여년이 지난 후에 편찬되었다고 한다.[3] ≪詞訟類聚≫가 改修된 것이 ≪決訟類聚≫이고, ≪決訟類聚≫가 인쇄된 것이 1649년이며, ≪決訟類聚補≫에서는 1698년에 편찬된 ≪受敎輯錄≫을 수록하고 있으므로 약 50여년 이후라고 한 것 같다. 그러면 ≪決訟類聚補≫는 17세기의 자료라고 할 수 있는데, 15세기말 ≪經國大典≫이 편찬된 것과는 약 100년 이상 차이가 난다고 볼 수 있다. 하지만 ≪決訟類聚補≫가 刑事 규정을 대폭 보완했다는 점, 또 이러한 私撰法書는 守令이 참고하기에 편하게 만들었던 것, ≪受敎輯錄≫을 제외하고 그 이전에 쓰던 ≪經國大典≫ 등 國典의 형사규정이 급격하게 실

---

2) 각종 詞訟法書에 대한 설명은 鄭肯植·任相爀,「解題와 硏究」『十六世紀 詞訟法書 集成』, 한국법제연구원, 1999, 26~40면 참조.
3) 鄭求福, 『決訟類聚補』, 한국정신문화연구원, 1996, 10면.

효성을 잃지는 않았을 것임을 고려하면, ≪決訟類聚補≫가 편찬된 시기나 그 이전의 시기에 守令들이 주로 적용하던 형사규정은 크게 차이가 나지 않을 것이라고 생각된다. 물론 ≪決訟類聚補≫에 규정된 규정들만이 적용된 것이라고 단정할 수는 없다. 왜냐하면 관리에 관련된 규정이나 세금에 관련된 규정, 兵事에 관련된 규정들은 모두 빠져 있기 때문이다. 따라서 ≪決訟類聚補≫에 규정된 규정들은 守令들이 실제 재판하는 데 유용하게 쓸 수 있는 규정들만을 모아 둔 것이라고 생각하면 된다.

그런데 ≪決訟類聚補≫를 가지고 분석할 때 주의하여야 할 점이 있다. 예컨대 犯姦 規定이 殺傷 항목과 犯姦 항목에 중복하여 나타난다. 또 ≪大明律≫이나 ≪經國大典≫의 규정을 부분적으로 인용하여 규정하는 형식을 취하고 있으면서도, 부분적으로 인용한 부분 그 자체는 바꾸지 않고 그대로 인용하고 있다. 가령 장100에 해당하는 행위가 두 개라면 ≪增補文獻備考≫에서는 각각을 따로 계산하는 형식(통일적이지는 않다)을 취하고 있지만 여기서는 이를 따로 분리하지 않고 있다. 그렇기 때문에 오차가 발생할 여지가 있지만, ≪增補文獻備考≫에서 따로 분리한 행위들은 따로 세고, 분리하지 않은 행위들은 분리하지 않도록 하여 최대한 ≪增補文獻備考≫의 체계에 맞도록 통계를 내었다. 이렇게 하여 ≪決訟類聚補≫에 나오는 刑量이 규정된 ≪大明律≫의 규정과 ≪經國大典≫ 기타 國典의 규정을 표로 나타내면 다음과 같다.

〈표 6〉 ≪決訟類聚補≫에 수록된 규정통계

분류	형량	大明律(%)	經國大典(%)	大典續錄 大典後續錄 기타 受敎	합계
笞刑	태10	3			3
	태20	1			1
	태30	1			1
	태40	6			6
	태50	5			5
	합계	16(100)			16

杖刑	장60	8			8
	장70	3			3
	장80	19	2		21
	장90	4			4
	장100	19	1		20
	합계	53(95)	3(5)		56
徒刑	장60 도1년	4			4
	장70 도1년반	1			1
	장80 도2년	5			5
	장90 도2년반				
	장100 도3년	15	3		18
	합계	25(89)	3(11)		28
流刑 등	장100 유2천리	1			1
	장100 유2천5백리				
	장100 유3천리	13	3		16
	全家徙邊			5	5
	합계	14(63)	3(14)	5(23)	22
死刑	絞刑	17	1		18
	斬刑	19	2		21
	陵遲處死	2			2
	합계	38(93)	3(7)		41
총합계		146(90)	12(7)	5(3)	163

≪決訟類聚補≫에서 추출한 형량에 관련된 규정은 위의 표와 같다. 이를 앞에서 본 ≪增補文獻備考≫와 잠시 비교해보자. ≪決訟類聚補≫에 나타난 ≪大明律≫의 규정은 146개밖에 되지 않기 때문에, 전체 1,391개 에 비하여 약 10%의 규정만이 실무에서 널리 활용되고 있음을 볼 수 있 다. ≪經國大典≫도 마찬가지인데, 82개의 규정 중에서 12개만이 ≪決訟 類聚補≫에 규정되어 있어서 약 15%만이 실무에서 널리 활용되고 있음 을 볼 수 있다. 한편 ≪大明律≫과 國典의 비율을 살펴보면 ≪大明律≫ 이 146개이고 國典은 17개이기 때문에 전체 규정 중에서 ≪大明律≫이 차지하는 비율은 약 90%이고 國典은 약 10%에 불과한 것을 확인할 수 있다. 이는 ≪增補文獻備考≫를 기준으로 했을 때, ≪經國大典≫의 규정 이 전체 규정의 약 5.5% 정도에 불과한 것에 비하면 실무에서는 ≪經國

大典≫의 활용도가 좀더 높다고 할 수 있다. 이 결과는 ≪大明律≫의
1,391개 규정 중 10% 정도가 ≪決訟類聚補≫에 수록된 데 비하여, ≪經
國大典≫은 82개 규정 중에서 15% 정도가 수록되었기 때문에 상대적으
로 ≪經國大典≫의 비중이 커진 데 따른 것이다. 즉 이것만 가지고는
≪經國大典≫의 활용도가 실무에서는 높았다고 단정할 수는 없다.

한편 형량을 기준으로 하지 않고 460개조의 ≪大明律≫ 규정을 기준
으로 하여보자.

<표 7> ≪決訟類聚補≫에 나타난 ≪大明律≫ 규정

	戶律		刑律		刑律		刑律
1	제84조 戶役 立嫡子違法	1	제288조 賊盜 常人盜倉庫錢粮	16	제322조 人命 威逼人致死	31	제360조 訴訟 干名犯義
2	제104조 田宅 棄毀器物稼穡等	2	제289조 賊盜 强盜	17	제323조 人命 尊長爲人殺私和	32	제378조 詐僞 詐僞制書
3	제105조 田宅 擅食田園瓜果	3	제291조 賊盜 白晝搶奪	18	제325조 鬪毆 鬪毆	33	제381조 詐僞 僞造印信曆日等
4	제107조 婚姻 男女婚姻	4	제292조 賊盜 竊盜	19	제326조 鬪毆 保辜限期	34	제382조 詐僞 僞造寶鈔
5	제109조 婚姻 妻妾失序	5	제293조 賊盜 盜馬牛畜産	20	제333조 鬪毆 拒毆追攝人	35	제384조 詐僞 詐假官
6	제110조 婚姻 逐婿嫁女	6	제294조 賊盜 盜田野穀麥	21	제335조 鬪毆 威力制縛人	36	제390조 犯姦 犯姦
7	제111조 婚姻 居喪嫁娶	7	제299조 賊盜 發塚	22	제337조 鬪毆 奴婢毆家長	37	제392조 犯姦 親屬相姦
8	제116조 婚姻 娶部民婦女爲妻妾	8	제300조 賊盜 夜無故入人家	23	제345조 鬪毆 妻妾毆故夫父母	38	제394조 犯姦 奴及雇工人姦 家長妻
9	제118조 婚姻 强占良家妻女	9	제305조 人命 謀殺人	24	제347조 罵詈 罵人	39	제402조 雜犯 賭博
10	제120조 婚姻 僧道娶妻	10	제307조 人命 謀殺祖父母父母	25	제348조 罵詈 罵制使及本管長官	40	제406조 雜犯 失火
11	제123조 婚姻 出妻	11	제308조 人命 殺死姦夫	26	제350조 罵詈 奴婢罵家長	41	제407조 雜犯 放火故燒人房屋

12	제168조 徵債 違禁取利	12	제309조 人命 謀殺故夫父母	27	제353조 罵詈 妻妾罵夫期親 尊長	42	제412조 捕亡 罪人拒捕
13	제174조 市廛 私造斛斗秤尺	13	제315조 人命 戲殺誤殺過失 殺傷人	28	제355조 訴訟 越訴	43	제428조 斷獄 老幼不拷訊
		14	제318조 人命 弓箭傷人	29	제356조 訴訟 投匿名文書告 人罪	44	제444조 斷獄 婦人犯罪
		15	제319조 人命 車馬殺傷人	30	제358조 訴訟 聽訟廻避		

 이 표에서 나타나고 있듯이 ≪決訟類聚補≫에서 인용하고 있는 ≪大明律≫ 규정수는 戶律 13개조, 刑律 44개조로서 총합 57개조에 이른다. 이는 ≪大明律≫ 총 규정수 460개조의 약 12%에 이르는 수치이다. 여기서 刑量을 규정하지 않고 있는 名例律 47개 규정을 제외하면 413개 규정이 ≪大明律≫에서 刑量을 규정하고 있다. 그러면 413개 규정에서 57개 규정의 비율은 약 14%에 이른다. 형량을 기준으로 했을 때 ≪大明律≫의 활용도가 약 10%로 나타났던 것과 비교해볼 때 큰 차이는 나지 않는다. 이 사실은 적어도 守令 단계에 이르러서는 ≪大明律≫ 전체 규정 중에서 자주 활용하는 활용도가 높은 규정은 10% 남짓이었다는 것을 추측케 한다. 물론 ≪大明律≫의 名例律, 吏律, 禮律, 兵律, 工律 등도 활용되었겠지만, 守令이 재판을 하기 위해서 바로바로 필요했던 규정은 전체 ≪大明律≫ 규정의 10% 남짓이라고 추정할 수 있다.
 한편 ≪大明律≫이 일반 형법으로서의 역할을 하였다는 것을 수치상으로도 확인 가능하였는데, 守令이 자주 활용하는 전체 형사규정에서 國典이 차지하는 비중은 약 10% 남짓이었다. 당연히 ≪大明律≫이 전체 형사규정에서 차지하는 비율은 90%에 육박한다. 그렇다면 조선전기에 ≪大明律≫이 가지는 위상은 명실상부하게 일반 형법으로서 인정되고 있었다고 보아도 과언이 아닐 것이다. 또한 이 분석을 통하여 다음의 것을 추측할 수 있다. 즉 ≪增補文獻備考≫에서 보았듯이 전체적인 비율

에 있어서도 높았고 ≪決訟類聚補≫에서도 마찬가지로 유지되는 것을
보건대, 조선전기에 있어서는 형사처벌에 있어서 가급적 ≪大明律≫을
적용하고자 하였다는 것이다. ≪經國大典≫에서 인정된 특칙적인 규정
들을 제외하고는 대부분의 범죄가 ≪大明律≫에 의하여 처리되고 있는
것이다.

　다만 그러던 것이 사족을 특별하게 취급하기 시작하면서 이들 범죄에
대해 ≪大明律≫을 배제하려는 싹이 트기 시작하는데, 이는 ≪大典後續
錄≫, ≪各司受敎≫에서 볼 수 있었다. 이후 戰亂을 거치면서 綱常의 강
조와 더불어 특수한 신분에 있는 자들의 형사 관련 실체규정들이 대폭
적으로 늘어나게 되는데 이에 관하여 자세한 것은 다음 장에서 살펴보
기로 하자.

제5장 《續大典》의 편찬과 《大明律》

조선후기 사회는 격동의 사회였다. 조선전기 사회의 기반을 이루었던 良賤制的 신분제가 중종 이후에 대두하기 시작한 士族集團이 점차 뚜렷하게 되고, 17세기에 이르자 班常 秩序로 대체되었다. 또 친족체계가 변화하고 있었으며, 촌락의 구조와 향촌운영체계 또한 변모하고 있었다.[1]

兩班이란 원래 문무관을 지칭하는 말이어서, 사회신분으로도 당초에는 문무관으로 복무하거나 복무했던 사람과 그 가족들, 그리고 예비관인인 과거합격자와 같은 소수의 사람들로 형성된 계층이었다. 그러나 세월이 흐름에 따라 그 가족의 수대에 걸치는 후손들로까지 점차 확대되었고, 또 16세기 말엽에 이르러서는 관직이나 과거를 불문하고 독서하는 모든 사람을 포괄하게 되었다. 또 조선전기의 친족체계는 당초 내외친을 망라하는 양계친족체계였는데, 17세기 중엽을 전후로 하여 그 체계가 적장자 중심의 부계친족체계로 변하는 모습을 드러냈다. 率壻婚俗 관습의 소멸, 족보에서 친족 수록범위의 축소, 입양제도의 일반화와 입양에 있어서의 처·모변의 제외, 제사 및 재산상속에서의 장자우대 등등의 현상을 들 수 있다. 그리고 在鄕士族들은 신향·향리－수령 지배체제에 대하

---

1) 이하의 시대배경에 대한 개괄적인 서술은 국사편찬위원회 편, 『한국사 34 －조선후기의 사회』, 1995를 참조하였다.

여 동족집단의 결성, 문중사당, 재실의 건립·운영을 통해 입지를 어느 정도 유지해 나갔는데, 이를 통해 동족마을이 발달하게 되었다. 노비신분층에 있어서도 18세기에 이르면 외거하면서 신공만을 납부하는 노비들이 증가하면서 신분상으로만 노비일 뿐 현실적으로는 평민과 다름없는 위치에 이르는 변화가 나타난다. 이로써 奴婢들이 士族을 능멸하는 현상으로까지 나타나게 된다. 이들에 대한 규제는 때때로 이루어졌는데 결국 법제화되기에 이른다.

한편 사상적으로도 조선후기의 사회는 양대 전란을 겪은 후 경직되어 갔다. 조선중기 이후로 점차 교조화되어가고 있던 性理學은 양대 전란을 겪은 후 급격히 경직되어 갔고, 이에 따라 신분질서를 보다 더 강화하려는 방향으로 나아갔다. 그 영향은 법전에 고스란히 반영되고 있는데, 특히 사족과 관련한 제규정들이 축적되어 ≪續大典≫에 실리게 된다.

제1절 《續大典》 편찬과 用律規定

조선후기의 기록은 조선전기와는 달리 법에 관한 기사들이 소략하다. 따라서 《朝鮮王朝實錄》에서 《大明律》의 운용실태를 파악하기에는 한계가 있기 때문에, 조선후기의 법전들에 더욱 주목하지 않으면 안된다. 조선후기의 법전들에 나타난 각종 법규들을 대상으로 조선후기에 《大明律》이 어떤 식으로 작동하고 있는가를 파악할 수 있다. 또 조선후기에 들어서면 법전뿐만 아니라 판례집의 편찬도 이루어지는데, 《秋官志》나 《審理錄》 등이 그것이다. 이러한 판례집을 통하여도 《大明律》이 실제로 어떻게 작동되고 있었는지, 그 실체에 접근할 수 있으리라 생각된다. 구체적인 법규와 사안들을 분석하기 이전 조선후기의 법전 편찬에 대하여 간략하게 살펴보자.[1]

I. 《續大典》 이전까지의 法典編纂

《大典後續錄》 시행 후 새로운 법이 제정되면서 또한 구법을 변통하는 법조치가 이루어져 많은 법이 계속 쌓이고 이들이 혹은 상호저촉하여 관리들의 법의 해석 적용에 혼란을 가져와 법령집의 편찬의 필요성을 절감하게 되었다. 《大典後續錄》의 간행 후 150여년이 지나는 동안 법령의 정비가 없었으니 저간의 사정을 능히 짐작할 수 있으며, 倭亂과 胡亂은 법의 혼란을 더욱 가중시켰다.[2] 물론 《各司受敎》로 나타나는

---

1) 朝鮮後期 法典編纂의 흐름에 대한 개괄적인 설명으로는 洪順敏, 「조선후기 法典 編纂의 推移와 政治運營의 변동」『韓國文化』21, 서울大學校 韓國文化研究所, 1998 참조.

법령집 초안은 ≪大典後續錄≫ 이후의 새로운 법령들을 수록함으로써 법령적용의 혼란을 방지하기 위한 노력으로 볼 수 있지만, 결국 반행에 까지는 이르지 못하고 필사본의 형태로 各司의 행정실무에 이용되기에 그치고 있다. 특히 戰亂이 끝난 후 사회통제가 강화되면서 발령되는 법령들을 담을 법령집을 편찬할 필요가 있었던 것이다. 이와 같은 사정에서 숙종 8년(1682) 11월 우부승지 徐文重이 비로소 수교집 간행의 필요성을 건의하는 것이다.[3]

숙종 13년(1687)에 이르면 당시 영의정 남구만의 요청에 따라 비국 당상 1명과 당하 문신 2~3명으로 하여금 ≪大典後續錄≫ 이후의 受敎를 거두어 모아 품재하여 간행하도록 하는 등 受敎의 간행을 독려하기 시작한다.[4] 숙종 15년(1689) 己巳換局으로 이 일을 주관하던 徐文重이 밀려나 受敎集 작성작업은 중단되지만, 숙종 20년(1694) 甲戌換局으로 복귀하여 마무리 작업이 이루어져서 숙종 23년(1697)에 이르면 趙泰東의 건의에 따라 약간만 간행하기로 하였다.[5] 결국 숙종 24년 3월에 인쇄하여 간행한 것이 현존하는 ≪受敎輯錄≫이다.[6] ≪受敎輯錄≫은 ≪大典後續錄≫

---

2) 朴秉濠,「朝鮮後期 變法思想과 法令整備事業」『近世의 法과 法思想』, 1996, 469면.

3) ≪朝鮮王朝實錄≫ 숙종 8년(1682) 11월 己未.

4) ≪朝鮮王朝實錄≫ 숙종 13년(1687) 8월 戊午. 具德會,「受敎輯錄 해제」『受敎輯錄』청년사, 2001, 10면에 따르면 "경국대전 이후의 속록과 역대의 수교를 거두어 모아 품재하여 …"라고 한다. ≪朝鮮王朝實錄≫의 문장이 "收聚大典後續錄及列聖受敎 稟裁刊行"이라고 되어 있어서 그런 것 같다. 그러나 이 문장은 "≪大典後續錄≫ 이후의 열성의 수교를 모아 품재하여 간행"이라고 해석하여야 한다. 왜냐하면 같은 날 ≪承政院日記≫에서 "○領議政南九萬所啓 後續錄後 列聖受敎 收聚繼刊事"라고 하고 있어서 實錄의 '大典後續錄'은 '大典 이후의 續錄'이 아니라 '≪大典後續錄≫'이기 때문이다. ≪朝鮮王朝實錄≫의 '及'은 '後'의 誤記라는 것이 확실하다. 또 ≪受敎輯錄≫의 내용상으로도 ≪大典續錄≫, ≪大典後續錄≫의 내용을 담고 있지는 않다.

5) ≪朝鮮王朝實錄≫ 숙종 23년(1697) 8월 癸丑.

6) ≪受敎輯錄≫ 序 참조.

이 편찬된 이후에 내려진 역대의 受敎가 전란을 지나면서 급격한 사회, 경제적 변동이 있었음에도 불구하고 정리가 되어 있지 않아 적용상의 혼란이 있었기 때문에 편찬된 법령집이었다.

≪受敎輯錄≫은 기존의 ≪各司受敎≫가 受敎를 관사별로 정리한 것에 불과한 것에 대하여, 본격적으로 법전의 체계를 갖추기 위해 관사별로 분류하는 한편 각 관사별로 분류된 법령들을 다시 항목을 나누어 분류하는 체계를 갖추고 있다. ≪受敎輯錄≫의 편찬에 있어서는 모든 수교가 한 곳에 수록되어 있지 않으므로 諸司와 各道에 있는 것을 모아서 수록하였기 때문에 당시의 모든 현행법령이라고 할 수 없으며, 동일한 사항에 관하여 전후 受敎가 서로 저촉되는 것도 모두 수록함으로써 후에 시행하는 데 대비하도록 하였으며, 또 定式으로 삼아서 擧行할 것이 아니라 一時處分한 사항도 후일을 참고하기 위해 수록하였다. 이러한 편집방법으로 보아 ≪受敎輯錄≫은 후일의 법전편찬에 대비하기 위한 기초작업이었음을 알 수 있다.[7] 특히 우리 역사상 가장 변화가 많은 시기의 법령들을 담고 있어 사회변화가 법령에 미치는 영향을 분석하기에 적합한 법령집이라고 할 수 있다. 더구나 ≪受敎輯錄≫은 같은 시기 ≪朝鮮王朝實錄≫이나 ≪備邊司謄錄≫ 등 방대한 연대기 자료는 물론 다른 어떤 자료에도 없는 내용을 품고 있어서 사료적 가치가 더욱 크다.[8]

한편 ≪大典後續錄≫ 이후의 공백상태를 ≪受敎輯錄≫이 메웠지만, 당시 관료들이 법을 적용하기 위해서 보아야 할 법전은 ≪經國大典≫, ≪大典續錄≫, ≪大典後續錄≫, ≪受敎輯錄≫이었다. 이들 법령은 ≪經國大典≫의 규정을 개정하는 것, 전의 법령 이후의 법령을 개정하는 것이 있으면 어떤 것이 개정된 것인지 일일이 4책을 비교해가면서 참조해야 하는데 이런 일은 쉽지 않은 것이었다. 이런 번거로움을 해결하기 위하

---

7) 朴秉濠,「朝鮮後期 變法思想과 法令整備事業」『近世의 法과 法思想』, 1996, 470면.
8) 具德會, 앞의 글, 18면.

여 여러 법전과 法書를 분류·통합하여 하나의 법전을 만들 필요에서 숙종 27년(1701) 가을에 의정부에 그 일을 수행할 것을 명한다. 이에 영의정 崔錫鼎, 좌의정 李世白, 우의정 申琓이 협의하여 備局郎廳 李彦經 등에게 편찬실무를 맡게 하였다. 그리하여 숙종 32년(1706) 8월에 ≪典錄通考≫가 완성되어 이듬해 9월에 출간되었다.[9]

≪典錄通考≫는 이전의 ≪經濟六典≫들을 정리하여 ≪經國大典≫을 완성하였듯이, ≪經國大典≫이 편찬된 지 220여년이 지난 시점에 법전을 다시 정리한 것이다. 물론 ≪經國大典≫이 행했던 과거의 법들을 刪削하는 작업을 수행하지 못하고, 다만 ≪經國大典≫을 위주로 하여 三錄을 항목에 맞게 정리한 것에 불과하지만, 늘어나는 법령들을 일목요연하게 정리하여 참고하기에 편리하게 하였다는 것에 의의가 있다고 할 것이다. 하지만 더 큰 의의라고 할 수 있는 것은 법전의 운영에 통일을 기하고 舊法을 다시 일으킨다는 즉 先王의 法을 지키고 기존의 법을 다시 밝힘으로써 새롭게 통치질서를 세우려는 목적이 담겨 있었다는 것이다.[10] 이러한 목적은 당시 정치를 일신하려는 분위기와도 일치한다고 할 수 있다. 또한 ≪典錄通考≫의 작업이 있었기에 후에 ≪續大典≫을 편찬할 때에 용이하게 이용할 수 있었던 것이다.

이후에도 법전편찬작업은 계속 진행되는데 ≪續大典≫ 편찬 이전 가장 최후로 나온 法典이 바로 ≪新補受敎輯錄≫이다. ≪新補受敎輯錄≫은 주로 ≪受敎輯錄≫ 이후의 法令들과 ≪受敎輯錄≫에 수록되지 않은 受敎들을 대상으로 하였다. ≪新補受敎輯錄≫의 편찬 경위와 시기에 대해서는 정확한 기록이 남아있지 않다. 그도 그럴 것이 ≪新補受敎輯錄≫은 인쇄되어 반포되지 않고 필사하여 정서된 형태로 남아있기 때문이다. 그래서 다만 ≪新補受敎輯錄≫이 어떤 이유에서 편찬되었고, 왜 인쇄되어 반포되지 않았는가 하는 점만을 추정할 수 있을 뿐이다. ≪受敎輯錄≫의

---

9) ≪典錄通考≫ 序文.
10) 梁晉碩,「≪典錄通考≫ 해제」『典錄通考』上, 서울대학교 규장각, 1998, 14~15면.

속편을 간행하자는 주장은 영조 8년(1732)부터 제기되었다. 즉 당시의 형
조판서였던 李廷濟가 受敎의 續編을 만들어 간행하자고 주장하는 것이
다.[11] 사회 전반의 변화는 더욱 빨라지고 수교는 계속 내려지는 와중에
새로운 受敎와 법전에 수록된 규정들과 상충하는 경우 증가하는데, 受敎
集을 편찬하지 않은 채 그때그때의 受敎만으로는 이 상황을 해결하기
힘들었다. 李廷濟의 건의는 이런 맥락에서였던 것이다.[12] 이후 英祖 19
년(1743)에 이르러 《受敎輯錄》의 속편을 만들라는 영조의 명이 내려진
다.[13] 이때 거론된 내용들이 실제 《新補受敎輯錄》에 실려 있는 것으로
볼 때 영조 8년(1732) 처음 편찬 논의가 시작된 이래 작업이 완료되지 못
하고 있다가 영조 19년 왕명을 계기로 새롭게 편찬 작업이 진행되면서
간행이 추진되었던 것으로 보인다.[14] 하지만 《新補受敎輯錄》은 숙종
24년(1698) 편찬된 《受敎輯錄》 이후 《續大典》이 편찬되기까지의 법령
들을 정리하고 있기 때문에 그 시기 법령의 적용과 변화를 알려주는 자
료가 될 뿐만 아니라 《續大典》과의 비교에서도 유용한 자료로 활용될
수 있다.

---

11) 《朝鮮王朝實錄》 영조 8년(1732) 10월 戊寅.
12) 具德會・洪順敏, 「《新補受敎輯錄》 해제」 『新補受敎輯錄』, 청년사, 2000,
17면에서는 이 건의의 배경을 肅宗 연간에 상품화폐경제의 발달, 신분제의
변화와 민인들 저항의 진전, 붕당정치에서 탕평정치로 넘어가는 과도기 현
상으로서의 환국의 빈발, 현실 문제에 대한 관심의 고조 등 당시 경제, 사
회, 정치, 문화의 여러 방면에서 진행되던 커다란 변화가 일어났고, 이러한
변화는 숙종 연간에 끝나지 않고 영조 연간으로 연장되었다는 데서 찾고
있다.
13) 《朝鮮王朝實錄》 영조 19년(1743) 3월 己未.
14) 具德會, 「各司受敎・受敎集錄・新補受敎輯錄 해제」 『各司受敎・受敎集
錄・新補受敎輯錄』, 서울대학교 규장각, 1997, 20~21면. 이 추정에 대한
상세한 논증은 『新補受敎輯錄』, 청년사, 2000, 해제 9~12면 참조. 한편 朴
秉濠는 英祖 15년(1739) 경에 趙顯命이 주관하여 편집한 것으로 추정하고
있다. 朴秉濠, 앞의 글, 1996, 472면

II. ≪續大典≫의 편찬과정

≪經國大典≫이 편찬된 이후 계속하여 '錄'의 성격을 가진 법령집들이 편찬되다가, 숙종 때 ≪典錄通考≫를 통해 ≪經國大典≫과 ≪大典續錄≫, ≪大典後續錄≫, ≪受敎輯錄≫을 한데 묶는 작업이 진행되어 각 규정들간의 관계가 어느 정도 명확하게 인식되었다. 이후 ≪受敎輯錄≫이후의 법령들을 모아 ≪新補受敎輯錄≫이 편찬되고, ≪新補受敎輯錄≫에 새로 추가된 법령들을 ≪典錄通考≫ 속에 편입시키는 작업을 하여 ≪增補典錄通考≫를 편찬하게 된다. 이 ≪增補典錄通考≫는 刊記가 없어 명확하게 알 수 없지만 대략 영조 19년(1743)에서 ≪續大典≫이 편찬된 영조 22년(1746)의 사이라고 추정될 뿐이다.[15] ≪典錄通考≫나 ≪增補典錄通考≫를 통해 보여준 이런 식의 작업은 기본적으로는 ≪經國大典≫의 규정이 우선적으로 적용되고, '錄'에 수록된 受敎끼리의 우열관계는 새로운 受敎가 우선하며 열람에도 편리하긴 하지만, '錄'에 위치한 受敎들이 갖는 우열관계는 언제든 뒤집힐 수 있고 영속적인 규정이 아닌 경우에도 '錄'에 실렸다는 이유로 계속하여 증보하여 가는 체제는 한계가 있었으리라 여겨진다. 이런 까닭으로 ≪經國大典≫을 이으며, ≪大典續錄≫, ≪大典後續錄≫, ≪受敎輯錄≫을 아우르는 ≪續大典≫의 편찬으로 나아간 것이 아닌가 생각된다. 즉 이전의 受敎들을 모아 '錄'에 수록하고 이를 다시 ≪經國大典≫과 합철하는 방식에서 ≪經國大典≫이후의 규정 중에서 영구히 적용될만한 규정들을 따로 모아 '典'에 규정하는 방식의 ≪續大典≫을 편찬한 것이라고 생각되는 것이다. 이것은

---

15) 朴秉濠, 앞의 글, 473면에서는 영조 15년(1739)부터라고 하고 있으나, ≪新補受敎輯錄≫이 편찬된 시기를 영조 19년(1743)이라고 보아 본문에는 영조 19년부터라고 표시하였다. 法制處에서 번역된 『典錄通考』는 ≪增補受敎輯錄≫을 내용으로 하고 있다.

≪續大典≫의 편찬에 대한 英祖의 언급에서도 확인되는데, 受敎와 大典
간의 차이를 나타내는 중요한 단서이기 때문에 인용하여 보자.

> ≪秋官志≫ 詳覆部 附欽恤 英祖 35년 : … 대저 우리나라에서 사용하는
> 법은 하나는 ≪大明律≫이고 하나는 ≪經國大典≫이다. 그 후 혹 일시의
> 受敎가 있었는데 法司에서는 그냥 이것을 사용하니, 律官은 이로 인하여
> 처벌을 내리거나 올리거나 한다. 公과 私의 넓고 좁음이 아래에 일임되어
> 있으니 세력이 있는 자는 비록 (죄가) 무거운 경우에도 능히 면하고, 세력이
> 없는 자는 비록 (죄가) 가벼운 경우라도 율에 처벌되었다. 이른바 ≪續大典≫
> 은 이래서 이룩된 것이다.[16]

이 기사에 의하면 결국 ≪大明律≫과 ≪經國大典≫ 그리고 그 이후에
나온 각종 受敎들이 '錄'에 수록된 형태에서도 어떠한 것을 적용하여야
하는지 불분명하기 때문에 ≪經國大典≫의 뒤를 잇는 ≪續大典≫을 편
찬했다는 것이다. 말하자면 ≪經國大典≫이 시행된 이후로 범람하는 受
敎들로 법적용에 혼란이 있었다는 것이다.

≪續大典≫의 편찬논의는 영조 20년(1744) 6월에 시작되었다고 보아야
한다. 이때 형조판서 徐宗玉이 율문이 번다하고 중복되므로 관리들이 이
를 집행하는 데 어렵기 때문에 한번 釐正할 필요가 있다고 청하자 '增修
大典續錄纂輯廳'을 설치하고 있는 것이다.[17] 이후 영조가 친히 ≪續大
典≫의 序文을 내린다.[18] 또 영조는 ≪續大典≫의 편찬이 거의 완성될
무렵에는 찬집하고 있던 신료들과 함께 ≪續大典≫을 강론하기도 하는
등 지속적인 관심을 표명하였다.[19] 이리하여 영조 20년(1744) 11월에 이르
러 ≪續大典≫ 편찬작업이 끝나고, 영조 21년(1745) 5월에 開刊을 하였

---

16) ≪秋官志≫ 詳覆部 附欽恤 英祖 35년 : … 大抵我國用法 一則大明律 一則
   大典 而其後或有一時受敎者 而法司仍以爲用 律官因此低仰 公私濶狹一任
   在下 有勢者雖重能免 無勢者雖輕被律 所謂續大典由此而成也 ….
17) ≪朝鮮王朝實錄≫ 영조 20년(1744) 6월 壬申.
18) ≪朝鮮王朝實錄≫ 영조 20년(1744) 8월 戊辰.
19) ≪朝鮮王朝實錄≫ 영조 20년(1744) 10월 丙寅.

다.20) 이후 영조 22년(1746) 4월에 이르러 ≪續大典≫의 간행이 완료되는데21) 이것이 ≪經國大典≫ 이후 200여년간의 법령 변화를 담고 있는 현전하는 ≪續大典≫이다.

이 ≪續大典≫의 성격에 관하여 탕평정치를 추구했던 영조의 의지가 강하게 작용하여 편집된 법전이고, 영조의 뜻에 따라 명칭은 '大典'으로 붙고 차서와 조항의 구성도 ≪經國大典≫을 따랐지만 내용면에서는 ≪經國大典≫의 것은 재수록하지 않고, ≪典錄通考≫ 등도 포함시키지 않는 등 기본적으로 이전 법전 이후에 하달된 새로운 受敎를 수록하는 데 기본 방향을 두었기 때문에 續錄에 포함시켜야 한다는 견해가 있다.22) 즉 내용상으로는 續錄에 불과한데 영조의 의지에 따라 '大典'이라는 이름이 붙었다는 것이다. 하지만 ≪續大典≫은 기존 법령을 그대로 수록하는 형식을 취하지 않았다. ≪大典續錄≫, ≪大典後續錄≫, ≪受敎輯錄≫ 등 이전의 법령집에서 상호 모순되거나 보충해야 할 필요가 있는 부분을 참작하여 규정을 만들었던 것이다.23) 단지 ≪經國大典≫을 재수록하지 않았다는 이유가 ≪續大典≫의 大典性을 훼손하지는 않을 것이다. 또 영조의 군권강화와 탕평정치의 추진과정에서 편찬된 법전이라고도 한다.24) 물론 당연히 정치적 의미를 부정할 수는 없다. 하지만 오히려 法的으로 중요한 것은 ≪經國大典≫ 이후 약 200년간의 受敎를 종합하여 정리했다는 것이다. ≪續大典≫은 형식상으로도 大典이지만 내용상으로도

---

20) ≪朝鮮王朝實錄≫ 영조 21년(1745) 5월 丁酉.

21) ≪朝鮮王朝實錄≫ 영조 22년(1746) 4월 丙子.

22) 洪順敏, 앞의 글, 198~199면 ; 洪順敏, 「≪續大典≫ 해제」『續大典』, 서울대학교 奎章閣, 1998, 16~18면.

23) 奉祀 및 立後를 중심으로 이전의 법령들이 ≪續大典≫에 어떻게 종합되어 정리되는가를 밝힌 鄭肯植, 「續大典의 위상에 관한 小考—'奉祀' 및 '立後' 조를 중심으로—」『서울대학교 法學』제46권 1호, 서울대학교 법학연구소, 2005가 있다. ≪續大典≫이 내용적으로도 종합법전적인 성격을 띠고 있다는 것을 구체적인 規定의 성립사를 통해 밝히고 있다.

24) 정호훈, 「18세기 전반 蕩平政治의 추진과 ≪續大典≫의 편찬」『한국사연구』 127, 한국사연구회, 2004, 68~99면.

大典으로 보아야 한다.

Ⅲ. ≪續大典≫ 刑典 用律

≪經國大典≫에서는 ≪大明律≫과의 관계에 대하여 ≪大明律≫을 쓴
다고만 규정하고 있지 ≪大明律≫과 ≪經國大典≫의 관계가 저촉될 경
우에는 어떠한 규정을 적용하여야 하는지에 대하여 침묵하고 있다. 한편
≪經國大典≫이 반포된 이후, 사회의 변화에 따라서 受敎들이 계속하여
나오는데 이들은 ≪大典續錄≫, ≪大典後續錄≫이라는 법령집에 수록되
었다. 이 경우 守令이 재판시에 참조하여야 할 법전은 ≪經國大典≫,
≪大典續錄≫, ≪大典後續錄≫과 ≪大明律≫이 될 것이고 거기다가 새
로이 반포된 受敎를 참조하여야 될 것이다. 國典 사이 내지 受敎와의 관
계는 그것이 저촉될 경우 기본적으로 新法이 우선적으로 적용된다고 할
수 있을 것이지만, ≪大明律≫과의 관계는 다만 ≪經國大典≫에 '用大
明律'이라는 규정만 두고 있어 우열관계를 알 수가 없다. 그래서 이를
집행하는 관리들이 때로는 ≪經國大典≫의 규정을 적용하기도 하고, 때
로는 ≪大明律≫의 규정을 적용하기도 하여 동일한 사안에 대한 처벌이
관리에 따라 다른 상황이 나타나기에 이르렀다.25) 특히 전란이 끝나고
나서 형사에 관한 규정은 폭발적으로 증가하고 있는데 ≪大明律≫과의
관계를 명확하게 확정하지 않으면 안되었다. 그리하여 國典과 ≪大明
律≫의 관계에 대하여 國典을 우선적으로 적용한다는 것을 인정하였던
것인데, ≪續大典≫이 편찬되면서 ≪經國大典≫과 ≪續大典≫에 규정이

---

25) 具宅奎가 ≪大明律≫을 專用하기 때문에 受敎를 적용하지 않는 경우가 있
기 때문에 적용 순서를 명기할 필요가 있다고 한 것도 그러한 맥락이라고
할 수 있다. ≪秋官志≫ 考律部 續條一 英祖 30년(1754). 다만 ≪秋官志≫에
서는 英祖 30년(1754)이라고 되어 있지만, ≪續大典≫이 나오기 전의 논의이
기 때문에 英祖 20년(1744)의 오기라고 보아야 한다.

있을 경우에는 이 규정을 쓰고, 없을 경우에는 ≪大明律≫을 쓴다는 것이 명시적으로 규정된 것이라고 할 수 있다.

> ≪續大典≫ 刑典 用律 : ≪經國大典≫에 의하여 ≪大明律≫을 쓰되, ≪經國大典≫, ≪續大典≫에 해당하는 규정이 있는 경우에는 二典에 따른다.26)

이렇게 규정된 ≪續大典≫의 규정에 의하면, 조선후기는 사안이 비슷할 경우 ≪大明律≫ー일반법, 國典ー특별법의 구도가 형성되었다고 볼 수 있다. 조선후기의 사회변화가 법전에 어떻게 반영되었기에 이렇게 법적용의 순위를 나타내는 규정이 등장한 것인가. 아래에서는 이런 구도 하에서 ≪大明律≫의 운용실태는 조선후기 사회변화와 관련하여 어떻게 변화하고 있는지 구체적으로 살펴보도록 하겠다. 주된 분석재료는 전란 후에 제정되었다고 생각되는 규정들ー주로 ≪各司受敎≫ 이후의 受敎들ー이 될 것이다. 고찰의 방법은 주로 ≪續大典≫ 刑典의 규정을 이용하되, ≪續大典≫의 규정들 가운데에는 ≪大典續錄≫, ≪大典後續錄≫, ≪各司受敎≫의 규정들이 선별되어 수록된 경우도 있을 것이다. 그런데 이 규정들은 이미 앞장에서 다루었고 전란 이후의 특징을 설명해주는 규정들은 아니기 때문에 일단 제외하기로 한다. 또 각종 밀무역을 처벌하거나, 禁制에 관련된 규정들도 일단 제외하기로 한다. 그리고 ≪續大典≫ 이외에도 이 시기의 형사 판례들이 ≪朝鮮王朝實錄≫과 ≪秋官志≫ 등에 산견되는데 필요한 한에서 이들을 이용하기로 한다.

---

26) ≪續大典≫ 刑典 用律 : 依原典用大明律 而原典·續典有當律者從二典.

제2절 名分社會의 深化와 刑事法의 變化

Ⅰ. 身分別 差等取扱

1. 拘禁 및 管轄의 특례

≪續大典≫의 囚禁에서는 囚禁 대상의 신분상의 특권에 관하여 규정하고 있으며, 그 외 ≪經國大典≫에서 인정되던 죄수를 가둘 수 있는 권한을 가진 直囚衙門을 확대하고, 수금절차에 제한을 가하고 있다. 신분상의 특권은 이미 ≪經國大典≫에서도 인정되고 있으나[1] ≪續大典≫ 단계에 이르면 더욱 확대되고 있다. 囚禁에 실려 있는 신분상의 특권을 확대하는 조항들은 朝官이 범죄하여 수금하여야 하는 경우 義禁府에서 처리하도록 하는 규정만이 ≪大典續錄≫에 규정되어 있던 조항[2]이고 나머지 조항들은 모두 전란 이후의 조항들이다.

우선 議政에 대하여 큰 특권을 인정하고 있는데, 자기 자신이 惡逆을 범한 외에는 잡혀가지 않는다는 조항이다.

> ≪續大典≫ 刑典 囚禁 : 議政은 자신이 惡逆을 범한 외에는 拿問하지 않는다.[3]

---

1) 예컨대 ≪經國大典≫ 刑典 囚禁에 의하면 문무관원 및 내시부, 사족부녀, 僧人은 왕에게 아뢰어 가두고, 의친, 공신 및 당상관, 사족부녀는 死罪를 범한 경우에야 項鎖를 채우게 하고 있다.
2) ≪大典續錄≫ 刑典 推斷 : ○朝官犯罪被推於本曹·司憲府·司諫院而應囚者, 並啓移義禁府.
3) ≪續大典≫ 刑典 囚禁 : ○議政, 身犯惡逆外 勿爲拿問.

원래 ≪經國大典≫에서는 杖刑 이상의 죄일 경우 囚禁할 때 왕에게
보고한 후 할 수 있도록 규정되어 있었으나, ≪續大典≫의 이 규정은 議
政일 경우에는 惡逆을 범한 경우에만 구금할 수 있도록 한 것이어서, 議
政에 대한 특칙이라고 할 수 있을 것이다. 이 조항은 康熙 연간이라고만
되어 있고, 실제로 承傳받은 年度를 기록하지 않아 受敎가 내려진 연도
를 알 수 없다.[4] 하지만 이 조항은 庚申換局 당시 좌의정이었던 睦來善
을 구금하였던 것을 후회하면서 大臣의 경우에는 惡逆을 범한 외에는
囚禁하지 말라는 숙종 33년(1707)의 결정이었다.[5] 여기서 大臣을 議政이
라고 바꾸어 규정한 것이 ≪續大典≫의 규정이다. 議政이라는 직책을
가진 자에 대하여 拘禁에 특별한 예외를 인정한 것이라고 할 수 있을 것
이다.

한편 ≪續大典≫ 囚禁에는 王旨를 받들어서만 개좌하는 특별재판기
관인 까닭에 兩班裁判所라고도 불린 義禁府[6]의 관할에 관한 규정이 실
려 있다.

> ≪續大典≫ 刑典 囚禁 : <割註 : 堂上인 譯官은 형조에서 推治하지 않는
> 다. ○內侍가 죄가 있는 경우에는 왕에게 보고하고 囚禁하며, 죽을 죄를
> 범한 경우에는 먼저 囚禁하고 나중에 보고한다. 어긴 자는 먼저 파직하고
> 나중에 推考한다. ○落點받은 別將은 僉使, 萬戶와는 같지 않으므로 형조
> 에서 推治한다>.[7]

≪大典續錄≫에서 규정되었던 朝官을 구금하여야 할 경우 계문한 후
의금부로 이송하도록 한 규정 이외에 의금부의 관할이 시대를 내려오면

---

4) ≪新補受敎輯錄≫ 0884 受敎 : ○大臣 身犯惡逆外 雖有罪名 勿爲拿問(康熙
　　□□承傳).
5) ≪朝鮮王朝實錄≫ 숙종 33년(1707) 5월 癸亥.
6) 徐壹敎, 『朝鮮王朝 刑事制度의 研究』, 한국법령편찬회, 1968, 11면.
7) ≪續大典≫ 刑典 囚禁 : <割註 : 堂上譯官 本曹毋得推治 ○內侍有罪者 啓聞
　　囚禁 犯死罪先囚後啓 違者先罷後推 ○正科出身及東·西班正職外 如納粟·
　　軍功·常賤出身之類 勿爲移義禁府 ○落點別將與僉使·萬戶有異 本曹推治>.

서 職分에 따라 명확하게 규정되는 것을 볼 수 있다. 이는 ≪大典續錄≫
에서 朝官을 의금부관할로 선언한 이래 누구를 朝官의 범주에 포함시킬
것인가의 문제인 것인데, 우선 堂上인 譯官은 의금부의 관할에 속하도록
하고 있다.8) 이는 譯官은 원래 朝官의 범위에 들지 않지만 그가 堂上官
인 경우에는 특히 朝官의 범위 안에 넣어 의금부의 관할로 한 것이라고
할 수 있다.

한편 ≪續大典≫에서는 朝官의 범주에서 제외하여 의금부의 관할이
아닌 자들로 명확하게 규정하기도 한다. 즉 朝官을 正科 출신자들 및 東
西班 正職9)인 자로 제한하여 그 이외의 관직을 갖고 있는 자들은 의금
부 관할에서 제외하고 있다. 우선 戰亂 이후 관계로 진출한 자들 가운데
納粟이나 軍功으로 관직을 얻은 자는 광해군 5년에 의금부 관할에서 제
외되고,10) 常賤으로서 과거에 합격한 자는 처음에는 朝官으로서 대우를
받아 義禁府의 관할에 속하였으나 여러 차례의 변동을 거쳐서11) 결국
義禁府 관할에서 제외되는 것으로 결정12)되어 ≪續大典≫에 규정된다.

한편 別將의 경우에는 처음에는 朝官의 취급을 받아서 義禁府 관할에
속하였던 것 같다. 그래서 平安道 成川銀店의 別將 李旭이 불법으로 징
수한 정상이 탄로나자 의금부에서 관할하였다.13) 그런데 실은 李旭의 신

---

8) 이 규정은 孝宗 4년(1653)에 내려진 受教가 ≪受教輯錄≫에 실렸다가 ≪續
大典≫에 재차 실린 것이다. ≪受教輯錄≫ 631 受教.
9) 正職에 대하여는 이성무, 『朝鮮初期兩班硏究』, 일조각, 1981, 98, 114, 124
~125면 참조.
10) ≪受教輯錄≫ 630 受教.
11) ≪朝鮮王朝實錄≫ 숙종 4년(1678) 5월 庚戌 : 依前令禁府, 隨現入啓懲治. 예
전에 따라 義禁府 관할로 할 것이므로 처음에는 義禁府에서 관할하다가,
刑曹관할로 바뀐 후 다시 義禁府 관할로 된 것을 알 수 있다. 이 수교는 ≪新
補受教輯錄≫에 수록된다. ≪新補受教輯錄≫ 0890 受教 : ○常漢出身犯罪
者 依前令 禁府入啓懲治(康熙戊午承傳).
12) ≪新補受教輯錄≫에 따르면 영조 10년에 刑曹의 관할로 되었다. ≪新補受
教輯錄≫ 0891 受教 : ○常漢出身之干犯重罪者 更依曾前受教 自刑曹直爲
入啓囚治(雍正甲寅承傳).

분이 微賤하였는데 加資되어 別將을 제수받은 것이고 實職이 아니기 때문에 의금부에서 관할하여서는 안된다는 의견이 있어서 다시 刑曹로 돌려보내게 된 것이다.[14] 이때 내려진 受敎가 ≪新補受敎輯錄≫에 "상으로 자급이 더해져 별장에 낙점된 부류는 첨사나 만호로서 의관을 갖추고 공무를 수행하는 자와 차이가 있으니 본조에서 조사하여 죄를 준다"[15]라고 규정되었다가 ≪續大典≫에 압축되어 규정된다.

　의금부의 관할이냐 아니면 형조의 관할이냐의 구분문제는 실은 ≪大明律≫의 적용문제와도 관련이 있었다. 즉 ≪大明律≫이 일반인들간의 범죄를 규율하는 것이고, 일정한 지위에 있는 자의 경우에는 ≪大明律≫이 그대로 적용된다기보다는 변형되어 적용되는 사례들을 볼 수 있는데, 이 일정한 지위에 있는 자를 재판하는 기관이 바로 국왕재판소인 의금부였다. 즉 일정한 지위에 있는 자에게는 여러 가지 형사상의 특권이 인정되는데, 搜査단계에서 囚禁하지 않고 訊問하는 것이 그 일종이라고 할 수 있고, 이들의 사건은 의금부에서 다루어지기 때문에 의금부 관할이냐 아니냐는 형사상의 특권이 인정되는 지위에 있느냐 있지 않느냐의 문제이다.[16] 의금부를 양반재판소라고 한 것에서 볼 수 있듯이, 일반적인 범죄에 대하여 자신의 지위로 인해 의금부에서 심판받는 것은 자신이 兩班의 신분을 가지고 있다는 것을 확인시켜주는 것이라고 할 수 있다. 兩班은 士族과도 종종 혼동되어 쓰이고 있는데 아래에서 보듯이 士族이 범죄와 관련될 경우 여러 가지 특례가 인정되는 데서 ≪大明律≫

---

13) ≪朝鮮王朝實錄≫ 숙종 28년(1702) 7월 庚申.

14) ≪承政院日記≫ 숙종 28년(1702) 10월 丁酉.

15) ≪新補受敎輯錄≫ 0784 受敎 : ○因賞加資落點別將之類 與僉萬戶冠帶行公者有異 自本曹推治(康熙壬午承傳).

16) 물론 의금부에서 일정한 지위에 있는 자에 대하여만 심리하는 것은 아니고, 綱常위반의 범죄에 대하여도 심리를 행하고 있다. 하지만 여기에서 말하는 의금부의 관할이라고 하는 것은 의금부 관할에 속하는 일정한 지위를 말하는 것이지, 범죄 행위의 양태에 따라 의금부 관할이냐 아니냐를 구분하는 것은 아니다.

에 의한 일반적인 취급이 義禁府 관할로 되면 달라진다는 것을 확인할
수 있다.

2. 士族犯罪

1) 士族의 개념

士族이라는 용어는 원래 독서인을 의미하는 士와 관료인 大夫를 합하
여 士大夫라고 하고 이 사대부의 족속을 士族이라고 한 데서 유래했다.
그래서 사족이라는 용어는 조선시대 이전부터 나타나지만, 역사적인 존
재로서의 재지사족은 고려 말에 이르러 지방의 유력자이던 향리세력 중
의 일부가 신분을 상승시켜 품관이 되는 데서부터 그 출발점을 잡고 있
다.[17] 사족이라는 용어는 사대부의 족속 정도의 의미밖에 가지고 있지
않기 때문에 그 개념정의가 불분명한데, 그것은 《經國大典》에서도 마
찬가지이다. 즉 《經國大典》에 나오는 사족이라는 용어의 용례는 유품
관과 그 혈족, 며느리 정도를 가리키고 다른 사람은 가리키지 않았던 것
으로 여겨진다.[18] 이렇게 모호하게 규정되던 사족이라는 용어가 중종·
명종 때에 이르면 한편으로 일상 언어로 계속 쓰이면서도 또 한편으로
뚜렷한 '법률용어', 곧 신분을 지칭하는 용어로서의 성격을 갖추게 된다.
말하자면 사족은 명확하게 개념 지어지지 않은 채 그 외연이 형성, 강화
되면서 하나의 신분층으로 자리잡아간 것이다.[19] 즉 사족의 테두리는
"문·무과 출신자의 아들·손자 및 내외 四祖 가운데 모두 顯官이 있는
사람과 자신이 생원·진사인 사람"이며 여기서 '顯官'은 "동·서반 正職
5품 이상, 6조의 낭관, (사헌부) 監察, 守令, (5위) 部將, 宣傳官"을 가리키는

---

17) 국사편찬위원회 편, 『한국사』 31, 1998, 1면(鄭萬祚 집필부분).
18) 조우영, 『《經國大典》의 신분제도』, 서울대학교 법학박사학위논문, 2003,
    159~162면.
19) 김성우, 『조선중기 국가와 사족』, 역사비평사, 2001, 257면.

것으로 정해졌다.[20]

사족이라는 개념은 ≪大明律≫에서는 찾아볼 수 없는 개념으로서 조선에서 역사적으로 형성된 개념이라고 할 수 있는데, 이 사족이라는 용어는 ≪經國大典≫에서보다 ≪續大典≫에 상당히 많이 등장하는 것으로 보아 士族이 법적으로 일정한 특례가 인정되었음을 추측할 수 있다. ≪大明律≫에 없는 사족이라는 개념을 창출하여서 어떠한 것을 보호하고자 하였는지 ≪續大典≫의 규정을 분석하면서 살펴보도록 하겠다. 또 이를 통해 ≪大明律≫이 조선에서 사족과 관련하여 어떻게 운용되고 있었는지도 알 수 있을 것이라고 생각된다.

2) 士族이 범한 犯罪

士族이 범한 犯罪는 囚禁에 대한 특칙을 제외하고는 대략 ≪大明律≫을 적용하여 처벌하고 있다고 볼 수 있다. 하지만 姦淫과 관련하여서는 ≪大明律≫과는 다른 형태의 처벌이 과해지고 있는데, 이는 이미 ≪大典後續錄≫ 단계에서 士族婦女의 음란한 행위에 대하여 絞刑에 처하는 규정에서 단초를 보였다고 할 수 있다. ≪續大典≫의 단계에 이르면 士族 槪念이 확정되는 것과 함께 사족의 간음행위에 대하여도 일반인들의 간음행위와는 다른 규제를 취하고 있다.[21]

≪大明律≫ 제392조 刑律 犯姦 親屬相姦 : ○緦麻 이상의 친속 및 緦麻

---

20) 조우영, 앞의 글, 164면. ≪各司受敎≫와 중종 20년(1525) 8월 甲寅의 기사를 참조하여 위와 같은 개념이 도출되었다.

21) 姦通 규제가 시간의 흐름과 함께 강화되는 추세를 16세기 中宗대와 17세기 肅宗대로 잡고 그 강화되는 것을 유형별로 정리한 張炳仁, 「조선 중·후기 간통에 대한 규제의 강화」 『韓國史研究』 제121집, 한국사연구회, 2003이 있다. 여기에서는 士族의 간음행위에 대하여 ≪大典後續錄≫에서 絞刑이라는 극형에 처하였기 때문에, 근친간통, 奴主사이의 간통 등의 특수한 유형의 간통으로 나아갔다고 한다. 같은 글, 89면.

이상 親屬의 妻를 간음하거나 처의 전남편의 딸 및 어머니가 같고 아버지
가 다른 자매를 간음한 자는 각각 장100 도3년에 처한다. … 종조모, 고모
할머니, 당숙모, 당고모, 사촌 자매, 이모, 형제의 처, 형제의 아들의 처를
간음한 자는 각각 絞刑에 처하고 강간한 경우는 斬刑에 처한다. 아버지나
할아버지의 첩, 백숙모, 고모, 자매, 자손의 처, 형제의 딸을 간음한 자는
각각 斬刑에 처한다. … ○妾인 경우에는 각각 일등을 감한다.22)

　　≪續大典≫ 刑典 姦犯 : ① ○士族이 總麻 이상의 친족을 간음하거나 緦
麻 이상의 친족의 처를 간음한 경우에는 不待時絞刑에 처하며, 大功 이상
의 친족의 良妾을 간음하는 경우에는 絞刑에 처한다. … ② 士族 부녀가
음욕을 자행하여 풍교를 더럽히고 어지럽힌 경우에는 간음한 남자와 아울
러 絞刑에 처한다(원문자 필자).23)

　　≪大明律≫의 규정을 보면 삶과 죽음의 경계지점이 大功親에서 형성
되고 있음을 알 수 있다. 즉 緦麻親을 간음한 경우에는 삶의 길을 열어
주고 있지만, 간음 대상이 大功親 이상일 경우에는 죽음에 이르도록 하
는 것이 ≪大明律≫의 규정체계라고 할 수 있다. 한편 妾인 경우에는 일
등을 감하도록 규정하고 있으므로, 어떤 경우에도 첩을 간음한 경우 死
刑에까지 이르지는 않는다. 그런데 ≪續大典≫ ①에서는 이 ≪大明律≫
의 규정보다 가중하여 처벌하고 있는 것을 볼 수 있다. 士族이 범하는
경우 우선 死刑의 하한선을 緦麻親으로 잡고 있고, 첩이라도 양첩인 경
우에는 1등을 감경하는 ≪大明律≫의 규정을 적용하지 않고, 絞刑에 처
하도록 규정하고 있는 것이다.
　　≪續大典≫의 이 규정은 숙종 5년(1679)에 만들어진 것인데 ≪受敎輯

---

22) ≪大明律≫ 제392조 刑律 犯姦 親屬相姦 : ○若姦緦麻以上親及緦麻以上親
　　之妻 若妻前夫之女及同母異父姊妹者 杖一百徒三年 … 若姦從祖祖母姑・
　　從祖伯叔母姑・從父姊妹・母之姊妹及兄弟妻・兄弟子妻者 各絞 強者 斬
　　若姦父祖妾・伯叔母・姑・姊妹・子孫之婦・兄弟之女者 各斬 … ○妾 各
　　減一等.
23) ≪續大典≫ 刑典 姦犯 : ○士族姦緦麻以上親及緦麻以上親妻者 不待時絞
　　姦大功以上親良妾者絞 … ○士族婦女恣行淫慾, 瀆亂風教者 幷奸夫 處絞.

錄≫에 수록되었다가 ≪續大典≫에 재록된 것이다.[24] 그런데 사실 사족
의 犯姦과 관련하여 死刑에 처하도록 하는 것은 이미 ≪大典後續錄≫에
서 확립된 규정이다.[25] 즉 ≪大明律≫과 관계없이 사족의 犯姦과 관련
하여서는 ≪大典後續錄≫이 우선하여 적용되기 때문에 사족이 緦麻親을
범했는가, 小功親 이상을 범했는가에 관계없이 絞刑에 처해지는 것이라
고 할 수 있다. 즉 사족의 緦麻以上親이나 사족의 緦麻以上親의 妻는 사
족에 포함된다고 볼 수 있고, ≪大典後續錄≫의 규정이 ≪續大典≫에
그대로 수록된 ②에 의하면 남녀 모두 絞刑에 처하고 있기 때문에 ≪續
大典≫의 ①규정은 사실 필요 없는 것이라고 할 수 있을 것이다. 그럼에
도 불구하고 ≪續大典≫에 따로 규정된 것은 사족이 緦麻親과 相姦했을
경우에 '不待時'絞에 처한다는 데 있었다. ≪大明律≫에 의하면 유교질
서에 극히 위배되는 범죄로 十惡을 규정하고 있는데 그중 열 번째 것이
內亂이다. 이 내란은 小功 이상 친족이나 아버지·할아버지의 첩을 간음
하는 것 및 더불어 和姦한 경우를 말하는 것이다.[26] 이러한 十惡에 해당
하는 범죄는 기다리지 않고 바로 死刑을 집행하였는데, ≪大明律≫에 의
하면 小功 이상의 친족을 간음한 경우 內亂에 해당하는 데 비하여 ≪續
大典≫에서는 사족의 경우에 小功親보다 服이 낮은 緦麻親을 姦淫한 경
우에도 不待時絞에 처하도록 규정한 것이다. 다시 말하면 사족이라는 신
분만으로 死刑에 처해지는데 ≪續大典≫에서 규정된 것은 十惡의 內亂
에 해당되는 범위를 사족의 경우에는 緦麻親으로 확대한 것이라고 할
수 있다.

　한편 사족끼리 相姦하는 경우에는 위와 같이 ≪大明律≫의 十惡을 확
대적용하는 모습을 볼 수 있는데, 그것이 妾일 경우에는 十惡에 해당하는

---

24) ≪受敎輯錄≫ 808 受敎 : ○士族 緦麻以上親妻 相奸者 依不待時律 用之(康
　　熙己未承傳).
25) 제4장 제2절 Ⅱ. 1 참조.
26) ≪大明律≫ 제3조 名例律 十惡 內亂<割註 : 謂姦小功以上親·父祖妾 及與
　　和者>.

것으로 처벌하여야 할지 문제가 된다. 이러한 사례가 바로 영조 10년에 金浹이 사촌형의 妾인 紅桃를 간음한 사건이다. 이 사건은 ≪續大典≫ ②규정에 따라 당연히 絞刑에 처해져야 하는데, 이를 受教[27]에 따라 不待時刑에 처해야 한다는 대신들의 의견에 대하여 英祖는 妻妾을 구분해야 하지 않는가라는 의문을 제시하여 이로부터 待時絞刑에 처하도록 결정한 것이다.[28] 이 결정이 사족으로서 4촌의 양첩과 姦淫한 자는 絞刑에 처하는 것으로 ≪新補受教輯錄≫에 규정되었다가,[29] 4촌의 양첩이 大功以上親의 良妾으로 바뀌어 ≪續大典≫에 재록된 것이다. 이 규정도 성립과정을 보면 알 수 있듯이 '絞刑'에 처하는 것에 重點을 둔 것이 아니라 '待時' 絞刑 여부에 重點을 둔 것이다. 良妾을 士族婦女로 인정할 것이냐의 문제는 紅桃를 絞刑에 처하고 있으므로[30] 일응 士族婦女로 취급을 하지만, 緦麻以上親의 妻로 취급하여 ≪大明律≫ 十惡 규정에 해당시킬 것인가의 문제는 제외하고 있는 것이다.

여기서 사족에게 囚禁을 비롯하여 형사상의 특권이 인정되는 한편 사족에게 부과되는 의무도 더 강하게 요구되는 일면을 살펴볼 수 있다. ≪大典後續錄≫ 단계에서는 이러한 의무가 婦女에게만 인정되었던 데 반하여 조선후기로 내려오면서 사족 집단에게 부과되는 법적인 의무가 확대되어 緦麻以上親을 姦淫한 경우에까지 十惡을 적용하는 것을 볼 수 있었다. 그리고 士族婦女로는 취급되어도 大功以上親의 妾을 간음한 경우에는 간음한 당사자는 十惡으로는 취급되지 않고 다만 士族婦女를 간음한 것으로만 취급되어 待時絞刑에 처해지는 것을 보았는데, 이를 통하

---

27) 緦麻以上親의 妻를 간음한 경우에 不待時絞에 처하는 受敎를 의미한다.
28) ≪承政院日記≫ 영조 10년(1734) 11월 辛巳, 壬午.
29) ≪新補受敎輯錄≫ 1333 受敎 : ○士族 與其嫡四寸良妾淫奸者 依續錄 士族 婦女 恣行淫慾 瀆亂風敎之法 處絞(雍正甲寅承傳).
30) 紅桃가 絞刑에 처해지고 있음을 承政院日記를 통해 알 수 있다. ≪承政院日記≫ 영조 10년(1734) 12월 癸丑. 和姦은 ≪大明律≫에 따르면 장80에 해당하지만, 絞刑에 처해졌다는 것은 士族으로 취급되어 ≪大典後續錄≫의 규정에 따라 처벌되었다는 것을 의미한다.

여 사족집단 내에서도 행위 대상이 妾인 경우에는 妻의 경우와 구분하
여 처리하는 것을 알 수 있었다.

　사족의 성범죄에 대하여 이렇게 엄격한 도덕성을 요구한 반면에 常賤
의 성범죄는 오히려 풍속에 따라 규제하고자 했던 것을 볼 수 있다. 즉
≪續大典≫에는 常賤이 저지르는 성범죄에 대하여 일정한 규정을 두고
있는데 다음과 같다.

> ≪續大典≫ 刑典 犯姦 : 常賤이 장모를 간음하는 경우에는 斬刑에 처하
> 고, 어머니가 같고 아버지가 다른 자매를 간음하는 경우에는 絞刑에 처하
> 며, 백숙모나 형제의 처를 간음하는 경우에는 장100 유3천리에 처한다<割
> 註 : 남녀 모두 형량이 같으며 강간의 경우에는 남자는 斬刑에 처하고 여
> 자는 연좌하지 않는데, 모두 本律에 따른다>.31)

　≪續大典≫의 이 규정을 위에서 살펴본 ≪大明律≫ 제392조 親屬相姦
의 형량과 경중을 비교해보면 다음의 표와 같다.

〈표 8〉≪大明律≫과 國典의 姦淫 刑量

법전 대상	≪大明律≫	≪續大典≫ 常賤	≪續大典≫ 士族
同母異父姉妹	장100 도3년	絞刑	(不待時絞)
장모(總麻親)	장100 도3년	斬刑	(不待時絞)
兄弟妻(小功親)	絞刑	장100 유3천리	(不待時絞)
伯叔母(期親)	斬刑	장100 유3천리	(斬刑)

　이 표를 통해서 볼 수 있는 것은 다음과 같다. 우선 장모를 간음하는
경우에 대해 ≪續大典≫은 斬刑에 처하고 있는 반면, ≪大明律≫ 親屬
相姦에 의하면 장모가 總麻親에 해당되기 때문에 장100 도3년의 형에
해당한다. 또 어머니가 같고 아버지가 다른 자매를 간음하는 경우 ≪續

---

31) ≪續大典≫ 刑典 犯姦 : 常賤之姦妻母者斬 姦同母異父姉妹者絞 姦從父兄弟
　　妻者杖一百流三千里<割註 : 男女同 强者男斬 女不坐 並依本律>.

大典≫에서는 絞刑에 처하고 있으나, ≪大明律≫ 親屬相姦에서는 장100 도3년을 법정형으로 정하고 있다. 마지막으로 자신의 백모, 숙모를 간음하거나 형제의 처를 간음한 경우 ≪續大典≫에서는 장100 유3천리에 처하고 있음에 비해, ≪大明律≫ 親屬相姦에서는 斬刑 혹은 絞刑에 처하고 있다.

여기서 우선 어머니가 같고 아버지가 다른 자매를 간음하는 경우를 보자면 ≪大明律≫에서는 부계혈통을 중시하여 아버지가 다르기 때문에 장100 도3년에 그친 것 같으나 ≪續大典≫에서 絞刑에 처하고 있는 것은 상대적으로 母系를 중시하였다고 생각할 수 있다. 이는 나머지 규정들에서도 똑같이 유지된다고 보인다. 즉 장모를 간통한 경우 ≪大明律≫보다 가중하여 처벌하는 것도 역시 처갓집살이를 하는 풍습에서 연유한 것이 아닌가 한다. 한편 부계혈통을 중시하는 ≪大明律≫에서는 같이 살 수도 있을 형제의 처나 백숙모를 간음한 경우 絞刑이나 斬刑에 처하지만, ≪續大典≫에서 이를 장100 유3천리에 처하는 것은 같이 살 가능성이 거의 없는 자들이기 때문에 이들의 친근성이 ≪大明律≫이 예상하고 있던 것보다 멀다고 생각했기 때문일 것이다. 결국 ≪續大典≫과 ≪大明律≫의 처벌이 차이가 나는 것은 조선의 혼인 풍습인 솔서혼속이 ≪續大典≫에 반영되었기 때문이다.

그런데 常賤에 대하여 이렇게 조선의 풍습을 고려하여 ≪大明律≫의 규정과는 다른 모습으로 처벌하는데, 이를 사족의 경우에는 어떻게 처리되는지 살펴보면 사족과 상천의 처우가 어떻게 다른지 좀더 명확히 드러나리라 생각된다. 우선 장모에 대하여 살펴보면, 장모의 경우에는 ≪大明律≫에 따르면 緦麻親인데 위에서 살펴보았듯이 ≪續大典≫에 의하여 不待時絞에 처해질 것이다. 하지만 백숙모나 형제의 처를 간음한 경우에는 緦麻親보다 더 가까운 친족이기 때문에 ≪大明律≫에 따라서 不待時斬이나 不待時絞에 처해질 것이다.[32] 그렇다면 常賤의 장모간음은

---

32) 叔母와 姦淫한 金榮甲을 斬刑에 처한 사례가 있는데 金榮甲이 어떤 신분에

斬刑에 처하면서 사족인 경우에는 絞刑에 처하고, 常賤의 백숙모, 형제의 처 간음은 장100 유3천리에 처하면서 사족인 경우에는 絞刑에 처하는 것이 형평에 맞지 않다. 하지만 이를 率壻婚俗으로 설명하면 어느 정도 이해할 수 있다. 즉 常賤의 경우에는 率壻婚俗이 유지되고 있었기 때문에 ≪續大典≫의 처벌이 나왔다고 할 수 있으나, 사족의 경우에는 親迎制의 확대와 士族이라는 신분 요소가 결합하여 백숙모나 형제의 妻를 간음한 경우 ≪大明律≫에 따라 처벌했다고 볼 수 있을 것이다. 다만 장모간음의 경우는 ≪大明律≫에 따라야 되지만, ≪續大典≫에 이미 緦麻親을 간음한 경우 不待時絞에 처한다는 규정이 있기 때문에-물론 이 규정은 士族의 성도덕의 문란을 방지하기 위한 규정이긴 하지만-≪續大典≫의 규정에 따라 처벌된다고 볼 수 있는 것이다. 즉 常賤과 士族의 小功 이상 친족의 간음과 관련한 처벌의 차이가 나타나는 이유는 신분에 따른 率壻婚俗과 親迎制의 확산 정도라고 생각할 수 있는 것이다.

3) 士族에 대한 범죄

한편 士族 集團을 다른 집단과 구별하고자 하는 것은 囚禁, 拷問에서 특별한 절차를 요구한다든지 士族이 저지르는 姦淫行爲를 좀더 엄하게 처벌함으로써 구별 짓기도 하지만, 士族에 대해 저지르는 범죄에서도 나타난다. 우선 士族妻女를 强姦한 데 대한 처벌에서 이를 확인할 수 있다.

≪大明律≫ 제390조 刑律 犯姦 犯姦 : ○强姦한 자는 絞刑에 처하며, 미수범은 장100 유3천리에 처한다.[33]

≪續大典≫ 刑典 姦犯 : ○士族의 처나 딸을 겁탈하는 경우에는 간음이 이루어졌거나 이루어지지 않았거나를 막론하며, 首犯, 從犯을 모두 不待時斬에 처한다<割註 : 士族의 첩이나 첩의 딸을 겁탈하는 경우에도 같다>.[34]

있었는지는 불분명하다. ≪朝鮮王朝實錄≫ 숙종 13년(1687) 7월 壬午.
33) ≪大明律≫ 제390조 刑律 犯姦 犯姦 : ○强姦者 絞, 未成者 杖一百 流三千里.

규정을 비교해보면 쉽게 알 수 있듯이 ≪續大典≫에서는 絞刑에 처하는 범죄를 不待時斬에 처하고 있고, 미수범의 경우 1등을 감경함에도 불구하고 이를 구분하지 않고 不待時斬에 처하고 있다. 또한 일반적인 원칙인 首犯과 從犯을 구분하여 從犯에게는 1등을 감해주는 것도 변경하여 不待時斬이라는 높은 형량을 부과하고 있다. 이 규정은 원래 顯宗 때 내려진 受教를 ≪受教輯錄≫에 수록하였다가[35] ≪續大典≫에 재록한 것인데, 이렇게 형량을 과도하게 높게 책정하고 있는 것은 범행의 대상이 사족이기 때문이라고밖에 설명되지 않는다. 또 사족집단이 보호대상이기 때문에 사족의 첩이나 첩의 딸을 겁탈하는 경우에도 사족처여를 보호하는 것과 동일한 보호를 행하고 있다. 보통 妾인 경우에는 1등을 감경하여 처벌하는 것이 원칙인데 ≪續大典≫에서는 동일하게 처벌하고 있는 것이다.[36] 사족을 대상으로 한 强姦을 ≪大明律≫보다 가중하여 처벌하는 것은 常賤인 여자를 겁탈한 경우 어떻게 처벌하는지 살펴보면 훨씬 뚜렷이 드러난다.

　　≪續大典≫ 刑典 姦犯 : <割註 : ○常賤인 여자를 劫奪하면 旣遂인 경우에는 絞刑에 처하고, 從犯은 자신에 한하여 먼 변방의 남자 종으로 삼는다. 未遂인 경우에는 장100 유3천리에 처한다>.[37]

　이 조항을 ≪大明律≫과 비교해보면 從犯을 먼 변방의 남자 종으로

---

34) ≪續大典≫ 刑典 姦犯 : ○士族妻女劫奪者 勿論姦未成 首·從皆不待時斬 <割註 : 士族妾女劫奪者 同律>.
35) ≪受教輯錄≫ 807 受教 : ○兩班處女劫奪罪人 不分首從處斬 常女劫奪罪人 依常律擧行 據康熙甲子九月日 常漢女劫奪 正犯絞 爲從 改以限已身極邊爲奴(康熙辛亥承傳).
36) ≪新補受教輯錄≫ 1328, 1329 受教에서 유래하였다. 1328 受教 : ○兩班妾女 依士族劫奪 論罪(康熙壬午承傳). 1329 受教 : ○兩班妾女 依士族劫奪 論罪(康熙壬午承傳).
37) ≪續大典≫ 刑典 姦犯 割註 : ○常賤女子劫奪成姦者絞 爲從限已身極邊爲奴 未成者 杖一百流三千里.

삼는 것 이외에는 완전히 ≪大明律≫의 규정과 일치하고 있음을 알 수 있다. 强姦을 하는 경우에도 그 대상이 사족의 妻妾女이냐 常賤인 여자냐에 따라 ≪大明律≫보다 가중하여 처벌하는지, 그대로 처벌하는지가 갈리는 것이다. 이 규정은 ≪受敎輯錄≫에서 위의 사족처녀를 강간한 조항과 동일한 조항의 후단에 규정되어 있기 때문에 의도적으로 사족과 常賤에 대한 강간을 구분하여 처벌하고자 했던 것임을 추측할 수 있다.

이러한 처벌은 사족을 폭행한 경우에도 마찬가지로 인정되는데 관련 조항은 다음과 같다.

> ≪大明律≫ 제336조 刑律 鬪毆 良賤相毆 : 무릇 노비가 良人을 구타한 경우 일반인에서 1등을 더한다.[38]

> ≪續大典≫ 刑典 推斷 : ○常賤이 士族을 구타하고 사정이 명백한 경우에는 장100 도3년에 처한다<割註 : 상해한 경우에는 장100 유2천리에 처한다>.[39]

≪大明律≫에서는 士族이라는 개념이 없기 때문에, 노비가 양인을 폭행한 경우만을 규정하고 있는데, 그것도 같은 신분의 사람들이 싸운 죄에서 1등을 더할 뿐이다. 하지만 ≪續大典≫에서는 양인과 노비(천인)를 한 범주로 묶어서 '常賤'으로 한 다음, 이와 대비되는 신분으로서 士族을 내세우고 常賤이 사족을 폭행한 경우에는 폭행 자체만으로도 장100 도3년에 처하고, 상해한 경우에는 장100 유2천리에 처하도록 하고 있는 것이다. 이 규정은 명종 9년에 내려진 受敎를 ≪受敎輯錄≫에서 원래는 全家徙邊으로 규정하였다가,[40] 全家徙邊刑의 폐지에 따라 ≪續大典≫에서 형

---

38) ≪大明律≫ 제336조 刑律 鬪毆 良賤相毆 : 凡奴婢毆良人者, 加凡人一等.

39) ≪續大典≫ 刑典 推斷 : ○常賤毆打士族 事情明白者 杖一百徒三年<割註 : 傷者 杖一百流二千里>.

40) ≪受敎輯錄≫ 588 受敎 : ○士族常漢之分 甚嚴 庶人賤口 恃其豪勢 毆打士族 全家徙邊之律 申明擧行 而據其兩邊元情 明卞曲直 使無誤蒙重罪(嘉靖甲寅承傳).

량을 조금 낮추어 규정한 것이다.[41] 이미 사족의 개념이 확립되면서 사족
에 대한 폭행도, 노비가 양인에 대해 하는 폭행에 비해 훨씬 가중하여 처
벌하는 것으로 사족집단을 보호하고자 하는 일면을 엿볼 수 있다.

사족이라는 집단에 대하여 이렇게 ≪大明律≫의 규정과는 차이가 나
는 처벌을 보이는 것은 한편으로는 사족 집단에 좀더 높은 도덕성을 요
구하여 일반인과의 경계를 짓기 위한 의도로 보인다. 다른 한편으로는
사족에 대한 범죄행위에 대하여 ≪大明律≫보다 훨씬 강화된 형벌을 과
함으로써 사족 집단을 보호하는 모습도 보인다. 이를 ≪大明律≫의 운용
과 관련하여 생각해보면, 당시 사람들이 ≪大明律≫의 형벌은 사족들에
게 적용되는 형벌이라기보다는 일반인들 예컨대 상천에게 적용되는 조
항이라고 생각하였다고 볼 수 있을 것이다. 즉 사족과 관련된 범죄는
≪大明律≫의 조항을 가감할 수 있는, 말하자면 처벌을 할 때 일응의 참
고자료 이상의 의미를 갖지는 않는 것이었다고 할 수 있을 것이다.

Ⅱ. 犯分行爲의 처벌

犯分은 名分을 범한다는 의미인데 名分이란 도덕상, 신분에 따라 반
드시 지켜야할 본분이라고 할 수 있다. 예컨대 임금에 대하여는 신으로
서의 본분, 어버이에 대한 자식으로서의 본분이 이를 가리킨다고 할 수
있다. ≪大明律≫에서도 이러한 犯分행위에 대하여 일정한 규제를 가하
고 있고, 이를 이어받아 ≪經國大典≫에서도 예컨대 告尊長이라는 項目
을 두어 특별히 犯分행위에 대한 규제를 가하고 있다.

그런데 이러한 犯分에 관한 규정이 ≪續大典≫의 단계에 이르면 ≪經

---

41) 全家徙邊律의 폐지는 英祖 20년(1744)에 완전히 이루어지는데 자세한 경과
   에 대하여는 金池洙, 「朝鮮朝 全家徙邊律의 역사와 법적 성격」 『法史學硏
   究』 제32호, 韓國法史學會, 2005, 133~138면 참조.

國大典≫에 규정된 개별적인 규정들은 그대로 둔 채 '綱常'이라는 構成
要件에 대한 위반행위를 새로 신설하여 '綱常'범주에 해당하는 죄를 범
한 자는 각 죄에 해당하는 규정에 따라 처벌하거나, ≪續大典≫의 규정
에 의해 처벌하면서 부가적인 처벌에 대하여 규정하고 있다. 일반적으로
綱常違反에 대해 규정하는 한편, 개별적인 犯分 행위에 대하여도 특별
규정들을 만들고 있는데 이하에서 살펴보기로 한다.

1. 일반적 綱常違反의 처벌

≪續大典≫ 刑典 推斷에서는 綱常違反에 대하여 그 죄를 범한 본인에
대하여는 그 죄에 합당한 형벌을 받도록 하되, 犯人의 친속이나 고을, 수
령 등에 대하여 연좌하여 처벌하는 규정을 두고 있다. 그런데 綱常이라
는 개념이 三綱과 五常을 의미하기는 하지만 어떤 행위까지를 綱常을
범한 범죄로 취급하여야 할지 모호하다. ≪續大典≫에서도 이 綱常犯罪
라는 것이 한 가지 의미로만 쓰이지 않았다.

> ≪續大典≫ 刑典 推斷 : ○綱常罪人<割註 : 아버지, 어머니, 남편을 살
> 해하거나, 남자 종이 주인을 살해하거나, 관청의 남자종이 관청의 장관을
> 살해한 자>은 結案하여 死刑에 처한 후, 처, 아들, 딸은 노비로 삼고 집은
> 부수어 웅덩이로 만들며 그 고을의 호칭을 낮추고 수령은 파직한다.[42]

> ≪續大典≫ 刑典 推斷 : ○綱常의 죄를 범하여 情理가 매우 중한 경우에
> 는 장100 유3천리에 처한다 … <○父母喪에 달려가지 않은 자, 아버지를
> 서얼 3촌이라고 하거나, 어머니를 숙모라고 하는 자, 노비를 다투는 자가
> 庶名을 면하려고 嫡母와 외할머니를 다른 사람의 노비라고 하는 자. 이들
> 범죄는 모두 이 律을 쓴다>.[43]

---

42) ≪續大典≫ 刑典 推斷 : ○綱常罪人<割註 : 弑父・母・夫 奴弑主 官奴弑
官長者> 結案正法後 妻・子・女爲奴 破家瀦澤 降其邑號 罷其守令.
43) ≪續大典≫ 刑典 推斷 : ○罪犯綱常情理深重者 杖一百流三千里 … <割註
: ○不奔父母喪者, 以其父謂之擘三寸以其母謂之三寸叔母 爭訟奴婢者欲免

이 규정들을 보면 첫째 규정에서의 綱常이라는 것은 아랫사람이 윗사람을 살해하는 것과 관련된 것임을 알 수 있고, 둘째 규정에서의 綱常이라는 것은 살해와는 관계없이 부모의 상이나 호칭과 관련된 것임을 알수 있다. 이처럼 하나의 法典 안에서 쓰이는 綱常이라는 용어의 개념이경우에 따라 다르게 쓰이고 있음을 알 수 있다. 그러나 綱常을 ≪續大典≫에서 범죄와 관련하여 적시하고 있는 것에만 한정할 수는 없다. 가령 아랫사람이 윗사람을 姦淫하는 것도 綱常罪人이라고 할 수 있는 것이다. 이러한 의미에서 위의 ≪續大典≫ 규정에 나오는 綱常은 규정에서 예시한 사항을 특히 가리키는 것이라고 하여야 한다. 그렇다면 綱常犯罪라는 것은 ≪續大典≫에서 예시하는 것 이상의 범죄를 의미하는 것으로 될 것인데, ≪續大典≫에서는 死刑에 해당하는 綱常犯罪와 장100유3천리에 해당하는 綱常犯罪로 크게 구분하였다고 볼 수 있을 것이다.여기서 死刑과 관련된 綱常을 '협의의 綱常', 그 이외의 경우를 '광의의綱常'이라고 일응 구분해보자.

우선 협의의 綱常에 해당하는 범죄에 대하여는 搜査와 審理단계에서부터 달리 취급하고 있다. 즉 부모, 조부모, 시부모, 남편, 백숙부모, 형과누님 등을 죽이거나 奴婢가 主人을 죽이거나, 官奴가 官長을 죽이거나,繼母를 간음하건, 백숙모, 고모, 자매, 子婦를 간음하거나, 남자종이 女上典을 간음하는 등의 경우에는 三省推鞫을 행하도록 규정하고 있는 것이다.44) 원래 국왕의 관할에 속하는 형사사건의 심판은 원칙적으로 서류심사에 의거하나, 일정한 범죄에 대하여는 鞫을 설치하여 심판하게 된다.45) 그런데 이 鞫 중에서도 가장 중한 범죄를 다루는 것이 바로 三省

庶名 嫡母及外祖母 謂之他奴婢者 右等罪犯並用此律>.
44) ≪續大典≫ 刑典 推斷 : ○弑父・母・祖父・母・舅・姑・夫・伯叔父・母・兄・者 奴弑主・官奴弑官長<割註 : 以上勿論已行・未行> 雇工殺家長者 淫烝後母者 淫姦伯・叔父・姑母・姉妹・子婦者 奴姦女上典者 放賣嫡母者 辱父・母者 燒火父屍者<割註 : 以上已行> 並三省推鞫.
45) 徐壹敎, 앞의 책, 365면.

推鞫[議政府, 兩司司憲府, (司諫院), 義禁府인데, 綱常犯罪에 대하여는 三省推鞫에 의하여 심리하도록 하고 있는 것이다.

이렇게 협의의 綱常의 위반행위에 대하여는 搜査와 審理단계에서 이미 일반 범죄와는 다르게 처벌하고 있는 것을 알 수 있는데, 犯人과 관련하여서는 어떻게 처벌하고 있는가는 위의 규정을 보면 알 수 있다. 우선 협의의 綱常罪人에 대하여는 그 죄인을 ≪大明律≫에 따라 처벌하고 난 후 그에 부수하는 처벌을 규정하고 있다. 즉 綱常罪人의 처자는 노비로 만들고 집은 웅덩이로 만들며, 그 고을의 호칭을 낮추고 수령은 파직한다는 것이다. 이 규정은 ≪受敎輯錄≫에 흩어져 있던 조항46)을 綱常罪人이라는 항목을 만들어 한 곳에 합쳐서 규정한 것이다. 朝鮮에서는 협의의 綱常犯罪에 대하여 당연히 연좌하는 것으로 하여 처자녀를 노비로 삼는 것을 법례로 하였다.47) ≪受敎輯錄≫은 이런 식으로 포고된 개별 受敎들을 그대로 규정해두고 있다가 ≪續大典≫에 이르러 이를 모두 한 조항으로 통합하면서 綱常罪人의 연좌규정이 만들어진 것이라고 할 수 있다. 사실 부모를 시해하는 등의 행위에 대하여 집을 부수어 집터를 웅덩이로 만드는 것은 조선전기에는 행해지기도 하였다가,48) 律文에 없는 형벌이기 때문에 금지하기도 하였다.49) 그러던 것이 조선후기로 되면서 破家瀦宅하는 것이 일종의 관행으로 정착되어 ≪續大典≫에 규정된 것이다.

---

46) 예컨대 아비의 해골을 태운 경우는 肅宗 11년(1685)의 受敎가 수록된 ≪受敎輯錄≫ 098 受敎. 남편을 죽이면 자녀는 屬公하고 집을 허물어 웅덩이로 만들라는 宣祖 30년(1597)의 受敎가 규정된 ≪受敎輯錄≫ 800 受敎. 綱常罪人이 거주한 고을의 읍호를 강등하고 수령을 파직하는 顯宗 4년의 受敎가 수록된 ≪受敎輯錄≫ 093 受敎.
47) 아비를 시해한 경우는 ≪朝鮮王朝實錄≫ 선조 21년(1588) 7월 乙卯, 어미를 시해한 경우는 ≪朝鮮王朝實錄≫ 인조 7년 7월 己酉, 繼母를 시해한 경우는 ≪朝鮮王朝實錄≫ 선조 19년(1587) 8월 辛未 참조.
48) 繼母와 庶母를 간통한 조만령사건에서 破家瀦宅하도록 하였다. ≪朝鮮王朝實錄≫ 중종 34년(1539) 5월 癸未.
49) ≪朝鮮王朝實錄≫ 중종 35년(1540) 6월 戊子.

綱常罪人에 대한 緣坐와 부가적인 형벌이 가미되는 것이 조선전기에
는 망설여지다가 조선후기에 접어들면서 《大明律》에 규정되어 있지
도 않은 형벌임에도 불구하고 《續大典》에 그대로 규정되는 것은 조선
후기 《大明律》의 위상과도 관련이 있으리라 생각된다. 즉 조선전기에
는 《大明律》에 규정이 없으면 律文을 벗어난 처벌을 되도록이면 지양
하려던 경향이었다. 그러나 조선후기에는 이러한 경향이 유지되기는 하
였지만, 사회를 통제하려는 보다 강한 의도에 따라 《大明律》에 없는
규정을 새로 만들기도 하고 더 가중된 처벌을 행하기도 하는데, 여기에
서 살펴본 협의의 綱常罪人에 대한 처벌에서도 이러한 기조가 보인다고
할 수 있을 것이다.

이렇게 緣坐와 부가적인 형벌을 가미하는 형태의 처벌이 협의의 綱常
犯罪에 인정되었다. 그 이외의 綱常犯罪의 경우에는 사실 그에 해당하
는 규정이 《大明律》이나 國典에 없으면 《大明律》의 不應爲에 의해
처벌되거나, 유추적용에 의해 처벌될 것이다. 그런데 《續大典》에서는
이렇게 처벌될 수 있는, 말하자면 死刑에 이르지 않는 綱常犯罪 중에서
情理가 매우 중한 경우에는 일반적으로 장100 유3천리에 처하는 규정을
위와 같이 두고 있다. 死刑에 이르지 않지만, 情理가 매우 중한 예로서
들고 있는 것이 바로 부모상에 바로 달려가지 않거나, 부모 등의 호칭을
달리 하는 것이다. 그런데 우선 부모상을 숨기는 경우에는 《大明律》에
이미 규정이 있다.50) 이 경우 처벌은 일반인인 경우 장60 도1년, 관리는
장100 罷職不敍 등인데, 《續大典》에서는 이를 가리지 않고 綱常犯罪

---

50) 《大明律》 제198조 禮律 儀制 匿父母夫喪 : 凡聞父母及夫之喪 匿不擧哀
者 杖六十徒一年 若喪制未終 釋服從吉 忘哀作樂及參預筵宴者 杖八十 若
聞期親尊長喪 匿不擧哀者 亦杖八十 若喪制未終 釋服從吉者 杖六十 ○若
官吏父母死 應丁憂 詐稱祖父母・伯叔・姑・姊之喪 不丁憂者 杖一百罷職
役不敍 無喪詐稱有喪 或舊喪詐稱新喪者 罪同 有規避者 從重論 若喪制未
終 冒哀從仕者 杖八十 ○其當該官司 知而聽行 各與同罪 不知者不坐 ○其
仕宦遠方丁憂者 以聞喪月日爲始 奪情起復者 不拘此律.

라고 하여 장100 유3천리에 처하고 있는 것이다. 또 아버지를 서얼 3촌
이라고 하는 경우 ≪大明律≫에서는 서얼을 규정하고 있지 않고 있기
때문에 이러한 구성요건이 없다. 그 이외에 어머니를 숙모라고 하거나
노비를 쟁송하면서 어머니와 외할머니를 다른 사람의 노비라고 칭하는
등의 일도 ≪大明律≫에 규정이 없다. 그런데 이런 일들은 범인 자신의
이익을 위하여 자신의 존장을 비하하는 것이기 때문에 사실 존장을 모
욕하는 것과 다를 바가 없다. 그렇지만 ≪大明律≫에서 부모나 조부모를
모욕하는 경우에는 絞刑에 처하고 있다.[51] 직접 부모나 조부모를 모욕한
것과 자신의 부모가 아니라고 否認하거나, 다른 사람의 노비라고 칭하는
것과는, 결과적으로 모욕한 것이 되긴 하겠지만 확실히 일치한다고는 할
수 없을 것이다. 따라서 유추적용에 의하여 처벌할 수밖에 없을 것인데,
≪續大典≫에서는 이를 달리 보아 死刑에 처하지는 않고 장100 유3천리
에 처하고 있다고 할 수 있다. 부모상에 달려가지 않은 경우는 ≪大明律≫
에도 규정이 있지만 사안이 ≪大明律≫보다는 중하다고 보는 法感情이
있었기에 보다 중하게 처벌하였고, 그 이외의 경우에는 ≪大明律≫에 정
확한 규정이 없지만 그러한 사안은 죄질이 무겁다고 보아 장100 유3천
리에 처한 것이라고 할 수 있다.

  하지만 이 규정의 보다 본질적인 의의는 일반적인 綱常犯罪의 창출이
라는 데서 찾아야 할 것 같다. 광의의 綱常을 위반한 범죄 중에 '情理가
매우 중한 경우'의 예로 들고 있는 범죄들은 예시규정이라고 보아야 한
다. 즉 綱常을 범하는 事件이 발생하고 법을 적용할 때, 적용 규정이 있
다고 하더라도 그 당시의 法感情이 그 규정을 적용하는 것을 허용하지
않을 때 일반규정으로의 도피가 가능해졌다는 것이다. 물론 그때 일반규
정으로 도피하는 대상이 되는 規定은 ≪大明律≫의 규정일 것이다. 왜
냐하면 國典에서 특별히 규정하는 綱常犯罪들은 이미 ≪大明律≫의 규

---

51) ≪大明律≫ 제352조 刑律 罵詈 罵祖父母父母 : 凡罵祖父母父母 及妻妾罵夫
    之祖父母父母者 並絞.

정보다 가중된 형벌을 규정하고 있기 때문이다. 이렇게 일반규정으로 도
피가 쉬워지면, 원하는 처벌을 하고자 할 때에는 법적 절차가 무시되기
쉽다는 위험성을 내포하고 있다.[52] 이러한 면들은 적절한 제한이 가해져
야 할 것인데, 朝鮮後期 倫理에 의한 통제를 강화하면서 이러한 제한은
거의 보이지 않는 것이 문제인 것이다. 아래에서 綱常違反에 대하여 《大
明律》보다 가중된 형벌을 구체적으로 규정하는 《續大典》의 규정을
보도록 한다.

2. 官長에 대한 침해

《續大典》에서는 남자 종이 官長을 살해한 경우를 綱常犯罪의 예로
들고 있는데, 이는 예시일 뿐이고 그 이외에 邑民이 官長을 살해하는 경
우도 綱常犯罪로 들 수 있을 것이다. 이러한 경우는 예외없이 엄벌에 처
하고 있는데, 《大明律》과 《續大典》의 관계규정을 들어보도록 한다.

　　《大明律》 제306조 刑律 人命 謀殺制使及本管長官 : ○무릇 勅命을 받
들고 사신으로 나갔는데 官吏가 그를 모살하는 경우, 部民이 소속 관부의
知府·知州·知縣을 모살하였거나 … 이미 행동에 옮긴 경우 장100 유
2,000리에 처하고, 상해를 입힌 경우 絞刑에 처하며, 살해한 경우 모두 斬
刑에 처한다.[53]

　　《續大典》 刑典 推斷 : ○邑民이 官長을 향하여 발포한 경우에는 변고
가 생긴 곳에서 不待時斬에 처한다<割註 : 주모자의 죄도 같고, 협박을 받
아 종범이 된 경우에는 減死定配한다. ○鎭卒이나 屯卒이 將領을 원망하여

52) 柳淵傳에서도 제1심까지는 법적 절차가 준수되다가, 항소심절차에서 綱常
事件으로 확대되자 법적절차가 경시되는 모습이 보인다. 鄭肯植, 「≪柳淵
傳≫에 대한 형사법적 고찰—16세기 형사절차의 일례—」『우범 이수성선생
화갑기념논문집 人道主義的 刑事法과 刑事政策』, 동성사, 2000, 343~351면.
53) ≪大明律≫ 제306조 刑律 人命 謀殺制使及本管長官 : ○凡奉制命出使 而
官吏謀殺 及部民謀殺本屬知府·知州·知縣 … 已行者 杖一百流二千里 已
傷者 絞 已殺者 皆斬.

무리를 모아 발포한 경우에는 비록 살해하지 못했다 하더라도 首犯은 梟示하고 從犯은 刑推한 후 定配한다. ○吏卒이 장수를 謀殺한 경우에는 주모자는 梟示하고 종범은 외딴 섬에 정배하며, 官屬으로서 방어하지 않은 자는 극변에 정배한다>.[54]

≪大明律≫은 관장에 대한 가장 중대한 범죄인 殺害行爲에 관한 규정만을 들어 놓았는데, 모살의 경우에도 모의하여 행동에 나아갔지만 결과가 발생하지 않은 경우에는 장100 유2천리에 처하고 있다. 하지만 ≪續大典≫의 규정을 보면 살해행위로 나아갔지만 결과발생이 이루어지지 않은 경우에조차 梟示라는 엄중한 형벌을 과하고 있다. 梟示는 원래 군대에서 과하는 형벌인데 위 규정의 註에서는 군인이 범한 죄에 효시를 과하고 있지만, 本文에서는 邑民에 대하여 梟示의 형벌을 과하고 있는 것이다.[55] 이렇게 처벌하게 된 것은 조선후기로 나아가면서 관민관계, 관장과 병졸의 관계가 점차 해이해지자 이를 바로 잡기 위하여 엄한 형벌로 나아간 것이 아닌가 생각된다.

3. 主奴관계의 확대

綱常關係는 부모와 자식, 남편과 아내, 주인과 노비와의 사이에서 인정되는데, 특히 주인과 노비 사이의 관계는 조선과 중국이 다름을 인식하고 있었기 때문에 이미 ≪經國大典≫에서도 몇몇 특별한 규정을 두고 있고, 이것은 婢夫에까지 확대되고 있음을 보았다. ≪續大典≫에서는 이

---

54) ≪續大典≫ 刑典 推斷 : ○邑民向官長放砲者 作變處 不待時斬<割註 : 首謀同律 脅從減死定配 ○鎭卒·屯卒怨望將領 結黨放砲者 雖未殺害 首犯梟示 爲從刑推定配 ○吏·卒謀殺帥臣者 首謀梟示 爲從並絶島定配 官屬不防禦者 極邊定配>.

55) 이 규정은 肅宗 44년(1718)의 受敎에서 비롯된 것이다. ≪新補受敎輯錄≫ 0819 受敎 : ○邑民向官長放砲者 首謀人及放砲人 梟示於作變處 脅從人 減死遠配(康熙戊戌承傳).

러한 관계가 그대로 인정되면서 한층 심화되어 가고 있는 모습을 보여
주고 있다. 우선 이러한 관계에 있는 자 사이에는 증인이 될 수 없다.

> ≪續大典≫ 刑典 推斷 : ○무릇 刑事訴訟은 자식이 아비에 대하여, 동
> 생이 형에 대하여, 처첩이 남편에 대하여, 종이 주인에 대하여 설령 물을
> 일이 있다 하더라도 증인으로 삼을 수 없다<割註 : 할아버지와 손자도
> 같다>.56)

이 규정은 인조 4년(1626)에 죄수 중에 上典이 있는 곳을 고하지 않았
다는 죄목으로 구금되어 있는 자가 있다는 것을 안 인조가 우리나라는
종과 주인의 신분이 지극히 엄중하여, 나라가 유지되는 것 역시 명분에
있다고 하면서 증인으로 삼지 못하도록 受教를 내린 것57)으로 ≪受教輯
錄≫에 수록되었다가58) ≪續大典≫에 재록된 것이다. 인조의 受教가 있
기 이전에는 종이 주인을 증언하는 것이 종종 있어왔던 일이었는데 인
조의 受教로 인하여 이러한 관계에 있는 자 사이에서는 증인이 될 수 없
도록 된 것이다. 이는 조선후기 사회가 점차 名分에 의해 유지되는 사회
로 나아가고 있다는 것을 보여주며, 이들을 증인으로 삼았다가 파직되는
사례도 종종 보이고 있다.

한편 여자는 시집을 가면 反逆에도 緣坐되지 않는다. 말하자면 본가
와의 인연이 끊어진다고 보는 것이다. 이런 측면에서 본다면 시집간 자
매의 남자 종은 그 자매의 오빠나 동생과는 노비와 일반인의 관계에 있
을 것이다. 그런데 ≪續大典≫에서는 이 관계에 대하여 특별히 취급하여
처벌하고 있다.

---

56) ≪續大典≫ 刑典 推斷 : ○凡獄訟, 子之於父, 弟之於兄, 妻·妾之於夫, 奴
之於主, 設有可問事, 勿爲證質<割註 : 祖·孫同>.
57) ≪朝鮮王朝實錄≫ 인조 4년(1626) 10월 壬子.
58) ≪受教輯錄≫ 642 受教 : ○國之所以維持者 在於名分 以奴告主 以子訴父
則傷風敗俗 莫此爲甚 今後 凡子之於父 奴之於主 弟之於兄 妻之於夫 設有
可問之事 勿以爲證 勿以爲質 以敦風俗 以明教化(天啓丙寅承傳).

≪續大典≫ 刑典 推斷 : ○시집간 자매의 남자종이 그 주인의 친동생을 때리는 경우, 本服 期服親에 비추어 처단한다.[59)]

시집간 자매와 그의 형제는 大功親에 해당한다.[60)] 그런데 ≪續大典≫에서는 시집간 자매의 남자 종은 시집간 자매가 그의 형제에게 입는 服이 大功服임에도 불구하고 期親으로 취급하여 처벌하고 있다. 원래 시집간 자매의 남자 종은 그 주인의 형제와는 일반인의 관계에 있기 때문에, ≪大明律≫ 良賤相毆에 의하면 1등을 가중할 뿐이고[61)] 大功親이라고 하더라도 장70 도1년 반에 그칠 뿐인데,[62)] 이를 더 무거운 服을 입는 期親으로 하여 최소 장90 도2년반이라는 2등을 가중한 重刑에 처하고 있는 것이다. 시집간 자매의 친정과의 관계가 단절되는 것으로 보아 反逆에도 연좌되지 않는다. 그럼에도 불구하고 시집간 자매의 남자 종을 期親으로 취급하여 이렇게 가중처벌하고 있는 것은, 婚姻으로 인하여 主奴관계가 완전히 단절되었다고 보지 않았기 때문이다. 즉 이미 ≪經國大典≫의 항목에서도 보았듯이 옛날 노비와 옛날 주인과의 관계에도 主奴관계를 확장하고 있었는데, ≪續大典≫에서도 이와 마찬가지로 反逆에도 연좌되지 않는 시집간 자매의 남자 종의 경우에도 主奴관계를 확장하여 보다 강한 처벌을 하고 있는 것이다.

이러한 구별은 婢夫와 妻上典의 관계에도 확대되는데, 妻上典을 士族의 妻女에 比擬하여 名分을 위반하였다고 처벌하는 것이라고 할 수 있다.

---

59) ≪續大典≫ 刑典 推斷 : ○出嫁姉妹之奴, 毆其主同生親者, 以本服期親照斷.
60) ≪大明律≫ 出嫁女爲本宗降服之圖.
61) ≪大明律≫ 제336조 刑律 鬪毆 良賤相毆 : 凡奴婢毆良人者 加凡人一等 至篤疾者 絞 死者 斬 其良人毆傷殺他人奴婢者 減凡人一等 若死及故殺者 絞.
62) ≪大明律≫ 제340조 刑律 鬪毆 毆大功以下尊長 : 凡卑幼毆本宗及外姻緦麻兄姉杖一百 小功杖六十徒一年 大功杖七十徒一年半 尊屬又各加一等 折傷以上 各遞加凡鬪傷一等 篤疾者絞 死者斬.

≪續大典≫ 刑典 姦犯 : ○婢夫가 치의 上典을 간음하는 경우에는, 남녀 모두 不待時斬에 처한다(强姦하는 경우, 旣遂이면 남자는 不待時斬에 처하고, 여자는 죄를 주지 않는다. 未遂인 경우에는 斬待時에 처하지만, 여염집의 婢夫이며 단지 처로 삼아서 거느리고 그 집에 살 경우에만 雇工의 경우와 같이 논죄한다).[63]

婢夫와 妻의 上典과 관련된 문제는 이미 ≪經國大典≫에서 ≪大明律≫보다 가중하여 처벌하고 있어서[64] 婢夫와 妻上典이 맺고 있는 관계는 일반인간의 관계가 아님은 이미 살펴본 바와 같다. 그런데 조선의 법규범체계가 사건이 발생하면 이를 해결하고 이 해결에 따른 결과가 쌓여서 조문화하는 것이고, 그것도 그간 행해져왔던 처벌에 문제를 제기하는 경우에 논의가 되는 것이기 때문에, 婢夫와 妻上典의 간통에 대하여는 분명히 일반인간의 관계와 다른 관계임이 인정됨에도 불구하고 法典에는 규정되지 않은 상태였다. 이러한 상태가 계속되다가 숙종 때에 이르면 婢夫와 妻上典이 간통한 사건이 일어나고, 여기서 婢夫와 妻上典의 간통을 규제할 正條가 없음이 문제시되었던 것이다. 여기서 雇工律에 따르는 것이 합당하다는 결론이 내려져 ≪受敎輯錄≫에 '不待時斬'으로 수록되었다가[65] ≪續大典≫에 재록된 것이다.

한편 남녀 모두 不待時斬에 처하는 것은 영조 21년(1745) 당시 영의정이었던 金在魯의 개인적인 의견에서 비롯되었다. 즉 그는 처상전이 庶人이라도 그 婢夫가 겁간한 경우 일반인이 사족부녀를 겁간한 율에 따라야 하므로 부대시참에 처하는데 이는 和姦과 强姦을 나누지 말아야 하며, 처상전의 경우는 율문이 없기 때문에 다만 淫女로 규정지어 屬公할 뿐인데 이는 名分이 크게 무너져 그런 것이므로 男女를 같은 율에 처하

---

63) ≪續大典≫ 刑典 姦犯 : ○婢夫姦妻上典者 男女皆不待時斬(强姦 成者 男同律 女不坐 未成者 斬待時 而閭巷人婢夫則只以作妻居生於率下 有同雇工者論).

64) ≪經國大典≫ 刑典 告尊長 : 子孫妻妾奴婢告父母家長, 除謀叛逆反外絞 奴妻婢夫告家長者杖一百流三千里. 이에 대한 자세한 분석은 제3장 제2절 Ⅱ. 참조.

65) ≪朝鮮王朝實錄≫ 숙종 7년(1681) 1월 丁巳. ≪受敎輯錄≫ 809 受敎 : ○婢夫之通奸妻上典者 不待時斬(康熙辛酉承傳).

자고 주장하였다.66) 여기서 발단된 婢夫의 妻上典의 관계에 관한 논의
는 원래 婢夫가 妻의 上典을 간통한 경우 婢夫만 斬刑에 처하던 것을 풍
속을 교화하기 위하여 妻上典이 士族이 아니더라도 士族婦女의 간통과
같이 보아 斬刑에 처하는 것으로 결정되었다. 한편 婢夫가 妻上典을 强
姦하는 경우에는 그것이 기수인 경우에는 斬刑에 처하지만 未遂인 경우
에는 ≪大明律≫에 따라 장100 유3천리에 처해지게 되었다. 이것은 당시
婢夫를 奴와 같이 생각하던 사정에서는 그대로 처벌할 수는 없는 것이
었다. 婢夫가 妻의 上典을 强姦한 것은 士族婦女를 强姦한 것과 구조상
비슷하고, 또 한쪽은 常賤이고 한쪽은 妻의 上典이기 때문에 名分이 정
해져 있으므로 士族婦女를 강간했을 때 기미수를 구분하지 않는 것과
마찬가지로 기미수를 구분하지 말자는 논의에 따라67) 死刑에 처하도록
규정된 것이다.

4. 尊長의 卑幼侵害

읍민이 관장을 범하고, 자식이 부모를 범하는 등의 綱常에 어긋나는
행위에 대하여는 ≪大明律≫에서 이미 일반 범죄보다 가중하여 처벌하
고 있음에도 불구하고 國典에서 특별규정을 두어 ≪大明律≫에서 가중
하는 것보다 더 가중하여 처벌하고 있는 것을 보았다. 이것은 名分을 무
너뜨리는 행위이기 때문에 조선 사회가 유지되는 기반이 바로 명분의
유지에 있다고 보아 이러한 규정으로 나아간 것이다. 그런데 이와 반대
인 경우인 尊長이 卑幼를 침해하는 행위에 대하여 國典에서 특별한 규
정들을 두고 있다.

≪續大典≫ 刑典 推斷 : ○부모가 자녀를 죽이거나, 형이 동생을 죽이는
데 마음을 쓰는 것이 흉참한 경우에는 鬪毆殺律로 논한다<割註 : 자녀를

---

66) ≪朝鮮王朝實錄≫ 영조 21년(1745) 8월 辛亥.
67) ≪承政院日記≫ 영조 21년(1745) 10월 丙辰.

모살하였으나 미수인 경우, 먼 곳에 定配한다>.[68]

이 규정이 특별한 규정인 이유는 ≪大明律≫에 尊長이 卑幼를 침해하는 행위에 대하여 일반인들보다 감경하는 규정을 두고 있기 때문이다. 즉 尊長이 卑幼를 폭행했는데 부러지는 상해가 아닌 한 죄를 논하지 않으며, 뼈가 부러지는 상해인 경우에는 일반인보다 감경하여 처벌하고, 죽은 경우에는 絞刑에 처하는 것으로 규정한다.[69] 특히 ≪續大典≫의 위 규정에 해당하는 행위에 대하여, ≪大明律≫에서는 형이나 누나가 동생을 폭행치사하면 장100 도3년에, 殺人한 경우에는 장100 유2천리에 처하도록 규정하거나,[70] 자손이 가르침을 위반하자 조부모, 부모가 暴行致死한 경우에는 장100, 살인한 경우에는 장60 도1년에 처하도록 규정[71]하여 尊長이 卑幼을 죽이게 되는 경우보다도 훨씬 경하게 처벌하여 死刑에까지는 이르지 않음을 알 수 있다.

그런데 ≪續大典≫에서는 ≪大明律≫의 규정이 있음에도 불구하고 '마음을 쓰는 것이 흉참한 경우'에는 鬪毆殺로 논하게 하고 있는 것이다. 鬪毆殺로 논하면 부모나 형은 최소한 死刑에 처해질 수밖에 없다. 이 규정은 ≪大明律≫에서 경하게 처벌하고 있고, 당시의 유교적 질서 하에서 경하게 처벌될 수밖에 없었던 것을 國典에서 수정하여 가중하여 처벌하고 있는 것이 특징이라고 할 수 있다. 왜 이러한 규정이 나오게 되었는

---

68) ≪續大典≫ 刑典 推斷 : ○父母殺子女 兄殺弟 而其用意凶慘者 以鬪毆殺律論 <割註 : 謀殺子女而未行者 遠地定配>.

69) ≪大明律≫ 제340조 刑律 鬪毆 毆大功以下尊長 : ○若尊長毆卑幼 非折傷 勿論 至折傷以上 緦麻減凡人一等 小功減二等 大功減三等 至死者絞 其毆殺同堂弟妹堂姪及姪孫者 杖一百流三千里 故殺者 絞.

70) ≪大明律≫ 제341조 刑律 鬪毆 毆期親尊長 : ○其兄姊毆殺弟妹 及伯叔姑毆殺姪幷姪孫 若外祖父母毆殺外孫者 杖一百徒三年 故殺者杖一百流二千里 過失殺者各勿論.

71) ≪大明律≫ 제342조 刑律 鬪毆 毆祖父母父母 : ○其子孫違犯教令而祖父母·父母非理毆殺者杖一百 故殺者杖六十徒一年 嫡·繼·慈·養母殺者各加一等 致令絶嗣者絞.

지 조문의 성립 경위를 우선 살펴보도록 하자.

《續大典》의 이 규정은 원래 두 개의 受敎가 하나의 조문으로 합쳐진 것이다. 우선 鬪毆殺로 논하는 《續大典》 본문의 규정을 살펴보도록 하겠다. 이 규정은 숙종 5년(1679)에 受敎된 것을 《受敎輯錄》에 수록했다가[72] 《續大典》에 재록한 것이다. 《受敎輯錄》에 수록되었던 내용은 부모나 동복형이 아들이나 동생을 고의로 죽인 경우에 一律로 논하여 絞刑에 처한다는 규정이었는데, 《續大典》에 수록되면서 絞刑이 鬪毆殺로 논하는 것으로 수정되어 규정된다.

한편 《續大典》의 割註로 되어 있는 규정도 《受敎輯錄》에 수록되었다가,[73] 《續大典》에 재록된 것이다. 이 규정은 함경도에서 굶어 죽을 것에 두려워 영아를 죽이려고 했는데, 이웃 사람이 구해서 죽지 않은 사안에서 대신들이 풍속을 돈독히 할 것이라고 한 것에서 유래한 것인데,[74] 원래 肅宗은 자식이 태어나자마자 죽이려고 한 죄를 물어 死刑시키려고 하였으나 죽이지 않고 정배하는 것으로 된 것이다.

이렇게 尊屬이 卑幼를 침해하는 경우는 계모가 남편을 교사하여 자녀를 살해하는 경우에도 가중하여 처벌하고 있다.

　　《續大典》 刑典 推斷 : ○繼母가 그 남편을 사주하여 자녀를 살인하게한 경우에는 一律로 논한다.[75]

이 규정은 《新補受敎輯錄》에 실려 있던 규정으로서,[76] 원래 숙종

---

72) 《受敎輯錄》 598 受敎 : ○父母及同生兄之故殺子弟者 以一罪論斷 處絞(康熙己未承傳).
73) 《受敎輯錄》 599 受敎 : ○謀殺子女罪人 與已殺有異 遠配(康熙辛酉承傳).
74) 《朝鮮王朝實錄》 숙종 7년(1681) 7月 壬申. 이 사안은 《秋官志》에도 실린다. 《秋官志》 詳覆部 倫常 殺子婦 肅宗 7년 明川寺奴莫今 獄案 참조.
75) 《續大典》 刑典 推斷 : ○繼母嗾其夫故殺子女者 以一律論.
76) 《新補受敎輯錄》 1304 受敎 : ○繼母嗾囑其夫 故殺子女者 不分造意隨從 并絞(康熙庚寅承傳).

34년의 受教이다. 이 규정에 의하면 자녀를 살해한 것은 아버지이고, 이를 教唆한 것은 繼母인데, 繼母는 어머니이다. 따라서 부모가 자녀를 살해한 것이기 때문에 ≪大明律≫에 의하면 死刑에까지 이르지는 않는다. 하지만 이 受教가 나온 시기를 보면 이미 부모가 자녀를 죽일 때 '마음을 쓰는 것이 흉참할 때'에는 絞刑에 처하도록 한 숙종 5년(1679)의 受教가 효력을 가지고 있던 때이다. 따라서 아버지는 正犯으로서 絞刑에 해당되고, 繼母는 教唆하였기 때문에 從犯으로서 1등을 감하여 처벌하게 된다. 그렇지만 繼母의 경우 親母와는 달리 자녀를 죽이면 1등을 가중하도록 규정하고 있는 ≪大明律≫[77]과의 형평상 원래는 從犯으로서 死刑에까지는 이르지 않지만 1등을 가중하여 絞刑에 처하도록 규정되었다.

尊長이 卑幼에 대하여 저지른 범죄에 대하여 이렇게 가중 처벌하는 것은 妾과 관련하여서도 나타나고 있다. 즉 숙종 16년(1690)에 妾에게 매혹되어 그의 처와 딸을 쫓아내었는데, 그 딸이 常漢에게 시집가서 자녀를 낳아 자라난 후 그 자녀를 거느리고 나타났으나 그 아비가 가문을 더럽혔다고 미워하여 그 外孫을 살해한 사건이 논의되었는데, 妾과 그 아비를 絞刑에 처하는 것으로 결정되었다가[78] 그대로 ≪續大典≫에 실린 것이다.[79]

여기서 볼 수 있는 것은 조선이 형법으로서 채택하고 있던 것이 ≪大明律≫이었고, ≪大明律≫이 기본적으로 담고 있는 가치가 儒教理念이었기 때문에, 尊長의 卑幼에 대한 범죄는 가볍게 처벌하고, 卑幼의 尊長에 대한 범죄는 무겁게 처벌하는 것이 일반이었는데 ≪續大典≫에서는 오히려 尊長의 卑幼에 대한 범죄를 무겁게 처벌하고 있는 것이다. 이렇

<hr>

77) ≪大明律≫ 刑律 鬪毆 毆祖父母父母.
78) ≪受教輯錄≫ 619 受教 : ○惑於妖妾 黜其正妻與兩女後 長女則詐稱身死 成置虛塚 次女則丐乞途路 再奸常漢 産長二女 率其夫來見 則惡其汚濊門戶 沉殺其外孫兩女 其外祖及妾 不待時處絞(康熙庚午承傳).
79) ≪續大典≫ 刑典 殺獄 : <割註 : 惑於妖妾黜其妻與女 女乃丐乞 交嫁常漢 産長子女率現則惡其汚穢門戶 潛殺其外孫者 並其妖妾不待時絞>.

게 처벌하는 이유는 과연 어떠한 것일까? 그 해답을 ≪續大典≫에서 찾
아보자.

> ≪續大典≫ 刑典 殺獄<割註 : ○아버지가 아들을 죽이고, 형이 동생을
> 죽이는 경우 죄는 杖徒에 그치는 것이 법을 제정한 본 뜻이지만, 先朝의
> 受敎에서 一罪로 정한 것은 대개 그 악함을 징치하고자 한 것이며, 그 아
> 들의 목숨을 갚으려고 한 것은 아니다>.[80]

즉 ≪大明律≫에서 死刑에까지 이르지 않는 尊長의 卑幼에 대한 犯罪
를 一罪 즉 死刑으로 처단하는 것은 원래 殺獄의 기본원칙인 '償命'에
있는 것이 아니라는 것을 명백히 하고 있는 것이다. '償命'이란 목숨으
로 갚는다는 것인데, 卑幼가 죽었다고 해서 尊長을 죽인다면 生命의 等
價性이 유지되지 않기 때문에 부당하다는 인식이 ≪大明律≫에 반영되
어 있는 기본가치이고 身分刑法의 특성을 이루고 있다. 하지만 아버지가
아들을 죽인 경우 死刑에 처하도록 한 것은 '償命'에서의 生命의 等價性
과는 관련이 없다는 것을 밝힌 것이다. 死刑에 처하는 근거는 바로 尊長
의 잔혹함을 징치하고자 하는 것이다. 이는 刑罰을 正義의 명령이라고
보는 점에서는 동일하다고 할 수 있기 때문에 應報의 원리에서 벗어나
지는 못한 것이다. 하지만 償命 즉 同害報復에서 한 걸음 더 나아가―아
버지와 아들의 생명은 등가적이지 않기 때문에―尊屬 자신의 패악성에
처벌의 근거를 두고 있다는 점에서 특징이 있다고 할 수 있다.

Ⅲ. 復讐殺에 대한 특칙들

復讐란 '생명・신체・명예・권리・인격 등의 부당한 침해에 대해 피

---

80) ≪續大典≫ 刑典 殺獄 : <割註 : ○父殺子 兄殺弟 罪止杖徒 制法本意 而先
朝受敎 定爲一罪者 蓋出於欲懲其惡 非爲償其子之命也>.

해자 자신이 아니라 피해자의 近親 기타 緣故者가 주관적으로 발생한 증오심을 만족시키기 위하여 가해자를 殺害하는 것'이다.[81] 儒敎에서는 복수를 인간의 자연스런 감정인 親親의 정서에서 발로한 행위로 보아 복수를 당연시하였다.[82] 아버지의 원수는 한 하늘아래 살 수 없다는 것[83]으로 복수를 정당화하고 있다. 하지만 무분별하게 복수를 허용하면 국가 공형벌권이 위협받으므로 어느 정도 절충할 필요가 있었다. 그래서 儒敎의 영향을 많이 받은 ≪大明律≫에서도 복수행위에 대하여는 인정하면서도 일정한 제한을 가하고 있다. 즉 ≪大明律≫ 父祖被毆에서는 조부모, 부모가 다른 사람에게 살해된 경우, 그 즉시 반격을 가하여 복수한 경우에는 죄를 논하지 않지만, 침해의 현재성이 인정되지 않는데도 불구하고 마음대로 살해자에게 복수한 경우에는 장60에 해당하는 형벌을 과하고 있다.[84] 하지만 역시 복수와의 관련성이 인정된다면, 사람을 살인했음에도 불구하고, 償命의 원칙에 따르지 않고 장60에 해당하는 가벼운 형벌에 처하고 있는 것이 특징이라고 할 수 있다.

또 ≪大明律≫은 복수를 제한적이긴 하지만 허용하는 한편으로 살해자와 私和하는 것도 엄격하게 금지하고 있다. 즉 조부모, 부모, 남편과 가장이 타인에게 살해되었는데 자손, 처첩, 노비, 고공이 사적으로 화해하는 경우에는 장100 도3년에 처하고 있으며, 존장이 살해되었는데 비유가 사적으로 화해하는 경우에도 장80 도2년이라는 중한 형벌을 과하고 있다.[85] 피살자와의 친소관계에 따라 형량의 변동이 있기는 하지만, 사

---

81) 沈羲基,「한국의 復讐와 刑罰-復讐의 思想的·法史的 考察」『法과 宗敎』 제1집, 한국종교법학회, 1983, 159면.
82) 儒家學派의 復讐觀念에 대하여는 이원택,「顯宗朝의 復讐義理 논쟁과 公私 관념」『한국정치학회보』제35집 4호, 한국정치학회, 2001 겨울, 56~59면 참조.
83) 『禮記』曲禮 上 : 父之讐 弗與共戴天.
84) ≪大明律≫ 제346조 刑律 鬪毆 父祖被毆 : ○若祖父母·父母 爲人所殺 而 子孫擅殺行兇人者 杖六十 其卽時殺死者 勿論.
85) ≪大明律≫ 제323조 刑律 人命 尊長爲人殺私和 : ○凡祖父母·父母及夫若 家長爲人所殺 而子孫·妻妾·奴婢·雇工人私者 杖一百徒三年 期親尊長

적인 화해에는 형벌을 과하여 공형벌권을 보존하려고 하고 있는 것이다. 즉 사적인 화해의 경우는 복수를 허용해야 한다는 의미보다는 사적으로 화해하여 사건을 덮어버려서 국가 공권력이 개입하지 못하는 사태를 방지하는 것에 더 큰 의미가 있다고 보아야 하는 것이다.

그런데 ≪大明律≫에서 이렇게 복수에 대해서 일반적으로 규정하고 있음에도 불구하고, 복수와 관련하여 일어나는 사건들은 다양할 수밖에 없다. 이 경우 그때그때의 判付에 의하여 해결하여야 할 것인데, 이 判付들이 쌓이다 보면 일반법으로 법전에 규정하여야 할 것들을 추리게 된다. 이렇게 해서 규정된 규정이 ≪續大典≫의 규정이라고 할 수 있는데, 주로 행위의 주체와 대상, 행위의 시간적 범위에 관련된 것들이다. 대체로 복수의 범위가 확대되고 있는데 이 자체가 名分사회가 강화되는 일면을 보여준다고 하겠다. 이하에서 이들을 살펴보자.

1. 復讐의 主體에 대한 특칙

우선 복수의 주체가 확장되는 경우를 한번 살펴보기로 하자. ≪大明律≫에서는 간통현장에서 아내와 姦夫를 죽인 남편에 대하여 죄를 묻지 않도록 규정하고 있다.[86] 이 자체는 당시의 사회상규에 해당하는 正當行爲라고 할 수 있을 것인데, 그 주체는 남편에 한정되고 있다. 그런데 ≪續大典≫에서는 그 주체를 제한적이나마 아들에게까지 확대하고 있다. 姦夫를 살해하는 경우를 復讐에 포함시킬 수 있느냐의 여부는 문제가 될 수 있지만, 姦夫가 간통행위를 하는 것을 아버지에 대한 침해로 본다면, 姦夫에 대하여 아들이 침해하는 것도 일종의 복수로 볼 여지가 있다고 생각된다.

被殺 而卑幼私和者 杖八十徒二年 大功以下 各遞減一等.
86) ≪大明律≫ 제308조 刑律 人命 殺死姦夫: 凡妻妾與人通姦 而於姦所 親獲姦夫姦婦 登時殺死者 勿論 若止殺死姦夫者 姦婦依律斷罪 從夫家賣.

≪續大典≫ 刑典 殺獄 : ○그 어머니가 타인과 몰래 姦淫하는데, 그 아들이 간통현장에서 그 타인을 찔러 죽인 경우에는 참작하여 定配한다.[87]

이 규정은 ≪新補受敎輯錄≫에 흩어져 있던 규정들을 합친 것이다. 즉 ≪新補受敎輯錄≫에 의하면 숙종 23년(1677)의 受敎인 "어머니와 같이 한 베개에 누워 있는 자를 찔러 죄인은 참작하여 定配한다"는 조항[88]과 肅宗 38년(1712)의 受敎인 "남의 처와 간음한 자를 本夫와 함께 아들이 힘을 합해 때려 죽인 경우 본래의 지아비는 논하지 말고, 아들도 참작하여 정배한다"라는 조항[89]에서 공통분모를 뽑아서 만든 것이다. 이 경우 ≪大明律≫ 殺死姦夫에서 정당행위로 인정되는 주체인 남편에는 아들이 해당되지 않기 때문에 원래는 일반인의 살인으로 처벌하여야 하지만 복수의 논리를 끌고 들어와서 일반인의 살인으로는 논하지 않았다. 그렇다고 복수와 완전히 일치하는 경우는 아니기 때문에 無罪라고 할 수도 없으므로 참작하여 정배하는 것으로 규정된 것이라고 생각된다. 하지만 복수의 논리를 끌어들여서 제한적이나마 姦夫에 대한 정당한 살인의 주체로서 아들을 포함시킨 意義는 있다고 할 것이다.

한편 ≪大明律≫에서는 조부모, 부모의 복수는 허용하고 있지만, 남편의 복수나 아들의 복수는 규정하고 있지 않다. 따라서 이 경우는 일반인의 살인으로 처벌하여야 하는데, ≪續大典≫에서는 이를 법의 공백이라고 보고 이에 대하여 특칙을 두고 있다.

≪續大典≫ 刑典 殺獄 : ○妻가 남편의 원수에게 復讐하거나, 어머니가 아들의 원수에게 復讐하는데, 그 원수를 함부로 살해한 경우에는 자손이 함부로 원수를 죽인 律에 따라 장60에 처한다.[90]

---

87) ≪續大典≫ 刑典 殺獄 : ○其母與人潛姦, 其子於姦所刺殺姦夫者, 參酌定配.
88) ≪新補受敎輯錄≫ 1315 受敎 : ○與其母同臥一枕者 刺殺罪人 參酌定配(康熙丁丑承傳).
89) ≪新補受敎輯錄≫ 1306 受敎 : ○通奸人妻 而本夫與其子 同力打殺者 本夫勿論 其子參酌定配(康熙壬辰承傳).

  이 규정도 역시 ≪新補受教輯錄≫에 흩어져 있던 규정을 하나의 규정
으로 합친 것이다. 우선 아내가 남편의 원수를 갚은 경우에는 일정한 경
우에 죄를 면하기도 할 뿐만 아니라 표창되기도 하였다. 예컨대 숙종 13
년(1687)에 경상도의 私婢 春玉이가 그 남편 위해 복수한 사건에서 대신
들은 자식이 부모에 대한 의리와 아내의 남편에 대한 의리는 똑같다는
점, 春玉이가 남편이 총을 맞아 죽었을 때 이미 官衙에 告訴하였기 때문
에 함부로 죽인 것과는 다르다는 점을 들어 義烈을 표창하여야 한다고
주장하였다. 이를 숙종이 장부도 하기 힘든 일을 여인이 하였다는 점을
가상히 여겨 표창한 것이다.91) 이 사안에서 엿볼 수 있는 것은 자식의
부모에 대한 의리와 아내의 남편에 대한 의리를 동일시한다는 것이다.
그러므로 아들의 부모에 대한 복수가 아내의 남편에 대한 복수에 대하
여도 동일하게 적용되어야 한다. 그래서 이를 명확하기 규정한 것이 숙
종 32년(1706)에 내려진 受教이다. 즉 남편이 남에게 살해되어 비명에 죽
은 것을 분히 여겨서 원수의 배를 칼로 찔러 죽인 경우에 ≪大明律≫에
는 일반 살인으로 처벌할 수밖에 없는데, 숙종은 당연히 이 경우에 적용
할만한 조항이 없다고 하여 장60을 치고 풀어주라는 것이 受教의 내용
이다.92) ≪大明律≫ 父祖被毆와 전혀 동일하게 아내의 남편에 대한 복
수를 취급하고 있음을 알 수 있다. 말하자면 복수의 주체가 아들에서 妻
까지 확대된 것이라는 것이다.

  복수의 주체는 아들의 원수에 대한 어머니에게까지 확대된다. 숙종 32
년(1732)에는 어머니가 아들을 위해서 복수한 경우에 아들이 아버지를 위
해서 복수한 형률을 적용하는 것과 같이 하여야 한다는 논리로 장60대
에 처하라는 受教가 내려지는데 ≪新補受教輯錄≫에 실리는 것이다.93)

---

90) ≪續大典≫ 刑典 殺獄 : ○妻復夫讐 母復子讐 擅殺其讐人者 依子孫擅殺行
    兇人律 杖六十.
91) ≪朝鮮王朝實錄≫ 숙종 13년(1687) 5월 28일 乙巳.
92) ≪新補受教輯錄≫ 1323 受教 : ○其夫爲人所殺 而痛夫非命 刃刺讐人之腹
    妻爲夫擅殺讐人者 律無其條 杖六十決放(康熙丙戌承傳).

≪續大典≫의 규정은 ≪新補受敎輯錄≫에서 유래했지만, 사실 ≪新補受敎輯錄≫의 이 受敎는 숙종 16년의 사안에서 유래하였다고 생각된다. 즉 숙종 16년(1690) 京德이가 자신의 자식을 살해한 相建이를 현장에서 즉시 때려죽인 사안에서 京畿觀察使는 자식이 조부모에 대한 관계와 조부모의 자식에 대한 관계는 다를 바 없다는 점을 들고 있는데, 숙종이 이에 대하여 情狀과 法規를 참작하여 장60에 처한 뒤 특별히 석방하라는 결정을 내린 것이다.[94] 여기서 情狀과 法規를 참작한다고 하였는데, 情狀은 원수를 갚는다는 것이고, 法規은 ≪大明律≫ 父祖被毆를 유추하여야 한다는 의미로 보아야 할 것이다. 따라서 복수의 주체가 어머니에게도 확대된 것이라고 할 수 있다.

2. 復讐의 범위에 대한 특칙

복수의 주체가 확장되는가 하면 복수로 인정되는 범위도 좀더 확정적으로 규정된다. 이에 관한 사례들은 많이 나타나고 있는데 그중 특히 ≪續大典≫에 규정된 것을 보면 다음과 같다.

> ≪續大典≫ 刑典 殺獄 : ○아버지가 피살당하였는데, 成獄되어 裁判할 것을 기다리지 않고 함부로 그 원수를 죽인 경우에는 減死定配한다<割註 : 그 아버지가 피살되었는데 관청에 고하지 않고 원수와 사사로이 화해하여 장례 비용을 받았는데, 날이 오래된 후 함부로 원수에게 復讐한 경우에는 復讐律을 쓰지 않고, 私和律을 적용하여 장100 도3년에 처한다. ○그 아버지가 타인과 싸우다 물렸는데 상처가 부패하여 60일 후에 치사하였는데 그 아들과 딸이 아내와 더불어 함부로 그 원수를 죽인 경우에는 大明律附例의 팔다리와 몸에 상처를 입힌 경우 辜限을 20일 더해준다는 예에 따라 그 아들에게는 단지 함부로 죽인 본율을 쓰고 그 아내와 딸은 용서한다>.[95]

---

93) ≪新補受敎輯錄≫ 1324 受敎 : ○母復其子之讐 猶用子復其父之律 論以子孫擅殺行兇人者 杖六十之律(康熙丙戌承傳).
94) ≪秋官志≫ 詳覆部 復子女讐 肅宗 16년 事案.
95) ≪續大典≫ 刑典 殺獄 : ○其父被殺 成獄不待究覈 擅殺其讐人者 減死定配

우선 아버지가 피살당했는데 성옥되어 심리를 기다리지 않고 함부로
원수를 죽인 경우 減死定配한다는 규정을 보자. 이 규정이 만들어진 사
안은 ≪秋官志≫에 실려 있다. ≪秋官志≫에 의하면 朴成仁의 아버지가
辰必에 의하여 致死되어 辰必은 成獄되었는데, 그 4년 후 朴成仁이 辰必
을 獄門 밖에서 살해한 사안이다. 이 사안에서는 아버지를 위해서 복수
한 것이니 償命의 법은 시행할 수 없다는 논리로 減死定配하는 것으로
판부되었다.96) 이 사안이 바로 受敎로 되어 ≪新補受敎輯錄≫에 실린
것이다.97)

이 규정에 실린 사실관계는 사실 이미 成獄되어 국가 공형벌권이 집
행될 자에 대하여 아들이 국가 공형벌권을 무시하고 복수한 것이다. 따
라서 사적인 복수와 국가 공형벌권의 관계상 이런 경우에는 국가 공형
벌권이 우선하여야 할 것이다. ≪大明律≫에서도 허용하고 있는 복수는
다만 국가 공형벌권이 미치지 않는 경우 함부로 살해한 아들에 대하여
장60을 과하고 있을 뿐이다. 이는 ≪新補受敎輯錄≫에 실린 규정에서도
확인되고 있다. 즉 成獄된 지 4년 뒤에 실상을 조사하여 규명하는 것을
기다리지 않고 제멋대로 찔러 살해한 것은 근거할 바가 없다는 것이 그
것이다. 하지만 ≪大明律≫에서 예정하고 있는 복수와는 같지 않고, 국
가 공형벌권과 사적 복수 사이에 균형을 잡아야 하기 때문에 減死定配
에 해당하는 형량을 부과한 것이 아닌가 생각된다. 국가 공형벌권이 확
립된 사회에서 사적인 복수를 무분별하게 용인하게 되면 바로 국가 공
형벌권의 무력화로 이어지기 때문에 다만 사형에서 감형하도록 한 것이

<割註 : 其父被殺不告官 與讐人私和 受其葬需 日久而後 擅殺復讐者 勿用
復讐律用私和律杖一百徒三年 ○其父與人鬪 而被咬 腐傷致死 於六十日之
後 其子女與婦 擅殺其讐人者 依大明律附例折跌肢體加限二十日之例 其子
只用擅殺本律 其婦女 分揀>.

96) ≪秋官志≫ 詳覆部 復讐 復父讐 경종 1년.

97) ≪新補受敎輯錄≫ 1316 受敎 : ○其父爲人所殺 而成獄四年之後 不待究覈
擅自刺殺 可謂無所據 而旣曰爲父復讐 則不無可恕之道 參酌減死定配(康熙
辛丑承傳).

아닌가 생각된다.

복수가 사적이기 때문에 ≪大明律≫에서 일정한 요건 하에 허용하고 있기는 하지만, 국가 공형벌권과 관련이 있기 때문에 ≪大明律≫에서 인정하고 있는 이상으로 사적 복수를 무분별하게 허용하지는 않는다. 때로는 제한을 가하기도 하는데 이를 ≪續大典≫에서 규정하고 있다. 즉 아비를 죽인 자와 우선 화해한 후에 나중에 복수를 한 경우에는 복수로서의 실체는 있지만 화해했다는 사실에 더 비중을 두어 私和律을 적용하는 것이다. 이 규정의 元受敎는 현종 8년(1667)에 있었던 것인데 아비를 죽인 자와 우선 화해하여 殮도 하고 장례비용도 받았는데, 40여일 뒤에 비로소 그 원수에게 복수한 경우에는 私和했다는 사실에 중점을 두어 장100 도3년에 처한다는 것[98]으로 ≪受敎輯錄≫에 규정되었다.[99] 그런데 이를 분석하여 보면 사실 私和했기 때문에 尊長爲人殺私和에 의하여 장100 도3년에 해당하고, 관에 고하지 않고 복수하였기 때문에 父祖被毆에 의하여 장60에 해당하므로, ≪大明律≫ 제25조 名例律 二罪俱發以重論에 의한다면 장100 도3년에 처하는 것은 ≪大明律≫에 따라 처벌하는 것에 지나지 않는다. 이렇게 본다면 ≪續大典≫의 이 규정은 復讐에 중점을 두어 장60으로 처벌하고자 하는 것을 ≪大明律≫의 일반원칙으로 돌아가 처벌해야 한다는 것을 명시적으로 밝힌 것이다. 즉 私的인 和解가 선행하는 경우에는 복수의 범위에서 배제시키는 것이다.

또 아버지가 피살당하였을 경우 타인의 침해행위와 아버지의 사망 사이의 인과관계가 애매한 경우가 있을 수 있다. 즉 복수는 아버지의 死亡에 대한 원인이 된 사람에 대한 것이므로, 그 원인이 불명한 경우 복수를 인정할 수 있느냐의 문제인 것이다. 인과관계에 대하여는 ≪大明律≫에서 保辜限期를 두고 있는데, 이 保辜限期는 법전에서 공식적으로 규

---

98) ≪大明律≫ 刑律 人命 尊長爲人殺私和.

99) ≪受敎輯錄≫ 595 受敎 : ○殺父之讎 不卽告官 旣與讎人之父 私自相和 受其斂葬之需 四十餘日之後 始復其讎 不可直用杖六十之律 論以私和 杖一百 徒三年(康熙丁未承傳).

정하고 있는 인과관계가 擬制되는 범위이다. ≪大明律≫에 규정되어 있
는 保辜限期는 폭행이나 상해로 인하여 致死한 경우에 적용되는 것인
데,100) ≪續大典≫에서는 故殺에도 保辜限期를 적용하고 있을만큼101)
인과관계의 인정에 있어서 保辜限期를 중요시하고 있다. 요컨대 保辜限
期에 따라서 인과관계가 인정되느냐의 여부가 달려 있고, 이에 따라서
복수로서 인정될 수 있느냐도 결정되는 것이라고 할 수 있다. 그런데
≪大明律≫에서 규정하는 保辜限期는 20일, 30일, 그리고 가장 중한 경
우인 사지를 부러뜨리거나 뼈를 부러뜨리거나 낙태시킨 경우에는 50일
로 규정하고 있다. 그런데 위의 ≪續大典≫ 규정은 ≪大明律附例≫의
규정을 인용하면서 60일 후에 치사한 경우에도 복수를 허용하고 있는
것이다.102) 이 규정은 영조 12년(1736)의 엄지손가락을 물린 아버지가 이
로 인하여 독기 때문에 두 마디가 떨어져 나가고 마침내 죽게 된 사안에
서 ≪大明律附例≫의 본상으로 치사한 경우에 保辜限期에 20일을 더해
주는 예에 따라 ≪大明律≫ 父祖被毆의 '함부로 죽인 죄'에 해당시킨 것
을 ≪新補受敎輯錄≫에 규정103)하였다가 ≪續大典≫에 재록한 것이다.
말하자면 규정상 인과관계가 인정되지 않기 때문에 복수가 성립하지 않
지만 행위자는 이를 복수라고 생각하고 살해하였기 때문에 이를 고려하
여야 하였고, 마침 참조할 수 있는 것으로서 ≪大明律附例≫에 辜限 延

---

100) ≪大明律≫ 刑律 鬪毆 保辜限期.
101) ≪續大典≫ 刑典 殺獄 : ○故殺人者, 皆用辜限. 이는 원래 明宗 22년의 受
    敎에서 유래했다.『受敎輯錄』, 청년사, 266면, 792 受敎.
102) ≪大明律附例≫ 刑律 鬪毆 保辜限期 條例 : 一鬪毆傷人辜限內 不平復延
    至限外 若手足他物金刃及湯火傷 限外十日之內 折跌肢體及破骨墮胎 限外
    二十日之內 果因本傷身死情眞事實者 方擬死罪奏請定奪 此外不許 一槩濫
    擬瀆奏.
103) ≪新補受敎輯錄≫ 1319 受敎 : ○他人因鬪 咬其父拇指 至於肉剝骨碎 因
    以毒氣兩節腐落 終以此致死 在於被咬後六十三日 而與其妹其妻 誓心密議
    懷刃刺讐者 依大明律附例 折跌肢體 用加限二十日之例 只依擅殺本律施行
    婦女並分揀(乾隆丙辰承傳).

長에 대한 내용이 있었기 때문에 이를 끌어들여서 인과관계를 확장하여 복수를 인정한 것이라고 할 수 있다.

복수의 문제는 사실 국가 공형벌권과의 관계에 있어서 그 경계를 짓기가 매우 어렵다. 儒敎에서 복수를 당연시했다고는 하지만, 국가의 공형벌권을 무시하고 마음대로 복수하는 것을 방지하기 위하여 ≪大明律≫에서도 제한 규정을 두고 있지만, ≪續大典≫에서는 이를 오히려 확대하는 측면을 볼 수 있다. 丁若鏞은 이에 대하여 본 사건을 묻지 않고 節義를 지키는 것만을 인정하는 것은 큰 폐단이라고 하였다.[104] 당시의 지식인인 丁若鏞이 復讐를 인정하는 범위가 넓어지고 있음을 비판한 것이라고 할 수 있다. 그럼에도 불구하고 ≪續大典≫에 復讐의 범위를 넓히는 규정을 두고 있는 것은 조선후기의 사회가 그만큼 名分과 義理를 중시하고 있었다는 것을 보여주는 것이라고 생각한다.

---

104) 丁若鏞/朴錫武・丁海廉 역주, 『역주 欽欽新書』 1, 현대실학사, 1999, 36면. 丁若鏞의 復讐에 대한 인식에 대하여는 李元澤, 「丁若鏞의 復讐에 대한 인식과 親 관념」『법제연구』 통권 제20호, 한국법제연구원, 2001, 193~204면 참조.

제3절 謀反大逆에 대한 特例規定

謀反大逆은 王朝國家인 이상 언제라도 일어날 수 있는 범죄이다. 그
래서 ≪大明律≫에서는 謀反에 대하여 十惡의 하나로 규정하고 있는 한
편, 刑律에서도 謀反大逆에 관하여 상세한 규정을 두고 있다.[1) 하지만
謀反大逆이 일어나는 양상이 ≪大明律≫에서 규정하고 있는 구성요건
을 벗어나서 일어날 수도 있고, 謀反大逆과 관련된 자들을 緣坐할 때에
도 조선사회의 특수성을 반영하여 ≪大明律≫과는 다른 緣坐가 행해질
수 있다. 이러한 것들은 그때그때의 謀反大逆犯罪에 대응하여 새롭게
규정되는데 이들 개개의 受敎들이 ≪大典續錄≫, ≪大典後續錄≫, ≪受
敎輯錄≫에 우열관계 없이 그대로 실리다가 ≪續大典≫에 정리되고 종
합되어 규정되는 것이다. ≪經國大典≫에서는 謀反大逆과 관련된 조항
이 없다. ≪經國大典≫ 이전의 상황에서도 謀反大逆이 빈번히 발생하고
있는데,[2) ≪經國大典≫에 이들을 규정하지 않았다는 것은 ≪大明律≫이
그만큼 규범력을 가지고 있었다는 방증이기도 하다. 하지만 ≪續大典≫
의 단계에 이르면 謀反大逆과 관련된 제반 조항들이 대폭적으로 증가하
는데, 어떠한 특징을 가지고 있는 조항들이 증가하는지 이하 ≪續大典≫
의 규정을 중심으로 謀反大逆과 관련된 규정들이 어떻게 정리되는지 살
펴보도록 한다.

---

1) 謀反은 社稷을 위태롭게 하기를 꾀하는 것이고, 大逆은 종묘, 산릉, 궁궐을
   훼손하기를 꾀하는 것이다. ≪大明律≫ 제277조 刑律 賊盜 謀反大逆 : 凡
   謀反<割註 : 謂謀危社稷> 及大逆<割註 : 謂謀毀宗廟山陵及宮闕> ….
2) 端宗 때의 사육신 사건이나 안평대군 사건, 世祖 때의 李施愛의 난, 李澄玉
   의 난 등을 들 수 있겠다.

I. 搜査·審問절차 규정

1. 謀逆誣告

誣告에 대해서는 ≪大明律≫에 상세하게 규정되어 있다. 특히 誣告한 경우에 무고당한 사람이 이미 사망에 이른 경우 死刑으로 반좌하게끔 규정하고 있다.[3] 이에 따르면 피무고자가 아직 사형당하지 않은 경우에는 死刑으로 반좌하지 않는다. 그런데 ≪續大典≫에서는 誣告가 謀反大逆과 관련된 경우에는 피무고자의 사형집행여부와는 관계없이 死刑으로 반좌하고 있다.

　　　≪續大典≫ 刑典 推斷 ○謀逆을 誣告하는 경우에는 不待時斬에 처한다.[4]

이 조항은 원래 孝宗 3년(1652)에 내려진 受教로 ≪受教輯錄≫에서는 不待時斬에 처하고 있는 것인데,[5] ≪續大典≫에서 재차 규정한 것이다. ≪受教輯錄≫에서는 ≪經國大典≫의 亂言으로 임금에게 관계되어 정리가 절해한 경우에 처벌하는 조항에 의하여 不待時斬에 처한다고 규정한 것인데 ≪經國大典≫의 규정에 따른다는 표시 없이 구성요건과 형벌만을 규정하고 있다. 이 규정을 통해 수사과정에서 謀反大逆에 관련된 誣告인 것이 드러난 경우에는 이것을 ≪大明律≫의 일반적인 誣告로 보지않고, ≪經國大典≫의 亂言에 해당시켜 死刑에 처한다는 것으로 謀反大逆과 관련되는 경우에는 ≪大明律≫보다 형을 가중하여 처벌하려고 했

---

3) ≪大明律≫ 제359조 刑律 訴訟 誣告 : … 至死罪 所誣之人已決者 反坐以死 未決者 杖一百流三千里加役三年.
4) ≪續大典≫ 刑典 推斷 ○誣告謀逆者不待時斬.
5) ≪受教輯錄≫ 597 受教 : ○逆獄誣告罪人 以大典 亂言干犯於上 情理切害 之法 不待時處斬(順治壬辰承傳).

던 것을 알 수 있다.

2. 婦女의 推問금지

역옥과 관련되면 누구라도 문초하여 진상을 밝혀야 한다. 그런데 ≪續大典≫에는 婦女의 경우 이를 하지 못하도록 규정하고 있다.

> ≪續大典≫ 刑典 推斷 ○부녀는 자신이 大逆을 범하여 스스로 陰計를 주도하였다는 것이 역적의 招辭에 분명히 나타난 경우 이외에는 問招하지 않는다.[6]

이 규정은 영조 21년(1745)의 사례가 그대로 ≪續大典≫에 규정된 것이다. 즉, 영조 21년(1745)에 역모가 일어났는데, 이 역모에서 처조모인 鄭氏가 깃발을 만드는 등의 조력을 하자, 영조는 여인이 모역하는 것을 처음 보았다고 하며 婦女가 자신이 대역을 범하고 자신이 음모를 직접한 경우 이외에는 역적의 공초에 관계되더라도 부녀들을 문초하지 말라는 뜻을 ≪續大典≫에 기입하여 넣으라고 하는데,[7] 이것이 ≪續大典≫에 실린 것이다. 이 규정은 위에서 보았던 사족부녀가 저지르는 姦淫에 대하여 가중하여 처벌하는 한편 사족부녀를 보호하고자 했던 맥락에서 나온 규정이라고 생각된다. 즉 婦女인 경우에는 역모와 관련된 자라고 하더라도 신문의 대상으로 하지 않는다는 것이다.

3. 謀反大逆罪人의 自服前 殺害

謀反大逆을 하였더라도 원래 自服하지 않고 고문을 받다가 사망한 경우 범인은 謀反大逆罪의 혐의는 있으나 그 죄를 범한 것으로는 인정되

---

6) ≪續大典≫ 刑典 推斷 ○婦女 身犯大逆 自主陰計 緊援逆招者外 勿問.
7) ≪朝鮮王朝實錄≫ 영조 21년(1745) 12월 辛亥.

지 않고 緣坐도 행해지지 않는다. 따라서 謀反大逆을 확정하고 緣坐를 하기 위해서는 自服을 받는 것이 중요하고, 自服을 받기 위해서 범인을 죽지 않도록 하는 것이 중요하다. 그래서 ≪大明律≫에서는 獄卒이 죄 수를 학대하여 사망에 이르게 한 경우 絞刑에 처하는 규정을 두고 있 다.[8] 한편 ≪大明律≫의 규정이 있음에도 불구하고 ≪續大典≫에서는 謀反大逆과 관련하여 특칙을 두고 있는데 다음과 같다.

≪續大典≫ 刑典 推斷 : ○逆獄罪人의 情節이 현저한데도 義禁府의 吏隷 가 뇌물을 받고 독살한 경우에는 '知情律'을 쓴다.[9]

≪續大典≫의 이 규정이 규율하는 바는 사실 ≪大明律≫ 陵虐罪囚와 는 조금 차이가 있다. 즉 ≪大明律≫에서는 罪囚를 학대하여 죽음에 이 르게 한 죄를 처벌하는 것인데 반하여, ≪續大典≫에서 규율하고 있는 사안은 獄卒이 독약을 건네주고 죄인이 직접 약을 마신 경우를 상정하 는 것이라 생각된다. ≪續大典≫에서는 의금부의 吏隷가 뇌물을 받고 약을 써서 독살한 경우를 규정하지만, 獄卒이 직접 독살한 경우에는 이 렇게 따로 규정을 만들 필요가 없을 것이다. 왜냐하면 이는 故殺에 의하 여 처벌되기 때문이다. 이 규정은 ≪新補受敎輯錄≫에 실려 있는 조항 이 자구수정을 거쳐 ≪續大典≫에 수록된 것인데, ≪新補受敎輯錄≫의 受敎가 내려진 해가 영조 4년(1728)이다.

그런데 이 규정의 원형이라고 할만한 사례가 景宗 3년에 발견된다. 즉 景宗 3년(1723) 逆獄과 관련된 趙聖復가 自服하지 않은 채 의금부에 수감 되어 있다가, 그의 형 趙聖集이 의금부의 隷屬에게 뇌물을 써서 독약을 전해주게 하여 자살하게 한 사건이다.[10] 이 사건은 ≪新補受敎輯錄≫의

---

8) ≪大明律≫ 제422조 刑律 斷獄 陵虐罪囚 : 凡獄卒非理在禁 陵虐・毆傷罪 囚者 依凡鬪傷論 剋減衣糧者 計贓以監守自盜論 因而致死者 絞.
9) ≪續大典≫ 刑典 推斷 : ○逆獄罪人情節已著, 而王府吏隷受賂毒殺者, 用知 情律.

규정과 거의 일치하는 사안이다. 그런데 이 사건에서 毒藥을 전달한 의금부의 나졸 曺善昌은 이후 鏡城으로 정배[11]된 것으로 보아 사안은 거의 일치하지만 ≪新補受教輯錄≫에서 규정하는 형벌은 내려지지 않았던 것 같다. 한편 ≪續大典≫에서 규정하는 '知情律'이라는 것은 ≪新補受教輯錄≫에서는 '知情故縱隱藏律'로 표현하고 있는데 이는 ≪大明律≫ 謀反大逆에 해당 규정이 있는데 斬刑에 해당된다.[12] 따라서 경종 3년(1723)의 사례에서는 정배형에 처해지던 獄卒이 영조 4년(1728)에 어떤 계기로 인하여 謀反大逆의 '知情律'에 따라 不待時斬으로 처벌되는 것으로 규정되었다고 볼 수 있다.

II. 緣坐에 관련된 규정들

1. 謀反大逆의 樣態에 따른 緣坐의 특례

≪大明律≫에서는 謀反大逆에 대하여 중한 형벌을 과하고 있는데 그 중 특징적인 것이 緣坐이다. 하지만 緣坐할 경우에도 犯人의 아버지와 16세 이상의 아들을 死刑에 처할 뿐이며 나머지 사람들은 功臣의 집에 노비로 주고 재산은 관에서 몰수하는 형태로 규정하고 있다.[13] 謀反大逆이 왕조국가에서 가장 큰 범죄임에도 불구하고 緣坐하여 사형에 이르는 경우가 아버지와 16세 이상의 아들에게 한정되어 있다. 그런데 ≪續大典≫에서는 이 조항에 대하여 특칙을 두고 있는데, 사형에 이르는 緣坐를 확대하고 있는 것이다.

---

10) ≪朝鮮王朝實錄≫ 경종 3년(1723) 4월 丁丑.

11) ≪朝鮮王朝實錄≫ 경종 3년(1723) 5월 乙卯.

12) ≪大明律≫ 제277조 刑律 賊盜 謀反大逆 : 知情故縱隱藏者斬.

13) ≪大明律≫ 제277조 刑律 賊盜 謀反大逆 : 父子年十六以上皆絞 十五以下 及母女 … 給付功臣之家爲奴 財産並入官.

≪續大典≫ 刑典 推斷 : ○거병한 逆魁의 형제, 처첩은 모두 緣坐하여 死刑에 처한다<割註 : 거병하지 않은 경우에는 단지 本律에 의한다>.14)

≪續大典≫에서 특칙으로 규정하고 있는 것은 병력을 동원한 경우에 관한 것이다. 즉 병력을 동원하여 모반대역을 한 경우에 ≪大明律≫의 연좌규정을 확대하여 형제와 처첩까지 死刑에 처하도록 규정하고 있는 것이다. 이 조항이 나오게 된 배경에는 이인좌의 난이 있다. 즉 이인좌가 난을 일으켜 청주성을 함락하는 등 왕권을 위협하는 지경에까지 이르는 대규모의 반란으로 되자, 早期에 진압하기는 하였지만 緣坐의 범위를 확대하여 형제와 처첩을 死刑에 처하도록 한 것이라고 할 수 있다.15)

그런데 이인좌의 난과 관련하여 형제와 처첩을 사형에 처하도록 한 것이 ≪新補受敎輯錄≫에는 역적으로서 거병한 자 이외에는 형제와 처첩을 연좌하지 않는다고 하였다. 즉 적극적으로 거병한 자의 형제와 처첩을 연좌하여 사형에 처하는 것으로 규정하지 않고 소극적으로 연좌하지 않는 경우를 규정하고 있다.16) 이 규정이 소극적으로 연좌하지 않는 경우를 규정한 이유는 영조 5년(1729) 晝講에서 特進官 趙顯命이 형제와 처첩을 연좌하여 사형시킨 것을 전례로 원용할 우려가 있으므로 특별히 거병하지 않은 경우에는 연좌하지 않도록 청하자17) 이것이 受敎로 되어 ≪新補受敎輯錄≫에 규정한 것이다. ≪續大典≫에는 이 두 가지 경우를 모두 합하여 규정하고 있는 것이다. 이 규정을 통해서 謀反大逆의 경우에 특히 그것이 擧兵을 동반한 경우일 때는 死刑緣坐의 범위가 확대되어 형제와 처첩까지 死刑에 처하도록 하는 것임을 알 수 있다. ≪大明律≫의 규정을 일반적으로 수정하는 것은 아니지만 경우를 한정하여 수정하

---

14) ≪續大典≫ 刑典 推斷 : ○擧兵逆魁兄弟妻妾並坐誅<割註 : 非擧兵則只依本律>.

15) ≪朝鮮王朝實錄≫ 영조 4년(1728) 4월 己丑.

16) ≪新補受敎輯錄≫ 0834 受敎 : ○逆賊擧兵者外 兄弟妻妾 勿爲坐罪(雍正己酉承傳).

17) ≪朝鮮王朝實錄≫ 영조 5년(1729) 2월 乙酉.

는 형태로 謀反大逆의 형벌이 규율되고 있음을 볼 수 있다.

2. 反逆 緣坐의 구체화

謀反大逆의 경우에는 거병할 경우 형제와 처첩에게까지 사형의 연좌를 행하고 있는데, 연령에 따라 연좌를 확대하기도 한다. 즉 ≪大明律≫ 老少廢疾收贖에서는 일정한 연령에 이른 사람에 대하여 收贖할 수 있는 길을 열어주고 있다. 즉 80세 이상이거나 10세 이하인 자에 대하여 절도, 강도 및 상해를 범하여 사형에 해당하는 경우 모두 收贖하게끔 하고 있으며 그 이외의 범죄인 경우에는 모두 죄를 논하지 않는다고 규정하고 있다. 하지만 ≪大明律≫에서도 그 예외로서 반역이나 살인의 경우에는 임금에게 보고하여 재결을 받도록 규정하고 있다.[18] 즉 80세 이상이거나 10세 이하인 자는 반역이나 살인을 범하지 않는 이상 사형에 처해질 염려는 없는 셈이다. 그런데 ≪續大典≫에서는 이 규정과 별도로 反逆의 경우 연령에 따라 연좌하는 규정을 두고 있다.

> ≪續大典≫ 刑典 推斷 : ○역적의 아버지가 나이가 80인 경우에는 律을 감하여 외딴 섬으로 정배한다. 2, 3세의 아이로 귀양을 보내야 하는 경우에 정배하지 않는다(노비로 삼은 경우에는 해당하지 않는다). ○부자가 모두 惡逆을 범하였거나 혹은 사건은 같지 아니하나 각자가 흉모를 낸 경우 이외에는 사정을 알고 동참하였다는 자백을 받아서 곧바로 緣坐律을 시행하여서는 안된다. ○宦官의 양자는 본래 혈속이 아니므로 謀反大逆을 범한 경우 연좌하는 것은 법의 뜻에 맞지 아니하지만, 역시 無罪라고 할 수는 없으므로 먼 곳으로 定配한다.[19]

---

18) ≪大明律≫ 제21조 名例律 老少廢疾收贖 : 八十以上十歲以下及篤疾 犯反逆 殺人應死者 議擬奏聞 取自上裁 盜及傷人者 亦收贖 餘皆勿論.
19) ≪續大典≫ 刑典 推斷 : ○逆賊父年八十者減律絶島定配 二三歲兒應在放流者勿爲定配<割註 : 爲奴則不在此限 ○父子俱爲惡逆 或事件不同 各生兇謀者外 勿以知情・同參取服 直施緣坐律 ○宦官養子 本非血屬 犯逆緣坐 不合法意 亦不可無罪 遠地定配>.

　≪續大典≫의 규정에 따르면 ≪大明律≫의 규정이 일반법으로서 효력을 가지고 있는 것이 ≪續大典≫에서도 확인되는데, ≪大明律≫의 규정을 근거로 하여 규율하는 사항을 구체화하고 있다고 볼 수 있다. ≪續大典≫의 규정이 受敎의 집적물인 만큼 ≪續大典≫에 실린 규정들은 그때그때의 사안에 따라 내려진 受敎들인데 우선 80세 이상인 자가 謀反大逆에 연좌된 경우를 살펴보자. 원래 ≪大明律≫ 謀反大逆에 의하면 逆賊의 아비는 연좌되어 絞刑에 처하여야 하지만, 요행히 마땅히 받아야 할 형률을 면한다 하더라도 형률에 분명한 조항이 없다고 하여 그대로 둘 수는 없기 때문에 율을 감하여 외딴 섬에 정배하도록 한 것으로 ≪新補受敎輯錄≫에 실린 것이다.20) 이 규정은 이인좌의 난과 관련하여 규정된 것 같다. 왜냐하면 ≪新補受敎輯錄≫에는 英祖 5년(1729)의 受敎로 되어 있고, 英祖 5년의 기사에 의하면 이인좌의 난과 관련하여 처벌되는 逆賊들의 아비의 나이가 80을 넘는 경우 '依廟堂新定式'이라고 하여 외딴 섬으로 정배하고 있기 때문에 이 규정이 생긴 것은 7월 이전의 어느 때라는 것을 짐작할 수 있다.21) 즉 ≪大明律≫에서 擬議하여 임금에게 보고하여 재결받는다는 규정을 그때그때의 판단에 의하는 재량을 허용하지 않고 ≪續大典≫에 定式化하여 규정한 것이라고 할 수 있다.

　한편 또 2, 3세 아이를 유배보내야 할 경우에 정배하지 말라는 규정은 인조 2년(1624)에 있었던 受敎이다. 먼저 이괄의 난과 관련하여 어린 아이는 나이를 한정하여 정배하지 말라는 인조의 명이 있었다. 이에 대하여 의금부에서는 ≪大明律≫ 老少廢疾收贖을 인용하였는데, 10세 이하의 아이는 형벌을 의논하여 임금에게 보고하여 재결을 받도록 하고 있으며 7세 이하는 형벌을 과하지 않지만 반역죄에 연좌될 경우에는 그러하지 아니하다는 조항이 있으므로 정배를 보내야 하지만 젖먹이도 똑같이 보

20) ≪新補受敎輯錄≫ 0833 受敎 : ○逆賊父年八十以上者 雖幸免當被之律 不可以律無明文而置之 絶島定配(雍正己酉承傳).
21) ≪承政院日記≫ 영조 5년(1729) 7월 乙丑.

내면 중도에 죽을 염려가 있다는 보고를 하였다. 이에 인조가 2, 3세 아이는 정배하지 말라는 명을 내린 것[22]이고 ≪受敎輯錄≫에 수록되었다가[23] ≪續大典≫에 재록된 것이다. 이 受敎를 내리게 된 과정을 보자. 仁祖는 ≪大明律≫의 규정과는 관계없이 다만 어린 아이인 경우 나이를 한정하여 정배하지 말라고만 하였다. 그런데 ≪大明律≫의 규정에 이미 나이를 한정하여 정배하지 않도록 한 규정이 있었고, 다만 반역의 경우에는 7세 이하의 어린 아이인 경우에도 정배하도록 규정하고 있었다.[24] 그래서 인조의 受敎와 ≪大明律≫의 규정을 절충하여 2, 3세 아이는 정배하지 않도록 한 것으로 생각된다.

부자가 모두 악역을 범하였거나 혹은 사건이 같지 아니하나 각자가 흉모를 낸 경우 이외는 사정을 알고 동참하였다는 자백을 받아서 곧바로 연좌율을 시행하여서는 안된다라는 규정은 영조 6년(1730)에 受敎로 되었다.[25] 그러다가 ≪新補受敎輯錄≫[26]에 규정되었고, 이후 ≪續大典≫에 수록되었다.

또 養子와 養父의 경우에는 원래 謀反大逆의 緣坐範圍에 들어갔다. 즉 景宗 2년 역적인 환관 張世相을 죽이고 緣坐할 때 그 生父母와 養父母를 모두 연좌하여 처벌하였던 것이다.[27] 하지만 경종 2년(1722) 어느 때 宦官의 경우 養子, 養父와는 원래 혈속이 아니기 때문에 緣坐에 합당하지 않다는 것이 논의된 것 같다. 하지만 이 경우 무죄라고는 할 수 없기

---

22) ≪朝鮮王朝實錄≫ 인조 2년(1624) 11월 乙亥.
23) ≪受敎輯錄≫ 602 受敎 : ○逆賊緣坐流中 二三歲兒 勿爲定配(爲奴 不在此限 ○天啓甲子承傳).
24) ≪大明律≫ 제21조 名例律 老少廢疾收贖에서 15세 이하인 자가 流刑 이하의 죄에 해당하거나, 10세 이하가 반역이나 살인 이외의 死刑에 해당하는 경우 贖錢을 받고, 7세 이하는 형을 과하지 않는 것을 가리킨다.
25) ≪朝鮮王朝實錄≫ 영조 6년(1730) 8월 辛丑.
26) ≪新補受敎輯錄≫ 0854 受敎 : ○逆賊父子 或事件各異 或各出凶謀 同爲兇逆者外 勿以知情同衆 取服於其子 直以連坐律施行(雍正庚戌承傳).
27) ≪承政院日記≫ 경종 2년(1722) 4월 丙子.

때문에 먼 곳으로 정배하는 것으로 ≪新補受教輯錄≫에 수록되었다가[28] ≪續大典≫에 실린 조항이다. 이 경우도 역시 謀反大逆의 연좌범위가 무한하게 확대되는 것을 ≪續大典≫에서 ≪大明律≫의 규정들을 구체화하여 규정하고 있는 것이라고 볼 수 있다.

3. 緣坐로 유배된 罪囚의 처리

朝鮮은 유교를 지배이데올로기로 하는 사회였기 때문에 부모상과 같은 경우 관리에게 휴가를 주어 喪을 치르게 하는 한편 정배된 죄수에게도 말미를 주어 喪을 치르도록 하고 있었다. 이것은 정배된 죄수의 경우 ≪大明律≫에는 따로 규정되어 있지 않아서 그때그때의 사안에 따라 국왕의 판단 하에 행해졌던 것 같다. 그런데 ≪續大典≫에는 謀反大逆과 관련하여 정배당한 죄수에 한해서는 말미를 주지 않도록 하고 있다.

> ≪續大典≫ 刑典 推斷 : ○逆獄에 관련되거나 緣坐되어 정배된 죄인에게는 말미를 줄 수 없고, 도망한 경우에는 장100을 과한 후 다시 정배한다. <割註 : 말미를 준 수령은 먼저 파직한 후 잡아온다. ○도망친 자를 즉시 잡아오지 못했는데, 營門에 현출하여 적발하면 수령은 잡아서 정죄하며 죄인은 장100을 과하고 외딴 섬에 정배한다>.[29]

이 조항에서는 역옥과 관련되거나 연좌되어 정배된 죄인의 말미와 관련하여 일어날 수 있는 여러 행위들에 대하여 규제를 가하고 있는 것을 볼 수 있다. 우선 정배된 죄인 자신에게는 말미를 허용하지 않는다는 것인데 이것은 역모와 관련되어 있는 경우에는 특별히 말미를 주지 않겠

---

28) ≪新補受教輯錄≫ 0823 受教 : ○宦官犯逆緣坐 養父養子 俱非血屬 似不合緣坐 而但不可全然無罪 遠地定配(康熙壬寅承傳).
29) ≪續大典≫ 刑典 推斷 : ○逆獄干連及緣坐定配罪人 毋得給由 逃亡者杖一百還配<割註 : 給由守令 先罷後拿 ○逃亡未卽還推 現出於營門摘發則守令拿問定罪 罪人杖一百絶島定配>.

다는 의미이다. 말미를 허용하지 않는데도 불구하고 도망한 경우에는
≪大明律≫의 일반원칙으로 돌아간다. 즉 ≪大明律≫ 徒流人逃에 의하
여 도망자는 장100에 처하고 다시 정배한다는 것이다. 이는 원래 영조 3
년에 입법되었다가, ≪新補受敎輯錄≫에 수록된 것이다.30) 한편 정배죄
인에게 말미를 주지 말라는 受敎에도 불구하고 말미를 허용하는 守令이
나타나자 英祖 7년(1731)에 이르러 가벼이 말미를 허락해준 해당 수령을
먼저 파직한 후에 잡아오도록 하고 있다.31) 한편 도망자를 즉시 잡지 않
았다가 영문에 현출하여 적발된 경우에는 수령은 잡아서 죄를 주고, 罪
人은 장100에 처하고 외딴 섬에 정배한다. 이 규정은 英祖 5년(1729)에 있
었던 결정인데 수령은 主守不覺失囚에 의하여 죄를 주는 것임을 ≪新補
受敎輯錄≫을 통해서 알 수 있다.32) 하지만 ≪新補受敎輯錄≫에서 主守
不覺失囚를 인용하면서 1명에 장60을 친다고 하는데, 이 조항은 主守不
覺失囚에 해당하는 조항이 아니라 徒流人逃에 해당규정이 있다. 어쨌든
이 규정은 역옥과 관련되어 정배된 죄인에 대하여 말미에 관하여는 ≪大
明律≫에 따르고 있지만, 그 이외의 처리에 관하여는 외딴 섬에 정배하
는 것을 제외하고는 일반적인 ≪大明律≫에 따르고 있다고 보인다. 하지
만 역옥과 관련된 정배인 경우 말미를 주지 않는다고 명시적으로 규정
한 것이고, 그 이외에 일어날 수 있는 경우는 ≪大明律≫에 이미 규정이

---

30) ≪新補受敎輯錄≫ 1109 受敎 : ○定配罪人 勿論輕重 或給暇逃歸 或受由不
還者 當該守令 依事目論罪(依大明律 制違 杖一百) 犯罪人 各別科罪(依大明律 杖
一百 還發配所 ○雍正丁未承傳). 그런데 한국역사연구회 중세 2분과 법전연구반,
『新補受敎輯錄』, 청년사, 2000, 419면에서는 制書有違律에 따라서 장100에
처한 뒤 배소로 돌려보낸다고 번역하였으나, ≪大明律≫ 徒流人逃에 의한
것이다.
31) ≪新補受敎輯錄≫ 1110 受敎 : ○逆獄干連罪人 輕許給由 當該地方官 罷黜
後 拿問處之(雍正辛亥承傳).
32) ≪新補受敎輯錄≫ 0894 受敎 : ○逆獄緣坐罪人 逃亡而現捉者 送于秋曹 嚴
刑一次後 絶島定配 地方官 拿問定罪(○依大明律 主守不覺失守 一名 杖六十 每名加
等 罪止杖一百 ○雍正己酉承傳).

있지만 ≪續大典≫에서는 이를 주의적으로 규정한 것이라고 볼 수 있을
것이다.

제4절 財産犯罪의 規制

I. 竊盜·强盜에 대한 규제

조선시대에도 詐欺, 橫領 등의 재산범죄가 발생하였지만, 재산범죄의 유형 중에서 가장 빈번하게 발생한 것은 곤궁형 범죄라고 할 수 있는 절도, 강도였다. 이 범죄들에 대하여는 ≪大明律≫에서 이미 규율하고 있었는데, ≪經國大典≫에서는 강도에 관하여 특칙들을 두고 있는 것을 제2장에서 보았다. 절도나 강도에 대한 처벌은 범죄의 성행 여부에 따라 ≪大明律≫을 기준으로 하여 ≪大明律≫보다 가중하여 처벌하기도 하고 ≪大明律≫에 따라 처벌하기도 하였는데, 이들이 여러 受教들에 반영되어 ≪大典續錄≫, ≪大典後續錄≫ 등에 반영되기도 하였다. ≪受教輯錄≫, ≪新補受教輯錄≫을 거치면서 이 절도와 강도에 관련된 규정들은 좀더 정제되어 ≪續大典≫에 규정된다. ≪續大典≫에 규정되어 있는 절도와 강도에 관련된 규정들이 조선전기와 비교하여 어떠한 특징을 가지고 있는지, ≪大明律≫과 비교하여 어떠한 점이 특칙으로서 인정되어 규정되는지에 대하여 살펴보도록 한다.

1. 結合犯의 處罰

1) 明火賊의 處罰

明火賊은 횃불을 들고 무리를 지어 행동하며, 주로 火攻을 사용하며 강도짓을 하고 다니는 자들을 일컫는데, 말하자면 집단 강도를 의미하는 것이라고 할 수 있다.[1] 조선전기에는 이들에 대한 규율을 특별히 따로 하지 않고 ≪大明律≫의 强盜에 의하여 처벌하되, 妻子에 대해 緣坐를 하는 형태의 규율체계를 취하고 있었다.[2] 즉 ≪大明律≫의 규율 체계 내로 明火賊을 포섭하려고 하였다고 할 수 있을 것이다.

그런데 조선후기로 나아가면서 이들에 대하여 ≪大明律≫의 규정과는 다르게 특별히 취급하는 조치가 나오기 시작한다. 明火賊에 대하여 특별히 취급하는 조치는 明火賊이 양적으로도 증가하였고 다양하게 나타나자 이를 어떻게 처벌해야 하는가를 반영한 것이라고 할 수 있다.[3] 이들 明火賊을 규제하기 위한 규정이 ≪續大典≫에 규정되어 있는데 다음과 같다.

　　≪續大典≫ 刑典 贓盜 : ① ○야간을 틈타 무리를 모아서 인명을 살해하는 경우에는 재물을 얻었는지 여부를 막론하고 不待時斬에 처하고 처자는 종으로 삼는다<割註 : ② 무리를 모아서 도로를 막고 타인의 재물을 겁탈한 경우에는 역시 明火律로 논한다. ③ ○비록 불을 밝히고 도적질을 하더라도 무리가 적고 물건이 많지 않으며 또 인명을 살해하지 않은 경우에는 竊盜의 예에 따라서 외딴 섬의 종으로 삼는다. ④ ○賊人의 妻子가 私奴婢로서 본주인의 戶口 안에 들어가 있는 경우에는 定屬하지 않는다. 출가한 딸은 역적의 출가한 딸의 예에 따라 역시 논하지 않는다>(원문자는 필자).[4]

　　≪續大典≫ 刑典 殺獄 ○明火賊이 들이닥쳤을 때 타살한 경우 외에는 관에 고하지 않고 함부로 죽인 자는 법에 따라 죄를 묻는다.[5]

---

1) 배항섭, 「조선후기 삼정문란과 명화적」 『역사비평』 15, 역사비평사, 1991.11, 338~339면.

2) ≪大典後續錄≫ 刑典 盜賊 참조.

3) 朝鮮後期 도적집단이 무장력을 강화하여 明火賊의 형태로 출몰하자 지배층은 이에 대한 대응책 마련에 부심한다. 자세한 것은 韓相權, 「18세기 前半 明火賊 활동과 정부의 대응책」 『韓國文化』 13, 서울대학교 韓國文化硏究所, 1992, 481~532면 참조.

4) ≪續大典≫ 刑典 贓盜 : ○乘夜聚黨 殺越人命者 勿論得財與否 不待時斬 妻子爲奴<割註 : 聚黨遮截於道路劫奪人財者 亦以明火律論 ○雖明火作賊 同黨旣少 物件不多 又無殺越人命者 依竊盜例 絶島爲奴 ○賊人妻子 以私奴婢 入於本主戶內者 勿爲定屬 出嫁女 依逆賊出嫁女例 亦勿論>.

明火賊의 처벌과 관련된 ≪續大典≫의 규정은 위의 두 규정이다. 위 규정들을 보면 알겠지만, 明火賊을 어떻게 처벌하라는 것은 명시되어 있지 않다. 그런데 하나의 단서를 제공해주는 것이 ②부분의 割註이다. 이 割註에서 '明火律'로 처벌할 것을 규정하고 있는데, 割註의 본문이 바로 明火律이라는 것은 쉽게 추측할 수 있다. 즉 ≪續大典≫ 刑典 贓盜의 본문 규정이 바로 明火律이라고 할 수 있을 것이다.

强盜의 특수형태인 明火賊의 처벌에 관하여 여러 가지 변형 형태에 관하여 ≪續大典≫에 규정하고 있다. 우선 明火律의 특징이 무엇인가에 대하여 위 ①규정을 토대로 살펴보자. ①에서는 '야간을 틈타 무리를 모아서 인명을 살해하는 경우에는 재물을 얻었는지 여부를 막론하고'라고 한다. 먼저 '야간을 틈타'라고 하고 있기 때문에 밤에 이루어지는 것을 전제로 한다. 그런데 여기서는 불을 밝힌다는 '明火'가 명시적으로 드러나지는 않고 있다. 하지만 明火라는 것이 불을 밝힌다는 것이고 '야간을 틈타'라고 하고 있기 때문에 明火를 전제로 하고 있다고 볼 수 있다. 게다가 이 규정이 明火律을 의미하는 것이 '야간을 틈타'에는 '明火'의 의미가 내포되어 있다고 보아야 한다. 두 번째 요건으로는 '무리를 모아'라고 하는 것으로 보아 多衆임을 알 수 있다. 그런데 어느 만큼의 무리여야 하는지 문제가 될 수 있다. 이에 대하여 ≪續大典≫에서는 ③부분에서 무리가 적은 경우를 明火律로 처벌하는 경우에서 제외하고 있다. 따라서 서너 명의 무리여서는 안 되고 상당한 수의 多衆임을 요한다고 하겠다. 다음으로 '인명을 살해하고 재물을 얻지 못한 것'이 요건으로 들어가느냐의 문제가 있다. 이것이 要件으로 되는가는 明火律의 법률효과와 입법유래를 통해서 살펴보자. 明火律의 법률효과는 不待時斬에 처하고 妻子를 종으로 삼는 것이다. 이것은 ≪大明律≫ 强盜의 처벌6)과 ≪經國

---

5) ≪續大典≫ 刑典 殺獄 ○明火賊登時打殺者外 不告官擅殺者 依法抵罪.
6) ≪大明律≫ 제289조 刑律 賊盜 强盜 : 凡强盜已行而不得財者 皆杖一百流三千里, 但得財 不分首從 皆斬. ≪大明律≫ 刑律 제445조 刑律 斷獄 死囚覆奏待報 : ○其犯十惡之罪應死及强盜者 雖決不待時 若於禁刑日而決者笞

大典≫에서 强盜의 처자에 대한 緣坐[7]와 같은 법률효과를 가지고 있다.
즉 明火律에서 예정하고 있는 법률효과는 일반적으로 强盜를 처벌하는
것과 같은 것이다.

그렇다면 지금까지의 논의를 정리해보면 多衆이 야간을 틈타 불을 밝
혀서 强盜를 범하면 强盜에 따라 처벌한다는 것이다. 明火賊은 강도의
일종이기 때문에 강도죄로 처벌하는 것은 하등 이상할 것이 없다. 그런
데 ≪續大典≫에서는 따로 규정하고 있는 것이다. 그에 대한 해답은 바
로 인명을 살해하고 재물을 얻지 못했을 때 어떻게 처벌해야 하는가에
서 찾아야 한다. 현종 9년(1668) 8월에 明火賊 裵天男이 사람을 살해했으
나 재물을 얻지 못한 사건에 대해 이 문제가 논의되었다. 재물을 얻지
못했기 때문에 강도미수이고, 사람을 살해했으므로 살인죄의 죄책을 져
야 하는데, 당시의 競合犯규정인 ≪大明律≫ 제25조 名例律 二罪俱發以
重論에 따라 중한 형벌인 살인죄로 처벌되는 것이 원래 처단해야 할 刑
일 것이다. 이에 따라 형조에서는 殺人罪(謀殺人)로 처단할 것을 보고하였
다. 顯宗은 이에 대하여 都城 가까운 곳에서 무리를 모아서 인명을 두
명이나 해쳤기 때문에 재물을 얻지 못하였다고 하더라도 강도라고 하여
不待時斬에 처할 것을 명한다.[8] ≪受敎輯錄≫에는 이러한 취지의 규정
이 실려 있고,[9] 明火賊의 처벌에 대한 기본조항으로서 ≪續大典≫에 재
록된 것이다. 이 사례를 보면 ≪續大典≫의 明火律이 무엇을 규정하려
고 하였는지 분명해진다. 즉 ≪續大典≫에서 특별히 明火律을 둔 것은
明火賊이 재물을 얻지는 못하여 强盜未遂이기는 하지만 사람을 살해한

四十.

7) ≪經國大典≫ 刑典 贓盜 <割註 : 强盜妻子永屬所在官奴婢>.

8) ≪承政院日記≫ 현종 9년(1668) 8월 壬申. 이 사건에서 明火賊의 무리는 5명
이었다. 또 이 사례는 肅宗 7년 재물을 취득하지 못한 明火賊을 처벌하기
위하여 인용되기도 한다. ≪秋官志≫ 考律部 續條 竊盜 明火賊 肅宗 7년
(1681).

9) ≪受敎輯錄≫ 778 受敎 : ○賊人 則勿論明火得財與否 乘夜率倘殺越人命者
不待時處斬 其妻子 爲奴定屬(康熙庚戌承傳).

경우에는 강도의 기수범과 같이 처벌한다는 의미이다. 이는 현대의 '強盜殺人'이라고 할 수 있을 것이다.[10] ≪新補受敎輯錄≫에는 사람을 살해하지 않은 경우에도 斬刑에 처하는 규정[11]이 있는데, ≪續大典≫에는 실리지 않았다. 그것은 위와 같이 明火律이 明火賊이 재물을 얻지 못했더라도 사람을 살해한 경우에 적용되게 되었기 때문이다. 결론적으로 明火律이 적용되는 것은 明火賊이 재물취득을 불문하고 殺人을 한 경우이다.

한편 ②부분은 숙종 21년에 마련된 購捕節目에서 그 원형을 찾아볼 수 있는데 ≪新補受敎輯錄≫에 수록되었다.[12] 이에 따르면 무리를 모아서 도로를 막고 타인의 재물을 겁탈한 경우에는 明火律로 논하겠다는 것이다. 행위는 야간도 아니고, 사람을 죽이지도 않았지만, 무리를 이루어서 도로를 막아 타인의 재산을 빼앗는 행위, 즉 집단 강도의 행위는 明火律로 처벌한다는 것이다. 明火律의 적용요건인 야간과 살인이 빠졌지만, 다수의 행위이며 도로를 막고 빼앗았고 이미 재물을 취득하였으므로 强盜旣遂이기 때문에 明火律에 의하여 不待時斬에 처하고 妻子는 종으로 삼는 것으로 규정한 것이라고 할 수 있다. 사실 이 범죄는 强盜에 의한다고 하여도 될 것인데, 무리를 이루었다는 것에 중점을 두어 明火律로 처벌하게 한 것이다.

한편 무리를 이루었다고 하여 무조건 明火律에 의하여 처벌할 수는 없다. 무리를 이루었다고 하더라도 경우의 수는 다양할 수 있기 때문이다. 그래서 ≪新補受敎輯錄≫에서는 明火强盜라고 일컬어지더라도 무리

---

10) 刑法 제338조(强盜殺人·致死) : 强盜가 사람을 殺害한 때에는 死刑 또는 無期懲役에 處한다. 死亡에 이르게 한 때에는 無期 또는 10年 이상의 懲役에 處한다. 强盜殺人罪의 罪責은 强盜가 旣遂이든 未遂이든 殺人行爲로 나아간 때에 진다.

11) ≪新補受敎輯錄≫ 0938 受敎 : ○明火作賊人家者 雖不得財不殺人命 勿論首從 皆斬 指捕同賞.

12) ≪新補受敎輯錄≫ 0939 受敎 : ○聚黨遮截道路 劫奪人財者 論以明火 承服賊人 卽爲正刑.

가 적고, 빼앗은 물건이 적고, 사람을 살해하지 않은 경우에는 절도로 처리하고 있다.[13] 그리고 이것이 그대로 법제화된 것이 위의 ③부분이다. 이로써 明火律로 처벌되는 행위와 절도로 처벌되는 행위를 비교하여 본다면, 明火律로 처벌되는 행위의 최소한의 표지는 길을 가로막는 행위, 재물을 겁탈하는 것이지만, 절도로 처벌되는 행위는 무리가 매우 적고, 취득한 재물도 적은 경우라고 할 수 있다. 즉 무리의 多少, 재물취득시의 劫奪여부에 따라 이것이 인정되지 않을 경우에는 明火賊으로 처벌하는 것에서 배제한다고 볼 수 있을 것이다.

그리고 ④부분에서는 緣坐의 범위에 관해서도 逆賊의 예에 따라 출가한 딸의 경우에는 연좌하지 않는 것으로 규정하고 있다. 이 규정은 明火賊이 강도의 일종이기 때문에 謀反大逆의 경우에도 연좌시키지 않는데 강도의 출가녀를 연좌시키는 것은 부당하다고 하여 연좌시키지 않는다고 한 ≪受敎輯錄≫의 규정으로부터 온 것이다.[14] 이 規定은 현종 9년(1668)에 受敎된 것인데 이때의 기록에 의하면, 강도의 출가녀를 연좌시키는 것이 가능하느냐는 논의에서 ≪大明律≫ 謀反大逆에서는 출가한 딸은 연좌하지 않으며, 殺一家三人에서는 딸은 연좌하지 않고, 採生折割人이나 造畜蠱毒殺人에 따르면 妻子를 일컬으며 연좌하고 있지만, 강도가 謀反大逆보다는 중하지 않기 때문에 緣坐를 하지 않는 것이 좋겠다는 형조의 의견에 대하여 현종이 그 의견에 따르고 定式으로 정하기로 하여 만들어진 것이다.[15] 謀反大逆과 같은 범죄에 대하여는 ≪大明律≫에 緣坐를 기본적으로 허용하고 있고, 출가녀를 연좌시키지 않는다는 조항이 명백하게 있기 때문에 별다른 규정을 둘 필요가 없지만, 강도의 경우에는 國典에서 비로소 妻子를 종으로 삼는다고 하여 緣坐를 허용하고

---

13) ≪新補受敎輯錄≫ 0943 受敎 : ○雖云明火强盜 同黨旣已些少 物件亦爲零星 又無殺越人命之事 則便是竊盜 依竊盜之律 刺字 絶島爲奴.
14) ≪受敎輯錄≫ 603 受敎 : ○謀反大逆 出嫁之女 無追坐之法 强盜出嫁之女 追坐一款 勿施(康熙戊申承傳).
15) ≪承政院日記≫ 현종 9년(1668) 11월 己未.

있다. 그렇기 때문에 强盜의 緣坐에도 출가녀를 연좌하지 않는 ≪大明律≫의 규정을 적용하여야 하는가가 문제가 될 수 있는데, 이 문제를 顯宗 9년에 논의한 것이고, 이것이 ≪續大典≫에 실린 것이라고 할 수 있다.

2) 白晝搶奪 및 强姦

≪續大典≫에서는 주간에 물건을 빼앗고 여인을 강간한 경우에 대하여도 규정하고 있다. 이러한 형태의 범죄는 ≪大明律≫에 따르면 白晝搶奪과 강간의 경합범이 될 것이다. 白晝搶奪에 의하면 장100 도3년이고 사람을 상해하는 경우에는 강도와 마찬가지로 보아 斬刑에 처하도록 규정하고,[16] 强姦은 교형에 처하고 있기 때문에[17] 競合犯으로 처벌되면 참형 혹은 교형에 처해질 것이다.[18] 그런데 ≪續大典≫에서는 이들이 결합된 범죄에 대하여 상해 여부와는 관계없이 일률적으로 斬刑에 처하고 있다.

> ≪續大典≫ 刑典 贓盜 : ○밝은 대낮에 시장에서 물화를 약탈하고 여인을 겁간하는 경우, 모두 首唱者는 참형에 처하고 종범은 자신에 한하여 외딴 섬으로 정배한다<割註 : 무뢰배가 시장에 모여서 우마를 절취하여 죽이면 이 율에 따라 논한다>.[19]

이 규정의 의미에 관하여 ≪續大典≫에는 '모두[並]'가 있기 때문에 '훤한 낮에 시장에서 물화를 약탈하거나 또는 여인을 겁간하는 경우'라

---

16) ≪大明律≫ 제291조 刑律 賊盜 白晝搶奪 : 凡白晝搶奪人財物者 杖一百徒三年 計贓重者 加竊盜罪二等 傷人者斬 爲從各減一等 並於右小臂膊上 刺搶奪二字.

17) ≪大明律≫ 제390조 刑律 犯姦 犯姦 : ○强姦者 絞 未成者 杖一百 流三千里.

18) 물론 士族婦女를 强姦한 경우에는 不待時斬에 처해진다. ≪續大典≫ 刑典 奸犯 및 제5장 제2절 1. (3) 참조.

19) ≪續大典≫ 刑典 贓盜 : ○白晝場市掠奪物貨者 劫姦女人者 並首倡斬 爲從限己身島配<割註 : 無賴輩聚會場市 竊牛馬宰殺者 依本律論>.

고 해석할 여지가 있다. 즉 강도와 강간이 결합된 형태의 범죄가 아닌 각각의 범죄에 대하여 규정하고 있는 것으로 볼 여지가 있다는 것이다. 이렇게 해석할 경우에는 ≪大明律≫ 白晝搶奪이나 강간에 대한 특칙이 라고 할 수 있을 것이다. 그런데 ≪續大典≫의 이 규정은 强盜强姦이라 고 보아야 한다. 왜냐하면 이 규정은 원래 ≪受敎輯錄≫에 실려 있던 것 인데 ≪受敎輯錄≫에는 '모두[並]'라는 글자가 없고,[20] 여인을 겁간하는 경우에는 緣坐를 하지 않고 있기 때문에 從犯을 자신에 한하여 외딴 섬 으로 정배하는 규정을 굳이 규정할 필요가 없기 때문이다. 또 良人이나 士族婦女를 강간하는 경우에 대한 규정이 ≪續大典≫에 이미 존재하고 있기 때문에 여기에 다시 따로 규정할 필요는 없는 것이다.

따라서 이 규정은 강도와 강간이 결합된 형태의, 즉 강도강간으로 보 아야 할 것이다. 이 강도강간에 대하여 위에서 보았듯이 ≪大明律≫에 따르면 경합범으로 처리되어 참형 혹은 교형으로 처벌될 것인데, 이를 ≪續大典≫에서 ≪大明律≫ 二罪俱發以重論을 적용하는 수고를 할 필 요 없이 결합범으로서 처벌하는 규정을 신설한 것이다.

2. 對象에 따른 처벌

1) 盜大祀神御物에 해당하는 범죄

强盜의 結合犯 형식을 위와 같이 규정하는가 하면 절도의 대상이 大 祀 혹은 御用과 관련된 경우에 이를 가중하는 규정을 두고 있다. 이들을 가중하는 것은 이미 ≪大明律≫에 그 규정이 마련되어 있다.[21] 또 앞서 제4장에서 본 바와 같이 各司의 雜物을 절취하는 경우에 일반 竊盜에

---

20) ≪受敎輯錄≫ 773 受敎 : ○掠奪場市物貨 白晝劫奸者 首倡梟示 爲從全家 徙邊 據康熙甲子九月日 改以爲從者 限已身 沒爲他道官奴(順治辛卯承傳).

21) ≪大明律≫ 제280조 刑律 賊盜 盜大祀神御物, 제283조 盜內府財物에서는 이들을 斬刑에 처하고 있다.

따라 처벌하고 있다. ≪續大典≫에서는 ≪大明律≫의 규정에 해당되는 대상을 구체적으로 지시하는 규정을 두고 있다. 이와 아울러 ≪大明律≫의 규정에 해당되지 않아 減死의 대상이 되는 것도 규정하고 있다.

> ≪續大典≫ 刑典 贓盜 : 수라간의 물건을 몰래 훔친 경우에는 盜大祀神御物律로 논한다<割註 : 內醫院의 銀器를 절취한 자도 같은 율로 논한다. ○御用의 그릇을 하사할 때 절취한 경우에는 殿內에 있는 것과는 다르니 외딴 섬에 영원히 종으로 삼는다. ○무릇 절취하여 死刑에 해당되는데, 小功親이 자수하면 죄인을 減死定配한다. ○대궐의 뜰에 배열되어 있는 돌을 절취한 경우에는 장100 도3년에 처한다>.22)

우선 ≪大明律≫ 盜大祀神御物과 관련되는 범죄에 대하여 규정하고 있다. ≪大明律≫ 盜大祀神御物에 따르면 殿內에 있거나 제사지내는 장소에 도착한 물건의 경우에 斬刑에 처하고 있는데, ≪續大典≫에서는 이를 구체화시키고 있다고 볼 수 있다. ≪大明律≫ 盜大祀神御物에 해당되면 바로 그 조항에 의하여 처벌할 터이지만, ≪續大典≫에서 규정하고 있는 것은 그 구체적인 행위 중에서 盜大祀神御物에 해당되는 대상이 무엇인가이다. 사실 ≪大明律≫ 盜大祀神御物에서는 어용에 사용되는 제기, 장막 등의 물건을 훔치는 경우를 규정하고 있는데,23) 수라간의 물건이 殿內에 있다는 이유로 盜大祀神御物의 객체에 해당되는가는 의문의 여지가 있다. 그렇기 때문에 수라간의 물건을 盜大祀神御物의 객체로 포섭한 것이 ≪受敎輯錄≫에 규정되었다가24) ≪續大典≫에 수라

---

22) ≪續大典≫ 刑典 贓盜 : 御廚物偸竊者 以盜大祀神御物律論<割註 : 內醫院銀器偸竊者 同律 ○御器皿 因賜送偸竊者 與在殿內者有異 絶島永屬爲奴 ○凡偸竊應死者 小功親自首則罪人減死定配 ○殿庭所排石掘取者 杖一百徒三年>.

23) ≪大明律≫ 제280조 刑律 賊盜 盜大祀神御物 : 凡盜大祀・神祇・御用祭器・帷帳等物 及盜饗薦・玉帛・牲牢・饌具之屬者 皆斬.

24) ≪受敎輯錄≫ 762 受敎 : ○御廚之物偸竊者 比盜大祀神御之物律論(萬曆己卯承傳).

간의 물건을 훔치는 경우를 盜大祀神御物과 관련된 기본규정으로 하여
규정된 것이다. 수라간의 물건을 盜大祀神御物의 객체로 한다고 할 때,
盜大祀神御物에서는 殿內에 있는 물건을 가리키고 있기 때문에 임금이
이 물건을 하사할 때를 틈타서 절취한 경우에 과연 盜大祀神御物에 의
하여 처벌할 수 있는가가 문제가 될 수 있다. 이것이 숙종 6년(1680)에 논
의되어 殿內에 있는 물건이라고 할 수 없기 때문에 참형에 처할 수는 없
다고 하여 외딴 섬에 영원히 종으로 삼는 것으로 受敎된 것이다.25)

한편 수라간은 임금의 음식을 담당하는 곳이기 때문에 이곳의 그릇을
훔친 경우에 盜大祀神御物의 객체로 취급하는데, 수라간 이외의 다른
곳의 물건을 절취한 경우에는 어떻게 처벌하는지 문제가 된다. ≪續大
典≫에서는 이를 內醫院과 大闕의 뜰의 경우를 예시하고 있다. 우선 內
醫院의 은그릇을 절취한 경우에는 盜大祀神御物로 논하도록 하고 있다.
內醫院의 은그릇도 盜大祀神御物의 객체가 된다는 것을 나타낸 것인데,
이와 관련하여 특히 小功親의 自首규정을 두고 있다. 이 규정은 숙종 26
년(1700)의 사안에서 유래하는데, 어약을 담는데 쓰는 은그릇을 절취한 죄
인을 그 삼촌이 신고하였는데, ≪大明律≫의 소공친이 대신 자수할 때
처벌하는 조문을 참고하여 특별히 減死定配하도록 한 것이다.26) 사실
≪大明律≫ 犯罪自首27)에서 自首한 경우의 減刑에 대하여 규정하고 있
는데, 이를 따로 규정하여 둘 필요는 없다. 그런데도 ≪新補受敎輯錄≫
내지 ≪續大典≫에서 이를 규정하고 있는데, 盜大祀神御物에 해당하는
범죄에 대하여도 ≪大明律≫ 犯罪自首가 적용된다는 것을 특별히 밝힌

---

25) ≪受敎輯錄≫ 766 受敎 : ○御廚器皿 因賜送時偸竊 與在殿內已至祭所者有
    異 直用斬律 有違法文本意 絶島永屬爲奴(康熙庚申承傳). ≪秋官志≫ 考律部
    續條 竊盜 御器偸竊 肅宗 5년.
26) ≪新補受敎輯錄≫ 0964 受敎 : ○御藥所用銀器偸取罪人 其外三寸發告 叅
    以律文內小功親自首之文 特爲減死定配(康熙庚辰承傳).
27) ≪大明律≫ 제24조 名例律 犯罪自首 : 凡犯罪未發 而自首者 免其罪 猶徵
    正贓 其輕罪雖發 因首重罪者 免其重罪 若因問被告之事 而別言餘罪者 亦
    如之.

것이라고 보면 될 것이다. 盜大祀神御物에 포함되는 범죄로 《續大典》
에서는 대궐 뜰의 돌을 절취한 경우도 규정하고 있다. 이 규정은 숙종 2
년(1676)의 受敎에서 유래하는데,[28] 규정의 위치와 형량이 장100 도3년으
로 규정된 점으로 볼 때 이는 盜大祀神御物의 官物을 절취한 경우에 해
당된다. 대궐 뜰의 돌마저도 盜大祀神御物의 官物 竊盜에 해당되는 것
으로 규정한 것이다. 이는 王權이 미치는 범위를 좀더 확대하여 보호하
고자 하는 의지가 담겨 있는 것이다.

2) 强盜 내지 竊盜로 처벌하는 범죄

御庫 내의 물건은 《大明律》 盜大祀神御物에 당연히 해당될 것 같은
데, 이 규정을 적용하지 않고 《續大典》에서는 强盜律에 따른다고 규
정하고 있다. 《續大典》의 규정을 먼저 보고, 《大明律》 盜大祀神御物
에 의하지 않는지 살펴보도록 하자.

> 《續大典》 刑典 贓盜 : ○御庫의 물건을 절취한 경우에는 강도율로 논
> 하고, 고발하여 체포하게 한 자는 논상한다<割註 : 각 衙門의 銀이나 베를
> 절취하거나 관청의 창고를 도적질한 경우에는 같은 율로 논한다. ○각사
> 의 私庫의 잡물을 절취한 경우에는 단지 竊盜律에 따라 논한다>.[29]

御庫의 물건을 절취한 때의 규정은 선조 4년(1571)의 受敎에서 유래하
는 것으로 《受敎輯錄》에 규정되어 있다.[30] 기록으로 남아 있는 것이

---

28) 《受敎輯錄》 765 受敎 : ○殿庭所排磚石掘取者 杖一百徒三年(康熙丙辰承傳).
   《承政院日記》에 의하면 兵曹에서 仁政殿의 磚石을 절취한 色吏들을 囚
   禁하여 治罪하자고 하는데, 여기서 나온 受敎인 듯하나 더 이상의 기사는
   찾을 수 없다. 《承政院日記》 숙종 2년(1676) 8월 庚戌.
29) 《續大典》 刑典 贓盜 : ○御庫物偸竊者 以强盜律論 陳告捕捉者論賞<割
   註 : 各衙門銀·布偸竊者, 官庫作賊者同律 ○各司私庫雜物偸竊者 只依竊盜
   律論>.
30) 《受敎輯錄》 762 受敎 : ○御廚之物偸竊者 比盜大祀神御之物律論(萬曆己

없기 때문에 왜 이러한 규정을 두었는지 상세하게 알 수는 없다. 추측건
대, ≪大明律≫ 盜大祀神御物에 의하는 것보다 강도에 의하는 것이 보
다 중한 처벌이 가능했기 때문이 아닌가 생각된다. 왜냐하면 강도에 관
하여는 ≪大明律≫의 규정이 그대로 적용되는 것이 아니라 조선에서는
강도에 대하여 緣坐의 형을 쓰고 있기 때문이다. 즉 妻子가 모두 定屬되
는 것이 朝鮮에서 강도를 처벌하는 방식이었고, 御庫의 물건을 절취하는
것을 盜大祀神御物보다 더 중하게 처벌하기 위하여 이러한 受敎가 나온
것이 아닌가 한다. 그러면 수라간의 물건과 御庫의 물건의 구별이 중요
할 수 있는데, 이는 보관장소가 다르기 때문에 충분히 구별될 수 있는
문제라고 할 수 있다.

御庫의 물건을 절취하는 경우에는 强盜律에 따라 처벌하는데, 절취의
대상이 임금과 관계된 것이 아닌, 관청의 물건일 경우에는 ≪大明律≫
常人盜倉庫錢粮에 따라 처벌되는데 이에 따르면 贓物의 양에 따라 최고
형이 絞刑으로 규정되어 있다.[31] 그런데 ≪續大典≫에서는 이를 常人盜
倉庫錢粮에 의하지 않고 强盜律에 따라 처벌하도록 하고 있다. 이 규정
의 유래를 살펴보면 원래 두 개의 受敎를 하나로 합친 것이다. 즉 각 아
문의 은이나 베를 절취한 것은 숙종 4년(1678)의 受敎를 옮긴 것이고,[32]
후단의 관청의 창고를 도적질한 경우는 숙종 20년(1694)의 受敎를 옮긴
것이다.[33] 그런데 이 두 受敎의 내용은 결국 관청의 창고를 도적질하는

卯承傳).
31) ≪大明律≫ 제288조 刑律 賊盜 常人盜倉庫錢粮.
32) ≪受敎輯錄≫ 774 受敎 : ○各衙門銀布偸取人 依强盜例處斬 其妻子 爲奴
定屬(康熙戊午承傳). 그런데 이미 肅宗 2년 이전에 각 아문의 은화를 절취한
경우 不待時斬에 처하는 受敎가 있었던 것 같다. ≪秋官志≫ 考律部 續條
竊盜 官庫偸竊 肅宗 2년(1676).
33) ≪新補受敎輯錄≫ 0955 受敎 : ○官庫作賊者 不待時處斬(康熙甲戌承傳). 이
규정도 이미 이전부터 定式으로 인정되어 오던 것 같다. ≪秋官志≫에서는
이 受敎가 나오기 이전부터 이렇게 처벌하는 사례가 상당수 존재하고 있
다. ≪秋官志≫ 考律部 續條 竊盜 官庫偸竊 顯宗 12년(1671), 肅宗 10년(1684),

경우에는 ≪大明律≫ 常人盜倉庫錢粮보다 엄하게 처벌하겠다는 것이라
고 할 수 있다. 특히 숙종 4년의 受敎는 强盜律에 의하며 妻子를 종으로
삼는다는 것을 명백하게 언급하고 있는데, 관청의 창고에서 물건을 절취
하는 행위에 대하여 얼마나 중한 형벌을 과했는지 알 수 있다. 한편 官
用이 아닌 各司의 私庫의 잡물을 절취하는 경우에는 竊盜로 논하고 있
는데 이는 ≪大典續錄≫에 있던 규정으로서 이미 살펴보았다.[34]
　한편 ≪續大典≫에 특이하게 규정된 것이 있는데 바로 위의 규정에
이어지는 帳籍을 절취한 경우에 대한 규정이다.

　　　≪續大典≫ 刑典 臟盜 : ○帳籍을 절취한 경우에는 변방 먼 곳으로 정배
　　한다.[35]

　帳籍이라고 하면 관청의 물건이어서 强盜律에 따라야 할 것 같은데
여기서는 변방의 먼 곳으로 정배할 뿐이다. 이 규정의 원형이 된 ≪新補
受敎輯錄≫에서도 세 차례 刑推한다는 것이 더 나와 있을 뿐이지[36] 왜
强盜律에 의하지 않고 변방 먼 곳으로 정배할 뿐인지 설명하고 있지 않
다. 해당 연도의 ≪承政院日記≫를 보면 戶籍을 이용하여 종이 신발을
만들어온 일당이 적발되는데, 이들을 율에 따라 과죄하자고 漢城府에서
청하고 있다.[37] 이 기사가 ≪續大典≫ 규정의 원형이 된 사안이라고 추
측되는데, 漢城府의 보고만 실려 있기 때문에 구체적으로 변방 먼 곳으
로 정배하는지 알 수 없다. 결국 추측할 수밖에 없는데, 대략 은이나 포
보다는 가치가 떨어진다고 보아야 하고 행위의 양태가 관청에 作賊하는

　　특히 肅宗 20년(1694)의 사례는 바로 이 受敎가 그대로 적용된 예라고 할 수
　　있다.
34) 제4장 제1절 Ⅱ. 2 참조.
35) ≪續大典≫ 刑典 臟盜 : ○帳籍偸取者 邊遠定配.
36) ≪新補受敎輯錄≫ 0958 受敎 : ○帳籍偸取罪人 刑推三次後 邊遠定配(康熙壬
　　午承傳).
37) ≪承政院日記≫ 숙종 28년 2월 癸亥.

것이 아닌 '은밀히' 행해졌다는 점이 고려된 것이 아닌가 생각된다.

II. 僞造犯罪의 처벌

1. 印信의 僞造

僞造에 대하여는 ≪大明律≫에도 상세한 규정이 있고, ≪經國大典≫에서도 몇 가지 특칙을 두고 있음을 위에서 살펴보았다.[38] 이미 ≪經國大典≫에 이르면 위조에 관해서는 조선의 특유한 처벌 규정이 이루어졌음을 알 수 있었다. 특히 印信의 위조에 대하여는 ≪大明律≫의 규정에 비하여 미수범도 참형에 처하고 있어 僞造에 대하여 조선에서는 강력히 대처하고 있었음을 알 수 있다.[39] 明宗 2년(1547)의 受敎에서도 赦免할 때 사면의 대상이 되지 못하도록 하는 조치를 내리고 있다.[40] 이렇게 僞造에 대해 엄격히 처벌하는 기조는 ≪續大典≫에까지 이어지는데, ≪續大典≫에서도 몇 가지 규정들을 두고 있다. 이들 규정들을 통해서 ≪續大典≫에서 僞造에 관련된 조항들이 ≪大明律≫과 ≪經國大典≫의 규정이 있음에도 불구하고 왜 새롭게 규정되는지 살펴보도록 하자.

우선 印信僞造에 대하여 보면, ≪經國大典≫에서는 印信僞造의 경우에 미수범을 참형에 처하도록 함으로써 기수와 미수를 구별하지 않는 것에 중점을 두고 있다. 그런데 ≪續大典≫에서는 여기서 한 발 더 나아

---

38) 제3장 제2절 I. 참조.
39) ≪經國大典≫ 刑典 僞造.
40) ≪各司受敎≫ 111 受敎 : ○丁未九月十七日承傳 印信僞造段 罪犯深重 雜犯死罪例以 蒙宥爲臥乎所 至爲未便爲置 凡僞造文記 奸詐現著段置 勿揀赦 □□去等 印信僞造之罪 比此尤重爲沙餘良 凡矣公私文券良中 □造踏下爲 在如中 受贈必多亦 與臟罪無異爲昆 今後印信僞造之罪乙良 各別立法 勿令 蒙宥爲只爲 刑曹傳敎.

가 印信僞造의 主從을 가리지 않는 것으로 규정하고 있다.

> ≪續大典≫ 刑典 僞造 : ○印信을 위조하여 새기는 자와 篆文을 위조하
> 여 그린 자는 모두 一律로 논한다<割註 : 戶長印을 위조한 경우에는 외딴
> 섬의 남자 종으로 삼는데, 赦免의 대상이 될 수 없다>.[41]

≪大明律≫에 의하면 謀反大逆과 같은 일부 특정한 범죄를 제외하
고는 모든 범죄에 대하여 主從을 나누어 從犯에 대하여는 正犯의 형보
다 감경하여 처벌하도록 규정하고 있다.[42] 印信僞造의 경우는 主從을
가리지 않는 특정한 범죄에 해당되지 않기 때문에 主從을 가려서 처벌
하여야 하는 것이 원칙이다. 그런데 숙종 29년(1703)의 사안에 의하면 印
信의 篆文을 모방하여 그린 車成才와 이를 이용하여 印信을 새겨 만든
金論先에 대하여 主從을 가리자는 刑曹判書의 의견에 대하여 肅宗이
모두 일죄로 논단하라고 判付한 것이 보인다.[43] 이것이 ≪新補受敎輯
錄≫에 실린 것인데,[44] 印信僞造의 경우에는 主從을 가리지 않겠다는
의미로 볼 수 있고 그만큼 印信僞造를 중대한 범죄로 여겼음을 알 수
있다.

그런데 印信僞造에 대하여 기미수와 主從을 가리지 않는 등 ≪大明
律≫의 규정보다 가중하여 처벌하고 있기 때문에 印信僞造에 해당하는
대상을 한정하지 않으면 모두 斬刑에 해당하여 처벌된다. 이것이 문제된
사안이 바로 戶長[45]의 印信을 위조한 사안이다. 즉 숙종 17년(1691)에 戶
長의 인신을 위조한 사건이 발생하는데 당시의 형조판서였던 尹以濟가

---

41) ≪續大典≫ 刑典 僞造 : ○僞造印信刻造者 模畫篆文者 並以一律論<割註 :
戶長印僞造者絶島爲奴 勿揀赦前>.
42) ≪大明律≫ 제29조 名例律 共犯罪分首從 : 凡共犯罪者 以造意爲首 隨從者
減一等.
43) ≪秋官志≫ 續條 寶印 僞造御寶印信 肅宗 29년(1703).
44) ≪新補受敎輯錄≫ 0913 受敎 : ○僞造印信 刻造印信及模畫篆文 情犯俱無
可恕 兩人並一罪論斷(康熙癸未承傳).
45) 각 고을 衙前의 우두머리.

戶長의 印信은 衙門의 正印과는 차이가 있기 때문에 구별하여야 한다고
주장하였는데 肅宗이 一罪로 논단함은 과중함이 있다고 판단하여 減死
定配로 판부한 것이다.[46] 여기에 尹以濟가 減死定配라도 외딴 섬에 남
자 종으로 삼고 사면의 대상이 되지 못하도록 하자고 하여 이것이 《受
敎輯錄》에 수록되었다가[47] 위와 같은 형태로 《續大典》에 규정된 것
이다.

2. 號牌僞造

한편 印信과 유사한 물건에 대한 위조도 印信僞造로 유추적용하는데
대표적인 것이 號牌의 위조이다. 號牌는 조선초부터 시행여부가 논란이
되다가 조선후기에 들어와서 정착되어 《續大典》에 규정되었다.[48] 號
牌의 정착과 관련하여 僞造문제도 불거지자 受敎로 되어 《續大典》에
도 규정되는 것이다.

　　《續大典》 刑典 僞造 : ○號牌를 僞造하는 경우에는 印信僞造의 율로
　　논한다.[49]

이 규정은 숙종 3년 號牌事目을 발포할 당시 號牌僞造行爲에 대하여
형벌을 정하지 않았기 때문에 문제가 되어 규정된 것이다.[50] 즉 숙종 11

---

46) 《承政院日記》 肅宗 17년(1691) 윤7월 辛巳 및 《秋官志》 續條 寶印 僞造
　　戶長印 숙종 17년(1691).
47) 《受敎輯錄》 651 受敎 : ○戶長之印 與各衙門正印有間 僞造者 絶島爲奴
　　勿揀赦前(康熙辛未承傳).
48) 《續大典》 戶典 戶籍 : ○男丁十六歲以上佩號牌. 朝鮮 초부터 17세기초까
　　지 號牌制度의 치폐과정은 鄭肯植,「1625年 號牌事目에 대한 考察」『晴潭
　　崔松和敎授華甲紀念 現代公法學의 課題』, 박영사, 2002, 384~388면 참조.
49) 《續大典》 刑典 僞造 : ○僞造號牌者 以印信僞造律論.
50) 숙종 3년 1월 8일(乙酉)의 號牌事目은 金仁杰・朴京夏・朴丙鍊・李海濬・
　　韓相權,『備邊司謄錄事目・節目類集成』, 韓國精神文化硏究院, 2002, 92~93

년(1685)에 漢城府에서 호패를 위조하거나 호패를 그려낸 따위의 경우에
어떻게 처벌하여야 하는지에 대한 보고를 올린다. 한성부에서는 《大明
律》 懸帶關防牌面의 牌를 僞造한 자를 斬刑에 처하는 규정51)과 《大明
律》 詐僞制書의 印信을 그려쓰는 자를 장100 유3천리에 처하는 것52)을
인용하여 一罪로 다스리면 되지만 너무 과중할지 모르므로 廟堂으로 하
여금 품처할 것을 청한다.53) 그래서 우선 《大明律》의 關防牌는 號牌
와 같지 않다는 것을 전제로 하고 논의가 된다. 徐文重을 비롯하여 몇몇
은 역대의 受敎와 각 아문의 事目 중에는 死罪가 너무 많아서 지금 모두
봉행할 수 없는 것이 刑律이 너무 과중한데서 연유하므로 가령 刑量이
너무 무거우면 행해질 수 없다는 등의 이유로 一罪로 처벌하는 것을 반
대하여 全家徙邊 등의 刑罰을 사용할 것을 주장하였다. 右議政 鄭載嵩
을 비롯하여 대부분의 대신들은 號牌法을 시행하기 위해서는 법을 엄히
하지 않으면 안된다는 논거와, 號牌를 僞造하는 경우에는 반드시 火印
(號牌를 만들 때 찍는 도장)을 위조한 후에야 號牌가 만들어지기 때문에 印信
을 위조한 율로 논하여야 한다고 하였다. 이에 숙종이 右議政 鄭載嵩 등
의 의견을 받아들여서 입법의 초기에는 법이 엄하지 않으면 안되고, 號
牌를 僞造하기 위해서는 반드시 火印을 만들어야 하기 때문에 印信의
僞造로 논하여 一罪로 할 것을 判付하였다.54) 이것이 《受敎輯錄》에
실렸다가55) 《續大典》에 재록된 것인데, 號牌法을 강행하려는 입법의
도와 號牌僞造에는 반드시 火印, 즉 印信의 僞造가 수반되기 때문에 印
信僞造로 처벌하는 것임을 알 수 있다.

면을 참조.

51) 《大明律》 제220조 兵律 宮衛 懸帶關防牌面 : 凡朝參文武官及內官 懸帶
   牙牌鐵牌, 廚子校尉入內 各帶桐木牌面 … 僞造者 斬.
52) 《大明律》 제378조 刑律 詐僞 詐僞制書 : 凡詐僞制書者斬 ….
53) 《承政院日記》 숙종 11년(1685) 9월 戊午.
54) 《承政院日記》 숙종 11년(1685) 9월 庚申.
55) 《受敎輯錄》 650 受敎 : ○僞造號牌者 與印信僞造同 論以一罪(康熙乙丑承傳).

3. 私鑄錢

≪經國大典≫에서는 楮貨를 僞造한 경우를 규정하고 있음에 비하여 銅錢을 僞造한 경우에 대하여는 규정하고 있지 않다. 그도 그럴 것이 주요 유통수단은 당시 布貨였기 때문이다.[56] 그런데 ≪續大典≫에서는 銅錢을 위조한 경우도 규정하고 있는데, 이들 규정은 원래 ≪大明律≫에서 규율하고 있다. 즉 楮貨의 僞造의 경우에는 僞造寶鈔라고 하여 규정을 두고 있으며, 銅錢의 경우에도 私鑄銅錢을 두어 규율하고 있는 것이다. 이 ≪大明律≫ 私鑄銅錢에 의하면 正犯일 경우 刑量이 絞刑이고, 匠人은 正犯으로 취급하여 絞刑에 처하지만 從犯의 경우에는 1등을 감하는 것으로 규정하고 있으며 捕告者에게는 일정한 보상을 하도록 규정하고 있다.[57]

상세한 규정이 ≪大明律≫에 있음에도 불구하고 ≪續大典≫에서 銅錢을 사사로이 주조한 경우를 처벌하는 규정을 두고 있는데, ≪經國大典≫과는 달리 ≪續大典≫을 반포할 때 즈음에는 이미 銅錢이 통용되고 있었다는 것과, 印信僞造의 예와 같이 ≪大明律≫보다 가중된 형량을 통해서 실효적인 통제를 의도하였다는 것을 추측할 수 있다. ≪續大典≫에서 규정하고 있는 銅錢의 僞造는 刑罰加重, 主從不問, 未遂犯 처벌 및 捕告者의 强盜例 포상으로 요약할 수 있겠는데 구체적인 규정은 다음과 같다.

≪續大典≫ 刑典 僞造 : ○사사로이 篆文을 주조한 경우에는 장인 및 조

---

56) 朝鮮 中期 이후 銅錢 鑄造 論議에 대하여는 국사편찬위원회 편,『한국사 30 −조선중기의 정치와 경제』, 581~594면(權仁赫 집필부분) 참조.

57) ≪大明律≫ 제383조 刑律 詐僞 私鑄銅錢 : 凡私鑄銅錢者 絞 匠人罪同 爲從 及知情買使者 各減一等 告捕者 官給賞銀五十兩 里長知而不首者 杖一百 不知者不坐.

역인을 모두 不待時斬하고(장소를 제공한 자로서 이익을 분배하기로 공모한 자도 역시 一律로 논한다. 화로를 설치하였으나 未遂에 그친 경우는 次律로 논한다), 잡도록 고발한 자는 강도를 잡은 예에 따라 상을 주도록 한다.58)

사사로이 동전을 주조하는 것에 대한 처벌에 관하여는 이미 현종대에 논의가 있다. 즉 현종 13년(1672)에 동전을 사사로이 주조하는 일이 開成에서 발생하였는데, 문제는 조선에서는 官錢이 없다는 것이었다. 開成에서는 상인들이 물건을 거래할 때 銅錢을 사용하지만 다른 곳에서는 전혀 銅錢을 사용하지 않고, 통용되는 국가의 화폐인 銅錢도 존재하지 않았다. 그러나 사사로이 銅錢을 주조한 경우 처벌하는 조항이 死刑인 絞刑으로 규정된 것이 ≪大明律≫에 있었기 때문에 범죄로 취급되어 국왕의 啓覆에까지 올라왔는데, 과연 이 조항으로 처벌하여야 하는가가 문제된 것이다. 대체적인 논의는 官에서 鑄錢을 한다면 사사로이 鑄錢한 경우 마땅히 죽어야 하지만, 官에서 鑄錢을 한 것이 없는데 사사로이 鑄錢한 경우 銅錢이 통용되는 中國社會를 기반으로 한 ≪大明律≫을 적용하여야 하는지 의문이라는 것이었다. 左議政 金壽恒은 ≪大明律≫이 천하에 통행하는 율이며 우리나라가 이 律을 遵用하고 있지만, 백성들이 사사로이 鑄錢한 것이 死罪에 이르는 것을 모르기 때문에 임금이 참작하여야 한다고 하였다. 또 金萬基의 경우에는 한 나라가 거의 銅錢을 쓰지 않는데, 開成만 홀로 銅錢을 사용하는 것은 부당하지만, 이미 이전부터 開成에서 銅錢을 쓰는 것을 금지하지 않았으며, 銅錢을 쓰고 있지만 官錢이 없고, 그렇기 때문에 모두 私錢인데 어떻게 사사로이 鑄錢한 자를 死罪로 처벌하는가라는 의견이었는데, 현종은 律에 따라야 할 것 같다고 하며 다음에 다시 논의하기로 하였다.59) 이 사안이 동년(1672) 12월에 다시 논의되었는데 비슷한 논의 끝에 현종은 減死定配의 명을 내리게 된

---

58) ≪續大典≫ 刑典 僞造 : ○私鑄錢文者 匠人及助役人 並不待時斬(主接者同謀分利者亦以一律論 設爐未行者以次律論) 捕告人依捕强盜例論賞.

59) ≪承政院日記≫ 현종 13년(1672) 11월 甲午.

다.60) 이때 銅錢僞造에 대한 처벌여부가 확정된 것이 없었기 때문에, 형조판서 南用翼이 사사로운 鑄錢禁止에 대한 定式을 청하자, 이를 금하지 않도록 하였다.61)

그런데 사사로운 鑄錢행위의 금지는 숙종대에 들어서면서 常平通寶를 鑄造하기 시작하자 상황이 달라진다. 숙종 4년(1678) 1월 常平通寶가 鑄造되기 시작하는데62) 이에 따라 사사로운 鑄錢을 금지하고, 사건이 발각되면 一罪로 논하며 잡도록 고발한 자는 强盜例에 따라 포상하기로 한 것이다.63) 이 조치는 ≪受敎輯錄≫에도 그대로 실리게 된다.64) 그런데 이때의 一罪가 어떠한 것인가가 문제되는데, 숙종 4년(1678) 12월에 이 문제가 대두되었다. 許積은 立法이 무겁지 않으면 안되고, 잡도록 고발한 자를 강도의 예에 따라 하고 있으므로 강도의 예에 따라 不待時斬에 처하는 것이 마땅하지만, 그 처자를 定屬시키는 것은 불필요하다고 주장하였고 숙종도 그에 따랐다.65) 말하자면 ≪大明律≫ 私鑄銅錢에서는 絞刑에 처하고 있는 범죄를 강도에 비겨서 不待時斬으로 가중하여 처벌하게 되었고, 이것이 ≪續大典≫까지 이어져 규정된 것이다.

한편 이렇게 私鑄銅錢에 대하여 ≪大明律≫과 다른 처벌을 가하게 되면, 私鑄銅錢과 관련된 규정들을 새로 정해야 한다. 그러한 것들의 하나로 主從을 구분하여야 하는가의 문제가 있다. 숙종 19년(1693) 7월에 이 문제가 논의되었는데, 즉 ≪大明律≫ 私鑄銅錢에 의하면 從犯의 경우에는 1등을 감하지만, 受敎에 의하면 主從을 구별하는 말이 없다는 것이었

---

60) ≪承政院日記≫ 현종 13년(1672) 12월 乙巳. 定配 앞의 글자가 결락되었으나 같은 날의 ≪朝鮮王朝實錄≫ 기사에 의해 減死定配로 추정하였다.
61) ≪朝鮮王朝實錄≫ 현종 13년(1672) 12월 乙巳. ≪承政院日記≫의 해당부분은 결락이 많아서 ≪朝鮮王朝實錄≫에 의거하였다.
62) ≪朝鮮王朝實錄≫ 숙종 4년(1678) 1월 乙未.
63) ≪朝鮮王朝實錄≫ 숙종 4년(1678) 9월 丙寅.
64) ≪受敎輯錄≫ 517 受敎 : ○私鑄錢文者 一切嚴禁 而捕告者 與捕賊 一體論賞(康熙戊午承傳).
65) ≪承政院日記≫ 숙종 4년(1678) 12월 己丑.

다. 일단 숙종은 ≪大明律≫에 따를 것을 명한다.66) 그런데 실무에서 匠
人은 死刑에 처하지만 從犯인 奉足은 정배하기 때문에, 실제로는 匠人
이라 하더라도 奉足이라고 일컬어 死刑을 면하는 사태가 발생하자, 이를
모두 不待時斬에 처하자는 영의정 南九萬의 건의에 의하여 主從을 가리
지 않을 것으로 확정되어 ≪新補受敎輯錄≫에 규정된 것이다.67)

　　主從을 구분하지 않기로 정해지자, 이제는 接主人과 未遂犯을 어떻게
처벌할 것인가가 문제되었다. 숙종 22년(1696) 당시의 형조판서였던 閔鎭
長이 이 문제를 거론하였는데, 우선 接主人에 대하여는 죄에 경중이 없
다는 영의정 南九萬의 의견에 좇아 死罪로 논하였다가,68) 이후 私鑄錢
의 죄가 중하지만 殺人, 强盜보다 중하지 않을 것인데, 殺人에도 가공하
지 않은 자는 죄를 감등하는 율이 있다는 숙종의 의견에 따라 減死하는
것으로 결정되었다. 다만 接主人일 경우 이익을 분배하기로 공모한 경우
에는 一律로 논하고 그렇지 않은 경우에는 次律 즉 減死하도록 하였
다.69) 이것이 ≪新補受敎輯錄≫에 실린 것인데, ≪新補受敎輯錄≫에서
는 바로 앞 條文에서 이와 상반되는 受敎, 즉 接主人을 死刑에 처하는
受敎를 싣고 있어서, ≪新補受敎輯錄≫이 다듬어지지 않은 受敎의 집합
체임을 짐작케 한다.70)

　　다음으로 未遂에 대한 처벌을 보자. 이것도 숙종 22년(1696)에 정해진
규정인데 처음에 형조판서 閔鎭長이 다른 죄에서는 미수에 그친 경우

---

66) ≪承政院日記≫ 숙종 19년(1693) 7월 乙巳.

67) ≪秋官志≫ 考律部 續條 錢貨 私鑄錢 肅宗 21년(1695). ≪新補受敎輯錄≫
　　0908 受敎 : ○盜鑄錢者 勿論匠人奉足 不待時斬 依大黨之律 捕告人論賞(康
　　熙乙亥承傳).

68) ≪朝鮮王朝實錄≫ 숙종 22년(1696) 2월 乙卯.

69) ≪承政院日記≫ 숙종 22년(1696) 3월 丁卯.

70) ≪新補受敎輯錄≫ 0909 受敎 : ○私鑄錢文接主人 同以一律論斷 設爐而未
　　鑄成者 以次律論斷(康熙丙午承傳 ○杖一百流三千里) 및 0910 受敎 : ○私鑄錢接
　　主人 同謀分利明白 則以一罪論斷 如其不然 則當爲次律(康熙丙子承傳 ○杖一百
　　流三千里) 비교.

모두 1등을 감하는데 私鑄錢만을 死刑에 처하는 것은 過重하다는 의견
을 내었다. 하지만 이에 대해 영의정 南九萬이 증빙이 없다면 爐冶는 말
을 할 수 없기 때문에 鑄造하지 않았다고 하여 減等한다면 사사로이 鑄
造하고도 處刑될 자가 없다고 주장하였고, 좌의정 柳尙運도 또한 爐冶
를 만들었다면 印信을 위조하다가 未遂한 경우와 다를 바 없다는 주장
을 하였지만,[71] 숙종은 법을 세우는 것을 자세히 살피지 않을 수 없다고
하여 次律로 논하도록 하였다.[72] 결국 未遂에 대하여는 次律 즉 장100
유3천리로 논하는 것으로 ≪新補受教輯錄≫에 규정되었다가[73] ≪續大
典≫에 위와 같이 규정된 것이다.

　銅錢의 사사로운 鑄造에 관하여는 ≪大明律≫에 규정이 있음에도 불
구하고 적용하지 않다가 숙종 때 常平通寶를 주조하면서 이에 대한 처
벌을 强盜와 유사하게 취급하였다. 强盜와 유사하게 취급하다 보니 主
從의 문제, 未遂犯의 문제, 强盜에서라면 窩主가 될 接主人의 문제가 대
두되었고, 이를 여러 차례의 논의를 통해 확정하여 ≪續大典≫에 규정한
것이라고 할 수 있다.

4. 假銀製造

　조선후기가 되면 銀鑛의 채굴이 활발해지기 시작한다. 즉 조선은 초
기에 광업을 국가가 경영하여 사적인 광산 경영을 막았으나, 점차 私採
를 허용하면서 세금을 받아내는 정책으로 전환하였다. 이에 따라 광산의
개발이 촉진되었는데, 특히 對淸 무역에서 銀의 수요가 늘어나고, 은과
동일한 광석에서 나오는 鉛鐵을 이용한 조총의 탄환 주조가 활발해지면
서 은광의 개발이 활기를 띠어 銀店이 증가하였다.[74] 이렇게 은광의 개

---

71) ≪朝鮮王朝實錄≫ 숙종 22년(1696) 2월 乙卯.
72) ≪秋官志≫ 考律部 續條 錢貨 私鑄錢 肅宗 22년(1696). ≪朝鮮王朝實錄≫
　　숙종 22년(1696) 3월 丙寅.
73) ≪新補受教輯錄≫ 0909 受教.

발이 활기를 띠게 되자 銀과 관련된 범죄도 나타나는데 그 대표적인 것
이 가짜 銀을 만드는 것이었다. ≪大明律≫에서도 가짜 金이나 銀을 제
조하는 경우를 처벌하는 규정을 두고 있다. 즉 ≪大明律≫ 私鑄銅錢에
서는 장100 도3년으로 처벌하고 있는 것이다.[75) 그런데 ≪續大典≫에서
는 이와 달리 다만 私鑄錢律에 의한다고만 규정하고 있다.

    ≪續大典≫ 刑典 僞造 : ○가짜 銀을 두드려서 만든 자는 私鑄錢律로 논
   한다.[76)

    이 ≪續大典≫ 말하는 私鑄錢律이란 ≪大明律≫ 私鑄銅錢에 의하여
처벌한다는 의미인지, ≪續大典≫에서 사사로이 銅錢을 주조한 경우에
처벌하는 不待時斬으로 처벌한다는 의미인지 불명확하다. 이는 이 규정
이 생긴 연혁에서 확인할 수 있는데, 숙종 18년에 假銀을 鑄造한 경우에
어떻게 처벌하여야 하는지 논의가 된다. 영의정 權大運은 楮貨를 僞造
한 경우나 私鑄銅錢의 경우에 一罪로 논단하는데, 은화를 가짜로 만드
는 경우는 더욱 중하기 때문에 금단하기 위해서는 一罪로 논단하면서도,
不待時로 논할 것을 주장하였다.[77) 그 이외에 좌의정 睦來善은 楮貨를
위조한 죄나 私鑄銅錢과 비슷하기 때문에 一罪로 논하여야 한다고 주장
하였고, 특히 右議政 閔黯의 경우에는 銀을 캐는 곳이 많아졌기 때문에
禁令을 엄히 할 것을 주장하였다. 결국 숙종은 私鑄銅錢과 비교하여 중

---

74) 朝鮮 後期 銀鑛발달에 대하여는 국사편찬위원회 편, 『한국사 30 - 조선중기
   의 정치와 경제』, 1998, 567~568면(柳承宙 집필부분) 및 국사편찬위원회 편, 『한
   국사 33 - 조선후기의 경제』, 1997, 187~209면(柳承宙 집필부분) 참조.

75) ≪大明律≫ 제383조 刑律 詐僞 私鑄銅錢 : ○若僞造金銀者 杖一百徒三年
   爲從及知情買使者 各減一等.

76) ≪續大典≫ 刑典 僞造 : ○打造假銀者, 以私鑄錢律論.

77) ≪秋官志≫ 考律部 續條 銀銅 造銀肅宗 18年條(1692)에서는 領議政 閔熙라
   고 하고 있으나 ≪承政院日記≫에 의하면 權大運이다. 閔熙는 肅宗 13년에
   이미 사망했다. ≪承政院日記≫ 숙종 13년 4월 戊午 : ○平安監司書目 順
   川縣還配罪人閔熙 今月初六日身故事.

하기 때문에 不待時斬으로 할 것을 판부하였는데,78) 이 결정이 ≪受敎
輯錄≫에 규정되었다.79)

그런데 ≪受敎輯錄≫에 규정되어 있는 '私鑄銅錢'이란 ≪大明律≫의
私鑄銅錢을 가리키는 것이다. 왜냐하면 위에서 본 논의에서 비교대상이
된 조항은 ≪經國大典≫의 저화를 위조한 경우와 ≪大明律≫의 私鑄銅
錢을 말하는데 이 두 가지 조항은 모두 형량이 絞刑이고, ≪受敎輯錄≫
에서는 이와 비교하여 가짜 은을 제조한 경우는 이에 비교하여 더욱 무
겁기 때문에 不待時斬에 처한다고 하였기 때문이다. 당시 이미 私鑄錢
의 경우 不待時斬에 처하는 것이 受敎로서 행해지고 있었지만, 아직 비
교대상으로서의 법적 지위가 명확하지 않았기 때문에 ≪大明律≫ 私鑄
銅錢이 비교대상이 된 것이라고 할 수 있다.

하지만 ≪續大典≫에 규정된 '私鑄錢律'은 ≪大明律≫ 私鑄銅錢을 가
리키지는 않는다. 왜냐하면 ≪續大典≫을 만들 당시에는 이미 私鑄錢에
대한 규정이 不待時斬으로 ≪受敎輯錄≫에 실려 있었고, ≪大明律≫과
는 다른 특별한 규정으로서 ≪續大典≫에 규정되었기 때문에 굳이 ≪大
明律≫ 私鑄銅錢보다 중하게 처벌하여 不待時斬으로 논한다는 형식보
다는 ≪續大典≫ 안의 규정을 지시해주기만 하면 되기 때문이다.

5. 그밖의 僞造犯罪와 유사 범죄

≪續大典≫ 刑典 僞造에는 위와 같은 특칙 이외에 두 조항이 더 규정
되어 있다. 편지를 僞造하는 경우와 中脯를 사적으로 제조하는 경우가
그것인데 다음과 같이 규정하고 있다. 우선 사적인 편지를 僞造한 경우
를 살펴보도록 하자.

---

78) ≪承政院日記≫ 숙종 18년(1692) 10월 戊子. 한편 ≪朝鮮王朝實錄≫에서는
하루 전인 숙종 18년 10월 丁亥에 이 결정이 있었던 것으로 기록하고 있다.
79) ≪受敎輯錄≫ 652 受敎 : ○僞造假銀之罪 比諸私鑄銅錢 尤重 論以不待時
處斬(康熙壬申承傳).

　《續大典》 刑典 僞造 : ○宰相의 편지를 위조하였는데 관계되는 사안
이 중요한 경우에는 먼 변방으로 정배한다.[80]

　우선 사적인 편지를 僞造한 경우 《大明律》에서는 이를 특별히 처벌
하는 규정은 두고 있지 않다. 그렇다면 사적인 편지를 僞造하여도 처벌
은 되지 않는 것을 알 수 있는데, 《續大典》에서는 관계되는 사안의 중
대성 여부에 따라서 먼 변방으로 정배하는 것으로 처벌하고 있는 것이
다. 이 규정은 현종 10년(1669)에 受敎된 것인데 《承政院日記》나 《朝
鮮王朝實錄》에서는 受敎된 맥락을 찾을 수가 없고 다만 《受敎輯錄》
에 年限을 정하지 않고 먼 변방으로 정배한다고만 규정되어 있을 뿐이
다.[81] 이를 통해서 다만 추정만 할 수 있을 뿐인데, 《大明律》에서 처벌
하지 않는 행위를 처벌 범위 내로 끌고 들어온 것이라고 평가할 수 있다.
　그리고 《續大典》에서는 제사에 소용되는 中脯에 대한 행위도 규정
하고 있다. 中脯는 제사에 소용되는 것인데, 정결하지 않으면 안되기 때
문에 각 邑에 책임을 지워서 고을 이름을 새기도록 하였다. 이 中脯는
만드는데 소 한 마리가 쓰이기 때문에 흉년이나 전염병이 돌 때에는 수
급이 어려워서 때로는 소를 쓰지 않고 다른 짐승의 고기로 대체하는 경
우도 있었지만,[82] 정결함을 중요시하였기 때문에 防納을 하지 못하고 고
을에서 직접 바치도록 하고 있었고 이를 어길 때에는 제향을 신중히 받
들지 않은 율로 논하고 있었다.[83] 여기서 제향을 신중히 받들지 않은 율
이란 《大明律》 祭享에 나오는 것으로 제사를 그르친 경우에는 장100
에 해당한다.[84] 그런데 《續大典》에서는 이를 보다 중하게 여겨 一律

---

80) 《續大典》 刑典 僞造 : ○僞造宰相書簡 關係重者 邊遠定配.
81) 《受敎輯錄》 648 受敎 : ○宰相書簡僞造者 不限年邊遠定配(康熙己酉承傳).
82) 《朝鮮王朝實錄》 인조 16년(1638) 5월 己巳.
83) 《朝鮮王朝實錄》 인조 23년(1645) 10월 癸卯.
84) 《大明律》 제176조 禮律 祭祀 祭享 : 凡大祀及廟享 所司不將祭祀日期預
　　先告示諸衙門者 笞五十 因而失誤行事者 杖一百 其已承告示而失誤者 罪坐
　　失誤之人.

로 처벌하고 있다.

　　《續大典》 刑典 僞造 : 제사에 소용되는 중포를 사사로이 만들거나 사
　서 바치는 자는 모두 一律로 논한다.[85]

　　《續大典》의 이 규정은 현종 7년(1666)의 受敎에서 유래한 것인데, 顯宗
은 中脯를 사사로이 만드는 것은 통금하지 않으면 안되지만 《大明律》
에 해당하는 율이 없으므로 새로 처벌규정을 만들어 定式으로 삼으라고
한 것이다.[86] 이 受敎가 《受敎輯錄》에 死罪로 논하는 것으로 규정된
것이다.[87] 中脯를 사사로이 주조하는 경우 《大明律》에는 해당하는 규
정이 없었지만, 이것이 문제가 되자 결국 새로운 규정을 만들어 처벌하
고 있는 것이라고 할 수 있다.

---

85) 《續大典》 刑典 僞造 : 祭享所用中脯私造及貿納者　並以一律論.
86) 《承政院日記》 현종 7년(1666) 12월　壬戌.
87) 《受敎輯錄》 647 受敎 : ○中脯 是祭享所用 如有私造及貿納人　並以死罪論
　　斷(康熙丙午承傳).

제5절 ≪續大典≫ 刑典과 ≪大明律≫

이상에서 ≪續大典≫ 刑典의 규정이 어떻게 해서 생겨나는가를 살펴
보았다. 그 과정에서 ≪大明律≫과 비교해보면서 몇 가지 특징적인 면을
발견할 수 있었다. 그것은 士族과 관련한 규정들, 綱常과 관련한 규정들
이 대폭 늘어났다는 점, 謀反大逆에 관련된 규정들과 각종 재산범죄에
관련된 규정들이 늘어났다는 점이다. ≪大明律≫이 제시하고 있는 규정
들이 있음에도 불구하고 이 규정들이 늘어났다는 것은, 조선후기 사회의
특징들을 보여주는 것이라고 할 수 있을 것이다.

우선 名分을 중시하는 사회의 심화를 들 수 있다. 名分을 중시하기 위
하여 사족에 대한 보호책을 확대하였고, 사족에 대한 의무도 보다 강화
하였다. 앞 시기에 형성되어 가던 사족집단은 ≪續大典≫에 이르면 良賤
구분이 아닌 사족과 常賤으로 구분되어 법적으로 차등취급을 받게 된다.
이것은 조선의 새로운 관료들이 출계를 제한하여 장기적으로 자신들의
사회 지위와 정치 권력을 높였으며 사회영역에서든 정치 영역에서든 어
떠한 평등주의에도 맞섰던[1] 조선전기의 상황이 조선후기에 이르러 보다
심화되었다는 것을 의미한다. 이것은 綱常관계를 보다 강조하고, 복수의
범위를 넓히는 모습에서도 살펴볼 수 있었다. 또 관장에 대한 침해는 가
차 없이 처벌하는 모습에서 국가 권위를 보다 고양하려는 모습도 볼 수
있었다. 이를 통하여 조선의 형사사법제도는 ≪經國大典≫ 시대부터 ≪大
明律≫에 비하여 신분형법적인 모습이 가미되어 있었는데, 그것이 시간
이 흐를수록 오히려 강화되고 확장되어가는 추세를 볼 수 있었다.[2]

---

1) 마르티나 도이힐러/이훈상 옮김, 『한국 사회의 유교적 변환』, 아카넷, 2005,
401면.
2) 沈羲基, 「18세기의 형사사법제도 개혁」『韓國文化』20, 서울대학교 韓國文
化硏究所, 1997, 237면.

또 謀反大逆에 관련된 규정들도 보다 세밀해진 것을 볼 수 있었다. 그것은 조선후기에 謀反大逆에서 나올 수 있는 경우의 수가 그만큼 증가했다는 것을 의미한다. 경우의 수의 증가로 ≪大明律≫ 謀反大逆에만 의존하여 처벌하는 것이 더 이상은 불가능해졌기 때문에 ≪續大典≫에 이르면 보다 세밀한 규정들이 만들어지게 된다. 그리고 조선초부터 ≪大明律≫과는 다른 형태의 규정을 두고 있었던 사항들이 사회 변화에 따라 보다 복잡하게 규정되는 모습을 볼 수 있었다. 대표적인 것이 僞造犯罪였는다. 동전유통에 따라 私鑄錢을 처벌하게 되는 것도 그 일례라고 할 수 있을 것이다.

한편 ≪續大典≫에서는 用律에 관한 규정도 변화를 겪고 있다. 이들 변화가 나타나는 이유가 무엇인지 살펴보자. 특히 제5장에서의 논의에서 몇 가지의 사례를 통하여 현대에서 立法을 하고 법을 적용하는 것과는 차이가 나는 것을 알 수 있었다. 太祖의 ≪大明律≫ 受容 宣言이 宣言만으로 ≪大明律≫이 그대로 적용되지 않는 것은 제2장에서 보았다. 受容宣言만으로는 ≪大明律≫이 자동적으로 적용되는 상황은 벌어지지 않았다. ≪大明律≫의 텍스트의 이해가 당면 과제였기 때문에 다른 法源을 동원하기도 하는 등 시행착오를 거쳐서 ≪經國大典≫의 '用大明律'로 규정된다. 하지만 ≪經國大典≫에 '用大明律'이라는 규정이 삽입되고 나서도 마찬가지의 사정을 보이고 있다. 이러한 사정은 ≪續大典≫과 그 이후의 國典에서도 마찬가지로 보이고 있다. 이는 당시에 '법을 쓴다'라고 선언하였더라도, 혹은 법전에 이를 규정하였다고 하더라도 현재 우리가 입법부에 의해서 공포된 법을 적용하는 것과는 차이가 난다. 즉 현대는 법의 시행일을 정하여 공포하면 그것이 그대로 적용될 뿐이지만, 조선시대에는 선언 혹은 國典의 규정이 존중되기는 하지만 일정한 신분, 일정한 상황에 따라서 법적용이 재고되기도 하는 것이다. 이러한 차이는 어디에서 나오는 것일까?

조선전기에 ≪大明律≫에 대한 관심이 텍스트적인 면에 있었고, 조선후기에는 텍스트가 이미 이해된 전제 위에 형량으로 관심이 넘어간다는 점에 주목한다면 당시 사람들이 가지고 있었던 법적용의 의미가 현대의 법적용의 의미와 차이가 나는 이유를 추측할 수 있을 것 같다. 조선전기에는 ≪大明律≫을 이데올로기적으로 따라야 한다는 관념이 있었기 때문에 ≪大明律≫을 적용하려는 노력을 기울였지만, 조선의 현실과는 맞지 않는 부분이 있었다. 그 부분에서 바로 ≪經國大典≫의 刑典 규정이나 ≪大典續錄≫, ≪大典後續錄≫, ≪各司受敎≫의 각 규정들이 성립하는 것이다. 말하자면 ≪大明律≫이 지니고 있었던 이데올로기와 조선의 현실과의 배반으로 생기는 법적용곤란에 대한 해결인 셈이다. 이는 外國法을 들여오는 이상, 사회가 변하는 이상 일어날 수밖에 없는 문제이다. '쓴다'라고는 하지만 일정한 부분에서는 이를 그대로 적용할 수는 없었던 것이다. 그렇기 때문에 당시 사람들이 생각한 '≪大明律≫을 쓴다'라는 관념은 그들이 가지고 있었던 法感情에 저촉되지 않는 처벌을 예정하고 있는 ≪大明律≫을 쓴다는 의미로 이해하여야 할 것이다. 이러한 사정은 조선후기에 더욱 두드러지게 나타난다고 생각된다. 즉 조선후기에는 현실 문제를 해결하면서 ≪大明律≫의 구성요건보다는 형량에 관심을 집중한다. 형량에 관심을 집중하게 되면 ≪大明律≫이 예정하고 있는 처벌이 당시 사람들의 法感情에 저촉되느냐가 문제될 것이고, 그에 따라 적절하게 형벌을 부과할 것이다. 그렇게 되면 어떠한 형벌을 부과할 것인가가 결정되면 그에 합당한 ≪大明律≫의 규정을 인용하기만 하면 된다. 그리고 그것이 法感情에 저촉될 경우에는 ≪大明律≫과 다른 규정을 만들면 된다. ≪大明律≫을 적용하지만 그 적용은 당시의 법적용자들이 적절하다고 생각되는 경우에만 적용되는 것이다.

이렇게 본다면 결국 ≪大明律≫을 쓴다는 것이 자의적인 처벌로 이어지는 것은 아닌가하는 문제로 이어지게 된다. 즉 죄형법정주의와의 관련성을 짚고 넘어가야 되는 것이다. 당시 사람들이 어떠한 刑罰을 부과할 것인가가 주된 문제이고 어떠한 규정을 적용하여야 하는가는 부차적인

문제에 불과하다고 생각하였다고 할지라도, 그것은 조선사회에서 합의
된 法感情 내에서의 것이다. 합의된 法感情의 틀 안에서는 일정한 범죄
에 대하여 일정한 처벌이 행해지는 죄형법정주의가 작동되고 있었다고
보아야 한다. ≪大明律≫을 적용하지 않고 새로운 규정을 만드는 것은
죄형법정주의와는 다른 차원의 합의된 法感情의 차원의 문제일 것이라
고 생각된다. 그러한 것은 조선후기로 나아가면 몇몇 범주로 유형화가
가능한데, 그것은 이미 본바와 같이 사족범죄나 범분행위, 혹은 위조범
죄 등에 관한 것일 것이다.

제6장 《大典通編》, 《大典會通》 刑典과 《大明律》

제1절 형사제도 운영의 방향

18세기 다양하게 표출된 범죄, 일탈에 직면하여 범죄 예방을 위해 추진한 正祖의 정책은 크게 두 방향이었다. 먼저 강력한 공형벌권의 강화를 추진하여 양반, 관리들의 사형·폭력으로부터 민을 보호하는 대민정책을 추구하였다. 이와 함께 사회질서, 관권에 저항하는 극단적인 범죄에 대해서도 대책을 강구하였는데, 유교윤리 규범의 신칙, 법규의 정리와 법전편찬, 새로운 처벌 입법의 마련을 통한 지배체제 재정비 작업으로 평가할 수 있다.[1] 이러한 정책의 결과 正祖代에는 《大典通編》의 위시하여 《欽恤典則》, 《秋官志》, 《審理錄》 등이 편찬되는 것이다. 이러한 기조는 正祖代 이후에도 계속하여 이어져서 高宗代에 이르러 《大典會通》의 편찬으로 이어진다.

---

1) 沈載祐, 『《審理錄》 研究-正祖代 死刑犯罪 처벌과 社會統制의 변화-』, 서울대학교 문학박사학위논문, 2005, 233면.

I. 法典과 判例集·實務書의 편찬

정조대에는 이전의 영조가 이룩해내었던 ≪續大典≫의 뒤를 잇는 大
典을 편찬하게 된다. ≪續大典≫이 ≪經國大典≫과 따로 분리되어 있기
때문에 합쳐서 보기에 편리하도록 하는 필요와, ≪續大典≫ 편찬 이후의
受敎들을 정리하여 수록할 필요가 있었기 때문이다. 그래서 ≪大典通
編≫을 편찬하게 된다. 이 ≪大典通編≫의 편찬과정은 ≪受敎輯錄≫의
續編을 만드는 것으로 진행하는 과정과 본격적으로 ≪大典通編≫을 편
찬하는 과정으로 구분할 수 있는데, 正祖 8년 3월에는 ≪受敎輯錄≫의
續編을 만드는 것으로 작업을 시작하였다가, 4월에 이르러 ≪大典通
編≫을 만드는 것으로 방향을 전환하고 있다. 그 이후 편찬에 박차를 가
하여 正祖 9년(1785) 9월에 이르러 인출이 완료되어 편찬작업이 완료를
고하게 되었다.[2) 이후 조선왕조 최후의 법전인 ≪大典會通≫이 高宗 2
년(1865)에 편찬되는데, 기본적으로 ≪大典通編≫을 보충하기 위한 것이
었다. 그래서 비변사를 폐지하고 의정부를 복설하며 종친부를 강화하는
등 왕권강화를 위해 부분적으로 관제를 개정하고 ≪大典通編≫ 편찬 후
의 受敎를 종합정리하는 등 기존의 틀을 유지하고 본질적인 변혁은 없
는 법전이었다.[3)

기본적인 法典들은 ≪續大典≫ 이후 ≪大典通編≫과 ≪大典會通≫으
로 이어지는데, 사실 이 法典들에서는 기존의 틀을 유지하고 있었기 때
문에 새로이 추가된 규정들은 그리 많지 않다. 법전의 규정은 그리 많이
증가하지 않지만, 대신 판례집을 비롯한 실무서들이 편찬되어 그 간극을

---

2) 廉定變, 「大典通編 解題」 『大典通編』, 서울대학교 奎章閣, 1998, 5~14면.
3) 鄭肯植, 「大典會通의 編纂과 그 意義」 『서울대학교 法學』 제41권 4호, 서울
   대학교 법학연구소, 2001, 343면. 특히 이 논문은 ≪大典會通≫의 편찬과정
   의 자세한 경과와 법조문을 만드는 과정들을 상세하게 다루고 있다.

메우고 있다고 생각된다. 판례집으로는 ≪秋官志≫나 ≪審理錄≫이 공간
되고, 필사본의 형태로 서울대학교 奎章閣에 전해지는 ≪小丹書≫, ≪秋
曹審理案≫, ≪秋曹決獄錄≫, 사례를 수록한 ≪律例要覽≫ 등이 존재하
는데, 이들 서적들은 형사와 관련된 법전의 규정들을 실제로 어떻게 적
용하여야 할지 지침이 되었으리라고 생각된다. ≪秋官志≫는 正祖 5년
(1781)에 처음 편찬되었으나, 이후 의금부 관련내용에 대한 重補를 거쳐서
正祖 15년(1791)에 편찬되었다.[4] 또 정조의 사형죄수에 대한 심리기록을
고스란히 담은 ≪審理錄≫은 1776년에서 1800년까지의 死刑事件을 담고
있어 ≪秋官志≫ 이후 약 10년간의 사건들을 볼 수 있다.[5] ≪小丹書≫나
≪秋曹審理案≫, ≪秋曹決獄錄≫은 純祖 이후 高宗代까지의 형사 판결
들을 담고 있는데, 正祖代 이후의 사례에서 나타나는 변화들을 추적할
수 있는 실무서들이라고 할 수 있다. 특히 ≪律例要覽≫은 후에 자세히
다루겠지만, ≪大典通編≫이 편찬된 이후 자주 일어나는 형사사건들에
대한 처리 지침을 알려주는 것으로서, 조선후기 ≪大明律≫과 國典이
어떤 식으로 적용되고 있었는가를 알려지는 지표로서 활용될 수 있는
자료라고 생각된다. ≪律例要覽≫에 나와 있는 사례들을 통해서 실제로
자주 활용되고 있었던 ≪大明律≫과 國典規定이 어떤 것들이 있었고,
이를 통해 조선후기에 ≪大明律≫이 형사판결에 어느 정도까지 영향을
미치고 있었는가 추정할 수 있으리라 생각된다. 조선후기, 특히 ≪續大
典≫ 편찬 이후에 주목할만한 法書들은 다음과 같다.

　아래에서는 우선 國典에 나와있는 형사규정을 먼저 살펴보고, 절을
바꾸어 ≪律例要覽≫을 중심으로 하여 ≪大明律≫과 國典의 관계를 살
펴보기로 한다. 또 이와 관련된 判例들도 가급적 언급하기로 한다.

---

4) 沈載祐, 「≪秋官志≫ 解題」『秋官志』上, 서울대학교 奎章閣, 2004, 7면.
5) ≪審理錄≫의 판본에 대하여는 沈載祐, 「≪審理錄≫ 研究－正祖代 死刑犯
　罪 처벌과 社會統制의 변화－」, 75~77면 참조.

〈표 9〉 ≪續大典≫ 이후의 주요 刑事法書

法書	편찬연대(최종)	內容	비고
欽恤典則	正祖 2년(1778)	獄具規式과 贖刑 등에 대하여 정리해놓은 法書	법제자료 제82집 (법제처)
大典通編	正祖 9년(1785)	≪經國大典≫과 ≪續大典≫을 통합하고 증보한 종합법전	서울대 규장각 영인
秋官志	正祖 16년(1792)	형사절차와 형사판례를 정리한 종합 형사법서	서울대 규장각 영인
審理錄	純祖 1년(1801) 이후	正祖 자신이 내린 死刑 사건에 대한 판부를 모아 정리한 판례집	한국문화추진회 번역
受敎定例	純祖 연간	국왕 명령 중에서 형사 사건을 처리하는 데 대한 규정이 된 것들을 모아 놓은 책	법제자료 제38집 (법제처)
律例要覽	憲宗 3년(1837)	형사사례와 적용법조를 규정	법제자료 제38집 (법제처)
小丹書	憲宗 12년(1846) 이후	주로 死罪에 대한 사건처리 실무 지침서	서울대 규장각 소장
秋曹審理案	憲宗 13년(1847) 이후	憲宗 2년(1836)부터 憲宗 13년(1847)까지 刑曹에서 심리한 각종 범죄사건기록	서울대 규장각 소장
秋曹決獄錄	純祖 22년(1822)~ 高宗 30년(1893)	1년에 1책씩 刑曹의 보고를 거친 모든 사건을 모아 놓은 判例集. 決獄案이기 때문에 간략함. 純祖 22년의 책이 47책째이기 때문에 正祖 즉위년(1776)부터 편찬시작.	서울대 규장각 소장
大典會通	高宗 2년(1865)	朝鮮王朝 최후의 종합법전.	서울대 규장각 영인. 번역본 다수.

Ⅱ. ≪大典通編≫, ≪大典會通≫ 刑典과 ≪大明律≫

≪續大典≫ 단계에 이르면 실체적인 형사규정들이 거의 다 정리가 되고, ≪大典通編≫과 ≪大典會通≫에는 큰 변화는 없다. 다만 ≪大明律≫,

≪經國大典≫, ≪續大典≫의 체계를 보다 구체화하는 규정들이 적게나마 규정되는데, 이들을 통해서 ≪續大典≫ 이후에는 형사규정의 변화가 극히 적었음을 알 수 있다. 이하에서는 소수나마 이들 규정을 대상으로 하여 ≪續大典≫ 이후 형사규정들에 어떠한 변화가 있었고, 이들 규정들은 ≪大明律≫과 어떠한 관계를 맺고 있는가에 대하여 규정의 沿革과 함께 살펴보려고 한다.

1. 囚禁 및 訊問과 관련된 규정들

囚禁과 관련하여서는 이전부터 내려오던 기조가 ≪大典通編≫, ≪大典會通≫에서도 여전히 유지되고 있다. 그것은 有品官에 대하여 인정되어 오던 인신구속상의 특권이라고 할 수 있는 것이다.

우선 ≪續大典≫에서는 議政에게 인신 구속상의 특례를 인정하고 있는데, ≪大典通編≫의 단계에 이르면 이를 더욱 확대하고 있다.

  ≪大典通編≫ 刑典 囚禁 : <割註 : 宗親・儀賓으로서 품계가 顯祿・綏祿에 이르고 문신인 宰臣으로서 일찍이 文衡・輔國・貳相・耆社를 지낸 사람은 輕罪에는 가두지 아니한다>.6)

顯祿大夫와 綏祿大夫는 각각 宗親인 정1품과 儀賓인 정1품이 받는 품계이고, 輔國崇祿大夫 역시 정1품의 품계에 해당된다.7) 이 규정은 당초 英祖 때 논의가 되었던 것이다. 즉 大匡輔國崇祿大夫 즉 議政일 경우에는 악역 이외에는 구금하지 않는 것이 ≪續大典≫에 실려 있는데, 이미 이전부터 文衡을 지낸 사람은 囚禁하지 않는 것이 受敎로서 확립되어 있었던 것 같다. 그러다가 大匡輔國崇祿大夫와 輔國崇祿大夫는 모두 정

---

6) ≪大典通編≫ 刑典 囚禁<割註 : 宗親・儀賓 資至顯祿・綏祿 文宰 曾經文衡・輔國・貳相・耆社人, 勿以輕罪繫囹圄>.
7) ≪經國大典≫ 吏典 京官職.

1품이기 때문에 輔國崇祿大夫도 마찬가지로 囚禁에 있어서 輕罪에는 구
금하지 못하도록 하였고, 이와 아울러 貳相과 耆老所에 入社한 사람들
도 輕罪에는 구금하지 못하도록 한 것이다.8) 이 규정은 제대로 지켜지지
는 않은 것 같은데 정조 4년(1780)에 이르러 顯祿大夫인 宗親을 추고하는
사건이 발생하자 다시 신칙하고 있다.9)

한편 조선시대에는 범인 본인을 囚禁하지 않고, 가족 중의 타인을 囚
禁하는 경우가 종종 있었다. 그러한 경우는 주로 아버지를 위하여 아들
이 대신 囚禁되거나, 형을 위하여 동생이 대신 囚禁되는 것이었는데, 이
러한 경우를 보통 次知라고 하여 허용하여 왔던 것이다. 그런데 ≪大典
通編≫에는 이 次知에 대하여 일정한 제한을 가하는 규정이 등장한다.

≪大典通編≫ 刑典 囚禁 : 부모로서 자식을 대신하고 형으로서 동생을
대신하며 처로서 남편을 대신하는 등으로 대리인을 囚禁하는 것을 엄금하
며 범한 경우에는 制書有違律로 논한다. ○범한 경우에는 해당관서의 관
원이 잡아서 承政院에 보고하며 그 자를 숨겨두고 보고하지 아니한 경우
에는 논죄한다.10)

이 규정은 次知가 원칙적으로 허용된다는 전제 하에서 만들어진 규정
이라고 할 수 있는데, 범죄인 본인을 囚禁하지 않는 경우가 예외적으로
허용되는 것인데 이를 제한없이 확대해 나간다면 아들 대신 부모가, 동
생 대신 형이, 남편 대신에 처가 수금되는 사태에 이를 수 있는 우려가
있었다. 그래서 이는 풍교에 관계된 것이기 때문에 이를 허용하는 것을
일체 엄금하기로 하여 이를 범하는 자는 大官, 小官, 上司, 諸司를 물론하
고 制書有違律로 처벌하도록 한 결정11)이 ≪大典通編≫에 실린 것이다.

---

8) ≪承政院日記≫ 영조 50년(1774) 1월 乙丑.
9) ≪朝鮮王朝實錄≫ 정조 4년(1780) 4월 辛未.
10) ≪大典通編≫ 刑典 囚禁 : 以父母代子 以兄代弟 以妻代夫 次知囚禁者嚴禁
犯者以制書有違律論 英宗辛巳 ○犯者 該署官員執告政院 掩置不告者論罪.
11) ≪承政院日記≫ 영조 37년(1761) 1월 癸卯.

그리고 심문에 있어서도 여전히 관료들에 대한 특권이 유지되고 있는 것을 다음 규정을 통해서 확인할 수 있다.

> ≪大典通編≫ 刑典 囚禁 : ○卿宰에 대한 義禁府에서의 심문은 義禁府에서 草記하고 임금의 재가를 기다린 후에야 供辭를 받을 수 있다.[12)

이 규정은 卿宰에 대하여 심문할 경우에는 임금의 재가를 기다려서 거행하라는 것인데, 卿宰에 대한 우대의 의미가 있다고 할 수 있다. 이 규정이 나오게 된 것은 순전히 국왕 개인의 卿宰에 대한 우대의 뜻에서 비롯되었다고 할 수 있다. 즉 영조 44년(1768)에 備邊司에서 병을 칭탁하거나 출타 등으로 공무집행을 게을리하는 사례가 많았는데 이로 인하여 徐命臣이 의금부에 구금되었다.[13) 며칠 후 의금부에 갇혀 있는 자들에 대한 처리를 하는 과정에서 아침에 한 나라의 卿宰였다가 저녁에 獄吏를 대할 수는 없다고 하면서 徐命臣을 특별히 내보내도록 하고, 이후로는 의금부에서 草記하여 下敎를 기다린 이후에 供辭를 받도록 하였는데,[14) 이것이 定式化되어 ≪大典通編≫에 규정된 것이다.

2. 犯分 행위의 규제

≪續大典≫에 이어 ≪大典會通≫에서도 마찬가지로 犯分행위에 대하여 특별한 규정을 두고 있다. 그런데 ≪續大典≫과 차이가 나는 것은 ≪續大典≫에서는 ≪大明律≫의 규정을 참작하여 새로운 규정을 만들었던 것에 대하여 ≪大典會通≫에서는 이를 보다 구체화하고 있다. 즉 ≪大明律≫과 ≪續大典≫의 규정을 벗어난 새로운 규정을 만들었다기보다는, ≪大明律≫과 ≪續大典≫ 규정에 의하여 해결할 수도 있는 행위를

---

12) ≪大典通編≫ 刑典 囚禁 : ○卿宰禁推 該府草記 待批下捧供.
13) ≪承政院日記≫ 영조 44년(1768) 10월 丁丑.
14) ≪承政院日記≫ 영조 44년(1768) 10월 壬午.

보다 세분화하여 규율하고 있는 것이다. 이들 규정은 상천과 사족 및 有
品官, 婢夫와 家長, 吏卒과 官員과의 관계에 대한 세부적인 규정들인데
≪大明律≫, ≪經國大典≫, ≪續大典≫, ≪大典會通≫에 흩어져 있다. 논
의의 편의를 위하여 모든 규정을 필요한 한에서 인용하여 들어보기로
하자.

  ≪大明律≫ 제348조 刑律 罵詈 罵制使及本管長官 : 왕명을 받들고 간 사
신을 관리가 욕하거나, 백성이 자기를 관할하는 知府・知州・知縣을 욕하
거나, 군사가 자기를 관할하는 指揮・千戶・百戶 등을 욕하거나, 吏卒이
본부의 5품 이상 장관을 욕하면 장100으로 처벌한다. 만약 6품 이하의 장
관을 욕하면 각각 3등을 감하며, 佐貳官이나 首領官을 욕하면 또 각각 1등
을 차례로 감한다.[15]

  ≪大明律≫ 제350조 刑律 罵詈 奴婢罵家長 : … 만약 雇工人이 家長을
욕하면 장80 도2년으로 처벌하고 ….[16]

  ≪大典會通≫ 刑典 推斷 : 續 ○常民과 賤民이 士族을 폭행하였는데 사
정이 명백한 경우에는 장100 도3년에 처한다<割註 : 상해한 경우에는 장
100 유2천리에 처한다. 補 상민과 천민이 품계가 있는 기술관료 및 품계가
없는 사족을 모욕한 경우에는 장60에 처하고 사리가 중한 경우에는 장60
도1년에 처하며, 사실을 날조하여 무고한 경우에는 보통 사람에 비하여 가
중하여 논한다>.[17]

  ≪大典會通≫ 刑典 告尊長 : 原 자손, 처첩, 노비로서 부모, 가장의 비행
을 고발하는 경우에는 모반, 역반을 제외하고는 絞刑에 처한다. 奴妻, 婢夫
가 家長의 비행을 고발하는 경우에는 장100 유3천리에 처한다<割註 : 옛

15) ≪大明律≫ 제348조 刑律 罵詈 罵制使及本管長官 : 凡奉制命出使 而官吏罵
   詈 及部民罵本屬知府知州知縣 軍士罵本管指揮千戶百戶 若吏卒罵本部五品
   以上長官 杖一百 若罵六品以下長官 各減三等 罵佐貳官首領官 又各遞減一等.
16) ≪大明律≫ 제350조 刑律 罵詈 奴婢罵家長 : … 若雇工人罵家長者 杖八十
   徒二年 ….
17) ≪大典會通≫ 刑典 推斷 : 續 ○常賤打士族 事情明白者 杖一百徒三年<割
   註 : 傷者 杖一百流二千里 補 常賤罵有品雜岐官及無品士族者 杖六十 事理
   重者 杖六十徒一年 搆捏誣訴者 比犯人加等論>.

노비, 雇工이 옛 가장을 구타, 욕설, 고발하는 자는 가장을 구타, 욕설, 고
발한 律에서 각 2등을 감하여 논죄한다. ○무릇 下官이 한 등급이 높은 관
원을 욕한 경우에는 남을 욕한 本律에 1등을 더하며, 두 등급인 경우에는
또 1등을 더하고, 이렇게 번갈아 더하여 장100에서 그친다. 工商賤隷는 관
직의 유무를 물론하고 각각 또 1등을 더한다. 補 婢夫가 가장을 능욕한 경
우에는 장80 도2년에 처하되, 가장이 거느리고 살지 않는 경우에는 장100
에 처한다. ○吏卒이 5품 이상 관원을 모욕하는 경우에는 장100에 처하고,
6품 이하인 경우에는 3등을 감하여 장70에 처하며, 사리가 크게 어긋난 경
우에는 장100 도3년에 처하며, 다른 아문의 관원을 모욕한 경우에는 각각
1등을 감한다>.[18]

위의 규정들은 아랫사람이 윗사람을 모욕하는 경우에 관련된 것들인
데, ≪大明律≫에서는 관장에 대한 모욕과 주인에 대한 모욕으로 구분되
어 있다. 반면에 ≪大典會通≫에서는 이를 관장에 대한 것과 주인에 대
한 것으로 구분하지 않고, 常賤과 士族 혹은 有品雜織官에 대한 관계는
刑典 推斷에 규정하고, 그 이외의 관계에 대하여는 刑典 告尊長에 규정
하고 있어 체계상 찾아보기 곤란하게 규정되어 있는 듯이 보인다.

사실 ≪大典會通≫에서 새로이 들어간 규정들은 정조 10년(1786) 6월에
같이 논의된 것으로 당시 사람들이 같은 범주로 생각하고 있었음을 짐
작할 수 있다. 그런데도 이를 다른 항목으로 규정한 것은 제5장에서 논
의한 사족범죄와 관련시켜 생각해볼 수 있을 것 같다. 즉 ≪大典會通≫
에서 새로이 들어간 규정은 常民과 賤民이 士族을 폭행한 조문의 割註
로 처리하고 있기 때문에, 이 조항이 특히 관직이 없는 士族에 대한 모
욕행위를 규율하는 것에 중점을 두고 있는 것임을 추측할 수 있다.

---

18) ≪大典會通≫ 刑典 告尊長 : 原 子孫·妻妾·奴婢告父母·家長 除謀叛·
逆反外 絞 奴妻·婢夫告家長者杖一百流三千里<割註 : 舊奴婢·雇工 罵告
舊家長者, 各減罵告家長律二等論 ○凡下官罵差等官者, 於罵人本律加一等
隔等者又加一等 以此遞加 至杖一百而止 工·商·賤隷勿論有·無職, 各又
加一等 補 婢夫凌辱家長者杖八十徒二年, 非居生於率下者杖一百 ○吏·卒
罵五品以上官者 杖一百 六品以下者 減三等杖七十 事理絶悖者 杖一百徒三
年 罵他衙門官者 各減一等>.

이 규정이 어떠한 과정을 거쳐서 만들어졌는가를 살피면 ≪大明律≫, ≪續大典≫, ≪經國大典≫과의 관계가 확연히 드러난다. 이 규정은 아버지가 주인에게 죽은 아들이 다른 사람에게 주인을 고발하도록 부탁한 사건을 처리하면서 正祖의 문제제기로부터 비롯되었다.[19] 즉 정조는 皂隷들이 관장을 알지 못하고 노복들이 주인을 두려워하지 않아 가난한 선비나 초라한 씨족이 모욕당하는 사례가 많은데 이 경우 工商賤隷가 5품 이상을 모욕하여 1등을 가중하는 규정을 적용하거나, 雇工이 주인을 모욕하는 규정을 적용하였지만, 정확하게 적용할 규정이 없다고 하여 斷例를 확정지을 것을 요청하였다. 당시 영의정이었던 정존겸이나 영돈녕부사 홍낙성, 판중추부사 이복원, 판중추부사 김익은 ≪大典通編≫과 ≪大明律≫을 참작하여 사용하면 되지 새로 만들 필요가 없다는 의견을 피력하였다.[20]

하지만 정조는 아전과 백성을 천예들과 같이 논하고, 婢夫를 雇工으로 논하는 것은 참조를 잘못한 것은 아닌가라는 의문을 제기하였다. 6품 이하로 품계가 없는 雜技의 관원을 모욕하거나 다른 관청의 官長을 모욕하는 경우, 혹은 工人, 商人, 賤隷가 士大夫가 관직을 가지든 가지지 않든 가리지 않고 모욕하는 경우 어떻게 논죄할지 문제가 될 수 있기 때문에 다시 논의하도록 하였다.

그래서 우선 常賤이 雜技의 관원이나 사대부를 모욕하는 경우에는 현재 가벼울 경우 형장을 치고 무거울 경우 徒配를 하고 있는데, 이를 ≪續大典≫의 常賤이 사족을 폭행한 경우의 법을 참작하여 등급을 정하자고

---

19) 이하의 입법과정에 관한 서술은 모두 ≪朝鮮王朝實錄≫ 정조 10년(1786) 6월 甲申에 의하였기 때문에 별도로 각주를 달지 않기로 한다.
20) 구체적으로는 婢夫가 처상전을 모욕하는 것은 雇工이 주인을 모욕하는 것을 참조하자고 하거나, ≪大典通編≫에 이미 婢夫를 率下에 둘 경우 雇工과 같이 논한다고 하며, 常賤이 士族을 폭행하면 장100 도3년으로 되어 있으며 侮辱이 暴行보다 조금 가벼우므로 이를 참작하면 된다고 하였다. 또 皂隷가 관장을 모욕하는 것은 工商賤隷를 1등 가중하는 것을 참작하여 처벌하면 될 뿐이므로 새로 만들 필요가 없다는 것이다.

하였다. 또 婢夫가 妻의 上典을 모욕한 경우에는 婢夫가 가장을 고발하는 경우와 비교하면 가볍기 때문에 이에 따라 등급을 감하면 ≪大明律≫ 奴婢罵家長의 雇工이 주인을 모욕하는 것과 합치할 것이고, 다만 婢夫는 처와 같이 사는 자와 같이 살지 않는 경우가 있기 때문에 이를 경중을 나누어 규정하면 된다고 하였다.

이렇게 하여 구체적으로 규정을 만드는데, 吏卒이 관원을 모욕하는 경우에는 ≪大明律≫ 罵制使及本管長官의 규정에 따라 5품 이상의 관원을 모욕하면 장100, 6품 이하의 관원을 모욕하면 3등을 감하여 장70에 처하도록 하였는데, 그 가운데 사리에 어긋난 경우에는 장100 도3년, 다른 관청의 관장을 모욕한 경우에는 각각 1등을 감하도록 하였다. 또 常賤이 품계가 있는 雜技의 관원과 품계가 없는 士族을 모욕하였을 경우에는 장60, 사리상 중한 경우에는 장60 도1년에 처하며 거짓으로 꾸며 무고한 경우에는 범인보다 1등을 가중하여 논하도록 하였다. 이는 원래 행해오던 杖刑과 徒配를 ≪續大典≫의 常賤이 士族을 폭행한 경우의 장100 도3년보다 경하게 처벌하는 것을 참작하여 구체적인 형량을 확정한 것뿐이라고 할 수 있다.

마지막으로 婢夫가 처의 上典을 모욕한 경우에는 雇工과 같이 보기 때문에 3등을 감하여 장80 도2년에 처하며, 처와 같이 살지 않거나 솔하가 아닐 경우에는 여기서 또 3등을 감하여 장100으로 하였다. 이것도 婢夫를 雇工과 마찬가지로 처리해오던 것을 구체화한 것이라고 할 수 있고, 처와 같이 살지 않거나 솔하가 아닌 경우를 더욱 감경하여 처벌하도록 한 것이라고 할 수 있다.

여기서 범분행위를 규제하는 규정들은 ≪續大典≫에 비하여 특히 확장되거나 새로운 규정이 만들어진 것이라고 볼 수는 없고, 원래 있던 규정을 보다 세분화하고 구체화시켰다는 것을 볼 수 있었다. 그런데 그 과정에서 논의의 기준이 되었던 것은 ≪大明律≫과 이미 ≪大明律≫에 의해 처리되지 않는 규정들을 담고 있는 國典의 규정들이었다. ≪大明律≫,

≪經國大典≫, ≪續大典≫의 규정들이 논의의 기준이 되어 이 규정들을 어떻게 더 구체화시켜서 명확하게 적용해야 할 것인지가 관건이었던 것 이다.

3. 殺 獄

살인사건과 관련된 경우를 처리하는 규정은 범위가 매우 다양하다. 殺獄이지만 주인이 노비를 살해하는 경우에 관련된 실체적인 규정이 있 는가 하면, 강간과 관련되어 현대의 과잉방위의 상황이 인정될 때 어떠 한 처벌을 행할 것인지, 책임능력을 어떻게 제한할 것인지 등에 관한 규 정들도 존재한다. 이 규정들은 양적으로 그리 많지 않기 때문에 殺獄이 라는 공통된 항목에서 다루기로 한다.

1) 主人의 奴婢殺人

主人이 관에 신고하지 않고 奴婢를 함부로 죽인 경우에는 ≪大明律≫ 奴婢毆家長에 의하여 규율되고 있다.[21] 다만 ≪續大典≫ 규정에 따라 죄없는 노비를 죽인 경우에는 동거가족을 모두 풀어주어 양인으로 삼게 하는 ≪大明律≫의 규정을 따르지 않고 이들을 屬公시킬 뿐이다. 어쨌 든 주인이 노비를 살해하는 경우에는 장100 혹은 장60 도1년에 처해진 다. 한편 婢夫와 妻의 上典의 관계는 國典에서 家長과 雇工의 관계를 유 추하여 규정하고 있다. 그렇다면 婢夫는 ≪大明律≫에서 雇工과 家長과 의 관계에 적용되는 규정을 따라야 할 것인데, 婢夫가 家長에게 범하는 범죄에 대하여는 대략 그렇게 처벌하고 있지만, 家長이 婢夫에게 범하는 범죄에 대하여는 사정이 그렇지가 않다. 즉 ≪大明律≫ 奴婢毆家長에서

---

21) ≪大明律≫ 제337조 刑律 鬪毆 奴婢毆家長 : 若奴婢有罪 其家長及家長之 期親若外祖父母 不告官司而毆殺者 杖一百 無罪而殺者 杖六十徒一年 當房 人口 悉放從良.

는 家長이 婢夫를 치사한 경우에는 장100 도3년에 처하고, 고의로 살해
한 경우에는 絞刑에 처하도록 하고 있는데, ≪大典會通≫에서는 이 규
정과 다르게 家長이 데리고 사는 婢夫의 죄를 다스리다가 치사된 경우
에는 成獄을 하지 않거나, 간략한 조사를 행하도록 규정하고 있다.

  ≪大典會通≫ 刑典 殺獄 : <割註 : **補** 데리고 함께 사는 婢夫로서 방자
하게 악언을 하는데 인정과 도리가 크게 어긋나서 죄를 다스리다가 치사
된 경우에는 成獄하지 않는다. 크게 어긋나지 않은 죄를 다스리다가 치사
한 경우에는 형구를 갖추어 조사한 후에 草記하여 보고하고 결재받는다.
○고용주로서 雇工을 살해한 경우에는 일반인들이 서로 죽인 경우에서 1
등을 감하여 장100 유3천리에 처한다>.22)

  이 규정은 정조 17년(1793)에 논의되어 규정된 것인데, 명분을 중히 여
기는 정조의 의견이 반영된 것이다.23) 즉 간통 현장에서 姦婦와 姦夫를
죽이는 경우를 제외하고는 모두 옥사가 성립되어 목숨으로 죄를 갚게
되어 있는데, 이를 빙자하여 婢夫가 악행을 하여도 妻의 上典은 미봉책
으로 일관하여 죄를 다스리고 싶어도 다스리지 못하는 것을 한탄하면서,
父母는 자식의 벼리가 되고, 주인은 奴婢의 벼리가 되기 때문에 妻의 上
典이 婢夫를 우연히 죽이면 償命하는 것은 바로 奴婢가 上典을 능멸하
는 것과 마찬가지라는 의견이었다. 대신들은 고의였는지 과실이였는지
가려서 고의로 죽인 경우에만 처분하여야 한다는 의견과 운영의 묘를
살리면 되지 새로운 법조를 만들 필요는 없다는 의견이 대다수였다. 하
지만 正祖는 여기서 말하는 婢夫란 행랑채에 데리고 있으면서 종처럼
마구 부리는 자를 가리키는 것이고, 이미 ≪大明律≫ 奴婢毆家長에서도
관에 고한 경우에는 家長이 奴婢를 살해하는 것을 허용하고 있기 때문

22) ≪大典會通≫ 刑典 殺獄 : <割註 : **補** 率接之婢夫 肆發惡言 情理絶悖 而治
    罪 邂逅致死者 勿爲成獄 非絶悖 治罪邂逅則獄具後 草記稟決 ○雇主殺雇
    工 比平人相殺減一等 杖一百流三千里>.
23) ≪朝鮮王朝實錄≫ 정조 17년(1793) 12월 丁丑.

에 이를 유추하여 같이 살고 있는 婢夫가 妻上典에게 방자하게 악언을 하는데 인정과 도리가 크게 어긋나서 죄를 다스리다가 치사된 경우에는 成獄하지 않을 것으로 결정한 것이다. 결국 인정과 도리가 크게 어긋난 경우에는 논죄하지 않되, 그럴 경우가 아닌데 죄를 다스리다가 치사한 경우에는 成獄시키기는 하되, 家長이 奴婢를 치사케 한 경우와 마찬가지로 杖徒로 처벌하게 된 것이 아닌가 생각된다.

한편 婢夫는 雇工과 비슷한 지위에 있다는 것을 여러 규정에서 확인할 수 있었는데, 고용주가 雇工을 살해한 경우에는 家長이 婢夫를 치사한 경우와는 또 다른 처벌이 행해지고 있다. 즉 일반인들이 싸우다가 치사한 경우의 형벌인 絞刑에서 1등을 감하여 장100 유3천리에 처하고 있는 것이다. 이 규정은 정조 7년(1783)에 만들어진 것인데, 律文을 참고해서 정하였다고 하고 있는 것[24]으로 보아 ≪大明律≫ 奴婢毆家長을 참고하였다는 것을 짐작할 수 있다. ≪大明律≫ 奴婢毆家長에서는 치사하는 경우 장100 도3년, 故殺인 경우에는 絞刑에 처하는 것으로 규정하고 있는데, 正祖 7년(1783)의 논의는 자세한 내용을 알 수 없으나, ≪大明律≫을 참고했다는 것으로부터 ≪大明律≫ 奴婢毆家長을 적용하지 않고, 鬪毆及故殺人을 적용하되 1등을 감했다는 것을 알 수 있다.

2) 復讐주체의 확장

≪大明律≫에서는 간통하는 姦夫를 남편이 현장에서 살해하는 경우에는 죄를 논하지 아니한다.[25] ≪續大典≫에서는 姦夫를 그 본남편의 아들이 살해한 경우에 減死定配하도록 규정하여, 주체를 확장하고 있는 것을 제5장에서 보았다.[26] 姦夫에 대한 私的인 復讐가 일정한 제한을 가

---

24) ≪朝鮮王朝實錄≫ 정조 7년(1783) 7월 辛丑.

25) ≪大明律≫ 제308조 刑律 人命 殺死姦夫 : 凡妻妾與人通姦 而於姦所 親獲 姦夫姦婦 登時殺死者 勿論 若止殺死姦夫者 姦婦依律斷罪 從夫家賣.

26) ≪續大典≫ 刑典 殺獄 : ○其母與人潛姦 其子於姦所刺殺姦夫者 參酌定配.

해지면서 허용되는 것을 알 수 있었는데, 이보다 심한 强姦의 경우에도 이와 같이 일정한 제한이 가해지면서 허용되고 있다.

≪大典會通≫ 刑典 殺獄 增 ○시집가지 아니한 처녀가 타인에게 강간당하여 그의 부모가 그 범인을 강간 장소에서 때려 죽였을 경우에는 死刑에 해당하지만 마음대로 죽인 律을 적용하여 장100에 처한다.[27)]

≪大典通編≫에서 규정된 이 규정은 강간장소로 장소적 제한을 두고 있지만, 주체를 강간당한 처녀가 아닌 父母에까지 확장하고 있다. 원래 강간범의 경우에는 絞刑에 처하는 것이 ≪大明律≫의 규정이다.[28)] 따라서 이 규정은 원래 죽을 사람인 범인을 국가공권력을 배제하고 私的으로 죽인 것에 초점이 있다고 할 수 있다. 이 규정은 정조 4년(1780)의 사안을 배경으로 한 것이다. 즉 平安道 安州의 車殷采가 자신의 딸을 유인하여 强姦하는 이웃 사람 金常佐를 폭행치사한 사건이다.[29)] 이 사건에서 정조는 다음의 논리로 復讐의 주체를 확장시킨다. 즉 "여자는 시집가기 전에는 아비를 따라 아비가 그의 주인이 되고, 혼인한 뒤에는 지아비를 따라 지아비가 그의 주인이 된다. 이미 혼인한 뒤에 지아비가 처와 간통하는 간부를 붙잡았을 경우에 오히려 마음대로 죽이도록 허락한다면, 혼인하기 전에 아비가 딸을 겁간한 사내를 죽인 경우에 유독 사형에 처하는 문제는, 법의 뜻을 헤아려 보건대 아마도 이와 같지는 않을 듯하다"[30)]라고 하여 姦通하는 부인을 姦夫와 함께 그 자리에서 살인한 경우

이에 대한 자세한 논의는 제5장 제2절 Ⅲ. 1 참조.

27) ≪大典通編≫ 刑典 殺獄 : 增 ○未嫁女 爲人劫姦 其父母毆殺其人於姦所者 以應死而擅殺律杖一百.

28) ≪大明律≫ 제390조 刑律 犯姦 犯姦 : ○强姦者 絞 未成者 杖一百 流三千里.

29) 이 사건은 ≪秋官志≫ 詳覆部 復讐 復子女讐에서는 今上 4년(1780)으로 표기하고 있고, ≪審理錄≫에서는 辛丑年, 즉 正祖 5년(1781)으로 표기하고 있다. 정조 명찬/선종순, 김능하 역, 『국역 심리록 2』, 민족문화추진회, 1999, 38면. 이 사건의 判付가 1월에 이루어진 것으로 보아 약간의 시간차가 있기는 하지만, ≪審理錄≫ 쪽의 기재가 옳다.

의 입법 취지를 생각하고 있다. 또한 ≪續大典≫의 규정도 인용하여 자식이 姦夫를 살해한 경우에도 참작정배하는데 자식이 어미에게 행할 수 있는 것을 부모가 딸에게 행할 수 없는 것은 아니라고 하여 이를 마음대로 죽인 律을 적용할 것을 명한다. 즉 正祖가 이러한 判付를 내린 이유는 앞서 제5장에서 살펴보았던 復讐主體의 확장과 동일한 취지인 것이다. 다만 ≪續大典≫에서는 마음대로 죽인 律을 적용하여 장100으로 규정하고 있는데, 장100의 형량은 ≪大明律≫ 夫毆死有罪妻妾이나 罪人拒捕에서 차용한 것이 아닌가 생각된다.[31] 이렇게 본다면 ≪續大典≫에서 이어지는 복수윤리의 강조, 간통관련 범죄에 대한 처벌 강화의 기조가 ≪大典通編≫, ≪大典會通≫ 단계에서도 그대로 이어지고 있음을 확인할 수 있다.

3) 責任能力의 제한

≪大明律≫ 老少廢疾收贖에 의하면 70세 이상 15세 이하인 자가 流刑 이하에 해당하는 죄를 지은 경우에는 贖錢을 징수하도록 규정하고 있다. 또 그 註에서는 死罪에 해당하는 경우에는 예외로 규정하고 있다.[32] 한편 ≪大明律≫에서는 장난치다가 죽인 경우에도 鬪毆殺傷으로 논하고 있는데, 鬪毆及故殺人에 의하면 絞刑에 처해진다.[33] 그런데 ≪大典通編≫에서는 이에 대하여 예외를 규정하고 있다.

---

30) ≪秋官志≫ 詳覆部 復讐 復子女讐 正祖 4년 : 大凡女人未嫁從父 父爲之主 已嫁從夫 夫爲之主 已嫁之後 夫捉其淫奸 而尙許擅殺 則未嫁之前 父殺其劫奸 而獨爲償命者 揆諸法意 恐不若是.

31) ≪大明律≫ 제316조 刑律 人命 夫毆死有罪妻妾 : 凡妻妾 因毆罵夫之祖父母・父母 而夫擅殺死者 杖一百. ≪大明律≫ 제412조 刑律 捕亡 罪人拒捕 : … ○若已就拘執 及不拒捕 而殺或折傷者 各以鬪殺傷論 罪人本犯應死而擅殺者 杖一百.

32) ≪大明律≫ 제21조 名例律 老少廢疾收贖.

33) ≪大明律≫ 제315조 刑律 人命 戲殺誤殺過失殺傷人 및 제313조 鬪毆及故殺人 참조.

≪大典會通≫ 刑典 殺獄 : <割註 : … 增 十歲 以上 十五歲 以下로서 장난치다가 사람을 죽인 경우에는 次律로 減等한다>.[34]

≪大典通編≫의 규정에 따르면 10세 이상 15세 이하인 자가 장난치다가 사람을 죽인 경우에는 次律로 감등하여 처벌하고 있는데, 사실 이 규정은 ≪續大典≫의 규정을 이어 받은 것이다. 즉 이 규정의 본조문인 ≪續大典≫의 규정에 따르면 戲殺인 경우 10세 미만의 아이인 경우에는 分揀하라고 규정[35]하고 있는데, ≪大典通編≫에서는 10세 이상 15세 이하인 아이에 대하여 규정하고 있는 것이다. 그런데 10세 미만의 아이인 경우 ≪大明律≫에 따르면 임금에게 보고하여 판단하게 하는 것을 ≪續大典≫에서는 이를 자동적으로 석방하게끔 규정한 반면, 10세 이상 15세 이하의 아이인 경우 ≪大明律≫에 따르면 死罪일 경우에는 그것이 장난으로 말미암을 것일지라도 死刑에 처하도록 하고 있지만, ≪大典通編≫에서는 1등을 감하여 처벌하고 있는 것이다. 이것은 ≪大典通編≫에 들어와서 ≪大明律≫의 규정을 수정한 것이라고 볼 수 있다.

4) 구금기간에 따른 사면

殺獄과 관련하여서는 殺獄으로 구금된 기간이 길고, 80세가 넘은 경우에 減死定配하는 규정을 두고 있다.

≪大典會通≫ 刑典 殺獄 : 增 살인사건으로 죄인을 오랫동안 가두어 나이가 80이 차고, 證據와 證人이 모두 없어졌을 경우에는 減死定配한다. <割註 : 補 가둔 지가 오래되어 나이가 70세 이상인 경우에는 구별하여 임금에게 장계로 보고하여 품의하여 처리한다. 正祖 庚戌(正祖 14)의 하교이다>.[36]

---

34) ≪大典通編≫ 刑典 殺獄 : <割註 : 增 十歲以上十五以下 因戲殺人者 次律減等>.

35) ≪續大典≫ 刑典 殺獄 : ○鄰兒 因戲相詰 顚仆致死 而犯者年未十歲則分揀.

36) ≪大典會通≫ 刑典 殺獄 : 增 殺獄久囚罪人 年滿八十證援俱絕者 減死定配

이 규정을 보면 ≪大典通編≫이나 ≪大典會通≫이나 구금된 기간이
너무 긴 경우 사면할 수 있는 여지를 두고 있는 것을 알 수 있다. 우선
≪大典通編≫에서 규정하고 있는 80세가 되고 증거와 증인이 모두 없어
졌을 경우에는 減死定配한다는 규정은 영조 21년에 일어난 金三奉사건
도 영향을 미친 것 같다.[37] 즉 이 사건에서 金三奉을 비롯한 여러 명이
1인을 사망하게 하였는데, 누가 正犯인지 밝혀지지 않은 상태에서 계속
적인 심문에 의하여 金三奉이 正犯으로 되어 처벌되게 되는데, 三覆을
행하게 된 때가 영조 38년(1762)에 이른 시점이었다. 법에 의하여 처벌해
야 한다는 의견도 있었지만, 나이가 80세에 이르고 갇혀 있은 지 20년이
된 것은 너무 잔인하고, 사실 공동 폭행에서 누가 때렸는지도 확정할 수
없으므로 참작하여 처리할 것을 명하였다.[38] 이 사건의 판부가 직접적
으로 ≪大典通編≫의 규정으로 된 것은 확실치 않으나, 이와 유사한 판
부가 계속되면서 ≪大典通編≫을 편찬할 때에 80세가 되면 減死定配한
다는 규정이 만들어졌다고 볼 수 있다.[39] 또 바로 아래의 註는 정조 14
년(1790)에 만들어진 규정인데, 大赦를 행하면서 관대하게 놓아주는 뜻을
보여주기 위하여 오래된 죄수로서 나이가 70이 된 자를 구분하여 처리
하도록 한 것인데,[40] 증거의 산일이나 범죄성의 약화 등도 고려의 대상
이 되었겠지만, ≪大明律≫에 비슷한 규정이 있음에도 불구하고 이러한
규정을 둔 것은 결국 임금의 관대함을 나타내기 위한 장치였다고 생각
된다.

    <割註 : 補 久囚年七十以上者區別 狀聞稟處 正宗庚戌 下敎>.
37) ≪承政院日記≫ 영조 21년(1745) 5월 丁酉.
38) ≪承政院日記≫ 영조 38년(1762) 11월 戊寅.
39) ≪秋官志≫ 考律部 除律 輕刑 重補 正祖 14년(1790),
40) ≪秋官志≫ 考律部 除律 輕刑 重補 正祖 14년(1790) 同年.

제2절 《律例要覽》에 나타난 형사규정들

　　《律例要覽》은 헌종 3년(1837)의 기록으로 보이는 일종의 형사사례집이다. 속표지에 丁酉三月 二七日 金在璇이란 기록과 본문에 《大典通編》이 인용되고 있기 때문에 1837년의 자료인 것을 알 수 있다. 이 자료는 일련번호를 매기고 있는데 모두 228건의 사안을 기록하고 있다.[1] 기록의 방식은 범죄사실의 개요를 적고, 이에 해당하는 형률과 그 적용관계를 기술해놓은 것인데, 형사사례집이라고 할 수 있을 것이다. 《律例要覽》에 인용되어 있는 법률은 《大明律》과 《大典通編》인데, 228건의 사안에서 어떤 규정을 적용할 것인지 각각 규정하고 있으며, 競合犯이 문제될 경우 《大明律》 二罪俱發以重論을 인용하여 실제로 적용하여야 할 형량을 기술하고 있다. 따라서 《律例要覽》은 사례별로 정리되어 있고, 적용되어야 하는 규정과 실제로 처단하여야 하는 刑量을 기술하고 있기 때문에 관리가 재판을 할 때 상당히 유용한 자료라고 생각된다. 또 《大明律》과 國典이 조선후기의 어떠한 事案에서 어떻게 작동하고 있었는지 살펴볼 수 있는 자료라고 생각된다. 특히 앞서 제2장에서 보았던 《增補文獻備考》 諸律類記의 각 조항들과 《律例要覽》에 나오는 규정들을 비교하여 살펴보면, 조선후기에 관리들이 중요하게 여겼던 규정들이 어떠했고, 실제로 주로 어떠한 규정들이 적용되었는가도 살필 수 있으리라 생각된다. 특히 실제 생활에서는 한 가지의 범죄가 한 가지씩 일어나지는 않는데, 《律例要覽》에 기재되어 있는 사례들은 법전에 규정되어 있는 정형적인 사안만을 대상으로 한 것이 아니라, 한 사람이 여

---

1) 奎章閣의 해제에 의하면 217건이라고 하는데, 이는 《律例要覽》의 목차에 나온 것만을 대상으로 한 것이다. 그런데 목차가 잘못되었고, 내용을 보면 228건임을 알 수 있다. 서울대학교규장각, 『奎章閣韓國本圖書解題 史部 4』, 1984, 357~358면.

러 형태의 범죄를 저지른 경우를 규정하고 있다. 예컨대, 公事를 부탁하기 위하여 돈을 꾸어 뇌물을 바쳤는데, 일이 잘못되어 돈을 갚지 않은 경우 公事를 촉탁한 죄와 돈을 갚지 않은 죄가 경합되는데 이를 어떻게 처리하여야 할지에 관한 것이 그것이다.[2]

이하에서 ≪律例要覽≫의 각종 규정들에 대하여 살펴보고, 통계를 제시하여 조선전기와 조선후기는 양적 측면에서 어떠한 차이가 나타나고 있는지 살펴보도록 하겠다.

I. ≪律例要覽≫의 사례 분석

≪律例要覽≫에서는 '事目'으로 표기한 것이 나오는데 이는 事目으로 반포되었다가 후에 ≪大典會通≫에 규정된 것을 의미한다. 또 원 자료에 '附例'라고 표기된 것이 있는데 이는 ≪大明律附例≫를 의미한다. 이를 통해 ≪大明律附例≫의 條例가 인용된 것을 알 수 있다. 또 '傍照'라고 표기되어 있는 것도 있는데 정확하게 들어맞는 규정이 없어서 유추적용하는 경우에 사용되었다.[3]

≪律例要覽≫에서는 ≪大明律≫과 ≪大典通編≫의 각 규정들이 각 사례들에 맞추어 활용되고 있다. 특히 앞서 보았던 ≪決訟類聚補≫와는 달리 ≪大典通編≫의 戶典, 禮典, 兵典, 刑典, 그리고 ≪大明律≫의 名例律, 吏律, 戶律, 兵律, 工律이 활용되고 있어서, 조선후기에는 훨씬 다양한 사건들이 문제되고 있고 이들을 해결하는 다양한 규정들이 인용되고

---

2) ≪律例要覽≫의 사례를 유형별로 나누어 18세기 전후 유행했던 犯罪相을 다룬 글로는 趙珖, 「18세기 전후 서울의 犯罪相」, 『典農史論』 2, 서울시립대학교 국사학과, 1996, 74~85면 참조. 그런데 ≪律例要覽≫에 수록된 사례는 死刑에 해당하는 범죄가 없기 때문에 범죄상의 대체적 특징을 살피기에는 한계가 있다.

3) 자세한 사항에 대하여는 본서의 부록 4 참조.

있는 것을 볼 수 있다.

≪律例要覽≫에 인용되고 있는 사례들은 士族犯罪, 僞造, 殺獄관계 등이 대부분을 차지하고 있는데, 특히 눈에 띄는 것은 山訟과 관련된 사안들이 대폭 늘어난 것이다. 이는 조선후기 山訟과 관련된 사건이 많이 발생하고 있음을 나타내는 것이며 대부분은 ≪大明律≫ 發塚에 의하여 처리되고 있음을 볼 수 있다. 또 ≪律例要覽≫에는 謀反大逆과 관련된 범죄와 그 처벌에 대하여는 수록하지 않고 있는데, 이것은 謀反大逆이 특수한 범죄로서 推鞫으로 따로 다루어지고, ≪律例要覽≫은 일반적인 사건을 해결하는 관리들을 대상으로 하였다는 것에서 본다면 당연한 것이다. 刑量이 死刑에 해당하는 경우는 <표 5>에서 보았듯이 ≪續大典≫ 이후 死刑에 해당하는 규정이 92개로 대폭 늘어나고 있음에도 불구하고 ≪律例要覽≫에서는 이에 대하여 거의 수록하고 있지 않다. 死刑에 해당하는 범죄에 대하여 ≪律例要覽≫에서 규정하고 있지 않은 것이 ≪律例要覽≫의 한계로 지적될 수는 있으나 이는 모든 범죄를 다루지 않고 있는 ≪決訟類聚補≫의 경우에도 마찬가지로 생각된다. 다만 ≪律例要覽≫이 당시 관리들이 자주 접할 수 있었던 사례들을 유형화하여 수록해놓은 것이라고 생각한다면, 사형범죄를 제외하고는 ≪律例要覽≫을 통해서 당시 자주 적용되었던 규정들에 접할 수 있으리라 생각된다. 따라서 ≪律例要覽≫만의 분석보다는 <표 5>에 제시된 ≪增補文獻備考≫와 비교하여 분석하는 것이 좋으리라고 생각된다.

≪律例要覽≫에 규정되어 있는 사례에 대한 적용법조를 적용한 결과를 나타내는 것은 다음과 같다.

〈표 10〉 ≪律例要覽≫에 나타난 처벌결과

형량	빈도	형량	빈도
장60	2	감사정배	1
장70	1	정배	7
장80	7	장100 정배	9

장90	3	변원정배	1
장100	6	원배	5
소계	19	절도정배	2
장60 도1년	5	극변정배	1
장70 도1년반	12	島配	4
장80 도2년	15	장100 島配	1
장90 도2년반	5	장100 원배	2
장100 도3년	54	장100 절도정배	1
소계	86	형배	1
장100 유2천리	1	참작정배	1
장100 유2천5백리	2	충군	2
장100 유3천리	70	장100 충군	1
소계	13	邊遠充軍	2
교형	2	邊衛充軍	6
교형 속전징수	1	水軍充定	2
		絶島爲奴	2
			총계 : 237

≪律例要覽≫의 처벌빈도를 나타내는 위의 표는 ≪律例要覽≫의 사
례가 모두 228개임에도 불구하고 총합이 이를 상회하는 237개이다. 이러
한 결과가 나온 이유는 ≪律例要覽≫의 사례 중 甲과 乙의 공동범행인
경우에는 각각을 따로 처벌하기 때문에 각각의 형량이 따로 나와 있는
경우와 ≪律例要覽≫ 35번의 사례와 같이 竊盜로 논한다고만 하고 구체
적인 형량이 나와 있지 않은 경우가 혼재되어 있기 때문이다. 이럴 경우
에는 전자의 경우에는 각각을 세었지만, 후자의 경우에는 세지 않았다.
총 237개의 처벌사례 중에서 장100 도3년 54개(23%), 장100 유3천리 70개
(30%)로 이들에 해당하는 범죄가 124개(53%)를 차지하고 있는 것을 볼 수
있다. 이것은 앞서 본 <표 2>의 ≪增補文獻備考≫의 ≪大明律≫과 國
典을 합친 徒刑, 流刑에 해당하는 841개의 규정 중에서, 장100 도3년 240
개(29%), 장100 유3천리 170개(20%)로 거의 반에 해당하는 410개(49%)를 차
지하는 것과 흡사하다고 할 수 있다. 또 ≪律例要覽≫에서 徒流刑에 순
수한 笞刑과 杖刑, 그리고 絞刑에 속하는 22개를 제외하고, 流刑의 변형
된 형태인 定配, 遠配 등이나 徒刑의 변형된 형태라고 할 수 있는 充軍

刑 등을 합치게 되면 ≪律例要覽≫의 처벌사례에서 徒刑과 流刑이 차지하는 비중은 237개 중에서 215개나 되어 거의 90%에 육박하게 된다. 이는 ≪增補文獻備考≫에 나오는 徒刑과 流刑이 전체 처벌 규정 중에서 차지하는 비율이 약 41%에 불과한 것에 비한다면 놀랍도록 높은 수치라고 할 수 있다. ≪增補文獻備考≫에서 徒流刑이 차지하는 비율이 ≪律例要覽≫에 비해 낮은 것은 ≪律例要覽≫에서는 死刑犯罪를 거의 다루지 않기 때문이다. 다시 ≪增補文獻備考≫에서 死刑에 해당하는 범죄를 제외하면 전체 규정이 1673개 규정이 되는데 여기서도 徒流刑의 총합은 841개이므로 거의 50%밖에 되지 않는다. 이를 통하여도 ≪律例要覽≫에 나와 있는 처벌이 徒流에 집중되어 있음을 알 수 있다. ≪律例要覽≫이 실무용 사례집이라는 것을 감안한다면, 조선후기의 형사제도 운영은 死刑을 제외한 대부분의 刑罰이 徒流刑을 중심으로 이루어졌다고 말할 수도 있을 것이다.

II. ≪律例要覽≫에 나타난 ≪大明律≫과 國典의 규정들

그러면 ≪律例要覽≫에는 어떠한 규정들이 인용되고 있는지 아래의 표를 통해 살펴보도록 하자.

〈표 11〉≪律例要覽≫의 규정 통계

분류	형량	大典通編 및 事目(%)	大明律(%)	합계(%)
笞刑	태10			
	태20			
	태30			
	태40		1	1
	태50		1	1

	합계		2	2
杖刑	장60		5	5
	장70		3	3
	장80		10	10
	장90		7	7
	장100	6	14	20
	합계	6(13)	39(87)	45(100)
徒刑	장60 도1년	4	2	6
	장70 도1년반		11	11
	장80 도2년	4	14	18
	장90 도2년반	2	2	4
	장100 도3년	32	28	60
	합계	42(42)	57(58)	99(100)
流刑 등	장100 유2천리	1	2	3
	장100 유2천5백리	1	2	3
	장100 유3천리	24	49	73
	정배류	36		36
	충군류	8	8	16
	절도 위노	2		2
	합계	72(54)	61(46)	133(100)
死刑	絞刑		8	8
	斬刑	1	6	7
	합계	1(6)	14(94)	15
총합계		121(41)	173(59)	294(100)

이 표에서도 볼 수 있듯이 ≪律例要覽≫에서 인용된 대부분 ≪大典通編≫과 ≪大明律≫의 규정들이다. 그리고 소수이지만 事目이라고 인용된 규정들이 있는데 上典을 능욕하거나 士族을 능욕한 규정으로서 모두 ≪大典會通≫에 규정된 것이다. 나중에 ≪大典會通≫에 그대로 규정된 事目이기 때문에 따로 분리하지 않고 ≪大典通編≫과 같이 계산하였다. ≪大典會通≫에 새로이 첨입된 규정의 대부분이 正祖대에 나왔다는 것을 감안하고, ≪律例要覽≫이 憲宗대에 편찬되었다는 것을 생각하면 ≪律例要覽≫에 인용된 규정들은 ≪大典會通≫의 편찬까지의 일반적으로 적용되는 것의 모든 규정들을 망라했다고 보아도 무방하리라 생각된다. 또 ≪大明律≫의 경우에도 ≪大明律附例≫의 규정들을 7건 인용하

고 있다. ≪大明律附例≫에서 조례로 하고 있는 것인데 이들은 법적인 효력을 가진 것이라고 보기는 어렵지만 일응의 기준은 되었던 것인데, ≪律例要覽≫에 실린 사안들이 실제로 있었던 사례를 토대로 재구성한 것이기 때문에, 그 사안에 대하여 ≪大明律附例≫의 규정을 적용하였던 것이 그대로 규정된 것이 아닌가 생각된다.

그러면 ≪律例要覽≫에 보이는 國典과 ≪大明律≫의 비율은 어떠한지 살펴보도록 하자. ≪律例要覽≫은 사례를 풀이하는 형식으로 구성되어 있기 때문에 한 사례에 인용되는 규정이 여러 개 나오는 경우가 있다. 예컨대 관을 놓을 자리에 오물을 던지고, 매장하려는 士族을 폭행한 경우에는 오물을 투척했을 때는 장100이고 사족을 폭행했을 때는 장100 도3년인데 경합범을 처리하는 ≪大明律≫ 名例律 二罪俱發以重論에 의하여 장100 도3년에 처해지게 된다. 그런데 二罪俱發以重論은 경합범을 처리하는 지침을 내리고 있을 뿐이고 구체적인 형량을 규정하고 있지는 않다. 이러할 경우에는 앞의 두 사항은 ≪大典通編≫에 의해 처리되고 있으며 형량도 규정된 것이지만, ≪大明律≫ 名例律 二罪俱發以重論은 구체적으로 형량을 정하고 있는 것은 아니기 때문에 앞의 두 사항만 형량의 통계에 들어간다. 이렇게 하여 계산한 표가 바로 위 표이다.

이 표를 보면 쉽게 알 수 있듯이 國典과 ≪大明律≫이 인용되는 빈도가 ≪決訟類聚補≫에서 본 것만큼 차이가 나지 않는다. 즉 앞의 <표 3>에서 보았듯이 ≪大明律≫에 비하여 國典이 인용되는 빈도가 전체 163개 중에 17개로 약 10.5%였음에 비하여 ≪律例要覽≫에 이르러서는 전체 294개 중에서[4] 121개가 國典규정이기 때문에 國典이 전체 규정에서 차지하는 비율은 약 41%에 이른다. 특히 徒流刑에 있어서는 그 비율이 더 커지는데, <표 8>을 보면 國典이 114개이고, ≪大明律≫이 118개로

---

4) 이 표가 <표 10>의 처벌결과 총수인 237개보다 많은 294개의 규정으로 이루어진 이유는 인용되고 있는 각 법전의 규정의 총수를 계산하였기 때문이다. 즉 294건은 사례를 중심으로 하여 분류된 것이기 때문에 같은 규정이 중복된 경우도 포함되었다.

그 비율이 거의 같음을 쉽게 알 수 있다. 이것은 <표 2> ≪增補文獻備考≫에서의 國典의 규정비율을 보아도 비슷한 추세임을 알 수 있는데, 死刑犯罪가 포함된 전체 2,038개의 규정 중에서 ≪經國大典≫ 규정이 82개로 약 4%이던 것이 ≪大典通編≫까지의 國典규정을 합한 것이 647개로 약 31%의 비율을 보이고 있어 조선전기에 비하여 後期로 접어들면서 國典의 비율이 높아진다는 것을 알 수 있다. 특히 徒流刑에서는 전체 841개 중 ≪大明律≫이 473개, 國典이 368개를 차지함으로써 <표 8>에서와 거의 비슷하게 나타나고 있다. 이는 조선후기에 증가된 규정 대부분이 徒流刑에 집중되어 있음을 보이고 있다. 또한 ≪大明律≫ 총 460개 규정 중에서 71개의 규정이 ≪律例要覽≫에서 다루어지고 있는데 이는 약 15%의 수치를 나타내는 것이다. 謀反大逆을 다루지 않고 있는 것을 감안하더라도 조선전기의 ≪大明律≫의 약 13% 정도의 활용도에 비하여 조금 더 증가한 수치를 나타나고 있다.

이렇게 불완전하나마 당시 실무에서 활용될 것을 기대하고 편찬되었던 ≪律例要覽≫을 분석한 결과 다음과 같은 것을 확인할 수 있다. 우선 ≪增補文獻備考≫에서 ≪經國大典≫ 단계까지의 國典의 비율이 전체에서 차지하는 것이 4% 정도이고 ≪大典通編≫까지 합한 비율이 31% 정도라는 것에서 조선전기에 비하여 國典의 규정들이 대폭적으로 늘어났다는 것을 알 수 있다. 이것이 규정의 증가만을 의미하는 것이 아니라는 것은 ≪增補文獻備考≫에서 분석된 國典과 ≪大明律≫의 규정 비율과 ≪律例要覽≫에서 활용되고 있는 國典과 ≪大明律≫의 비율이 각각 41%, 31%로 크게 차이가 나지 않는다는 데서 확인할 수 있다. 즉 ≪律例要覽≫은 실무서이기 때문에 조선후기에 실체적 형사규정이 대폭적으로 증가한 것이 실무에서도 그대로 반영되고 있었다는 것을 의미한다. 그리고 조선후기에 들어와서 대폭적으로 증가한 것은 徒流刑에 관련된 규정들이었다. 하지만 國典의 규정 비율이 증가하였다고는 하지만 여전히 ≪大明律≫은 일반법으로 적용되고 있었다. 그렇기 때문에 國典에서만 규율되는 행위에 대하여는 國典의 규정이 그대로 적용되지만, 행위가 두 개이고 그것이 國典과 ≪大明律≫ 규정에 모두 저촉될 경우에는 ≪大明律≫의 일반원칙에 따라서 어떤 규정을 적용할 것인지가 결정되었다.

다음으로 ≪大明律≫의 활용도 면에서 ≪律例要覽≫에서 ≪大明律≫ 규정이 활용되는 것이 전체 460개 규정 중에서 약 15% 정도가 활용되고 있음을 보았다. 이는 ≪決訟類聚補≫에서 활용되고 있는 13% 정도에 비하면 증가된 수치라고 할 수 있다. 더군다나 謀反大逆 등과 같이 ≪律例要覽≫에서 다루고 있지 않지만 당연히 활용되었을 ≪大明律≫의 규정을 생각해본다면 ≪大明律≫의 활용도는 훨씬 더 높아지리라 생각된다. 그렇다면 조선전기와 비교하여 오히려 ≪大明律≫의 활용도가 증가한 것이 아닌가 생각된다. 이는 國典과 ≪大明律≫이 같이 관련된 경우에 ≪大明律≫의 名例律을 활용하는 것으로도 나타나지만, 그보다 그 원인으로 들 수 있는 것은 조선전기에 비하여 조선후기에 이르면 범죄 유형이 좀더 다양해지고, 다양한 범죄 유형에 적용할 규정을 찾았기 때문이라고 생각된다. 즉 조선후기로 들어오면서 ≪大明律≫에 대한 이해도가 높아짐에 따라 보다 많은 ≪大明律≫의 규정이 활용된 것이 아닌가 생각된다.

제7장 결론

 이제 앞에서 논의한 내용에서 생각할 수 있는 점들을 종합적으로 정리하고 논의하여 보자.

 ≪大明律≫은 중국의 明에서 만든 刑法이다. 그런데 ≪大明律≫은 여러 번의 개정을 거쳤다. 조선에 受容된 ≪大明律≫이 어떠한 개정판인지 확정하기 위하여 개정판들에 대한 정보를 수집하여야 한다. 그런데 아쉽게도 현재는 마지막 판본인 홍무 30년(1397) 律밖에 존재하지 않는다. 그렇다면 홍무 30년 律과 조선에 통용되고 있었던 ≪大明律直解≫, ≪大明律講解≫와 條文을 대조해보는 방법이 있다. 이를 대조해본 결과 제각기 달랐다. 그렇다면 ≪大明律直解≫와 ≪大明律講解≫는 洪武 30년 율과도 차이가 나지만, 서로 간에도 차이가 난다는 결과가 된다. 이는 세 판본이 모두 다른 원본을 대상으로 하고 있었다는 추정이 가능하다. 하지만 공통점도 존재한다. 즉 홍무 9년(1376) 이후부터는 편별이 名例律과 六律로 이루어지게 되었다고 한다. 바로 이 세 판본은 이 체제를 그대로 이어받고 있는 것이다. 기록에 의하면 홍무 9년과 홍무 30년 사이에는 홍무 22년(1389)율이 존재했다고 한다. 종래 ≪大明律直解≫와 ≪大明律講解≫를 홍무 22년율이라고 보아왔으나 두 판본이 조금씩 차이가 있다. 따라서 ≪大明律直解≫와 ≪大明律講解≫는 상한선을 홍무 9년으로 하고 하한선을 洪武 30년으로 하는 추정이 가능한 것이다.

 그렇다면 홍무 30년 이전의 ≪大明律≫이 조선전기에 受容되었다는 것인데, 그 과정이 그리 순탄치는 않았다. ≪大明律≫의 도입이 문제될 당시인 高麗末은 총체적으로 형사사법이 붕괴된 상황이었다. 이런 상황에서 통일적으로 적용될 수 있는 어떤 法源이 필요하였다. 그러한 法源으로 선택되었던 것이 바로 ≪大明律≫이었다. ≪大明律≫이 선택된 데에는 당시의 정세가 영향을 미쳤다. 또한 다른 法源에 대한 검토도 이루어졌다. 하지만 체계성, 합리성, 통일적 적용의 필요성으로 인하여 ≪大明律≫을 刑法으로 受容할 것을 당시의 지식인들은 합의한다. 이러한 합의가 간접적이나마 표출된 것이 바로 태조의 즉위교서(1392)이다. 이 즉위교서는 명시적으로 ≪大明律≫ 전체를 依用한다는 뜻을 나타낸 것은 아니다. 하지만 당시의 ≪大明律≫에 대한 인식, 당시의 刑事司法 상황 등을 종합하여 볼 때, 이 즉위교서는 ≪大明律≫을 依用하는 것을 전제로 하여 특정한 사항에 대하여만 ≪大明律≫ 적용의 의지를 표명한 것으로 보아야 한다.

≪經國大典≫의 편찬시까지 ≪大明律≫은 중국에서 들여온 刑法으로서 그 적용을 위해 많은 노력과 논의들이 행해지고 있었다. 그러한 노력 중의 한 방향은 ≪大明律≫을 吏讀로 번역하고, 조선의 특별한 사정을 반영하여 편찬된 ≪大明律直解≫로 나타나는데, 이 ≪大明律直解≫는 ≪經國大典≫이 편찬되면서 그 가치가 단지 ≪大明律≫을 이용하기 위한 손쉬운 번역서 정도의 의미를 가지게 된다. 즉 ≪大明律直解≫의 두 가지 기능 중 하나인 조선의 사정을 반영한 측면은 ≪經國大典≫에 이들이 수정되어 실리면서 실효성을 상실하고, 번역문으로서의 ≪大明律直解≫가 남게 된다. 또 ≪大明律≫은 중국의 형법이기 때문에 조선의 사정과 맞지 않는 측면도 있었고, 새로운 상황에 ≪大明律≫을 그대로 적용해야 하는가의 문제도 나타났다. 그러한 논의는 世宗대에 집중되는데 ≪大明律≫을 절대적으로 적용해야 한다는 논의와 조선사회의 특수성을 감안해야 한다는 논의의 절충이 이루어졌다. ≪大明律≫을 이미 형사법으로서 인정하고 있었기 때문에 되도록이면 ≪大明律≫을 적용하는

방향으로 그 문제들이 해결되고 있었지만, 노비문제, 신분문제와 관련하여서는 조선의 특수성이 반영되기도 하였다. 이러한 과정 속에서 ≪經國大典≫이 만들어지게 되는데, ≪經國大典≫에서 다루고 있는 刑事規定들은 ≪大明律≫에서 다루지 않는 세부적인 규정들을 구체화하는 것들과, ≪大明律≫의 예외조항들이 규정되어 있음을 알 수 있었다.

한편 16세기의 사회는 변화가 다른 시기에 비해서 적은 사회라고 할 수 있는데, 이때 법적으로는 변화의 조짐이 보이고 있었다. ≪大典續錄≫의 단계에서는 절도범죄의 구체적인 사항들을 규정하거나 사위와 장모의 간통에 대해 규정하는 등 큰 변화를 엿볼 수 없지만, ≪大典後續錄≫에 이르면 ≪經國大典≫에서 이미 절차상 몇 가지의 특권이 인정되고 있었던 士族에 대하여 실체법의 영역인 姦通에 대하여 특별한 규정을 가하고 있다. 이는 조선전기의 사회가 양천제로 운영되고 있었던 데 비해 조선후기의 사회가 士族 대 常賤의 관계로 운영되는 시초를 보여주는 규정이라고 할 수 있을 것이다. 또 功臣의 범위도 확대하고 있어 신분적으로 우위에 서는 자들에 대한 刑事上의 특례 규정들이 확대되어가고 있는 것을 보여주고 있다.

이러한 기조는 壬辰倭亂과 丙子胡亂을 거치면서 더욱 확대되어 갔다. 이 兩亂 이후의 사회변화를 담고 있는 것이 ≪續大典≫이라고 할 수 있는데, ≪續大典≫에서는 기존에 인정되고 있던 ≪大明律≫의 法源性을 인정하면서도, 그 위에 새로운 신분질서를 담는 규정의 체계를 구축하였다. 즉, 이전부터 인정되고 확대되어 오던 사족에 대한 형사상의 특례를 ≪續大典≫에서는 정리하여 담고 있는데, 특히 ≪大明律≫에서 인정되던 賤人이 良人을 폭행하는 경우 가중하여 처벌하는 것보다 더 무겁게 常賤이 士族을 폭행하는 경우를 규정하고 있으며, 그 이외에도 사족이 범죄의 주체가 되는 경우와 객체가 되는 경우를 세부적으로 규정함으로써 士族에게는 실체 刑法인 ≪大明律≫이 그대로 적용되는 것이 아님을 보여주고 있다. 이는 조선후기의 사회로 나아가면서 ≪大明律≫이 더 이상 보편적으로 적용되는 刑法典이 아님을 보여주는 하나의 예라고 할 것이다. 또 이러한 身分的 측면의 규정도 늘어나지만, 이와 동일선상에 있는 綱常을 위반하는 범죄에 대한 실체적인 규정도 늘어난다. 이는 犯分행위라고 할 수 있는데 ≪續大典≫에서 이들을 따로 특별히 규정함으로써 보다 강한 사회통제를 시도하려고 했던 모습을 엿볼 수 있다. 또 ≪續大典≫에서는 名分사회를 유지하기 위하여 복수에 대해서도 일정한 특례규정을 두고 있었다.

그리고 謀反大逆 범죄에 대한 규정을 새로이 둠으로서 ≪大明律≫에서 구체적으로 규정하고 있지 않은 형태의 규정을 보충하고, 대국가 범죄라고 할 수 있는 謀反大逆에 대한 처벌 체계를 완성해 나갔다고 볼 수 있으며, 그 밖의 기타 절도, 강도, 위조 등의 범죄에 대하여도 ≪大明律≫의 특별규정을 만들어 나감으로써 새롭게 대두되는 사회범죄에 대처하고자 하였음을 알 수 있었다. 말하자면 ≪大明律≫은 일반인들의 일반 범죄에 적용되는 刑法인 것이고, 그 시대의 사람들의 法感情이 ≪大明律≫에 의할 것을 용납하지 않는 규정들을 ≪續大典≫에 규정하여 나갔다는 것이다. 이는 조선전기 ≪大明律≫을 일반적으로 적용하기 위해 노력하였고, 그중 소수의 규정만이 ≪經國大典≫에 특별한 규정으로 실렸음에 비해, ≪續大典≫에서는 대폭적으로 늘어난 규정들이 실리는 것으로도 法感情의 변화, ≪大明律≫의 인식에 대한 변화를 엿볼 수 있다.

이후 ≪大典通編≫, ≪大典會通≫의 단계로 나아가면 더 이상 규정들이 크게 변화하지는 않는다. 이들이 大典에 해당됨에도 불구하고 刑事와 관련된 새로운 규정들이 별로 나오지 않는 것은 ≪續大典≫ 단계에서 이미 ≪大明律≫과의 관계가 거의 완전히 정리되었음을 의미한다고 볼 수 있다. 본 논문에서는 이 시기의 ≪大明律≫과 國典과의 관계를 ≪律例要覽≫을 통하여 살펴보았다. 이를 통하여 실무에서 자주 사용되리라 생각되는 國典의 형사 실체규정의 비율이 조선전기에 비하여 증가하였으며, ≪大明律≫의 활용도 면에서도 보다 증가하고 있음을 보았다.

이제 이를 토대로 하여 ≪續大典≫에서 왜 ≪大明律≫의 적용이 후순위인 것, 즉 일반법이라는 것을 명시적으로 밝히지 않으면 안되었나를 살펴보자. ≪經國大典≫이 반포된 이후, ≪大典續錄≫, ≪大典後續錄≫, ≪受敎輯錄≫ 등의 각종 受敎集과 개별적으로 발포되는 受敎들은 ≪大明律≫과의 관련에서 어떤 규정을 적용하여야 하는가에 혼란을 가중시켰다. ≪經國大典≫ 이후의 각종 법령들은 ≪續大典≫의 편찬으로 정리가 되지만 ≪大明律≫과의 관련에서 어느 법령이 우선하는가는 여전히 문제로 남을 것이었다. 그렇기 때문에 우선적으로 적용될 법령을 명시적으로 규정하여 이러한 혼란을 방지한 것이 바로 ≪續大典≫ 刑典 用律의 규정인 것이다. 얽혀 있던 법령들의 배경에는 조선사회가 후기로 접어들면서 일어났던 무수한 변화가 있었다. 그것은 사회구조가 점점 복잡해지면서 나타난 범죄의 다양화와, 명분사회로 나아가기 위한 統制기조의 강화였다. 범죄의 다양화로 인한 변화는 受敎集들에 정리되지 않은 채로 실려 있다가 ≪續大典≫에 정리되어 실린다. 그리고 조선후기의 특징이라고 할 수 있는 통제기조의 강화는 법적인 취급에 있어서 신분별 차이를 강화하는 방향으로 나타났다. 良人의 한 범주로 취급되었던 사족이 법적인 취급 면에서 완전히 분리되어 하나의 특권계급이 된 것이 ≪續大典≫에 반영되었다. 또 ≪續大典≫에서는 綱常에 대하여 특별한 취급을 행함으로써 유교적 가치를 敎化에 의해서뿐만 아니라 이를 違反하는 경우에 처벌되는 법적 의무로까지 확대시켰다. 그리고 復讐를 관대하게 허용함으로써 이를 뒷받침하였다. 이러한 모습들은 결국 조선후기의 통제기조가 법전에 반영되어 나타난 것이었다.

법전이 반영하고 있는 사회의 흐름은 위에서 본 바와 같은데 그러면 구체적으로 규정들은 어떤 식으로 변화했는가. 그것은 주로 형벌을 부가하는 형태였지만, 새로운 規定들이 창설되기도 하였다. ≪大明律≫에 규정이 있음에도 불구하고, 동일한 사항을 규율하는 다른 규정들이 창설되기도 하였다. 國典에 규정된 이러한 규정들은 ≪大明律≫과는 독자적으로 규정된 조선 고유의 규정들이라고 할 수 있을 것이다. 이와 아울러 國典의 刑事規定들은 양적으로도 대폭 증가했음을 확인할 수 있었다. 朝鮮의 刑事法은 ≪大明律≫을 일반법으로 삼고, 이를 토대로 하여 國典의 규정들이 수정하고 보완하는 형식으로 전개해 나간 것이라고 할 수 있다.

이렇게 증보된 규정들에 대한 논의는 통시대적으로 어떤 모습을 띠고 있는가. 이는 ≪大明律≫에 대한 논의와도 관련이 있다. 그것은 새로운 규정을 만들기 위해서는 일반법인 ≪大明律≫을 고려하여야 하기 때문이다. 그런데 ≪大明律≫이 논의되는 방식은 조선전기와 후기에 차이가 난다. 즉 조선전기에는 ≪大明律≫의 해석과 관련하여 법적인 논의들이 다수 등장하지만, 조선후기로 갈수록 이러한 논의는 사라지고 구체적인 사건에 대한 사실적인 논의들이 그 자리를 대신하고 있는데 그 원인은 어디에서 비롯되는가의 문제이다. 그것은 ≪大明律≫에 대한 이해와 적용경험에서 연유한다. ≪大明律≫이 처음 들어와서 사용되던 朝鮮前期에는 ≪大明律≫에 대하여 이해가 부족하였기 때문에 규정 자체에 대한 논의가 일어난다. 하지만 ≪經國大典≫에 刑事法으로서 규정될 때에는 이미 ≪大明律≫을 쓴 지 100년 정도가 되었고, 그간의 논의로 이해가 심화되었다. 그렇기 때문에 ≪大明律≫을 이해한 바탕 위에서 어떤 범죄가 발생하면 당연히 기계적으로 ≪大明律≫을 적용하기에 이른 것이라고 할 수 있다. 사실에 초점을 맞추는 논의는 사실관계가 확정되면 적용될 법률이 확실하기 때문에 가능한 것이다.

그런데 이렇게 기계적으로 적용되지 않는 영역이 있다. 조선의 특유한 사정에 기인한 사안들이 그것이다. 그러한 사안들은 새롭게 입법되어 國典에 수록됨으로써 조선 고유의 규정으로 남았다. 그러면 이러한 사안들이 입법되기 전, 사건 자체로서 해결될 때에는 ≪大明律≫을 적용하여야 할 것이다. 그런데 사실은 그렇지 않았다. 이것은 당시 사람들이 '法을 쓴다'라는 의미를 어떻게 생각하고 있었느냐와 관련되어 있다. 즉 ≪經

國大典≫ 刑典 用律의 '用大明律'의 의미를 어떻게 해석하여야 하는가
의 문제이다. 또 본문에서의 논의에서도 드러났지만, 조선시대의 사람들
은 적용할 법규범이 있음에도 불구하고 동일한 내용을 규율하지만 부가
형을 덧붙이는 형태로 새로운 규정을 만들었다. 심지어는 銅錢의 僞造
같은 경우에는 ≪大明律≫에 규정이 있음에도 불구하고 새로운 규정을
만들기도 하는데 이를 '用大明律'과 관련하여 어떻게 바라보아야 하는
가. 조선인들은 자신들의 法感情에 저촉되지 않는 한 ≪大明律≫의 지
위를 그대로 인정하고 적용하였다. 그러한 것이 대부분이었고 그 한도에
서 ≪大明律≫은 '適用'되었다고 할 수 있다. 그리고 法感情에 저촉되는
경우에야 ≪大明律≫을 참고하여 새로운 입법을 감행하였다. 그것이 가
능했던 이유는 그들이 법적용자이자 동시에 입법자였기 때문이다. 그들
의 法感情은 유교사회의 신분적 차별에 걸맞는 그러한 法感情이었다.
부가적인 형벌을 규정하는 것은 그러한 法感情에 위배되었기 때문이다.
그리고 그러한 法感情을 國王과 法執行者들의 치밀한 논의를 통해서 도
출되었다. 그렇기 때문에 그것은 자의적인 법집행은 아니라고 보아야 한
다. 또한 동일한 사항을 그대로 규정한 것은 사실은 외형상으로만 동일
한 사항인 것이다. 가령 위조의 경우에는 조선 고유의 처벌이 행해지고
있었고, 당시 사람들도 그렇게 생각하고 있었다. ≪大明律≫과 다른 계
통에 의해 처벌되던 것이 國典에 규정되었던 것이다. 즉 이러한 부분은
≪大明律≫이 효력을 갖지 못한 부분이 외형상 동일하게 보일 뿐 새롭
게 규정된 것이다. 이 점에서도 '用大明律'이라는 것이 ≪大明律≫의 규
정 전체를 모두 적용한다는 의미는 아닌 것이 드러나고 있다.

　이 글에서는 법전의 규정을 중심으로 하여 ≪大明律≫의 운용, 사회
의 변화 등을 살펴보았다. 그렇기 때문에 判例集인 ≪秋官志≫나 ≪審
理錄≫은 부차적인 자료로서 활용될 수밖에 없었다. 각종 판례의 원리들
이 규범화된 것이 각 國典의 규정들이기 때문에 그 사회에서 가장 중요
하게 여기고자 했던 가치들은 國典에 실려 있다고 볼 수 있다. 하지만

구체적인 법적용의 모습은 判例集을 통하여 보다 밀접하게 접근할 수 있으리라 생각된다. 또 이를 통해서 당시의 법적용 방식에 대해 이해하고 현대의 법적용방식과 어떠한 점에서 차이가 나는지 밝힐 수 있으리라 생각된다. 그리고 이러한 작업은 현대법적 입장에서 전통법을 이해하는데 중요한 실마리를 제공해주리라 생각한다. 또 19세기의 상황은 우리에게는 혼란의 시대로 각인되어 있다. 이 시기에 나온 판례집으로는 ≪小丹書≫, ≪秋曹決獄錄≫ 등이 있는데 이들 판례집을 통하여서도 형사사법에도 혼란이 시대상황이 그대로 적용될 수 있는지 검증할 수 있으리라 생각된다. 이러한 작업들은 이 글에서 다룰 수 없었다. 이 글에서 시도한 法典의 규정들의 이해를 토대로 하여 이러한 작업이 계속 되어야 할 것이다.

〈參考文獻〉

Ⅰ. 자 료

1. 연대기

[原文]

『高麗史』(上)(中)(下), 아세아문화사, 1972.

『朝鮮王朝實錄』, 國史編纂委員會, 1955~1958.

『承政院日記』, 國史編纂委員會, 1961~1977.

[國譯本]

『북역 고려사』, 신서원 편집, 2001(손영종·황철산 번역, 1966).

『朝鮮王朝實錄』, 國譯本, 민족문화추진회·세종대왕기념사업회.

『拔萃 備邊司謄錄』, 法制資料 131輯, 法制處, 1984.

[인터넷 자료]

朝鮮王朝實錄[http://sillok.history.go.kr(최종접속 2007년 5월 31일)].

承政院日記[http://sjw.history.go.kr(최종접속 2007년 5월 31일)].

2. 법 전

[원전]

『唐律疏議』, 北京, 中華書局, 1983.

『大明律講解』, 奎章閣資料叢書 法典篇, 서울대학교 奎章閣, 1999.

『大明律直解』, 奎章閣資料叢書 法典篇, 서울대학교 奎章閣, 1999.

『大明律直解』, 보경문화사, 1986.

『大明律直解』, 朝鮮總督府 中樞院, 1936.

『經國大典』, 奎章閣資料叢書 法典篇, 서울대학교 奎章閣, 1997.

『經國大典註解』, 檀國大學校出版部, 1979.

『大典續錄, 大典後續錄, 經國大典註解』, 奎章閣資料叢書 法典篇, 서울대학교
          奎章閣, 1997.

『各司受敎, 受敎輯錄, 新補受敎輯錄』, 奎章閣資料叢書 法典篇, 서울대학교 奎
          章閣, 1997.

『續大典』, 奎章閣資料叢書 法典篇, 서울대학교 奎章閣, 1998.

『大典通編』(上)(下), 奎章閣資料叢書 法典篇, 서울대학교 奎章閣, 1998.

『大典會通』(上)(下), 奎章閣資料叢書 法典篇, 서울대학교 奎章閣, 1999.

  [國譯本]

金鐸敏・任大熙 主編, 『譯註 唐律疏議』 名例編・各則(上)・各則(下), 한국법제
          연구원, 1994・1996・1998.

『譯註 經國大典－註釋篇』, 韓國精神文化硏究院, 1985 초판.

『譯註 經國大典－飜譯篇』, 韓國精神文化硏究院, 1985 초판.

『大明律直解』, 法制資料 제13집, 法制處, 1964.

『大典續錄』, 法制資料 제69집, 法制處, 1975.

한국역사연구회 중세 2분과 법전연구반, 『各司受敎』, 청년사, 2002.

한국역사연구회 중세 2분과 법전연구반, 『受敎輯錄』, 청년사, 2001.

한국역사연구회 중세 2분과 법전연구반, 『新補受敎輯錄』, 청년사, 2003.

『大典會通硏究』, 刑典・工典編, 한국법제연구원, 1996.

3. 형사판례집・법제자료

  [원문]

『決訟類聚補』, 韓國學資料叢書 8, 韓國精神文化硏究院, 1996.

『律例要覽』 奎 12408.

『三典類抄』 奎 12406, 古5120 178.

『秋官志』 上・中・下, 奎章閣資料叢書 官署志篇, 서울대학교 奎章閣, 2004.

『欽欽新書・原文』, 朴錫武・丁海廉 校註, 現代實學社, 1999.

鄭肯植・任相赫 編著, 『十六世紀 詞訟法書 集成』, 韓國法制硏究院, 1999.

[國譯木]

『審理錄』 1~4, 민족문화추진회, 1998~2000.

『秋官志』 1~4, 法制資料 75·76·77·78輯, 法制處, 1975.

丁若鏞 저, 朴錫武·丁海廉 역주, 『譯註 欽欽新書』 1~3, 現代實學社, 1999.

『受敎定例·律例要覽』, 法制資料 38輯, 法制處, 1970.

『刑典事目·欽恤典則』, 法制資料 82輯, 法制處, 1976.

민족문화추진회 편, 『國譯 三峯集』, 도서출판 솔, 1997.

『國譯 增補文獻備考－刑考 1, 2』, 세종대왕기념사업회, 1986.

Ⅱ. 연구논저

1. 單行本

김성우, 『조선중기 국가와 사족』, 역사비평사, 2001.

나까무라 시게오 지음·임대희 등 옮김, 『판례를 통해서 본 청대 형법』, 서경
　　문화사, 2004.

Lawrence M. Friedman/안경환 역, 『미국법의 역사』, 청림출판, 2006.

마르티나 도이힐러/이훈상 옮김, 『한국사회의 유교적 변환』, 아카넷, 2005.

朴秉濠, 『近世의 法과 法思想』, 진원, 1996.

＿＿＿, 『세종시대의 법률』, 세종대왕기념사업회, 1986.

＿＿＿, 『韓國法制史攷』, 法文社, 1987.

＿＿＿, 『韓國의 傳統社會와 法』, 서울대학교 출판부, 1985.

徐壹敎, 『朝鮮王朝 刑事制度의 研究』, 韓國法令編纂會, 1968.

시마다 마사오/임대희·박원길·우덕찬·이광수 옮김, 『아시아법사』, 서경문
　　화사, 2000.

申東雲, 『刑事訴訟法』 제3판, 法文社, 2005.

沈羲基, 『韓國法制史講義－韓國法史上의 판례와 읽을 거리－』, 三英社, 1997.

연세대학교 국학연구원 편, 『經濟六典輯錄』, 신서원, 1993.

오영교 편, 『조선 건국과 경국대전체제의 형성』, 혜안, 2004.

＿＿＿＿, 『조선후기 체제변동과 속대전』, 혜안, 2005.

劉仁善, 『(새로 쓴) 베트남의 역사』, 이산, 2002.

윤국일, 『경국대전연구』, 신서원, 1986.

張炳仁, 『조선전기 혼인제와 성차별』, 일지사, 1997.

田鳳德, 『經濟六典拾遺』, 아세아문화사, 1989.

鄭光 · 鄭丞惠 · 梁伍鎭, 『史學指南』, 태학사, 2002.

鄭肯植, 『韓國近代法史攷』, 박영사, 2002.

崔鍾庫, 『韓國法思想史(전정재판)』, 서울대학교 출판부, 2004.

池承鍾, 『朝鮮前期奴婢身分研究』, 一潮閣, 1995.

2. 논 문

金景淑, 「朝鮮時代 流配刑의 執行과 그 事例」 『史學研究』 55 · 56합집호, 1998.

金九鎭, 「大明律의 編纂과 傳來－經國大典 編纂의 背景」 『白山學報』 제29집, 1984.

金 燉, 「中宗代 法制度의 재정비와 ≪大典後續錄≫의 편찬」 『韓國史研究』 제 127집, 한국사연구회, 2004.

金池洙, 「朝鮮朝 全家徙邊律의 역사와 법적 성격」 『法史學研究』 제32호, 韓國 法史學會, 2005.10.

김창록, 「制令에 관한 연구」 『法史學研究』 제26호, 한국법사학회, 2002.

金漢植, 「大明律의 朝鮮朝的 繼受」 『경북대학교 논문집(인문 · 사회과학)』 제 34집, 1982.

文亨鎭, 「『大明律』과 『經國大典』 編纂의 法制史的 의의」 『中國研究』 제34권, 韓國外國語大學校外國學綜合研究센터 中國研究所, 2004.

_____, 「『大明律』의 성격에 관한 일고찰－유교적 가치체계를 중심으로－」 『中 國研究』 제33권, 韓國外國語大學校外國學綜合研究센터 中國研究所, 2004.

_____, 「『大明律』전래와 한국적 변이 양상」 『국제지역연구』 제6권 제3호(통 권22호), 한국외국어대학교 외국학종합연구센터, 2002 가을.

_____, 「朝鮮初 拷訊運用과 刑具 使用例」 『外大史學』 제13집, 韓國外國語大 學校 外國學綜合研究센터 歷史文化研究所, 2000.

_____, 「朝鮮初期 '大明律'의 運用實態」 『外大史學』 제12집, 韓國外國語大學

校 外國學綜合研究센터 歷史文化研究所, 2000.

朴秉濠, 「經國大典의 編纂과 頒行」 『韓國史 9 : 兩班官僚國家의 成立』, 국사편 찬위원회, 1973.

_____, 「茶山의 刑律觀」 『茶山學의 探究』, 민음사, 1990.

_____, 「역사에 있어서의 자유와 통제-한국의 경험에서-」 『法學論集』 2-1, 이화여자대학교 법학연구소, 1997.

_____, 「朝鮮初期 法制定과 社會相-大明律의 實用을 중심으로」 『국사관논 총』 제80집, 국사편찬위원회, 1998.

박준호, 「手掌과 手寸」 『문헌과 해석』 통권 27호, 문헌과 해석사, 2004 여름.

배항섭, 「조선후기 삼정문란과 명화적」 『역사비평』 15, 역사비평사, 1991.

申明鎬, 「朝鮮初期 八議와 刑事上의 特權」 『淸溪史學』 12, 韓國精神文化研究院 淸溪史學會, 1996.

沈載祐, 「18세기 獄訟의 성격과 刑政運營의 변화」 『한국사론』 34, 1995.

_____, 「정조대 『欽恤典則』의 반포와 刑具 정비」 『奎章閣』 22, 서울대학교 규장각, 1999.

_____, 「조선시대 法典 편찬과 刑事政策과 변화」 『震檀學報』 96, 震檀學會, 2003.

_____, 『≪審理錄≫연구』, 서울대학교 문학박사학위논문, 2005.

沈羲基, 「復讐考序說」 『法學研究』 제26권 제1호(통권 33호), 부산대학교 법학 연구소, 1983.

_____, 「18세기의 형사사법제도 개혁」 『韓國文化』 20, 서울大學校 韓國文化 研究所, 1998.

_____, 「朝鮮時代의 考訊」 『사회과학연구』 5-1, 영남대학교 사회과학연구소, 1985.

_____, 「朝鮮時代의 殺獄에 관한 研究(Ⅰ)」 『法學研究』 제25권 제1호(통권 32 호), 부산대학교 법학연구소, 1982.

_____, 「朝鮮後期 刑事制度運營에 대한 一考察-參酌減律을 中心으로-」, 서 울대학교 대학원 법학석사학위논문, 1980.

_____, 「한국의 復讐와 刑罰-복수의 사상적·법사적 고찰」 『법과 종교』 1, 1983.

_____, 「欽欽新書의 法學史的 解剖」 『社會科學研究』 제5집 제2권, 영남대학 교 사회과학연구소, 1985.

安秉禧, 「大明律直解 吏讀의 研究」 『奎章閣』 9, 서울대학교 규장각, 1985.

吳道基, 『大明律과 經國大典 刑典의 實體法的 比較研究』, 조선대학교 법학박사학위논문, 1976.

兪起濬, 『朝鮮初期 刑律 研究－律文과 律學을 중심으로』, 충남대학교 문학박사학위논문, 1996.

_____, 「朝鮮初期 奴婢犯罪와 刑政」 『湖西史學』 제16집, 호서사학회, 1988.

劉仁善, 「베트남 李朝와 陳朝의 法－唐律 및 『黎朝刑律』과의 관계－」 『東洋史學研究』 제81집, 東洋史學會, 2003.

_____, 「『黎朝刑律』의 체재와 내용 : 唐律의 繼受와 관련하여」 『法史學研究』 제27호, 韓國法史學會, 2003.

_____, 「베트남 黎朝의 성립과 儒教理念의 확립 : 불교이념으로부터 유교이념으로」 『東亞研究』 제48집, 西江大學校 東亞研究所, 2005.

延正悅, 「朝鮮王朝와 大明律直解」 『한국사학논총』 아세아문화사, 1992.

李玟圭, 「朝鮮前期 刑律에 對한 研究－십악을 중심으로－」, 조선대학교 법학석사학위논문, 1983.

이성무, 「경국대전의 편찬과 대명률」 『조선양반사회연구』, 一潮閣, 1995.

이원택, 「정약용의 복수에 대한 인식과 친 관념」 『법제연구』 통권 제20호, 한국법제연구원, 2001.

李昌鎬, 「朝鮮刑事節次法에 관한 一考察」, 서울대학교 법학석사학위논문, 1983.

張炳仁, 「朝鮮初期의 緣坐律」 『韓國史論』 17, 서울大學校 人文大學, 國史學科, 1987.

_____, 「조선 중·후기 간통에 대한 규제의 강화」 『韓國史研究』 제121집, 韓國史研究會, 2003.

張允熙, 「大明律直解의 書誌學的 考察」 『震檀學報』 제96호, 震檀學會, 2003.

전혜성/최종고·이희정 역, 「儒教國家 刑法에 비친 朝鮮의 家族規範」 『法史學研究』 제24호, 韓國法史學會, 2001.

鄭肯植, 「1625年 號牌事目에 대한 考察」 『晴潭崔松和教授華甲紀念 現代公法學의 課題』, 박영사, 2002.

_____, 「≪柳淵傳≫에 대한 형사법적 고찰－16세기 형사절차의 일례－」 『우범 이수성선생 화갑기념논문집 人道主義的 刑事法과 刑事政『大典會通의 編纂과 그 意義』 『서울대학교 法學』 제41권 4호, 서울대학교 법학연구소, 2001.

_____, 「우리나라 姦通罪의 法制史的 考察」 『형법개정과 관련하여 본 낙태죄 및 간통죄에 관한 연구』, 한국형사정책연구원, 1991.

鄭肯植, 「續大典의 위상에 대한 小考 : '奉祀 및 立後'조를 대상으로」『서울대 학교 法學』제46권 1호(통권 134호), 서울대학교 법학연구소, 2005.

_____, 「朝鮮初期의 居喪行爲의 規制(上)」, 法史學研究 제10호, 韓國法史學會, 1989.

_____, 『朝鮮初期 祭祀承繼法制의 成立에 관한 研究』, 서울대학교 법학박사 학위논문, 1996.

_____, 「朝鮮初期 朱子家禮規範의 受容에 관한 考察 - 喪禮를 중심으로 -」, 서울대학교 법학석사학위논문, 1988.

鄭肯植・趙志晚, 「대명률해제」『大明律講解』, 서울대학교 규장각, 2001.

_____, 「朝鮮 前期『大明律』의 受容과 變容」『震檀學報』제96호, 震檀學會, 2003.

정호훈, 「18세기 전반 蕩平政治의 추진과 ≪續大典≫의 편찬」『한국사연구』 127, 한국사연구회, 2004.12.

趙 玧, 「18세기 전후 서울의 犯罪相」『典農史論』2, 서울시립대학교 국사학 과, 1996.

趙志晚, 「朝鮮初期 大明律의 受容過程에 관한 연구」, 서울대학교 법학석사학 위논문, 1998.

_____, 「<三典類抄>의 자료적 성격」『法學研究』제9권, 서울대학교 법과대 학, 2002.

_____, 「에도(江戶)시대 일본에서의 대명률의 영향」『法史學研究』제32호, 韓國法史學會, 2005.

崔鍾庫, 「The Foundations of East Asian Jurisprudence」『서울대학교 法學』제41권 1호(통권 114호), 서울대학교 법학연구소, 2000.

_____, 「東아시아 普通法論 : 韓・中・日 法史의 基本課題」『서울대학교 法學』제40권 2호(통권 111호), 서울대학교 법학연구소, 1999.

韓相權, 「조선시대 법전편찬의 흐름과 각종 법률서의 성격」『역사와 현실』 13, 역사비평사, 1994.

_____, 「18세기 前半 明火賊 활동과 정부의 대응책」『韓國文化』13, 서울대 학교 韓國文化研究所, 1992.

許興植, 「金祉의 選粹集・周官六翼과 그 價值」『규장각』4, 서울대학교 규장 각, 1981.

洪順敏, 「조선후기 法典 編纂의 推移와 政治運營의 변동」『韓國文化』21, 서울 大學校 韓國文化研究所, 1998.

3. 외국어 문헌

仁井田陞, 『中國法制史研究－刑法』, 東京大學出版會 : 東京, 1959.

法制史學會 編, 『刑罰と國家權力』, 創文社 : 東京, 1960.

總督府調查課編(麻生武龜 집필), 『李朝法典考』, 朝鮮總督府 中樞院 : 京城, 1936.

中橋政吉, 『朝鮮舊時の刑政』, 治刑協會, 1936(1992년 민속원 영인).

淺見倫太郎, 『朝鮮法制史稿』, 巖松堂書店, 1922(1968년 학문각 영인).

蘇亦工, 『明淸律典與條例』, 中國法政大學出版社 : 北京, 2000.

劉海年・楊一凡 主編, 『中國珍稀法律典籍集成 乙編 第一冊 洪武法律典籍』, 科學出版社 : 北京, 1994.

楊一凡, 『洪武法律典籍考證』, 法律出版社, 北京, 1992.

楊鴻烈, 『中國法律在東亞諸國之影響』, 商務印書館, 上海, 1937.

滋賀秀三, 『中國法制史論集(法典と刑罰)』, 倉文社 : 東京, 2003.

張晉藩/何天貴・後藤武秀 譯, 『中國法制史(下)』, 中央大學出版部 : 東京, 1995.

文亨鎭, 『大明律的特點及對朝鮮社會的影響』, 中央民族大學 博士學位論文 : 北京, 1998.

佐藤邦憲, 「明律・明令と大誥および問刑條例」滋賀秀三編, 『中國法制史－基本資料の研究－』, 東京大出版會 : 東京, 1993.

小林 宏, 「德川幕府に及ぼせる中國法の影響－吉宗の明律の受容をめぐって－」 『日本文化研究所紀要』 第64輯, 國學院大學 : 東京, 1989.

小早川欣吾, 「明律令の我近世法に及ぼせる影響」 『東亞人文學報』 第4卷 第2號, 京都帝國大學 人文科學研究所 : 京都, 1945.

劉海年・楊一凡 主編, 『中國珍稀貴法律典籍集成 乙編 第一冊 洪武法律典籍』, 科學出版社 : 北京, 1994.

Deward L. Farmer, Zhu Yuanzahng and Early Ming Legislation, E.J. Brill : U.S., 1995.

Insun Yu, Law and Socity in Seventeenth and Eighteenth Century Vietnam, Asiatic Research Center Korea University, 1990.

Jiang Yonglin, "The Great Ming Code : A Cosmological Instrument for Transforming 'All under Heaven'", A Thesis Submitted to the Faculty of the Graduate School of the University of Minnesota, 1997.

Jiang Yonglin, The Great Ming Code, the University of Washington Press, 2005.

MacComack, G., Traditional Chinese Penal Law, Edinburgh University Press, 1990.

Nguyễn Ngọc Huy · Tạ Vă Tài, The Lê Code, vol. 1-3, Ohia University Press : U.S., 1987.

Shaw, W., Legal Norms in a Confucian State, Institute of East Asian Studies University of California · Berkeley Center for Korean Studies : U.S., 1981.

Shaw, W., Social and Intellectual Aspects of Traditional Korean Law, 1392~1910, Traditional Korean Legal Attitudes, Institute of East Asian Studies University of California · Berkeley Center for Korean Studies : U.S., 1980.

Ta Van Tai, "Vietnam's Code of the Lê Dynasty(1428~1788)", The American Journal of Comparative Law, Vol.30, 1982.

The Ming Code and the National Code as Criminal Law in the Joseon Dynasty

Cho, Ji Man

≪GyeongGukDaeJeon≫ provides that the Ming Code should be applied as criminal law and ≪SokDaeJeon≫ established 200 years after ≪Gyeong-GukDaeJeon≫ provides that the provisions in ≪GyeongGukDaeJeon≫ and ≪SokDaeJeon≫ should be prior to those in the Ming Code. This means that the Ming Code was the general law in criminal cases during the Joseon dynasty(1392~1910). There was a long gap between ≪GyeongGukDaeJeon≫ and ≪SokDaeJeon≫. Law is a mirror of society. ≪SokDaeJeon≫ also reflected changes of the society after ≪GyeongGukDaeJeon≫.

The main object of this study is to examine how the change of the society in that period was reflected in a code of laws from a normative point of view. For this purpose the author firstly needs to find out what is the Ming Code and how the Ming Code was accepted in the Joseon dynasty. These are described in the Chapter Ⅱ. The Ming Code was the criminal code of the Ming empire(1368~1644) which was one of the unified empires in Chinese history. The Ming Code underwent several revisions and had different versions.

To find out which version was accepted in the Joseon dynasty, the author needs to seek information on different versions. But regretfully there exists only the last version established in 1397(Hongwu 30). In a different way it is possible that the author compares the text of the Ming Code(Hongwu 30) with those of ≪DaeMyeongRyulJikHae≫ and ≪DaeMyeongRyulGangHae≫. Consequently it is found that each text is different from that of the Ming Code(Hongwu 30). It can be inferred that each text is based on the different version.

But there is also similarity between them. In 1376(Hongwu 7) the Ming Code underwent another major revision. After this revision the body of the Ming Code consists of seven chapters, that is to say, Myeonlyeyul, Yiyul, Hoyul, Yeyul, Byeongyul, Hyeongyul, and Gongyul. ≪DaeMyeongRyulJikHae≫ and ≪Dae-MyeongRyulGangHae≫, these two codes follow the same structure. There was another version between the Ming Code(Hongwu 7) and the Ming Code(Hongwu 30). That was the Ming Code(Hongwu 22). So far it is thought that ≪Dae-MyeongRyulJikHae≫ and ≪DaeMyeongRyulGangHae≫ were based on that version, the Ming Code(Hongwu 22). But there is difference between them. Therefore, it can be inferred that ≪DaeMyeongRyulJikHae≫ and ≪Dae-MyeongRyulGangHae≫ were based on a certain version between the Ming Code(Hongwu 7) and the Ming Code(Hongwu 30).

This means that the Joseon dynasty accepted the Ming Code before 1397(Hongwu 30). A process of acceptance did not go smoothly because it was influenced by the change of situation during the early years of the Joseon dynasty. Though the Ming Code was a foreign code, the intellectuals of the Joseon dynasty reached consensus on acceptance of the Ming Code as criminal code to apply a law systematically, reasonably and uniformly. This fact can be found indirectly at the King's Enthrone Message in 1392(Taejo the first year). The Message did not declare the acceptance of the Ming Code obviously but it reflected the King's will of the acceptance of the Ming Code considering the legal situation of that time.

Meanwhile there was a part in the Ming Code which was irrelevant to the situation of the Joseon dynasty. So the intellectuals of the Joseon dynasty tried to adapt the Ming Code to the situation of the Joseon dynasty and this effort led to establishment of ≪DaeMyeongRyulJikHae≫. There were other codifications as the National Code based on laws derived from customs in the Joseon dynasty. As a result ≪GyeongJeYukJeon≫ was established for the first time. The establishment of ≪DaeMyeongRyulJikHae≫ was a means of not only adaptation but also understanding of the Ming Code. As the codification of the National Code progressed, ≪DaeMyeongRyulJikHae≫ did not function as criminal code any more but did as subsidiary to understand the Ming Code.

≪DaeMyeongRyulJikHae≫ was established, before the Ming Code was in effect in the Joseon dynasty. So many problems occurred when the Ming Code was applied to criminal cases. They can be solved by referring to other Chinese codes, such as ≪TangYul≫ and ≪ZhiZhengZhoGyeok≫, or customs in the Joseon dynasty. But the Joseon dynasty tried to apply the Ming Code to criminal cases intentionally. Consequently the acceptance of the Ming Code as criminal code was declared in ≪GyeongGukDaeJeon≫ by a process of trial and error.

≪GyeongGukDaeJeon≫ of which final version was in effect in 1485 synthesized previous codifications. And the legislation of the early years of the Joseon dynasty was completed. The criminal code of the Joseon dynasty consisted of both ≪GyeongGukDaeJeon≫ and the Ming Code. Moreover, ≪Gyeong-GukDaeJeon≫ included the provisions of criminal procedure as well as criminal law, which were not provided in the Ming Code.

The Chapter Ⅲ describes a static analysis on provisions of the Ming Code in comparison with those of ≪GyeongGukDaeJeon≫ while the Chapter Ⅱ deal with a dynamic analysis on a process of acceptance of the Ming Code. Provisions of the chapter HyeongJeon of ≪GyeongGukDaeJeon≫ are divided into a substantive law and a adjective law. The substantive provisions of ≪Gyeong-GukDaeJeon≫ supplement or replace those of the Ming Code. Because ≪Gyeong-GukDaeJeon≫ is a special law, it provides the aggravated penalty compared with the Ming Code, for example, the guilt — by — association system for forgery or robbery. An accusation against the elder is also punished with the aggravated penalty in accordance with difference in social status. In addition there are provisions in ≪GyeongGukDaeJeon≫ which coordinate or subdivide those of the Ming Code. They were provided to find out the appropriate provisions applicable to different cases.

Because the Ming Code was a substantive law, the procedural provisions are provided in ≪GyeongGukDaeJeon≫. They are about jurisdiction, detention, interrogation, etc. The detailed provisions on execution procedure are also included, which are not provided in the Ming Code. And the difference of legal terms between the Joseon and the Ming are referred to in ≪Gyeong-GukDaeJeon≫.

The conclusion from an analysis on provisions of the Ming Code in comparison with those of ≪GyeongGukDaeJeon≫ is as follows. There is a provision of 'apply the Ming Code' in the chapter HyeongJeon of ≪GyeongGukDaeJeon≫. The meaning of 'apply' in this provision does not always correspond to the literal meaning of 'apply'. At that time people also used a criminal code for reference and did not always observe law in accordance with a express provision. More references were needed to solve different cases and this resulted in the increase of criminal provisions in ≪GyeongGukDaeJeon≫.

The chapter Ⅳ deals with ≪DaeJeonSokRok≫, ≪DaeJeonHuSokRok≫ and ≪GakSaSuGyo≫. In the 17th century there was increase of criminal provisions because of the radical change following a full — scale war between Joseon and Japan, ImJinWaeRan(1592). Those provisions were provided in ≪SokDaeJeon≫

synthetically. The change of a social aspect between ≪GyeongGukDaeJeon≫ and ImJinWaeRan is reflected in ≪DaeJeonSokRok≫, ≪DaeJeonHuSokRok≫ and ≪GakSaSuGyo≫, while ≪SokDaeJeon≫ reflects postwar aspects of life.

At that time SaJok who had been the privileged class since ≪Gyeong-GukDaeJeon≫ was given more privileges. SaJok also demanded a moral law from internal organization strictly to maintain its privileges, which was reflected in ≪DaeJeonHuSokRok≫. For example, adultery was generally punished with JangHyeong, beating with the heavy stick but adultery by women of SaJok was punished with KyoHyeong, death by hanging. Meanwhile the aggravated penalty about public morals was found in ≪DaeJeonSokRok≫, that is, penalty for adultery between mother—in—law and son—in—law. In the Joseon dynasty there was a custom that a son—in—law became a member of his wife's family, so adultery between mother—in—law and son—in—law was punished with ChamHyeong, decapitation.

In the early years of Joseon dynasty the Ming Code was applied to most criminal cases. But the situation was changed as criminal provisions in the National Code were increased drastically with the establishment of ≪Sok-DaeJeon≫. ≪SokDaeJeon≫ which was established in 1746 reflected the change of a social aspect between the 17th and the early 18th century.

The Chapter V describes an analysis on ≪SokDaeJeon≫. There were collections of Edicts(Sugyo), such as ≪SuGyoJipRok≫ and ≪SinBoSuGyoJipRok≫ before the establishment of ≪SokDaeJeon≫. But an inconsistency among Edicts could not solved by them. ≪SokDaeJeon≫ was established to solve that problem as well as to amend ≪GyeongGukDaeJeon≫.

There was an outstanding change in ≪SokDaeJeon≫, that is, the drastic increase of provisions on discriminative treatment in accordance with social status. Most of them were about adultery by SaJok and it was punished more severely than in the Ming Code. In ≪SokDaeJeon≫ SaJok was treated differently from SangCheon, which meant most of provisions newly provided were special ones related with SaJok. The fact that SaJok was separated from SangCheon in ≪Sok-DaeJeon≫ means that the estate system of the later Joseon dynasty, that is, BanSangJe was reflected in a criminal code. While in the Ming Code the penalty was different in accordance with YangCheon(YangIn and CheonIn), in ≪Sok-DaeJeon≫ it was in accordance with BanSang(SaJok and SangCheon).

In ≪SokDaeJeon≫ an offense against the estate system, that is, BeomBun was also punished severely. Mostly it was related with a crime which the lower classes committed against the upper classes. In ≪SokDaeJeon≫ the concept of GangSang was introduced and an offense against GangSang was punished. Because GangSang was the general concept, it was provided concretely in the code. There was also an aggravated penalty when a private man committed a crime against the authorities. All those provision reflects the ruling class' will to fortify the estate system in the later Joseon dynasty.

In addition to the increase of provisions on a social status, there was the increase of provisions which supplemented the Ming Code. It can be found in provisions on Mobandaeyoek(plotting rebellion and great sedition). Because it was impossible to provide all the cases which could occur in Mobandaeyoek in the Ming Code, there was a shortage of provisions. So in ≪SokDaeJeon≫ new provisions which were based upon real cases were supplemented.

In ≪GyeongGukDaeJeon≫ there was one type of forgery, that is, forgery of seal, which was provided differently from that of the Ming Code. As the types of forgery became various, the new types of forgery, such as forgery of identification, coin, etc., were provided in ≪SokDaeJeon≫. Thus new provisions are supplemented in ≪SokDaeJeon≫ as the types of crimes became various in the later Joseon dynasty.

The Chapter Ⅵ describe the period when 《DaeJeonTongPyeon》 and 《DaeJeonHoeTong》 were established. Because there was an enlargement in 《SokDaeJeon》 on a grand scale, a few provisions were supplemented in 《DaeJeonTongPyeon》 and 《DaeJeonHoeTong》. For example, provisions on detention and BeomBun, which were not fully dealt with in 《SokDaeJeon》 were supplemented. Especially provisions on relation between master and slave which was increased in 《SokDaeJeon》 were supplemented more clearly and thoroughly.

Meanwhile there were legal manuals in the Joseon dynasty, such as 《GyeolSongRyuChwiBo》, 《YulRyeYoRam》, etc., which were referred to by staffs in charge. 《YulRyeYoRam》 which was published in the 19th century presented various cases and laws applicable to them. Provisions which were actually applied to criminal cases in that period can be inferred from 《YulRyeYoRam》. Of 294 provisions referred in 《YulRyeYoRam》 the rate of the National Code was about 41%, while in 《GyeolSongRyuChwiBo》 which was published in 17th century the rate of 《GyeongGukDaeJeon》 was just 10%. This means that after 《SokDaeJeon》 provisions of the National Code were not only increased but the usage of it also increased in the later Joseon dynasty. The reason of the increase in the National Code is that more special provisions are needed as the types of crimes became various in the later Joseon dynasty. But the Ming Code did not abandon its position as general law. When the case was general, the Ming Code was always applied.

In conclusion, 《SokDaeJeon》 reflected the change of a social aspect after 《GyeongGukDaeJeon》. There was a change of the estate system from YangCheon to BanSang and in accordance with it the penalty was provided differently. An efforts to fortify the estate system was also reflected in the code. General provisions on GansSang were provided and the penalty for BeomBun was aggravated. The various types of criminals in the later Joseon dynasty caused the increase of provisions in the Nation Code. In the National Code there were provisions applicable to the same cases in the Ming Code, but form and substance of them were different. They were the law native to the Joseon dynasty. The criminal law of the Joseon dynasty consisted of the Ming Code and the National Code. The former functioned as general law and the latter as supplement or amendment to cope with the social aspect of that time.

[Glossary]

≪DaeJeonHoeTong≫ ≪대전회통≫ ≪大典會通≫
≪DaeJeonHuSokRok≫ ≪대전후속록≫ ≪大典後續錄≫
≪DaeJeonSokRok≫ ≪대전속록≫ ≪大典續錄≫
≪DaeJeonTongPyeon≫ ≪대전통편≫ ≪大典通編≫
≪DaeMyeongRyulJikHae≫ ≪대명률직해≫ ≪大明律直解≫
≪DaeMyeongRyulGangHae≫ ≪대명률강해≫ ≪大明律講解≫
≪GakSaSuGyo≫ ≪각사수교≫ ≪各司受敎≫
≪GyeolSongRyuChwiBo≫ ≪결송유취보≫ ≪決訟類聚補≫
≪GyeongGukDaeJeon≫ ≪경국대전≫ ≪經國大典≫
≪SinBoSuGyoJipRok≫ ≪신보수교집록≫ ≪新補受敎輯錄≫
≪SokDaeJeon≫ ≪속대전≫ ≪續大典≫
≪SuGyoJipRok≫ ≪수교집록≫ ≪受敎輯錄≫
≪TangYul≫ ≪당률≫ ≪唐律≫
the Ming Code ≪대명률≫ ≪大明律≫
≪YulRyeYoRam≫ ≪율례요람≫ ≪律例要覽≫
≪ZhiZhengZhoGyeok≫ ≪지정조격≫ ≪至正條格≫

BanSang 반상 班常	Hyeongyul 형률 刑律
BanSangJe 반상제 班常制	ImJinWaeRan 임진왜란 壬辰倭亂
BeomBun 범분 犯分	JangHyeong 장형 杖刑
Byeoyul 병률 兵律	KyoHyeong 교형 絞刑
ChamHyeong 참형 斬刑	Yeyul 예율 禮律
CheonIn 천인 賤人	Yiyul 이률 吏律
GansSang 강상 綱常	Myeonglyeyul 명례율 名例律
Gongyul 공률 工律	Moubandaeyeok 모반대역 謀反大逆
Hongwu 홍무 洪武	SaJok 사족 士族
Huyul 호율 戶律	SangCheon 상천 常賤
HyeongJeon 형전 刑典	Sugyo 수교 受敎

Taejo   태조 太祖   the Ming   명 明
the Joseon dynasty 조선왕조   YangCheon 양천 良賤
          朝鮮王朝   YangIn 양인 良人

Keywords : the Ming Code, GyeongGukDaeJeon, SokDaeJeon, HyeongJeon,
          SaJok, estate

〈부 록〉

부록 1. ≪大明律直解≫에서 직해되지 않은 조문[1]

(1) 본조문을 직해하지 않은 경우

			原 文	面數
名例律		以理去官	封贈官與正官	89
		徒流人在道會赦	有故者不用此律	97
		犯罪時未老疾	凡犯罪時雖未老疾 而事發時老疾者 依老疾論	104
		犯罪共逃	凡犯罪共逃亡 其輕罪囚 能捕獲重罪囚而首告 及輕重罪相等 但獲一半以上首告者 皆免其罪	120
		本條別有罪	本應輕者 聽從本法	137
		加減罪例	凡稱加者 就本罪上加重, 稱減者 就本罪上減輕	139
戶律	戶役	立嫡子違法	若庶民之家 存養奴婢者杖一百 卽放從良	205
		逃避差役	其在洪武七年十月已前 流移他郡 曾經附籍當差者 勿論 限外逃者 論如律	212
	婚姻	嫁娶違律主婚媒人罪	財禮 若娶者知情 則追入官 不知者 則追還主	252
	倉庫	錢法	若私相買賣及收匿在家 不赴官中賣者 各笞四十	255
		收粮違限	遷徙 提調部粮官吏典處絞	257
		轉解官物	若起運官物 不運本色 而輒賣財貨於所納去處 收買納官者 亦計贓以監收自盜論	274
	課程	鹽法, 監臨勢要中鹽, 沮壞鹽法, 私茶, 私礬, 匿稅, 舶商匿貨, 人戶虧台課程		279~285
禮律	祭祀	禁止師巫邪術	扶鸞禱聖 自號端公大保師婆, 白蓮社明尊教白雲宗等會, 燒香集衆	304
刑律	盜賊	監守自盜倉庫錢粮	並於右小臂膊上 刺盜官錢粮物三字, 一貫以下杖八十 … 四十貫斬	419~420
		常人盜倉庫錢粮	一貫以下杖七十 … 八十貫斬	421~422
		竊盜	初犯並於右小臂膊上 … 以曾經刺字爲字	427
			一貫以下杖六十 … 百二十貫罪止杖一百流三千里	428
	鬪毆	佐職統屬	減罪輕者加凡鬪一等	480

---

1) 面數는 ≪大明律直解≫, 보경문화사, 1986을 인용한다.

	毆長官		
訴訟	誣告	若反坐及加罪輕者 從上書許不實論	522
受贓	官吏受贓	一貫以下杖七十 … 八十貫絞, 一貫以下杖六十 … 杖一百流三千里	534
	坐贓致罪	一貫以下笞二十 … 杖一百徒三年	537~538
犯奸	親屬相姦	若姦義女者加一等, 若姦乞養子孫之婦者 各減一等	564

(2) 주석부분을 직해하지 않은 경우

			原 文	面數
名例律		工樂戶及婦人犯罪	凡謀反逆叛緣坐應流 及餘造畜蠱毒採生折割人殺 一家三人家口會赦猶流 及犯竊盜者不在留住之限 餘罪收贖 謂犯杖一百流三千里者 … 餘條准此	99~100
		徒流人又犯罪	謂工樂戶及婦人犯者依律科之	102
		老小廢疾收贖	其犯死罪及謀反逆叛緣坐應流 … 不用此律 其餘侵損於人一應罪名 並聽收贖, 謂除反逆殺人應死者 … 皆不坐罪	102~103
		犯罪時未老疾	謂如七歲犯死罪 八歲事發 勿論 … 仍以贖論	107
		給沒贓物	謂如應禁兵器 及禁書之類, 謂船價值銅錢十貫 各不得追賃錢一十一貫之類	108 111
		犯罪共逃	謂因罪人連累以得罪 … 收贖之法	122
		親屬相爲容隱	同居謂 … 謂另居大功以上親屬 … 謂有得相容隱 … 謂另居小功以上親屬 … 謂雖有服親屬 … 不用此律	133~134
		稱朞親祖父母	緣坐者 各從祖孫本法	143
吏律	公式	信牌	謂如府官不許入州衙 州官不許入縣衙 縣官不許下鄉村	196
戶律	田宅	荒蕪田地	應課種桑棗黃麻苧麻綿花 … 各隨鄉土所宜種植	229
	婚姻	男女婚姻	謂先已知夫身疾殘老幼庶養之類	233
刑律	詐僞	近侍詐稱私行	謂如給事中 … 校尉之類	555
	犯奸	親屬相姦	謂內外有服之親	563
	雜犯	拆毀申明亭	申明亭 謂鄉土里長所坐公廳	569
		違令	謂令有禁制 而律無罪名者	577
		不應爲	謂律令無條 現不可爲者	577

부록 2. ≪大明律≫ 규정비교

순번	編名	≪大明律講解≫	≪大明律直解≫	≪大明律附例≫
1		五刑	五刑	五刑
2		十惡	十惡	十惡
3		八議	八議	八議
4		應議者犯罪	應議者犯罪	應議者犯罪
5		職官有犯	職官有犯	職官有犯
6		軍官有犯	軍官有犯	軍官有犯
7		文武官犯公罪	文武官犯公罪	文武官犯公罪
8		文武官犯私罪	文武官犯私罪 [목：交]	文武官犯私罪
9		應議者之父祖有犯	應議者之父祖有犯	應議者之父祖有犯
10		軍官軍人犯罪免徒流	軍官軍人犯罪免徒流	軍官軍人犯罪免徒流
11		犯罪得累減	犯罪得累減	犯罪得累減
12		以理去官	以理去官	以理去官
13		無官犯罪	無官犯罪	無官犯罪
14		除名當差	除名當差	除名當差
15	名例律47조	流囚家屬	流囚家屬	流囚家屬
16		常赦所不原	常赦所不原	常赦所不原
17		徒流人在道會赦	徒流人在道會赦	徒流人在道會赦
18		犯罪存留養親	犯罪存留養親	犯罪存留養親
19		工樂戶及婦人犯罪	工樂戶及婦人犯罪	工樂戶及婦人犯罪
20		徒流人又犯罪	徒流人又犯罪	徒流人又犯罪
21		老少癈疾收贖	老小癈疾收贖 [목：少癈]	老小癈疾收贖 [목：少癈]
22		犯罪時未老疾	犯罪時未老疾	犯罪時未老疾
23		給沒贓物	給沒贓物	給沒贓物
24		犯罪自首	犯罪自首	犯罪自首
25		二罪俱發以重論	二罪俱發以重論	二罪俱發以重論
26		犯罪共逃	犯罪共逃	犯罪共逃
27		同僚犯公罪	共犯罪分首從	同僚犯公罪
28		公事失錯	同僚犯公罪	公事失錯
29		共犯罪分首從	公事失錯	共犯罪分首從
30		犯罪事發在逃	犯罪事發在逃	犯罪事發在逃
31		親屬相爲容隱	親屬相爲容隱	親屬相爲容隱
32		吏卒犯死罪	吏卒犯死罪	吏卒犯死罪
33		處決叛軍	在京犯罪軍民	處決叛軍

34		殺害軍人	本條別有罪名	殺害軍人
35		在京犯罪軍民	殺害軍人	在京犯罪軍民
36		化外人有犯	化外人有犯	化外人有犯
37		本條別有罪名	斷罪無正條	本條別有罪名
38		加減罪例	處決叛軍	加減罪例
39		稱乘輿車駕	加減罪例	稱乘輿車駕
40		稱期親祖父母	稱乘輿車駕	稱期親祖父母
41		稱與同罪	稱期親祖父母	稱與同罪
42		稱監臨主守	稱與同罪	稱監臨主守
43		稱日者以百刻	稱監臨主守	稱日者以百刻
44		稱道士女冠	稱日者以百刻	稱道士女冠
45		斷罪依新頒律	稱道士女冠	斷罪依親頒律
46		斷罪無正條	斷罪依新頒律	斷罪無正條
47		徒流遷徙地方	徒流遷徙地方 [본문 : 언해 추가]	徒流遷徙地方
48	職制 15조	選用軍職	選用軍職	選用軍職
49		大臣專擅選官	大臣專擅選官	大臣專擅選官
50		文官不許封公侯	文官不許封公候	文官不許封公候
51		官員襲廕	官員襲蔭	官員襲廕
52		濫設官吏	濫設官吏	濫設官吏
53		貢擧非其人	貢擧非其人	貢擧非其人
54		擧用有過官吏	擧用有過官吏	擧用有過官吏
55		擅離職役	擅離職役	擅離職役
56		官員赴任過限	官員赴任過限	官員赴任過限
57		無故不朝叅公座	無故不朝叅公座	無故不朝叅公座
58		擅勾屬官	擅勾屬官[목 : 句]	擅勾屬官
59		官吏給由	官吏給由	官吏給由
60		姦黨	姦黨	姦黨
61		交結近侍官員	交結近侍官員	交結近侍官員
62		上言大臣德政	上言大臣德政	上言大臣德政
63		講讀律令	講讀律令	講讀律令
64		制書有違	制書有違	制書有違
65~ 66		棄毀制書印信 <二條>	棄毀制書印信 <二條>	棄毀制書印信 <二條>
67		上書奏事犯諱	上書奏事犯諱	上書奏事犯諱
68		事應奏不奏	事應奏不奏	事應奏不奏
69		出使不復命	出使不復命	出使不復命
70		漏泄軍情大事	漏泄軍情大事	漏泄軍情大事
71		官文書稽程	官文書稽程	官文書稽程

(吏律 33조)

72		照刷文卷	照刷文卷	照刷文卷
73		磨勘卷宗	磨勘卷宗	磨勘卷宗
74		同僚代判署文案	同僚代判署文案	同僚代判署文案
75	公式	增減官文書	增減官文書	增減官文書
76	18조	封掌印信	封掌印信	封掌印信
77		漏使印信	漏使印信	漏使印信
78		漏用鈔印	漏用鈔印	漏用鈔印
79		擅用調兵印信	擅用調兵印信	擅用調兵印信
80		信牌	信牌	信牌
81		脫漏戶口	脫漏戶口	脫漏戶口
82		人戶以籍爲定	人戶以籍爲定	人戶以籍爲定
83		私刱庵院及私度僧道	私創庵院及私度僧道 [목:刱]	私刱庵院及私度僧道
84		立嫡子違法	立嫡子違法	立嫡子違法
85		收留迷失子女	收留迷失子女	收留迷失子女
86	戶役	賦役不均	賦役不均	賦役不均
87	15조	丁夫差遣不平	丁夫差遣不平	丁夫差遣不平
88		隱蔽差役	隱蔽差役	隱蔽差役
89		禁革主保里長	禁革主保里長	禁革主保里長
90		逃避差役	逃避差役	逃避差役
91		點差獄卒	點差獄卒	點差獄卒
92		私役部民夫匠	私役部民夫匠	私役部民夫匠
93	戶律	別籍異財	別籍異財	別籍異財
94	95조	卑幼私擅用財	卑幼私擅用財	卑幼私擅用財
95		收養孤老	收養孤老	收養孤老
96		欺隱田糧	欺隱田粮	欺隱田粮 [목:糧]
97		檢踏災傷田糧	檢踏災傷田粮	檢踏災傷田糧
98		功臣田土	功臣田土	功臣田土
99		盜賣田宅	盜賣田宅	盜賣田宅
100	田宅	任所置買田宅	任所置買田宅	任所置買田宅
101	11조	典買田宅	典買田宅	典買田宅
102		盜耕種官民田	盜耕種官民田	盜耕種官民田
103		荒蕪田地	荒蕪田地	荒蕪田地
104		棄毀器物稼穡等	棄毀器物稼穡等	棄毀器物稼穡等
105		擅食田園瓜果	擅食田園瓜果	擅食田園瓜果
106		私借官車船	私借官車船	私借官車船
107		男女婚姻	男女婚姻	男女婚姻
108		典雇妻女	典雇妻妾	典雇妻女
109		妻妾失序	妻妾失序	妻妾失序

110		逐婿嫁女	逐壻嫁女	逐壻嫁女
111		居喪嫁娶	居喪嫁娶	居喪嫁娶
112		父母囚禁嫁娶	父母囚禁嫁娶	父母囚禁嫁娶
113		同姓爲婚	同姓爲婚	同姓爲婚
114		尊卑爲婚	尊卑爲婚	尊卑爲婚
115		娶親屬妻妾	娶親屬妻妾	娶親屬妻妾
116		娶部民婦女爲妻妾	娶部民婦女爲妻妾	娶部民婦女爲妻妾
117	婚姻	娶逃走婦女	娶逃走婦女	娶逃走婦女
118	18조	强占良家妻女	强占良家妻女	强占良家妻女
119		娶樂人爲妻妾	娶樂人爲妻妾	娶樂人爲妻妾
120		僧道娶妻	僧道娶妻	僧道娶妾[목 : 妻]
121		良賤爲婚姻	良賤爲婚姻	良賤爲婚姻
122		蒙古色目人婚姻	蒙古色目人婚姻	蒙古色目人[목 : 爲]婚姻
123		出妻	出妻	出妻
124		嫁娶違律主婚媒人罪	嫁娶違律主婚媒人罪	嫁娶違律主婚媒人罪
125		鈔法	鈔法	鈔法
126		錢法	錢法	錢法
127		收糧違限	收粮違限	收粮違限[목 : 糧]
128		多收稅糧斛面	多收稅粮斛面	多收稅粮斛面[목 : 糧]
129		隱匿費用稅糧課物	隱匿費用稅粮課物	隱匿費用稅粮課物 [목: 糧]
130		攬納稅糧	攬納稅粮	攬納稅粮
131		虛出通關硃鈔	虛出通關硃鈔	虛出通關硃鈔
132		附餘錢糧私下補數	附餘錢粮私下補數	附餘錢粮私下補數 [목: 糧]
133	倉庫	私借錢糧	私借錢粮	私借錢粮[목 : 糧]
134	24조	私借官物	私借官物	私借官物
135		那移出納	那移出納	那移出納
136		庫秤雇役侵欺	庫秤雇役侵欺	庫秤雇役侵欺
137		冒支官糧	冒支官粮	冒支官粮[목 : 糧]
138		錢糧互相覺察	錢粮互相覺察	錢粮互相覺察[목 : 糧]
139		倉庫不覺被盜	倉庫不覺被盜	倉庫不覺被盜
140		守支錢糧及擅開官封	守支錢粮及擅開官封	守支錢粮及擅開官封 [목 : 糧]
141		出納官物有違	出納官物有違	出納官物有違
142		收支留難	收支留難	收支留難
143		起解金銀足色	起解金銀足色	起解金銀足色
144		損壞倉庫財物[목 : 毁]	損毁倉庫財物[목 : 壞]	損壞倉庫財物

145			轉解官物	轉解官物	轉解官物
146			擬斷贓罰不當	擬斷贓罰不當	擬斷贓罰不當
147			守掌在官財物	守掌在官財物	守掌在官財物
148			隱瞞入官家產	隱瞞入官家產	隱瞞入官家產
149~160		課程 19조	鹽法<十二條>	塩法	鹽法<十二條>
161			監臨勢要中鹽	監臨勢要中塩	監臨勢要中鹽
162			沮壞鹽法	沮壞塩法	阻壞鹽法[목：沮]
163			私茶	私茶	私茶
164			私礬	私礬	私礬
165			匿稅	匿稅	匿稅
166			舶商匿貨	舶商匿貨	舶商匿貨
167			人戶虧兌課程	人戶虧兌課程	人戶虧兌課程
168		錢債 3조	違禁取利	違禁取利	違禁取利
169			費用受寄財產	費用受寄財產	費用受寄財產
170			得遺失物	得遺失物	得遺失物
171		市廛 5조	私充牙行埠頭	私充牙行埠頭	私充牙行埠頭[목：克]
172			市司評物價	市司評物價	市司評物價
173			把持行市	把持行市	把持行市
174			私造斛斗秤尺	私造斛斗途尺[목：秤]	私造斛斗秤尺
175			器用布絹不如法	器用布絹不如法	器用布絹不如法
176	禮律 26조	祭祀 6조	祭享	祭享	祭享
177			毁大祀丘壇	毁大祀丘壇	毁大祀丘壇
178			致祭祀典神祇	致祭祀典神祇	致祭祀典神祇
179			歷代帝王陵寢	歷代帝王陵寢	歷代帝王陵寢
180			褻瀆神明	褻瀆神明	褻瀆神明
181			禁止師巫邪術	禁止師巫邪術	禁止師巫邪術
182		儀制 20조	合和御藥	合和御藥	合和御藥
183			乘輿服御物	乘輿服御物	乘輿服御物
184			收藏禁書及私習天文	收藏禁書及私習天文	收藏禁書及私習天文 [목：5]
185			御賜衣物	御賜衣物	御賜衣物[목：3]
186			失誤朝賀	失誤朝賀	失誤朝賀[목：4]
187			失儀	失儀	失儀
188			奏對失序	奏對失序	奏對失序
189			朝見留難	朝見留難	朝見留難
190			上書陳言	上書陳言	上書陳言
191			見任官輒自立碑	見任官輒自立碑	見任官輒自立碑
192			禁止迎送	禁止迎送	禁止迎送

193		公差人員欺陵長官	公差人員期凌長官 [목 : 欺]	公差人員欺凌長官
194		服舍違式	服舍違式	服舍違式
195		僧道拜父母	僧道拜父母	僧道拜父母
196		失占天象	失占天象	失占天象
197		術士妄言禍福	術士妄言禍福	術士妄言禍福
198		匿父母夫喪	匿父母夫喪	匿父母夫喪
199		棄親之任	棄親之任	棄親之任
200		喪葬	喪葬	喪葬
201		鄕飮酒禮	鄕飮酒禮	鄕飮酒禮
202		太廟門擅入	太廟門擅入	太廟門擅入
203		宮殿門擅入	宮殿門擅入	宮殿門擅入
204		宿衛守衛人私自代替	宿衛守衛人私自代替	宿衛守衛人私自代替
205		從駕稽違	從駕稽違	從駕稽違
206		直行御道	直行御道	直行御道
207		內府工作人匠替役	內府工作人匠替役	內府工作人匠替役
208		宮殿造作罷不出	宮殿造作罷不出	宮殿造作罷不出
209		輒出入宮殿門	輒出入宮殿門	輒出入宮殿門
210	宮衛 19조	關防內使出入	關防內使出入	關防內使出入
211		向宮殿射箭	向宮殿射箭	向宮殿射箭
212		宿衛人兵仗	宿衛人兵仗	宿衛人兵仗
213		禁經斷人充宿衛	禁經斷人充宿衛	禁經斷人充宿衛
214~ 216		衝突儀仗<三條>	衝突儀仗	衝突儀仗<三條> [목 : 二]
217		行宮營門	行宮營門	行宮營門
218		越城	越城	越城
219		門禁鎖鑰	門禁鎖鑰	門禁鎖鑰
220		縣帶關防牌面	縣帶關防牌面	縣帶關防牌面
221		擅調官軍	擅調官軍	擅調官軍
222		申報軍務	申報軍務	申報軍務
223		飛報軍情	飛報軍情	飛報軍情
224		邊境申索軍需	邊境申索軍需	邊境申索軍需
225	軍政 20조	失誤軍事	失誤軍事	失誤軍事[목 : 悞]
226		從征違期	從征違期	從征違期
227		軍人替役	軍人替役	軍人替役
228		主將不固守	主將不固守	主將不固守
229		縱軍擄掠	縱軍擄掠	縱軍擄掠
230		不操練軍士	不操練軍士	不操練軍士
231		激變良民	激變良民	激變良民

Note: 兵律75조 spans rows 202-231 in the leftmost label column.

232		私賣戰馬	私賣戰馬	私賣戰馬
233		私賣軍器	私賣軍器	私賣軍器
234		**棄毀軍器**	**棄毀軍器**	**毀棄軍器**
235		私藏應禁軍器	私藏應禁軍器	私藏應禁軍器
236		縱放軍人歇役	縱放軍人歇役	縱放軍人歇役
237		公侯私役官軍	公侯私役官軍	公侯私役官軍
238		從征守禦軍官逃	從征守禦軍官逃	從征守禦官軍逃
239		優恤軍屬	優恤軍屬	優恤軍屬
240		夜禁	夜禁	夜禁
241	關津 7조	私越冒度關津	私越冒度關津	私越冒度關津
242		詐冒給路引	詐冒給路引	詐冒給路引[목：3]
243		關津留難	關津留難	關津留難[목：4]
244		遞送逃軍妻女出城	遞送逃軍妻女出城	遞送逃軍妻女出城 [목：2]
245		盤詰奸細	盤詰奸細	盤詰奸細[목：6]
246		私出外境及違禁下海	私出外境及違禁下海	私出外境及違禁下海 [목：7]
247		私役弓兵	私役弓兵	私役弓兵[목：5]
248	廐牧 11조	牧養畜產不如法	牧養畜產不如法	牧養畜產不如法
249		孶生馬疋	孶生馬匹[목：疋]	孶生馬匹
250		驗畜產不以實	驗畜產不以實	驗畜產不以實
251		養療瘦病畜不如法	養療瘦病畜不如法	養療瘦病畜[목：產] 不如法
252		乘官畜脊破領穿	乘官畜脊破領穿	乘官畜脊破領穿
253		官馬不調習	官馬不調習	官馬不調習
254		宰殺馬牛	宰殺牛馬	宰殺馬牛
255		畜產咬踢人	畜產咬踢人	畜產咬踢人
256		隱匿孶生官畜產	隱匿孶生官畜產	隱匿孶生官畜產
257		私借官畜產	私借官畜產	私借官畜產
258		公使人等索借馬疋	公使人等索借馬匹 [목：疋]	公使人等索借馬匹
259~ 261	郵驛 18조	遞送公文＜三條＞	遞送公文＜三條＞	遞送公文＜三條＞
262		邀取實封公文	邀取實封公文	邀取實封公文
263		鋪舍損壞	鋪舍損壞	鋪舍損壞
264		私役鋪兵	私役鋪兵	私役鋪兵
265		驛使稽程	驛使稽程	驛使稽程
266		多乘驛馬	多乘驛馬	多乘驛馬
267		多支廩給	多支廩給	多支廩給

268			文書應給驛而不給	文書應給驛而不給	文書應給驛而不給驛 [목：無]
269			公事應行稽程	公事應行稽程	公事應行稽程
270			占宿驛舍上房	占宿驛舍上房	占宿驛舍上房
271			乘驛馬賫私物	乘驛馬賫私物	乘驛馬齎私物
272			私役民夫擡轎	私役民夫擡轎	私役民夫擡轎
273			病故官家屬還鄕	病故官家屬還鄕	病故官家屬還鄕
274			承差轉雇寄人	承差轉雇寄人	承差轉雇寄人
275			乘官畜產車船附私物	乘官畜產車船附私物	乘官畜產車船附私物
276			私借驛馬	私借驛馬	私借驛馬
277			謀反大逆	謀反大逆	謀反大逆
278			謀叛	謀叛	謀叛
279			造妖書妖言	造妖書妖言	造妖書妖言
280			盜大祀神御物	盜大祀神御物	盜大祀神御物
281			盜制書	盜制書	盜制書
282			盜印信	盜印信	盜印信
283			盜內府財物	盜內府財物	盜內府財物
284			盜城門鑰	盜城門鑰	盜城門鑰
285			盜軍器	盜軍器	盜軍器
286			盜園陵樹木	盜園陵樹木	盜園陵樹木
287	刑律 171 條	賊盜 28조 *직해 :盜賊	監守自盜倉庫錢糧	監守自盜倉庫錢糧	監守自盜倉庫錢粮 [목：糧]
288			常人盜倉庫錢糧	常人盜倉庫錢糧	常人盜倉庫錢粮 [목：糧]
289			强盜	强盜	强盜
290			刦囚	刦囚	刦囚[목：劫]
291			白晝槍奪	白晝槍奪	白晝槍奪
292			竊盜	竊盜	竊盜
293			盜馬牛畜產	盜馬牛畜產	盜牛馬畜產[목：馬牛]
294			盜田野穀麥	盜田野穀麥	盜田野穀麥
295			親屬相盜	親屬相盜	親屬相盜
296			恐嚇取財	恐嚇取財	恐嚇取財
297			詐欺官私取財	詐欺官私取財	詐欺官私取財
298			畧人畧賣人	略人略賣人	略人略賣人[목：畧]
299			發塚	發塚	發塚
300			夜無故入人家	夜無故入人家	夜無故入人家
301			盜賊窩主	盜賊窩主	盜賊窩主
302			共謀爲盜	共謀爲盜	共謀爲盜
303			公取竊取皆爲盜	公取竊取皆爲盜	公取竊取皆爲盜

304		起除刺字	起除刺字	起除刺字
305		謀殺人	謀殺人	謀殺人
306		謀殺制使及本管長官	謀殺制使及本管長官	謀殺制使及本管長官
307		謀殺祖父母父母	謀殺祖父母父母	謀殺祖父母父母
308		殺死姦夫	殺死奸夫	殺死姦夫
309		謀殺故夫父母	謀殺故夫父母	謀殺故夫父母
310		殺一家三人	殺一家三人	殺一家三人
311		探生折割人	探生折割人	探生折割人
312		造畜蠱毒殺人	造畜蠱毒殺人	造畜蠱毒殺人
313		鬪毆及故殺人	鬪歐及故殺人[목:毆]	鬪毆及故殺人
314	人命	屛去人服食	屛去人服食	屛去人服食
315	30조	戲殺誤殺過失殺傷人	戲殺誤殺過失殺傷人	戲殺誤殺過失殺傷人
316		夫毆死有罪妻妾	夫毆死有罪妻妾	夫毆死有罪妻妾
317		殺子孫及奴婢圖賴人	殺子孫及奴婢圖賴人	殺子孫及奴婢圖賴人
318		弓箭傷人	弓箭傷人	弓箭傷人[목：矢]
319		車馬殺傷人	車馬殺傷人	車馬殺傷人
320		庸醫殺傷人	庸醫殺傷人	庸醫殺傷人
321		窩弓殺傷人	窩弓殺傷人	窩弓殺傷人
322		威逼人致死	威逼人致死	威逼人致死
323		尊長爲人殺私和	尊長爲人殺私和	尊長爲人殺私和
324		同行知有謀害	同行知有謀害	同行知有謀害
325		鬪毆	鬪毆	鬪毆
326		保辜限期	保辜限期	保辜限期
327		宮內忿爭	宮內忿爭	宮內忿爭
328		皇家袒免以上親被毆	皇家袒免以上親被毆	皇家袒免以上親被毆
329		毆制使及本管長官	毆制使及本管長官	毆制使及本管長官
330		佐職統屬毆長官	佐職統屬毆長官	佐職統屬毆長官
331		上司官與統屬官相毆	上司官與統屬官相毆	上司官與統屬官相毆
332		九品以上官毆官長	九品以上官毆官長	九品以上官毆官長
333	鬪毆	拒毆追攝人	拒毆追攝人	拒毆追攝人
334	22조	毆受業師	毆受業師	毆受業師
335		威力制縛人	威力制縛人	威力制縛人
336		良賤相毆	良賤相毆	良賤相毆
337		奴婢毆家長	奴婢毆家長	奴婢毆家長
338		妻妾毆夫	妻妾毆夫	妻妾毆夫
339		同姓親屬相毆	同姓親屬相毆	同姓親屬相毆
340		毆大功以下尊長	毆大功以下尊長	毆大功以下尊長
341		毆期親尊長	毆期親尊長	毆期親尊長
342		毆祖父母父母	毆祖父母父母	毆祖父母父母

343		妻妾與夫親屬相毆	妻妾與夫親屬相毆	妻妾與夫親屬相毆
344		毆妻前夫之子	毆妻前夫之子	毆妻前夫之子
345		妻妾毆故夫父母	妻妾毆故夫父母	妻妾毆故夫父母
346		父祖被毆	父祖被毆	父祖被毆
347		罵人	罵人	罵人
348		罵制使及本管長官	罵制使及本管長官	罵制使及本管長官
349		佐職統屬罵長官	佐職統屬罵長官	佐職統屬罵長官
350	罵詈	奴婢罵家長	奴婢罵家長	奴婢罵家長
351	8조	罵尊長	罵尊長	罵尊長
352		罵祖父母父母	罵祖父母父母	罵祖父母父母
353		妻妾罵夫期親尊長	妻妾罵夫期親尊長	妻妾罵夫期親尊長
354		妻妾罵故夫父母	妻妾罵故夫父母	妻妾罵故夫父母
355		越訴	越訴	越訴
356		投匿名文書告人罪	投匿名文書告人罪	投匿名文書告言人罪 [목 : 無]
357		告狀不受理	告狀不受理	告狀不受理
358		聽訟廻避	聽訟回避	聽訟回避
359	訴訟	誣告	誣告	誣告
360	12조	干名犯義	軍民約會詞訟	干名犯義
361		子孫違犯敎令	干名犯義	子孫違犯敎令
362		見禁囚不得告舉他事	子孫違犯敎令	見禁囚不得告舉他事
363		敎唆詞訟	見囚禁不得告舉他事	敎唆詞訟
364		軍民約會詞訟	敎唆詞訟	軍民約會詞訟
365		官吏詞訟家人訴	官吏詞訟家人訴	官吏詞訟家人訴
366		誣告充軍及遷徒	誣告充軍及遷徒	誣告充軍及遷徒
367		官吏受財	官吏受財	官吏受財
368		坐贓致罪	坐贓致罪	坐贓致罪
369		事後受財	事後受財	事後受財
370		有事以財請求	有事以財求請	有事以財請求
371		在官求索借貸人財物	在官求索借貸人財物	在官求索借貸人財物
372	受贓	家人求索	家人求索	家人求索
373	12조	風憲官吏犯贓	風憲官吏犯贓	風憲官吏犯贓
374		因公擅科歛	因公擅科歛	因公擅科歛
375		私受公侯財物	私受公侯財物	私受公侯財物
376		剋留盜賊	剋留盜賊	剋留盜賊
377		官吏聽許財物	官吏聽許財物	官吏聽許財物
378		詐爲制書	詐僞制書(378)	詐僞制書
379		詐傳詔旨	詐傳詔旨(379)	詐傳詔旨
380		對制上書詐不以實	對制上書詐不以實(380)	對制上書詐不以實

381	詐僞 12조	僞造印信曆日等	僞造印信曆日等(389)	僞造印信曆日等
382		僞造寶鈔	僞造寶鈔(381)	僞造寶鈔
383		私鑄銅錢	私鑄銅錢(382)	私鑄銅錢
384		詐假官	詐假官(383)	詐假官
385		詐稱內使等官	詐稱內使等官(384)	詐稱內使等官
386		近侍詐稱私行	近侍詐稱私行(385)	近侍詐稱私行
387		詐爲瑞應	詐僞瑞應(386)	詐爲瑞應
388		詐病死傷避事	詐病死傷避事(387)	詐病死傷避事
389		詐教誘人犯法	詐教誘人犯法(388)	詐教誘人犯法
390	犯姦 10조 *직해 :犯奸	犯姦	犯奸	犯姦
391		縱容妻妾犯姦	縱容妻妾犯姦[목 : 奸]	縱容妻妾犯姦
392		親屬相姦	親屬相姦	親屬相姦
393		誣執翁姦	誣執翁姦	誣執翁姦
394		奴及雇工人姦家長妻	奴及雇工人姦家長妻	奴及雇工人姦家長妻
395		姦部民妻女	姦部民妻女	姦部民妻女
396		居喪及僧道犯姦	居喪及僧道犯奸	居喪及僧道犯姦
397		良賤相姦	良賤相奸	良賤相姦
398		官吏宿娼	官吏宿娼	官吏宿娼
399		買良爲娼	買良爲娼	買良爲娼
400	雜犯 11조	拆毁申明亭	拆毁申明亭	拆毁申明亭[본문 : 有]
401		夫匠軍士病給醫藥	夫匠軍士病給醫藥	夫匠軍士病給醫藥
402		賭博	賭博	賭博
403		閹割火者	閹割火者	閹割火者
404		囑託公事	囑託公事	囑託公事
405		私和公事	私和公事	私和公事
406		失火	失火	失火
407		放火故燒人房屋	放火故燒人房屋	放火故燒人房屋
408		搬做雜劇	搬做雜劇	搬做雜劇
409		違令	違令	違令
410		不應爲	不應爲	不應爲
411	捕亡 8조	應捕人追捕罪人	應捕人追捕罪人	應捕人追捕罪人
412		罪人拒捕	罪人拒捕	罪人拒捕
413		獄囚脫監及反獄在逃	獄囚脫監及反獄在逃	獄囚脫監及反獄在逃
414		徒流人逃	徒流人逃	徒流人逃
415		稽留囚徒	稽留囚徒	稽留囚徒
416		主守不覺失囚	主守不覺失囚	主守不覺失囚
417		知情藏匿罪人	知情藏匿罪人	知情藏匿罪人
418		盜賊捕限	盜賊捕限	盜賊捕限
419		囚應禁而不禁	囚應禁而不禁	囚應禁而不禁

420		故禁故勘平人	故禁故勘平人	故禁故勘平人
421		淹禁	淹禁	淹禁
422		陵虐罪囚	陵虐罪囚	陵虐罪囚
423		與囚金刃解脫	與囚金刃解脫	與囚金刃解脫
424		主守教囚反異	主守教囚反異	主守教囚反異
425		獄囚衣糧	獄囚衣粮	獄囚衣糧
426		功臣應禁親人入視	功臣應禁親人入視	功臣應禁親人入視
427		死囚令人自殺	死囚令人自殺	死囚令人自殺
428		老幼不拷訊	老幼不栲訊	老幼不拷訊[목 : 栲]
429	斷獄29조	鞫獄停囚待對[목 : 鞠]	鞫獄停囚待對	鞫獄停囚待對
430		依告狀鞫獄[목 : 鞠]	依告狀鞫獄	依告狀鞫獄
431		原告人事畢不放回	元告人事畢不放回	元告人事畢不放回[목 : 原]
432		獄囚誣指平人	獄囚誣指平人	獄囚誣指平人
433		官司出入人罪	官司出入人罪	官司出入人罪
434		辯明冤枉	辯明冤枉[목 : 辨]	辯明冤枉
435		有司決囚等第	有司決囚	有司決囚等第
436		檢驗屍傷不以實	檢驗屍傷不以實	檢驗屍傷不以實
437		決罰不如法	決罰不如法	決罰不如法
438		長官使人有犯	長官使人有犯	長官使人有犯
439		斷罪引律令	斷罪引律令	斷罪引律令
440		獄囚取服辯	獄囚取服辯[목 : 辨]	獄囚取服辯
441		赦前斷罪不當	赦前斷罪不當	赦前斷罪不當
442		聞有恩赦而故犯	聞有恩赦而故犯	聞有恩赦而故犯
443		徒囚不應役	徒囚不應役	徒囚不應役
444		婦人犯罪	婦人犯罪	婦人犯罪
445		死囚覆奏待報	死囚覆奏待報	死囚覆奏待報
446		斷罪不當	斷罪不當	斷罪不當
447		吏典代寫招草	吏典代寫招草[목록없음]	吏典代寫招草
448	工律13조 / 營造9조	擅造作	擅造作	擅造作
449		虛費功力採取不堪用	虛費功力採取不堪用	虛費工力採取不堪用
450		造作不如法	造作不如法	造作不如法
451		冒破物料	冒破物料	冒破物料
452		帶造段匹	帶造段疋	帶造段疋[목 : 匹]
453		織造違禁龍鳳文段匹	織造違禁龍鳳文段疋	織造違禁龍鳳文段疋[목 : 匹]
454		造作過限	造作過限	造作過限

455		修理倉庫	修理倉庫	修理倉庫
456		有司官吏不住公廨	有司官吏不住公廨	有司官吏不住公廨
457		盜決河防	盜決河防	盜決河防
458	河防	失時不修隄防	失時不修隄防	失時不修隄防
459	4조	侵占街道	侵占街道	侵占街道
460		修理橋梁道路	修理橋梁道路	修理橋梁道路

(1) 서울대학교 奎章閣 영인『大明律講解』에 실린 표를 이용하되 조문 번호는 따로 붙였다.

(2) '목'은 각 ≪大明律≫의 목록부분을 표시한다. 위의 표는 내용의 목차를 기준으로 작성한 것이다. 따라서 내용의 목차와 목록의 목차가 다른 경우가 있을 경우에 목록의 목차를 따로 표시하였다.

(3) 규정의 순서가 다른 경우가 있는데 이도 표시하였다.

부록 3. ≪律例要覽≫ 형량대비 기호

형량	기호	형량	기호
태10	①	장60 도1년	⑪
태20	②	장70 도1년반	⑫
태30	③	장80 도2년	⑬
태40	④	장90 도2년반	⑭
태50	⑤	장100 도3년	⑮
장60	⑥	장100 유2천리	⑯
장70	⑦	장100 유2천5백리	⑰
장80	⑧	장100 유3천리	⑱
장90	⑨	교형	⑲
장100	⑩	참형	⑳

≪律例要覽≫에 인용되어 있는 사례를 분석하기 위하여 각 항목과 형량을 대비하여 표로 나타내었다. 우선 이 표를 보기 위하여 형량을 일정한 기호로 나타내었는데, 기호표는 위와 같다. 가령 태10은 ①로 나타내었고, 定配는 5형 체계에 들어가기는 하지만 거리로 특정된 것이 아니기 때문에 定配로만 표시하였다. 따라서 장100 定配인 경우에는 ⑩ 정배로 표시된다. 이러한 종류의 것들은 遠配, 島配, 徒配, 邊遠充軍 등이다.

이 기호를 사용하여 ≪律例要覽≫의 사례를 표로 정리하여 나타내면 다음과 같다.

부록 4. ≪律例要覽≫ 사례 및 형량 대비표

	律例要覽 항목	大典通編		大明律		결과
		규정	형량	규정	형량	
1	犯屠	刑典 禁制 밀도살	15			15
2	犯屠拒捕	刑典 禁制 밀도살	15	刑律 罪人拒捕	本罪 加2등	17
3	構誣訟官	刑典 聽理	15			15
4	因山訟 毆打士族 投穢物壙中	刑典 聽理 오물 / 刑典 推斷 구타	10 / 15	名例律 二罪俱發以重論		15
5	和姦			刑律 犯姦 유부녀	9	9
6	私掘露棺			刑律 發塚	18	18
7	發塚未至棺槨			刑律 發塚	15	15
8	凌辱隣邑官長	事目(大典會通, 6품이상관)	14			14
9	劫奪寡婦	刑典 犯姦 미수	18			18
10	强姦容止			刑律 犯姦 强姦未遂 / 刑律 犯姦 從犯	18 / 감1등	15
11	被誘爲人妾			犯姦 和姦 / 刑律 略人略賣人 주체 / 刑律 略人略賣人 피유인자	9 / 13 / 감1등	12
12	執捉夜入人家因爲刺殺			刑律 無故入人家 천살자	15	15
13	拔釖禁葬	刑典 聽理	15			15
14	率婦女 上山禁葬	刑典 聽理	정배			정배
15	伐喪犯柩	刑典 聽理	依發塚 見棺槨	刑律 發塚	18	18
16	他人墳山 冒占起訟	刑典 聽理	정배			정배
17	偸葬大村內	刑典 聽理	정배			정배
18	負逋食色	戶典 倉庫	15			15
19	典守穀物	戶典 倉庫	准監守	刑律	18	18

			自盜	監守自盜倉庫錢粮 名例律 八字之義 '准'		
20	田稅防納	戶典 雜令	以那移 出納	戶律 那移出納 : 准監守自盜	18	18
21	拘拯穀 偸食首從			刑律 監守自盜倉庫錢粮	18	15
				名例律 共犯罪分首從	감1등	
22	結錢犯用	戶典 倉庫	准監守 自盜	刑律 監守自盜倉庫錢粮 名例律 八字之義 '准'	18	18
23	稅米逋 假作虛負 分徵民間	戶典 倉庫 70석	18	名例律 二罪俱發以重論 죄가 상등할 때	선택	18
		戶典 收稅 민간징수	18			
24	多收斛面			戶律 多收稅粮斛面	坐贓	10
25	田稅斛納	戶典 收稅 전세불납	18			18
26	稅穀上納過限	戶典 漕運	10 정배			10 정배
27	私造大升 邀路抑執權利	戶典 雜令 강매	15	戶律 造斛斗秤尺	6	15
				名例律 二罪俱發以重論	중죄	
28	假稱衙客 圖差屯監屯稅 濫捧幻弄偸食 25관			刑律 詐假官	10	18
				戶律 檢踏灾傷田粮	10	
				刑律 監守自盜倉庫錢粮	18	
				名例律 二罪俱發以重論	중죄	
29	生松犯斫	禁松事目	15			15
30	材木犯斫 30주	刑典 禁制	13			13
31	墓木犯斫 200주	刑典 禁制	13			13
32	封山松木 盜斫作板	刑典 禁制 9주 이하	감사 정배			감사 정배
33	武斷鄕曲	刑典 禁制 침학	18	名例律	선택	18

번호	죄목	典		律		
	非理立訟	刑典 聽理 호송	18	二罪俱發以重論		
34	非理立訟敎誘	刑典 聽理 호송	18	刑律 詐敎誘人犯法	동죄	18
35	操切殘民 詐欺取才	戶典 雜令	15	刑律 詐欺官私取財	准竊盜	
36	戰亡先生 奉安位版 破碎			刑律 拆毁申明亭	18	18
37	據執他人田宅 私門用刑	刑典 私賤 15 / 刑典 濫刑 15		名例律 二罪俱發以重論	선택	15
38	憑公科歛 虛戶作統	戶典 戶籍 허호 10호	15	刑律 因公擅科歛 40관 15 / 名例律 二罪俱發以重論 선택		15
39	殺獄罪人逃失			刑律 主守不覺失囚 감 12 / 刑律 主守不覺失囚 졸 15		12 / 15
40	官族使 中路失囚			刑律 徒流人逃	6	6
41	徒流人 故縱	刑典 禁制 : 왜인잡물매매	15	刑律 徒流人逃	동죄	15
42	鄕戰 2	刑典 禁制	10 정배			10 정배
43	鄕戰	事目	충군			충군
44	掩匿洞任 庫子偸弄	戶典 倉庫 40관	准監守自盜	戶律 錢粮互相覺察 동죄 / 名例律 八分之義 "准" 18		18
45	那移出納			戶律 那移出納 : 准監守自盜	18	18
46	沙工無面	戶典 倉庫 20관 16 / 戶典 倉庫 40관 20		16 / 名例律 八分之義 "준" 18	16 / 18	16 / 18
47	養戶 (세금 대납 후 부림)	戶典 收稅 5관	10			10
48	官庫作賊	刑典 臟盜	강도	刑律 强盜 : 미수	18	18
49	妄冒災結	戶典 收稅 10부	10 충군			10 충군
50				刑律 囑託公事	5	

	囑託公事 私借錢粮			戶律 私借錢粮 15관	10	10
				名例律 二罪俱發以重論	중죄	
51	以書員 奪取民卜 私捧役價	戶典 收稅 15관	14			14
52	賭賣位田	戶典 諸田	15			15
53	盜賣田宅			戶律 盜賣田宅	13	13
54	徵私債代捧田土	戶典 徵債	10 정배			10 정배
55	帳籍偸取	刑典 臟盜	변원 정배			변원 정배
56	僞造手決 : 전곡			刑律 詐僞制書 : 아문	15	15
57	凌犯官長	刑典 禁制 : 술주정	10	名例律 應議者之父祖有犯	常人 가1등	11
58	盜用印信 : 소송			刑律 詐僞制書 : 총병	18	18
59	盜用印信 幻弄軍案 加年冒頉	兵典 名簿 : 9명	10	名例律 二罪俱發以重論	중죄	18
		戶典 戶籍 : 변조	18			
60	僞造文券	刑典 文記	18			18
61	常人盜倉庫錢粮 55관			刑律 常人盜倉庫錢粮	18	18
62	受賂漏丁	兵典 名簿 5명	15	刑律 官吏受財 5관	8	15
				名例律 二罪俱發以重論	중죄	
63	詐欺官私 : 800냥			刑律 詐欺官私取財 10관	7	7
64	假稱官差 操縱受賂 : 45냥			刑律 詐假官 : 체포	15	15
				刑律 詐假官 : 재물취득은 중한 것에 따름. 절도 10관	7	
65	誣告守令	刑典 訴冤	18			18

66	構誣訟官 : 偸葬敗訴후 訟官誣告			刑律 發塚 : 盜葬	8	13
				刑律 對制上書詐不以實	13	
				名例律 二罪俱發以重論	중죄	
67	豪强索賂	刑典 禁制 : 품관	18	名例律 二罪俱發以重論	중죄	18
		刑典 禁制 : 免新 등 受財不枉法 25관	11			
68	罵無品士族 抗拒不服	事目(대전회통)	11	刑律 拒毆追攝人	가2등	13
69	罵本衙門官 事理絶悖	事目(대전회통)	15			15
70	親年增加 圖免定配	戶典 戶籍 : 10년증	15	刑律 對制上書詐不以實	15	15
				名例律 二罪俱發以重論	선택	
71	不爲陳告 威力縛人			刑律 威力制縛人	8	8
72	誘囑姦婦 搶取本夫財産			刑律 和姦 : 유부	9	15
				刑律 白晝搶奪	15	
				名例律 二罪俱發以重論	중죄	
73	略買人妻 爲妻妾			刑律 略人略賣人	15	15
74	略執良人 勒作盜賊(附例)			刑律 訴訟	충군	충군
75	詐傳宰相分付			刑律 詐傳詔旨 : 2품	15	15
76	毆人折傷			刑律 鬪毆 : 지체절상	15	15
77	折傷二處			刑律 鬪毆	18	18
78	私酒刀傷人	刑典 禁制 : 술주정	10	刑律 鬪毆 : 刺傷	13	13
				名例律 二罪俱發以重論	중죄	
79	破骨墮胎			刑律 鬪毆 : 갑 墮胎	13	13
				刑律 鬪毆 : 을 破骨	10	10

번호	항목			刑律	속전	교형상 당속전
80	誤殺傍人(傍照)			刑律 殺誤殺過失殺傷人		
				刑律 鬪毆及故殺人	19	
81	威逼人致死			刑律 威逼人致死	10 매장	10 매장은
82	殺獄隨從			刑律 鬪毆及故殺人 : 하수인	19	19
				刑律 鬪毆及故殺人 : 조의자	18	18
83	殺獄干犯 : 결박을 조력			刑律 鬪毆及故殺人 : 치명상 아닌 경우	18	18
84	誣告死罪未決 : 남편이 죽인 것처럼 무고			刑律 妻妾毆夫	19	18
				刑律 誣告 : 미결	18	
85	死罪誣告教誘			刑律 誣告 : 미결	18	18
				刑律 詐教誘人犯法	동죄	
86	殺獄干證 變幻納招			刑律 對制上書詐不以實	13	13
87	辜內因他病身死			刑律 保辜限期 : 다른 원인 : 구타상해본율	18	18
88	私和人命將屍燒火 : 8촌제			刑律 尊長爲人殺私和	9	
				刑律 發塚	15	15
				名例律 二罪俱發以重論	중죄	
89	主殺奴			刑律 奴婢毆家長	11	11
90	殘毀死屍 사화			刑律 尊長爲人殺私和	6	
				刑律 發塚	18	18
				名例律 二罪俱發以重論	중죄	
91	縱奴殺人 : 조의자			刑律 鬪毆及故殺人	18	18

92	毆逐子婦因以致死			刑律 鬪毆 : 치사	15	15
				刑律 不應爲 : 핍박	8	8
93	疫斃牛償命			刑律 造畜蠱毒殺人	20	18
				名例律 稱與同罪	18	
94	書院冒禁創設	禮典 雜令	원배			원배
95	鄕校爐盒等物閪失 (방조)			禮律 毁大祀丘壇	12	12
96	詐假官套畵押字			刑律 詐假官	18	18
				刑律 詐僞制書 : 총병	18	
				名例律 二罪俱發以重論	선택	
97	殺獄罪人指引路道			刑律 鬪毆及故殺人	19	18
				刑律 知情藏匿罪人	감1등	
98	居喪嫁娶			戶律 居喪嫁娶	8	8
99	綱常 : 노모유기	刑典 推斷	18			18
100	誣人綱常	刑典 推斷 : 범강상	18	刑律 誣告 : 가3등 止18	18	18
				名例律 共犯罪分首從	15	15
101	妾誣妻淫奔			刑律 和姦	9	12
				刑律 誣告	가3	
102	庶孼凌嫡			刑律 不應爲	8	8
103	夜無故入人家 : 침입			刑律 夜無故入人家	8	8
				刑律 不應爲	8	
				名例律 二罪俱發以重論	선택	
104	科場用奸	兵典 武科	변원충군			변원충군
105	强盜 : 관창절도미수	刑典 臟盜	강도론	刑律 强盜 : 미수	18	18
106	濫刑	刑典 濫刑	15			15
107	亂言	刑典 推斷	18			18

108	邪學隨從			刑律 造妖書妖言: 2인	18	18
109	穿壙放火	刑典 聽理	10	名例律 二罪俱發以重論	중죄	11
		事目(대전회통): 능욕사족	11			
110	戰舡失火	刑典 推斷	15			15
111	延燒松田	刑典 禁制	10 정배			10 정배
112	放火人家			刑律 放火故燒人房屋: 빈집방화	18	18
113	逐虎放火延燒人屋			刑律 放火故燒人房屋: 남의 집 연소	15	15
114	乘憤故燒自己房屋 仍辱兩班	事目(대전회통): 능욕사족	11	刑律 放火故燒人房屋: 자기방옥	10	11
				名例律 二罪俱發以重論	중죄	
115	冒入禁隘 偸採海菜			兵律 私越冒度關津	15	15
116	倭銅潛商	刑典 禁制	15			15
117	潛寐紅蔘	刑典 禁制	15			15
118	私自造蔘	戶典 雜稅	10 정배			10 정배
119	奪宗(방조)	刑典 私賤: 거집타인전택	15			15
120	壓良爲賤			刑律 略人略賣人	18	18
121	誣告舊上典橫侵	刑典 贖良: 압량위천	18	刑律 誣告	18	18
122	凌辱妻上典	事目(대전회통)	13			13
123	凌辱舊上典	刑典 告尊長	15			15
124	奴婢毆家長大功			刑律 奴婢毆家長	13	13
125	毆殺堂姪			刑律 毆大功以下尊長	18	18
126	毆期親			刑律 毆期親尊長: 형	14	14
127	毆期親成傷			刑律 毆期親尊長: 숙	18	18

128	買食私肉(방조)			戶律 鹽法 : 買食私鹽	⑩	⑩
129	殺獄隨從			刑律 鬪毆及故殺人	⑲	⑱
				名例律 共犯罪分首從	감1	
130	橫叛上典	刑典 推斷	절도 정배			절도 정배
131	妻欲殺本夫 姦夫從而加功 : 상해			刑律 謀殺人 조의자	⑲	⑲
				刑律 謀殺人 수종자	⑱	⑱
132	上納過限不納促關 中間沈匿	戶典 雜令 : 색리	⑩ 정배	戶律 遞送公文	⑥	⑩ 정배
				名例律 二罪俱發以重論	중죄	
133	增減官文書(방조) : 상해			刑律 鬪毆 : 상해	④	⑱
				名例律 增減官文書	⑱	
				名例律 二罪俱發以重論	중죄	
134	故勘平人 因以致死隨從 : 포교의 명받은 포졸			刑律 故禁故勘平人	⑳	⑱
				大明律 共犯罪分首從	감1	
135	假降邪神 佯修善事			禮律 禁止師巫邪術	⑱	⑱
136	誣告期親			刑律 罵尊長 : 형	⑩	⑱
				刑律 干名犯義 : 형	⑱	
				名例律 二罪俱發以重論	중죄	
137	定配罪人 逃獄領去將差	刑典 逃亡	정배			정배
138	殺獄故行誣證			刑律 鬪毆及故殺人	⑲	⑮
				刑律 獄囚誣指平人	감2	
139	侵辱訟官	刑典 聽理		刑律 拒毆追攝人 :	⑧	

			원지 정배	항거 名例律 二罪俱發以重論	중죄	원지 정배
140	役名不以實	戶典 戶籍	15			15
141	逃避差役 拒逆官令			戶律 逃避差役 10 / 刑律 拒毆追攝人 가2		12
142	元惡鄉吏(喪前所犯)	刑典 元惡鄉吏	18			18
143	僞造圖署	刑典 僞造	원배			원배
144	有妻娶妻			刑律 妻妾失序 9		9
145	借述代述: 뇌물 10관	刑典 禁制	15	刑律 詐欺官私取財 7 / 名例律 二罪俱發以重論 중죄		15
146	護送漕舡致敗			戶律 轉解官物 좌장 / 刑律 坐贓致罪 5백관 15		15
147	妾罵正妻			刑律 妻妾罵夫期親尊長 8		8
148	奴告家長			刑律 干名犯義 15		15
149	濫捧私債 招引良女爲妻妾	戶典 徵債 2/10 13 / 戶典 徵債 전지 10 정배		刑律 略人略賣人 15 / 名例律 二罪俱發以重論 중죄		10 정배
150	盜賣驛馬	兵典 廐牧	10 정배			10 정배
151	背主: 모칭양인	戶典 戶籍	10 정배			10 정배
152	用强威逼(附例)			刑律 威逼人致死 附例	변위 충군	변위 충군
153	因劫姦自裁(附例)			刑律 威逼人致死 附例 변위충군 / 戶律 嫁娶違律主婚媒人罪 주혼자		변위 충군
154	故決堤堰			工律 盜決河防 13		13
155	進上竹 割取			刑律 不應爲 8		8
156	教誘人 爭訟爲業	刑典 聽理	18			18
157	其母與人潛姦 其子於姦所 刺殺姦夫	刑典 殺獄	참작 정배			참작 정배

158	私下邀取公文			兵律 邀取實封公文	⑮	⑮
159	科場冒入代寫	禮典 諸科	수군 충정			수군 충정
160	戶籍脫漏 監色及統首任掌	戶典 戶籍 30호	⑱			⑱
161	盜印信隨從			刑律 盜印信	⑳	⑱
				名例律 共犯罪分首從	감1	
162	掘移納招後 逃匿	刑典 聽理	결후 잉집			⑮
		刑典 聽理 결후잉집	⑮			
163	潛自陶金	戶典 雜稅 : 은채취	島配			島配
164	封標內設庄	刑典 禁制	⑱			⑱
165	陰嗾他人發狀	刑典 訴冤 : 수령고발	⑮			⑮
		刑典 訴冤 : 사주	동죄			
166	刀傷弟嫂			刑律 鬪毆 : 칼상해	⑬	⑫
				刑律 妻妾與夫親屬相毆	감1	
167	偸出火藥	兵典 軍器 80근	重棍 島配			重棍 島配
168	圖得僞帖 受賂轉賣			刑律 僞造印信曆日等	⑳	⑱
				名例律 共犯罪分首從	감1	
169	盜賣屯牛 25관			刑律 盜牛馬畜産	동률	⑫
				刑律 常人盜倉庫錢粮	⑫	
170	欲免定配 做出物故公文			刑律 徒流人逃	⑩	⑱
				刑律 詐僞制書 : 오군	⑱	
				名例律 二罪俱發以重論	중죄	
171	招人行淫	事目	島配			島配
172	率畜官妓	刑典 公賤 :				

번호	죄명	법조문1	형량1	법조문2	형량2	최종
		토호율	18			18
173	有主田土 陳告官家	戶典 雜令	15			15
174	謂以勳裔 成送免役關文			吏律 事應奏不奏: 詐傳各衙門官員言語		15
				刑律 詐傳詔旨: 1품관	15	
175	毆逐正妻 以至折傷			戶律 出妻	8	13
				刑律 鬪毆: 절상	15	
				刑律 妻妾毆夫	감2	
				名例律 二罪俱發以重論	중죄	
176	會哭官衙 遮道呼訴: 두 가지 행위	刑典 推斷	18			18
		刑典 禁制	원배			원배
177	子孫私和			刑律 尊長爲人殺私和	15	15
178	侵占他人田宅			戶律 盜賣田宅: 최대	13	13
179	侵漁海民	戶典 魚鹽	10 원배			10 원배
180	子孫擅殺行凶人			刑律 父祖被毆	6	6
181	武試代砲	兵典 試取: 借射	10 수군			17
		兵典 試取: 代射	가2			
		刑典 罪犯准計	충군= 15			
182	假稱御史隨從			刑律 詐稱內使等官	20	18
				名例律 共犯罪分首從	감1	
183	田結妄冒落漏	戶典 量田: 1결	18			18
184	橫占賜田	戶典 諸田	15			15
185	濫帖鄉任			吏律 濫設官吏: 최고	15	15
186	作變官衙 不能捍衛	刑典 推斷	극변 정배			극변 정배
187	作變時 隨從	刑典 推斷	정배			정배

188	討食驛人 依濫騎	兵典 驛馬	역마 남승			18
		刑典 禁制：남기	18			
189	軍丁假名虛錄 70명	兵典 免役	18			18
190	軍丁以生爲死	兵典 免役	10 충군	名例律 二罪俱發以重論	중죄	10 원배
	還統捧實爲虛	戶典 魚鹽	10 원배			
191	冒禁創建影堂	禮典 雜令	원배			원배
192	加板斛子內 以大作小 厚捧簿分(방조)			刑律 僞造寶鈔：조각	18	18
193	車馬殺傷人			刑律 車馬殺傷人	18	18
194	潛買紅牌	兵典 武科	절도 위노			절도 위노
195	謀殺妻上典(방조)：착수미수			刑律 謀殺祖父母父母：노비·고공 모살 가장	18	18
196	色吏上番軍丁 捧賂雇人代立	兵典 番上	15			15
197	詛呪			刑律 造畜蠱毒殺人	모살	15
				刑律 謀殺人：착수미수	15	
198	犯越地界 兵房軍官：불찰	刑典 禁制	島配			島配
199	鎖匠等 故縱舊囚	新定式	정배			정배
200	毆小功尊長			刑律 毆大功以下尊長	12	12
201	威力制縛人 聽使下手致死			刑律 威力制縛人 하수 종범 감1등	18	18
202	誣告放火人家			刑律 放火故燒人房屋：고의	20	18
				刑律 誣告：집행전	18	
203	毆殺姪子			刑律 毆期親尊長	15	15

No.	罪名	典		律		
204	置塚謂之眞塚			刑律 對制上書詐不以實	15	15
205	雇工奸家長妾			刑律 奴及雇工人奸家長妻	18	18
206	將他人田產 投獻官豪	戶典 田宅	15			15
207	語侵先正(방조)	刑典 推斷 : 醜辱大臣	변원 충군			변원 충군
208	盜尸柩			刑律 發塚	14	14
209	毀人神主			戶律 棄毀器物稼穡等	9	9
210	强慂奪貨(부례)			刑律 鬪毆	변위 충군	변위 충군
211	照訖代講	禮典 諸科	충정 수군			충정 수군
212	變着女服出入人家	刑典 禁制	절도 정배			절도 정배
213	誣告外祖			刑律 干名犯義	13	13
214	媚悅土主	刑典 禁制	형배			형배
215	同生弟 被殺私和			刑律 長爲人殺私和	12	12
216	科場 首唱作亂 : 都試	禮典 諸科 : 대소과	충정 수군			14
		禮典 諸科 : 도시	감1			
		刑典 罪犯准計	충군＝ 15			
217	毀人陰陽			刑律 鬪毆	18	18
218	放賣弟妹			刑律 略人略賣人	13	13
219	敎唆詞訟	刑典 聽理 : 非理	18	刑律 敎唆詞訟	동죄	18
220	稱以呼訴 聚會徒黨 突入官府作弊(부례)			刑律 訴訟	변위 충군	변위 충군
221	留接賊盜 共分贓物	刑典 臟盜 : 3인이상, 1관이상	절도 위노	刑律 應捕人追捕罪人	동죄	절도 위노
222	稱以家舍主脈 以不敢言之說 誣人呈官	刑典 聽理	10 島配			10 島配
223	稱以官員家人			刑律 詐僞	변위	변위

					충군	충군
	勒要財物(부례)					
224	僧徒犯姦			刑律 犯姦 : 刁姦	⑩	⑫
				刑律 居喪及僧道犯姦	가2	
225	以牧馬之任 竊取馬匹	兵典 廐牧	⑩ 절도 정배			⑩ 절도 정배
226	毆打庶母 折一指			刑律 鬪毆 : 절1지	⑩	⑪
				刑律 妻妾與夫親屬相毆	가1	
227	一家內 威逼二命致死(부례)			刑律 威逼人致死	변위 충군	변위 충군
228	立後不當(방조)			戶律 强占良家妻女	⑲	⑫
				戶律强占良家妻女 미수	감5	

사항색인

≪大明律≫ 조문색인

趙 志 晩

서울대학교 법과대학 졸
동 대학원 졸(법학박사)
서울대학교 BK21 21세기 세계속의 한국법의 발전 사업단 Post Doc.
현 아주대학교 법학전문대학원 조교수

<주요 논문>

"조선초기 대명률의 수용과정"
"에도(江戶)시대 일본에서의 대명률의 영향"
"경국대전의 편찬과 양성지"
조선후기 수교자료집성(I) - 형사편: 1(규장각 소장본) (공역)
한국유학사상대계(Ⅷ) - 법사상편 (공저)

조선시대의 형사법

값 : 21,000원

2007년 7월 20일	초판 발행	
2009년 10월 10일	재판 발행	
	저 자 :	조 지 만
	발 행 인 :	한 정 회
	발 행 처 :	경인문화사
	편 집 :	한 정 주
		서울특별시 마포구 마포동 324-3
		전화 : 718-4831~2, 팩스 : 703-9711
		e-mail : kyunginp@chol.com
		homepage : http://www.kyunginp.co.kr
		: 한국학서적.kr
	등록번호 :	제10-18호(1973. 11. 8)

ISBN : 978-89-499-0499-3 94360